2018

中国农业农村发展报告

中华人民共和国农业农村部

中国农业出版社

北京

前 言

  2017年，在以习近平同志为核心的党中央坚强领导下，各地方部门坚决贯彻新发展理念和党中央、国务院决策部署，坚持稳中求进总基调，围绕农业供给侧结构性改革主线，扎实推进结构调整、绿色发展、创新驱动、深化改革，稳定粮食生产，农业农村经济实现稳中向好，圆满完成了全年目标任务。突出表现为"稳、增、优、绿、新"：稳，就是粮食稳产，粮食总产达到13 232亿斤，"菜篮子"等主要农产品供给充足；增，就是收入增长，农村居民人均可支配收入达到13 432元，增幅继续保持"两个高于"；优，就是结构调优，2015年以来，籽粒玉米累计调减3 800万亩，粮改饲面积超过1 300万亩，生猪养殖进一步向玉米主产区聚集，农产品质量和品牌进一步优化，主要农产品监测合格率达到97.8%，创我国开展监测以来历史最好水平；绿，就是方式转绿，轮作休耕试点面积扩大到1 200万亩，化肥农药使用量提前实现零增长，支持96个县整县推进畜禽粪污资源化利用；新，就是动能向新，主要农产品加工转化率超过65%，农业农村电子商务发展进入"快车道"，休闲农业和乡村旅游等新产业新业态蓬勃发展，农业农村"双新双创"迸发新活力。农业农村经济发展取得重大成就，巩固发展了党的十八大以来的好形势，为经济社会发展全局提供了有力支撑。

党的十九大明确提出实施乡村振兴战略，并作为七大战略之一写入党章，习近平总书记在中央农村工作会议、全国"两会"上作出一系列深刻阐述，强调要走中国特色社会主义乡村振兴道路，实现乡村产业振兴、人才振兴、文化振兴、生态振兴、组织振兴。这次机构改革，中央决定组建农业农村部，中央农办设在农业农村部，强调要加强和优化政府"三农"工作职能，并明确赋予牵头实施乡村振兴战略的职责。实施乡村振兴战略，是新时代习近平中国特色社会主义思想指导"三农"工作的新旗帜，是顺应亿万农民新期待、推动农业农村现代化的总抓手，是事关现代化强国建设、实现中华民族伟大复兴的大战略。

2018年是贯彻党的十九大精神、实施乡村振兴战略的开局之年，是以农村改革为发端的改革开放40周年，是决胜全面建成小康社会、实施"十三五"规划承上启下的关键一年，做好农业农村工作意义大、任务重、要求高。我们要深入学习贯彻习近平总书记关于实施乡村振兴战略的重要论述，坚持以实施乡村振兴战略为总抓手，按照"产业兴旺、生态宜居、乡风文明、治理有效、生活富裕"总要求，围绕"五个振兴"主攻方向，统筹推进农村经济建设、政治建设、文化建设、社会建设、生态文明建设和党的建设，努力谱写新时代乡村全面振兴的新篇章。

2018年9月

摘　要

2017年农业发展状况

1. 农业生产。2017年，粮食总产66 161万吨，比上年增加117万吨，连续第6年产量超过60 000万吨。全年粮食播种面积117 989千公顷，比上年减少1 241千公顷；平均单产每公顷5 607千克，比上年提高68千克，创历史新高。油料产量3 475万吨，比上年增加75万吨；棉花产量565万吨，增加31万吨；糖料产量11 379万吨，增加203万吨；蔬菜产量6.9亿吨，增加1 759万吨；水果产量2.52亿吨，增加837万吨；茶叶产量246万吨，增加15万吨。肉类总产量8 654万吨，增长0.3%。其中，猪肉产量5 452万吨，增长0.5%；禽蛋产量3 096万吨，下降2.0%；牛奶产量3 039万吨，下降0.8%；水产品产量6 445万吨，增长1.0%。

2. 农垦经济。2017年，农垦经济实现生产总值7 905.28亿元，比上年增长7.1%。其中，第一产业增加值1 901.20亿元，增长5.5%；第二产业增加值3 570.46亿元，增长6.6%；第三产业增加值2 433.62亿元，增长9.0%。第一、第二、第三产业增加值占农垦生产总值的比重分别为24.0%、45.2%和30.8%。人均生产总值56 208元，同比增长6.8%。全年固定资产投资总额5 230.90亿元，当年新增固定资产3 278.77亿元。全年粮食播种面积4 886.85千公顷，总产量3 517.25万吨，比上年增加31.4万吨，增长1%。

3. 农业机械化。2017年，全国农作物耕种收综合机械化率提高1个百分点以上，预计超过66%，比2012年提高近10个百分点。小麦综合机械化率达到95%；

玉米综合机械化率达到84%，机收率达69%，同比提高2.5个百分点；水稻综合机械化率突破80%；油菜、棉花、花生、大豆机械化率均比上年提高3个百分点以上，主要经济作物机械化水平取得实质性提升。我国农业生产方式正在进入机械化为主导的新阶段。

4．农作物种业。2017年，主要农作物种子市场依然供大于求。据统计，全国玉米需种约11亿千克，可供种约21亿千克；杂交水稻国内种植需种共计2.58亿千克，出口需种6 114万千克，可供种3.6亿千克；常规稻需种7亿千克，可供种9亿千克；棉花需种0.91亿千克，可供种0.95亿千克；大豆需种4.27亿千克，可供种4.45亿千克；冬小麦需种约32亿千克，可供种51亿千克；冬油菜需种1 491万千克，可供种1 670万千克，能够满足2017年农业生产用种需求。国家级审定主要农作物品种406个，同比增加241个。其中水稻178个、小麦26个、玉米171个、棉花10个、大豆21个。

5．农产品价格与市场。2017年，全国农产品生产者价格总水平比上年下降3.5%。其中，农业产品生产者价格下降0.5%，林业产品上涨4.9%，饲养动物及其产品下降9.2%，渔业产品上涨4.9%。粮食上涨0.1%，生猪下降14.0%。农村居民消费价格比上年增长1.3%，低于全国0.3个百分点，低于城市0.4个百分点。农村商品零售价格比上年上涨1.3%，增速高于上年0.4个百分点，高于全国0.2个百分点，高于城市0.2个百分点。乡村社会消费品零售额51 972亿元，比上年增长11.8%，增速比上年提升0.9个百分点，高于城镇增速1.8个百分点。

6．农产品进出口。2017年，我国农产品进出口额双增长，农产品贸易逆差大幅扩大。农产品进出口贸易总额2 013.9亿美元，比上年增长9.1%。其中，出口额755.3亿美元，比上年增长3.5%；进口额1 258.6亿美元，比上年增长12.8%；农产品贸易逆差503.2亿美元，比上年增长30.4%。谷物出口161.65万吨，增长1.5倍；进口2 560.11万吨，增长16.4%；净进口2 398.46万吨，增长12.3%。食用油籽、食用植物油进口量分别增长13.9%、7.9%，棉花进口量增长9.9%，食糖进口量下降25.2%，蔬菜出口量增长8.5%，水果出口量增长1.5%，畜产品贸易逆差增长8.4%，水产品贸易顺差下降13.7%。

7．农业综合开发。2017年，中央财政预算安排农业综合开发资金386亿元。农业综合开发工作以推进农业供给侧结构性改革为主线，创新机制，完善政策，加强管理，提升效益，在提高农业综合生产能力、推进农村一二三产业融合、转变农业发展方式、发展农业适度规模经营、助力打赢脱贫攻坚战、推进田园综合体试点示范等方面都取得了新进展。

8．饲料工业。2017年全国商品饲料总产量22 161万吨，同比增长6%。其中，配合饲料产量19 619万吨，同比增长6.7%；浓缩饲料产量1 854万吨，同比增长1.2%；添加剂预混合饲料产量689万吨，同比下降0.3%。从品种看，猪饲料产量9 810万吨，同比增长12.4%；蛋禽饲料产量2 931万吨，同比下降2.4%；肉禽饲料产量6 015万吨，同比增长0.1%；水产饲料产量2 080万吨，同比增长7.8%；反刍动物饲料产量923万吨，同比增长4.9%；其他饲料产量403万吨，同比增长10.2%。

9．林业发展。2017年，全国共完成造林面积768.07万公顷，完成森林抚育面积885.64万公顷，营造林规模再上台阶，造林面积超亿亩。国家林业重点生态工程建设扎实推进，全年完成造林面积299.12万公顷，比上年增长19.6%。林木种质资源保护工作稳步推进，国家重点林木良种基地管理全面加强。良种使用率由51%提高到61%，种苗质量合格率稳定在90%以上。

10．草原保护与建设。2017年，共投入资金246亿元，中央财政安排草原补奖政策资金187.6亿元，其中：草原禁牧补助90.5亿元，面积80 666.67千公顷；草畜平衡奖励65.1亿元，面积173 333.33千公顷；绩效考核奖励资金近32亿元，对工作突出、成效显著的地区给予资金奖励。草原生态加快恢复，2017年全国草原综合植被盖度达55.3%，比上年提高0.7个百分点；全国天然草原鲜草总产量106 491.18万吨，比上年增加2.53%；折合干草约32 841.93万吨，载畜能力约为25 814.22万羊单位，均比上年增加2.54%。

11．水生生物资源养护与水域生态修复。2017年，水生生物资源养护制度进一步完善并贯彻落实，水生生物增殖放流活动广泛开展，海洋牧场示范区建设和渔业水域生态环境保护有序开展，水生野生动植物保护与管理进一步加强。

12．农业产业化经营。2017年，经县级以上农业产业化主管部门认定的龙头企业达8.7万家，其中省级以上重点龙头企业1.7万家、国家重点龙头企业1242家，年销售收入超过1亿元的省级以上重点龙头企业突破8000家，超过100亿元的达到70家，示范引领我国农业综合竞争力稳步提升。

13．农产品加工。2017年，规模以上农产品加工业增加值增速为6.5%，比上年提高0.7个百分点。实现主营业务收入19.4万亿元，同比增长6.5%，增速较上年上升1.2个百分点。全口径（含规模以下企业）农产品加工业主营业务收入超过22万亿元，增长速度在7%左右。

14．休闲农业。2017年，休闲农业和乡村旅游各类经营主体已达33万家，比上年增加了3万多家，营业收入近5500亿元。休闲农业和乡村旅游已经成为农业旅游文化"三位一体"、生产生活生态同步改善、农村一二三产深度融合的新产业新业态新模式，在发展现代农业、增加农民收入、建设社会主义新农村和全面建成小康社会中发挥着越来越重要的作用。

15．农产品市场体系建设。目前，我国农产品批发市场已近4500家，产地市场约占70%。据国家统计局统计，截至2016年年底，亿元以上农产品专业批发市场有966家，摊位数52.29万个，营业面积达4371.83万平方米，年成交额16539.21亿元。其中，粮油市场占9.69%，肉禽蛋市场占8.18%，水产品市场占18.43%，蔬菜市场占25.09%，干鲜果品市场占18.70%，棉麻土畜烟叶产品及其他农产品市场占19.91%，已形成以蔬菜、水果、水产品等鲜活农产品为主的大型专业市场流通网络，在推进农业供给侧结构性改革、促进农产品市场流通、保持农民收入稳定增长等方面，发挥了重要作用。

16．农产品质量安全管理。2017年，全国蔬菜、畜禽产品和水产品监测合格率分别为97%、99.5%和96.3%，同比分别上升0.2、0.1和0.4个百分点，主要农产品质量安全例行监测抽检总体合格率为97.8%，同比上升0.3个百分点。全年未发生重大农产品质量安全事件，农产品质量安全继续保持持续向好的发展态势。

17．农业科研、推广与教育。农业部围绕农业供给侧结构性改革、绿色发展和农业质量效益竞争力提升对科技的需求，优化科技资源配置，加大攻关力度，2017

年，农业科技进步贡献率达到57.5%。以现代农业产业技术体系、国家农业科技创新联盟和现代农业产业科技创新中心为抓手，强化体制机制创新，促进科技与产业紧密融合，现代农业产业技术体系贡献突出，国家农业科技创新联盟建设成效显著，现代农业产业科技创新中心稳步推进。中央财政投入26亿元，继续实施基层农技推广体系改革与建设补助项目。新型职业农民加快培育，2017年中央财政投入15亿元组织实施新型职业农民培育工程，启动新型经营主体带头人轮训、现代青年农场主培养、农村实用人才带头人培训和农业产业扶贫精准培训四大计划，全年培训各类新型职业农民超过100万人。

18．农业农村人才队伍建设。2017年继续组织实施农业科研杰出人才培养计划，打造了一支由300名杰出人才、3 000名骨干组成的农业科技创新突击队。农业部与中组部联合举办210期培训班，培训2万余名农村实用人才和大学生"村官"。截至目前，累计举办900余期示范培训班，共组织9.2万多名种养大户、家庭农场主、农民合作社负责人及村"两委"成员、大学生"村官"等，到农业部农村实用人才培训基地学习交流，为农村培养了一大批留得住、用得上、干得好的带头人。继续实施"百万中专生计划"，10年来已完成90多万名中专学历农村实用人才的培养任务。

19．农业行政能力建设。2017年，农业部积极推进职能转变，继续深入开展"放管服"改革，推进体制机制创新，深化农业行政管理体制改革，增强农业公共服务能力。截至2017年年底，全国共建成县乡基层农技推广机构7.2万个，其中，县级1.8万个，乡级5.4万个。全国畜禽屠宰监管职责调整已全部完成。新型兽医制度建设持续推进，官方兽医确认12.2万人，10.3万人取得执业兽医资格，乡村兽医备案31.3万人。农产品质量安全监管机构建设持续推进，全国所有省、88%的地市、75%的县、97%的乡镇建立了监管机构，落实专兼职监管人员11.7万人。投资支持建设部省地县农产品质检机构3 332个，检测人员达到3.5万人。开展国家农产品质量安全县创建工作，命名首批107个国家农产品质量安全县（市），确定第二批创建试点单位215个。

20．农业灾害。2017年农业气象灾害总体偏轻。全国农作物受灾18466.67千公顷，比上年减少7 733.33千公顷，其中成灾9 200千公顷，绝收1 826.67千公顷，分别减少4 466.67多千公顷和1 073.33多千公顷。受灾、成灾和绝收面积均是近十年最低。农作物重大病虫草鼠害总体为中等发生，其中，小麦条锈病、穗期蚜虫、水稻二化螟、纹枯病、玉米三代黏虫偏重发生。畜牧业遭受的自然灾害主要有洪涝、地震、草原火灾、草原鼠虫害。全国重大动物疫情总体保持稳定。

21．农业资源环境保护。农业部通过加强政策引导，推进节水农业发展、化肥农药减量、养殖污染防治、秸秆地膜综合利用，开展农业面源污染防治攻坚。在华北、西北等8省（自治区）推广旱作节水农业技术1 333.33千公顷；实施河北地下水超采区综合治理试点，压减冬小麦133.33千公顷；推进100个果菜茶有机肥替代化肥、300个耕地质量提升和化肥减量增效示范县建设；创建了19个水产健康养殖示范县、750个水产健康养殖示范场；在东北地区71个玉米主产区开展秸秆综合利用试点；在重点用膜地区建设了100个农膜回收示范县。通过推动《土壤污染防治法》立法工作等，加强土壤污染防治。稳步推进农业资源保护工作，抢救性收集和保存了2 000余份重要农业野生植物资源。

22．农业国际合作与交流。2017年，我国农业对外开放水平不断提升，农业对外投资合作深入拓展，农产品进出口稳定发展，农业国际影响力逐步提高，与重点国别、地区以及国际组织的农业多双边合作和科技交流取得显著成效。年末我国农业对外投资流量超过22.2亿美元，占非金融类对外投资的比重达到1.86%，在全球107个国家和地区设立农林牧渔类境外企业1 300多家。

2017年农村发展状况

23. 乡村人口与就业。我国乡村人口规模不断缩小，2017年，我国乡村人口为57 661万人，比2016年减少1 312万人，乡村人口比重为41.48%，下降1.17个百分点。少儿和老年人口比重高，乡村0～14岁人口比重为19.39%，比城镇高4.43个百分点；乡村60岁及以上人口和65岁及以上人口比重分别为19.92%、13.22%，比城镇老年人口比重分别高4.43和3.13个百分点，乡村的老龄化程度更加严重。

24．农业农村水利建设。截至2017年年底，全国冬春农田水利基本建设完成投资3212.07亿元、农民投劳工日21.26亿个、土石方量69.91亿立方米和出动机械1.80亿台（套）。全面推行河长制取得重大进展，23个省份建立了河长制，设立乡级及以上河长31万名、村级河长62万名。农村水电全年完成投资200亿元，新增电站161座，新投产装机135.3万千瓦，技改净增发电设备容量25万千瓦，农村水电全年发电量2 477.2亿千瓦时。农村饮水安全进一步巩固提升，2017年1—10月，累计完成农村饮水安全巩固提升工程投资338亿元，受益人口4 000多万人。

25. 农村电力发展。2017年，中央财政下达农村电网升级改造工程投资计划4 212 601万元。截至2017年年底，为78 533个小城镇中心村实施农网改造升级，机井通电工程完成投资490亿元，为全国1 595 756个机井通了电，为33 082个贫困自然村通了动力电。农村用电保障能力显著增强，国家电网公司累计新建及改造变电站552座，输配电线路89.7万千米，配电变压器45.1万套，改造户表1 431.4万户。北方地区冬季清洁取暖试点启动，2017年北京市完成了901个村庄、36.9万户的煤改清洁能源工作。

26. 农村道路交通建设。2017年，"四好农村公路"建设稳步推进，全年农村公路建设完成投资4 731.33亿元，新改建农村公路28.97万千米，新增通硬化路建制村1.1万个，新增通客车建制村8473个。到2017年年末，全国公路里程400.93万千米，全国通硬化路面的乡（镇）占全国乡（镇）总数的99.39%，通公路的建制村占全国建制村总数的99.98%。农村公路等级路率89%，硬化路率73%，县、乡农村公路管养机构设置率分别达到99.9%、92.9%，农村公路列养率97.5%，优良中等路率80.7%。全国开通客运线路的乡镇比例为99.12%，开通客运线路的建制村比例为95.85%，城乡运输一体化水平接近80%。

27. 农村人居环境治理。截至2017年年底，中央财政累计安排农村环保专项资金435亿元，完成13.8万个村庄环境综合整治，近2亿农村人口受益。2017年，农村危房改造补助资金159.87亿元，全年完成对农村地区建档立卡贫困户危房改造152.5万户。农村生活垃圾治理成效逐步显现，北京等5个省（直辖市）已提前达到农村生活垃圾治理目标。"厕所革命"成效明显，截至2017年10月底，全国新改建厕所6.8万座。

28. 农村教育。2017年，城乡义务教育均衡发展成效显著，截至2017年年底，全国实现义务教育发展基本均衡的县累计达到2 379个。农村义务教育学生资助体系基本形成，全面免除了城乡义务教育阶段学杂费、书本费，继续对家庭经济困难寄宿生提供生活补助，继续实施农村义务教育学生营养改善计划。农村义务教育办学条件进一步改善，截至2017年年底，中央财政已累计投入专项资金1 336亿元，带动地方投入2 500多亿元，全国新建、改扩建校舍1.65亿平方米，采购课桌凳2 738万件、图书4.53亿册、生活设施设备1 462万台件套等。乡村教师职业环境优化，2017年连片特困地区乡村教师生活补助政策实现了全覆盖，人均月补助标准同比提高13.4%。农村职业教育进一步发展，到2017年年末，全国新型职业农民超过1 500万人。

29. 农村文化。2017年，农村文化事业稳步推进，全国县及县以下文化事业费457.45亿元，同比增加14.5%。截至2017年年底，已建成35 000多个乡镇（街道）基层服务点、60万个村（社区）基层服务点。农村文化产品不断丰富，农村图书、报纸、期刊、音乐和表演艺术等文化产品日趋丰富。农村文化产业创新发展，中央和有关部门出台了一系列促进文化产业发展的政策文件。农村公共文化服务水平有效提升，截至2017年年底，全国乡镇（街道）文化站41 175个，2/3的村有综合性文化服务中心，覆盖城乡的国家、省、市、县、乡、村（社区）六级公共文化服务网络进一步健全。

30. 农村医疗卫生。2017年，我国农村公共卫生服务水平显著改善。农村基本公共卫生服务项目全面实施，国家对基本公共卫生服务的财政补助达到人均50元，比上年提高5元。农村医疗卫生服务体系进一步完善，2017年，农村地区设有县级医院14 482所、乡镇卫生院3.7万个、村卫生室63.2万个，初步形成了由县医院、乡镇卫生院和村卫生室组成的三级卫生服务网络。农村医疗保障能力显著提升，2017年，新型农村合作医疗参合率稳定在98%以上。

31. 农村社会保障。2017年，城乡统筹的社会保障制度建设取得突破性进展。新农保和城镇居民养老保险已整合统一为城乡居民基本养老保险制度，新农合跨省就医费用核查和结报工作加快推进，城乡居民大病保险制度全面实施。农村社会保障覆盖范围不断扩大。截至2017年年末，城乡居民基本养老保险参保人数51 255万人，参加城乡居民基本医疗保险人数为87 359万人，共有4 047万人享受农村居民最低生活保障，467万人享受农村特困人员救助供养。保障标准和水平稳步提高。基础养老金标准每人每月提高至70元。各级财政对新农合的人均补助标准达到450元，比上年提高30元，新农合政策范围内的住院费用报销水平达到75%左右。农村低保月人均标准达到351元，比上年增长16.6%。农村五保集中供养和分散供养月人均标准分别达到560元、320元，比上年分别增长5.7%、8.5%。

32．农民收入与消费。2017年全国农村居民人均可支配收入13 432元，扣除价格因素影响，实际增长7.3%。比上年加快1.1个百分点。其中，工资性收入5 498元，增长9.5%；经营净收入5 028元，增长6.0%；财产净收入303元，增长11.4%；转移净收入2 603元，增长11.8%。2017年，农村居民人均可支配收入中位数11 969元，比上年增长7.4%。2017年农村居民人均消费支出10 955元，名义增长8.1%，扣除价格因素影响，实际增长6.8%。

33．农村扶贫开发。2017年中央和省级财政专项扶贫资金突破1 400亿元，国家大力推进深度扶贫地区扶贫攻坚，稳步推进分类实测，进一步压实帮扶责任，着力改善贫困地区发展环境，夯实精准扶贫工作基础，脱贫攻坚战取得显著成效。2017年减少贫困人口1 289万，退出125个国家级贫困县。

2017年农业农村政策

34．财政支农政策。2017年，农业部与财政部共管的中央财政转移支付安排资金2 543亿元，其中农业生产发展资金1 928亿元，农业资源及生态保护补助资金220亿元，动物防疫补助经费61亿元，农业生产救灾资金35亿元，农村土地承包经营权确权登记颁证补助资金54亿元，渔业发展与船舶报废拆解更新补助资金240亿元。

35．农村土地承包经营权确权登记颁证。截至2017年年底，全国31个省（自治区、直辖市）均开展了承包地确权工作，共涉及2 747个县级单位、3.3万个乡镇、

54万个行政村；承包地确权面积77 266.67千公顷，占二轮家庭承包地（账面）面积的80%以上；发放土地承包经营权证1.06亿份。

36．推进乡村绿色发展。继续推进60 000千公顷粮食生产功能区、15 866.67千公顷重要农产品生产保护区划定工作，确保将优质耕地稳定地用于粮棉油糖等重要农产品生产。聚焦特色粮经作物、特色园艺产品、特色畜产品、特色水产品、林特产品五大类29个重点品种（类），创建并认定浙江省安吉县安吉白茶等第一批62个特色农产品优势区。以"一控两减三基本"（控制农业用水总量，化肥、农药使用量减少，畜禽粪污、农作物秸秆、农膜基本资源化利用）为目标，坚持投入减量、绿色替代、综合治理，农业面源污染加剧的趋势得到有效遏制。

37．减轻农民负担。2017年，全国取消收费项目和文件209个，取消涉农乱收费3 506件；查处有关部门和单位向村级组织摊派问题案件3 614件。清理摊派费用3 500多万元，减轻农民负担3.35亿元。国务院减轻农民负担联席会议重点抽查了内蒙古、陕西、青海三个省（自治区），查出5个方面12类问题，清理退还农民和村集体219.86万元。

38．农村改革试验区建设。2017年，农村改革试验区联席会议各成员单位通力合作、全力推动，58个农村改革试验区锐意改革、大胆探索，形成了一批各具特色的改革成果，农村改革试验取得明显成效。批复北京市大兴区等34个试验区新增粮食生产规模经营主体营销贷款、农民集体收益分配权退出、农业农村发展用地保障等27项试验任务。截至目前，试验区改革试验任务达到了50余项，覆盖了农村改革的主要领域。

39．推进农民合作社发展。截至2017年12月底，全国依法登记的农民合作社达到201.7万家，同比增长12.4%；实有入社农户超过1亿户，约占全国农户总数的48.1%。2017年全国新登记注册农民合作社22.3万家。农民合作形式由"同类"产品或服务的专业合作向资源要素股份合作拓展，业务由生产经营向资金融通、保险互助等内容延伸，领域由单纯从事农业生产向一二三产业融合发展，层级由农户间合作向社际联合迈进。组织农产品标准化、品牌化、绿色化生产，17万家合作社实施标准化生产、拥有注册商标，4.3万家合作社通过"三品一标"质量认证。超过一半的合作社提供产加销一体服务，服务总值11 044亿元。

40．深化种业体制改革。2017年，农业部国家农作物品种审定委员会发布了修订的《主要农作物品种审定标准（国家级)》，建立了非主要农作物品种登记制度。水稻、小麦、玉米、大豆四大作物国家良种重大科研联合攻关，取得了一系列新进展、新成效与新突破。加快建设国家级育制种基地和区域性良种繁育基地，已基本形成以海南、甘肃、四川三大国家级育制种基地为龙头，52个杂交玉米、杂交水稻制种大县为骨干，首批49个区域性良繁基地为基础的种业基地"国家队"，杂交玉米、杂交水稻国家种子基地的制种产量，分别占全国的80%和70%。

41．农机购置补贴政策。2017年，中央财政投入农机购置补贴资金186亿元，在优先保障粮食和主要农产品生产全程机械化需求基础上，着力强化绿色生态导向，积极引导科技创新，加快推进普惠共享，切实提高服务管理水平，扶持约170万农户购置机具190万台（套）；进一步提升了农业物质技术装备水平，全国农作物耕种收综合机械化率达66%以上，政策实施有序有力有效。

42．深化农村金融改革。2017年年末，全部金融机构涉农贷款余额达到30.95万亿元，同比增长9.64％；农业银行县域贷款余额达3.57万亿元，比年初增加3 900亿元，增长12.3％，高于全行平均水平2个百分点；涉农贷款余额3.08万亿元，比年初增加3 586亿元，同比多增1 414亿元；全国农村信用社涉农贷款余额和农户贷款余额分别为9.0万亿元和4.4万亿元，比上年末分别增长9.5%和11.6％；全国共组建以县（市）为单位的统一法人农村信用社907家，农村商业银行1262家，农村合作银行33家。农业保险快速发展。中央财政拨付农业保险保费补贴金179.09亿元，同比增长13%。2017年，中央财政拨付农业保险保费补贴资金179.04亿元，带动全国实现农业保险保费收入470亿元，为2.13亿户次农户提供风险保障2.79万亿元，为4 737.14万户次农户支付赔款334.49亿元，同比增长11.79％。

43．农产品市场调控。2017年，继续执行稻谷、小麦最低收购价政策，稻谷最低收购价全面小幅下调，早籼稻、中晚籼稻、粳稻每500克比上年分别下调0.03元、0.02元、0.05元，小麦最低收购价保持上年水平不变。继续在东北地区深化玉米市场定价、价补分离改革，健全生产者补贴制度。继续在新疆实行棉花目标价格政策，目标价格水平为每吨18 600元，价格水平一定三年。将东北地区大豆目标价格政策与玉米收储制度改革统筹，调整为市场化收购加补贴的新机制。

44．培育新型职业农民。截至2017年年底，全国新型职业农民总体规模突破1500万人，职业农民队伍规模不断壮大。支撑产业扶贫成效突出，在全国792个贫困县组织实施农业产业精准扶贫培训计划，面向贫困人口围绕主导产业和特色产业开展专项技能培训，投入5.4亿元，培训农民23.4万人，为产业扶贫注入了强劲动力。

45．林业发展政策。划定并严守生态保护红线，完善国家级公益林政策，实现天然林保护政策全覆盖，出台全民义务植树尽责形式管理办法。完善湿地保护修复制度，强化退耕还林有关政策，出台退化防护林修复技术规定。加快培育新型林业经营主体，推进林权抵押贷款，加强林下经济示范基地管理。出台《林业产业发展"十三五"规划》，开展森林体验基地和森林养生基地试点，规范境外林木引种检疫审批风险评估管理。

46．基层农业技术推广体系改革与建设。2017年，农业部深化基层农技推广体系改革，在安徽、浙江、江西等13个省份的36个县开展了基层农技推广体系改革创新试点，支持181个县开展推广机构星级服务创建工作，通过开展农技推广服务特聘计划试点等，加强农技推广队伍建设，提高服务"三农"能力。加强信息化服务平台建设，提高农技推广服务效率。发挥7 000多个农业科技试验示范基地的示范引领作用、140余万名农业科技示范主体的辐射带动作用，增强农技服务供给，全国农技主推技术到位率达到95%以上。

47．农村劳动力转移。各地进一步做好新形势下为农民工服务工作，加强就业服务，继续实施农民工培训计划，加快建立预防和解决拖欠农民工工资问题长效机制，加快推进农民工市民化。2017年，我国农民工规模持续扩大，农民工总量达到28 652万人，比上年增加481万人，增长1.7%，增速比上年提高0.2个百分点。农民工收入水平持续提升，工作拖欠问题得到改善，农民工培训成效显著，社会保障水平不断提高。

48．农村创业与创新。农业部深入贯彻落实《国务院办公厅关于支持返乡下乡人员创业创新促进农村一二三产业融合发展的意见》，推动相关政策措施落地见效，建立推进协调机制，搭建公共服务平台，加快主体培育。农业部公布了1 096个具有区域特色的农村创业创新园区（基地），其中7家列入国家创业创新示范基地。宣传推介了100个农村创业创新优秀带头人。

49．加强农业农村法治建设。2017年，农业法律法规不断完善，农业执法水平不断提升，农业普法教育不断深入，农业依法行政取得重要进展。农业部配合立法机关完成了《农药管理条例》《水污染防治法》《农民专业合作社法》等3部法律、行政法规的修订工作。继续深入开展执法工作，截至2017年年底，全国已有30个省开展了农业综合执法工作，成立了284个市级农业综合执法机构、2 419个县级农业综合执法机构，县级覆盖率达到应建比例的99%。

2017年农业农村发展与国民经济

50．农业对国民经济的贡献。2017年国内生产总值827 122亿元，比上年增长6.9%。其中，第一产业增加值65 468亿元，增长3.9%；第二产业增加值334 623亿元，增长6.1%；第三产业增加值427 032亿元，增长8.0%。第二产业增加值比重为40.5%，比上年上升0.7个百分点，第三产业增加值比重为51.6%，与上年持平。第一产业增加值占国内生产总值的比重为7.9%，比上年下降0.7个百分点，对国民经济增长的贡献率为2.1%，比上年下降了3.1个百分点。

51．农业与国民收入分配。在2017年国内生产总值中，第一产业占7.9%，比上年降低0.7个百分点；第二产业占40.5%，比上年提高0.6个百分点；第三产业占51.6%，与上年持平，三产配比不断优化。

52．工农业发展比例关系。2017年，工业增加值达到279 996.9亿元，比上年增长13.0%，增速提高7个百分点；农林牧渔业增加值68 008.7亿元，比上年增长4.1%，增速提高1.2个百分点。工业增加值增长速度仍明显高于农业增加值的增长速度。

53．城乡居民收入差异。2017年，全国农村居民人均可支配收入比上年实际增长7.3%；城镇居民人均可支配收入比上年实际增长6.5%。全年农村居民人均可支配收入实际增速比城镇居民人均可支配收入实际增速快0.8个百分点。但城乡居民人均可支配收入绝对差额进一步扩大到22 964元，比上年增加1 700多元，收入不平衡问题依然突出。

54．城乡居民消费差异。2017年，城镇居民人均消费支出24 445元，比上年增加1 366元，实际增长4.1%；农村居民人均消费支出10 955元，比上年增加825元，实际增长6.8%，农村居民人均消费增速高于城镇居民2.7个百分点，城乡居民人均消费支出倍差由上年2.28继续下降到2.23，消费水平的相对差距进一步缩小，但绝对差额继续扩大。

55．区域经济发展差异。2017年，东、中、西部和东北地区实现农业增加值占国内生产总值的比重继续呈下降趋势，地区间农业增加值差距有所缩小，东、中、西部和东北地区农业增加值之比由上年的3.46:2.62:2.93:1缩小为3.35:2.59:3:1。农村居民收入水平的区域差异有所扩大。2017年，东部、中部、东北地区与西部地区农村居民人均可支配收入之比由上年的1.25:0.95:0.80:1扩大为1.27:0.97:0.82:1。

2018年农业农村发展趋势

56．发展目标和任务。2018年是贯彻党的十九大精神、实施乡村振兴战略的开局之年，是以农村改革为发端的改革开放40周年，是决胜全面建成小康社会、实施"十三五"规划承上启下的关键一年。2017年年底召开的中央农村工作会议提出了实施乡村振兴战略的意见，明确了实施乡村振兴战略的重大意义、指导思想、目标任务和基本原则，并对实施乡村振兴战略作出了具体部署。按照中央的部署，农业农村部提出，2018年和今后一个时期，全面贯彻党的十九大精神，以习近平新时代中国特色社会主义思想为指导，坚持稳中求进工作总基调，践行新发展理念，按照高质量发展的要求，以实施乡村振兴战略为总抓手，以推进农业供给侧结构性改革为主线，以优化农业产能和增加农民收入为目标，以保护粮食生产能力为底线，坚持质量兴农、绿色兴农、效益优先，加快转变农业生产方式，推进改革创新、科技创新、工作创新，大力构建现代农业产业体系、生产体系、经营体系，大力发展新主体、新产业、新业态，大力推进质量变革、效率变革、动力变革，加快农业农村现代化步伐，朝着决胜全面建成小康社会的目标继续前进。

57．农业农村发展面临的条件。2017年农业农村经济发展坚持稳中求进总基调，巩固发展了农业农村经济好形势。粮食生产能力跨上新台阶，农业供给侧结构性改革迈出新步伐，农民收入持续增长，农村民生全面改善，脱贫攻坚战取得决定性进展，农村生态文明建设显著加强，农民获得感显著提升，农村社会稳定和谐。农业农村发展取得的重大成就和"三农"工作积累的丰富经验，为实施乡村振兴战略奠定了良好基础。但农村发展也面临着一些新的挑战，一是保持农业持续发展，寻找和培育新的增长点尤为迫切；二是探索农业如何增效，农民如何增收变得十分紧迫；三是城镇化背景下加快新农村建设面临新的挑战。

58．农业农村发展趋势判断。据农业农村部调查，2018年全国稻谷意向种植面积较上年调减，大豆种植面积预计增加，玉米面积继续调减。预计油料作物种植面积小幅下降，蔬菜面积稳定，畜牧业和渔业平稳发展。随着粮食等重要农产品收储制改革的不断深入，农产品价格由市场供求决定的特征更加明显。2018年国内农产品价格总体处于低位徘徊，不会有太大波动，多种农产品价格涨跌互现。农产品比较优势和相对优势均出现明显下滑，导致我国农业产业和农产品对外依存度加大。农民收入增速将继续快于城镇居民收入增速，但绝对差距依然较大。

目　录

2017年农村发展状况

2017年农业农村政策 ············ 125

2017年农业农村发展与国民经济

2018年农业农村发展趋势

2017年农业农村大事记

正文附图

正文专栏

附表 ………………………………………… 217

2017年
农业发展状况

2017年农业发展状况

总体状况

　　2017年，党中央、国务院坚持新发展理念，以推进农业供给侧结构性改革为主线，积极推动结构调整、绿色发展、创新驱动和深化改革，加快培育农业农村发展新动能。各级农业部门认真落实中央决策部署，以绿色发展为导向，以稳定产能、优化供给、提质增效、农民增收为目标，直面问题，攻坚克难，扎实工作，农业农村经济实现了稳中向好，为经济社会发展全局提供了有力支撑。

　　（一）粮食生产再获丰收　2017年，粮食总产66 161万吨，比上年增加117万吨，连续第6年产量超过60 000万吨。全年粮食播种面积117 989千公顷，比上年减少1 241千公顷（图1）。平均单产每公顷5 607千克，比上年提高68千克，创历史新高。

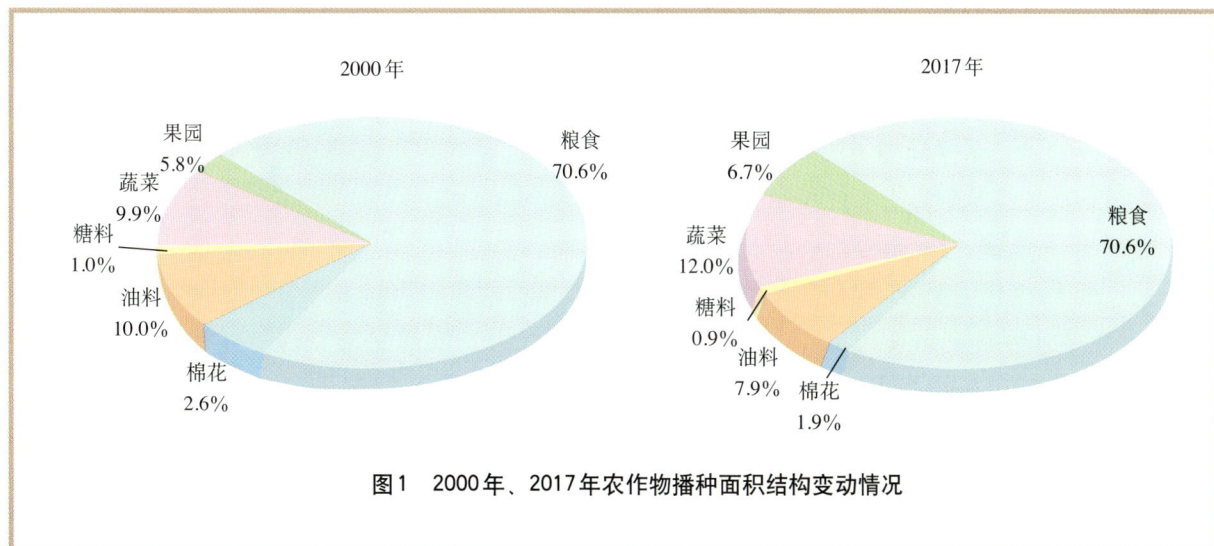

2000年

果园 5.8%
蔬菜 9.9%
糖料 1.0%
油料 10.0%
棉花 2.6%
粮食 70.6%

2017年

果园 6.7%
蔬菜 12.0%
糖料 0.9%
油料 7.9%
棉花 1.9%
粮食 70.6%

图1　2000年、2017年农作物播种面积结构变动情况

（二）主要农产品稳定发展　2017年，油料产量3 475万吨，比上年增加75万吨；棉花产量565万吨，增加31万吨；糖料产量11 379万吨，增加203万吨；蔬菜产量6.9亿吨，增加1 759万吨；水果产量2.52亿吨，增加837万吨；茶叶产量246万吨，增加15万吨。全年肉类总产量8 654万吨，增长0.3%。其中，猪肉产量5 452万吨，增长0.5%；禽蛋产量3 096万吨，下降2.0%；牛奶产量3 039万吨，下降0.8%；水产品产量6 445万吨，增长1.0%。

（三）结构调整取得新进展　2017年，籽粒玉米面积调减178万公顷。市场紧缺的大豆面积增加65万公顷，杂粮杂豆增加约14万公顷，青贮玉米和优质饲草增加30多万公顷，马铃薯增加约6万公顷。有区域特色的杂粮杂豆，风味独特的小宗油料，有地理标识的农产品不断拓展。优质强筋弱筋小麦面积比例占27.5%，比上年提高2.8个百分点。优质稻、加工专用稻面积比例超过80%，比上年提高1.5个百分点。规模化、集约化养殖快速发展，产业集中度进一步提升。全国畜禽养殖规模化率达到58%，同比提高2个百分点。水产健康养殖示范创建继续深入开展，全年审核通过示范场750个、现场验收通过示范县12个。

（四）绿色发展深入推进　一是轮作休耕稳步推进。2017年中央财政安排25.6亿元，在东北地区实施玉米大豆轮作67万公顷，比上年增加33万多公顷；在河北地下水漏斗区、湖南重金属污染区、西南西北生态严重退化地区实施休耕13万多公顷，比上年增加5万多公顷。二是有机肥替代化肥初见成效。农业部选择100个示范县开展有机肥替代试点，2017年示范县减少的化肥用量相当于减少氮磷流失0.3万吨（折纯）。三是化肥农药用量持续下降。2017年三大粮食作物化肥利用率37.8%，比2015年提高2.6个百分点，农药利用率38.8%，

提高2.2个百分点。四是节水农业加快发展。在华北、西北地区大面积推广耐旱小麦、薯类、杂粮等，小麦节水品种推广面积达到267万公顷，比上年增加130多万公顷。五是养殖废弃物资源化利用全面推进。2017年，全国养殖废弃物资源化综合利用率达到64%，养殖环境明显改善。六是稻渔综合种养迅猛发展，2017年全国稻渔综合种养面积达到1 866.67千公顷。渔业治污节能减排深入推进，洞庭湖区畜禽水产养殖污染治理试点全面展开。

（五）农业生产条件持续改善　一是划定永久基本农田。2017年，完成10 333万公顷永久基本农田划定，确定了水稻、小麦、玉米生产功能区和大豆生产保护区。二是耕地质量稳步提升。在300个县建设40万公顷示范区，集成推广土壤改良、地力培肥、治理修复综合技术。建立400多个黑土地保护核心示范区，建设183个黑土地耕地质量长期定位监测点，17个试点县项目区耕地质量等级平均达到3等，比项目实施前提高0.88个等级，土壤有机质含量平均达到3.27%，提高0.4个百分点。三是农机装备总量迈上新台阶。2017年，农机总动力达9.88亿千瓦，比上年新增2 800万千瓦。大马力、高效率、多功能机具保有量快速增加，主机与农具配套比进一步优化。四是主要农作物耕种收综合机械化率超过66%，同比提高1个百分点，农业生产方式正在进入机械化为主导的新阶段。五是农机社会化服务能力有了新提升。全年农机深松整地11 733.33千公顷，全国农机服务总收入超过5 500亿元，农机服务组织和农机大户总数达到520万个。

（六）农产品市场保持稳定　2017年，我国农产品进出口贸易总额为2 013.88亿美元，比上年增加9.1%。其中，出口额755.32亿美元，比上年增加3.5%；进口额1 258.56亿美元，比上年增加12.8%；农产品贸易逆差

503.24亿美元，比上年增加30.4%。2017年全国农产品生产者价格总水平比上年下降3.5%。其中，种植业产品下降0.5%，林业产品上涨4.9%，饲养动物及其产品下降9.2%，渔业产品价格上涨4.9%。农村居民消费价格比上年增长1.3%，低于全国0.3个百分点。农村商品零售价格比上年增长1.3%，增幅高于上年0.4个百分点，高于全国平均0.2个百分点。实现乡村社会消费品零售额51 972亿元，比上年增长11.8%，增速比上年提升0.9个百分点，高于城镇增速1.8个百分点。

（七）农产品加工和产业化经营发展水平进一步提升 2017年，全国规模以上农产品加工业增加值实际增长6.5%；实现主营业务收入19.4万亿元，增长6.5%；实现利润1.3万亿元，增长7.4%。供给结构继续优化，蛋品加工、中药制造和精制茶加工继续较快增长。出口贸易恢复增长，全年规模以上农产品加工业完成出口交货值10 980亿元，增长7.1%，增速较上年同期上升4.9个百分点。到2017年年底，经县级以上农业产业化主管部门认定的龙头企业达8.7万家，其中省级以上重点龙头企业1.7万家，国家重点龙头企业1 242家，年销售收入超过1亿元的省级以上重点龙头企业突破8 000家，超过100亿元的达到70家。生鲜电商、产业链金融、智慧农业等新业态蓬勃发展，创意农业、观光农业、康养农业等新模式不断涌现。

（八）农产品质量安全持续向好 2017年，农产品质量安全继续保持持续向好的发展态势，全年未发生重大农产品质量安全事件。全国蔬菜、畜禽产品和水产品监测合格率分别为97%、99.5%和96.3%，同比分别上升0.2、0.1和0.4个百分点，主要农产品质量安全例行监测抽检总体合格率为97.8%，同比上升0.3个百分点。国家农产品质量县安全创建深入开

展，农业标准化水平继续提升，突出问题治理得到强化，风险监测评估积极推进，科普宣传和应急处置有效开展，监管能力切实提升。

种植业

2017年，种植业紧紧围绕农业供给侧结构性改革这一主线，以绿色发展为导向，以稳定产能、优化供给、提质增效、农民增收为目标，聚焦重点，精准发力，努力提高供给体系质量，促进转型升级，取得积极进展。

（一）种植业生产保持稳定发展势头 2017年，在继续较大幅度调整种植结构的情况下，粮食生产再获丰收。全年粮食产量66 161万吨，比上年增加117万吨，连续第5年产量超过60 000万吨（图2）。全国粮食平均单产每公顷5 607千克，比上年提高68千克，创历史新高。粮食产量中，夏粮产量14 174万吨，增产0.9%；早稻产量2 887万吨，减产3.7%；秋粮产量48 999万吨，增产0.2%。全年谷物产量61 521万吨，比上年减产0.2%。其中，稻谷产量21 268万吨，增产0.7%；小麦产量13 433万吨，增产0.8%；玉米产量25 907万吨，减产1.7%。经济作物总体保持稳定发展态势，园艺作物质量效益显著提升。全年棉花产量565万吨，比上年增加31万吨，增产5.8%，是2012年以来首次恢复性增加（图3）。全年油料产量3 475万吨，增加75万吨，增产2.2%（图4）。全年糖料产量11 379万吨，增加203万吨，增产1.8%，是2013年以来首次恢复性增加（图5）。全年蔬菜产量6.9亿吨，增加1 759万吨，增产2.6%。全年水果产量2.52亿吨，增加837万吨，增产3.4%（图6）。全年茶叶产量246万吨，增加15万吨，增产6.4%。果菜茶结构不断优化，质量效益明显提升。

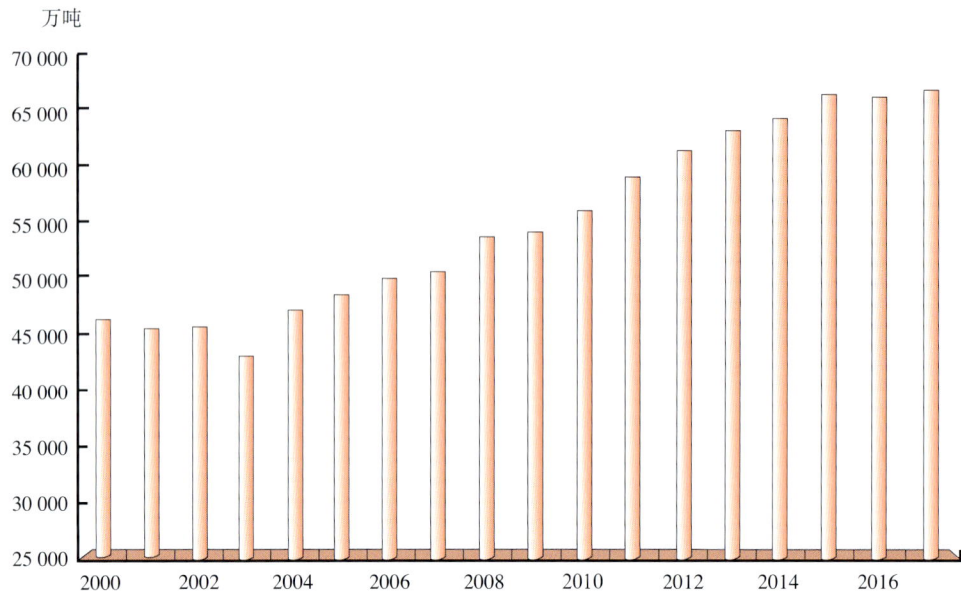

图2　2000—2017年粮食总产量变动情况

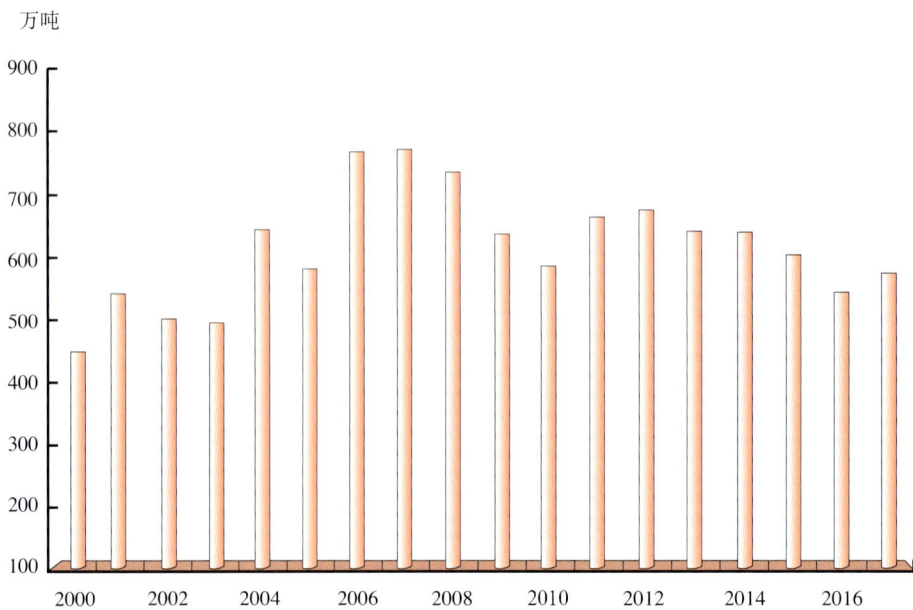

图3　2000—2017年棉花总产量变动情况

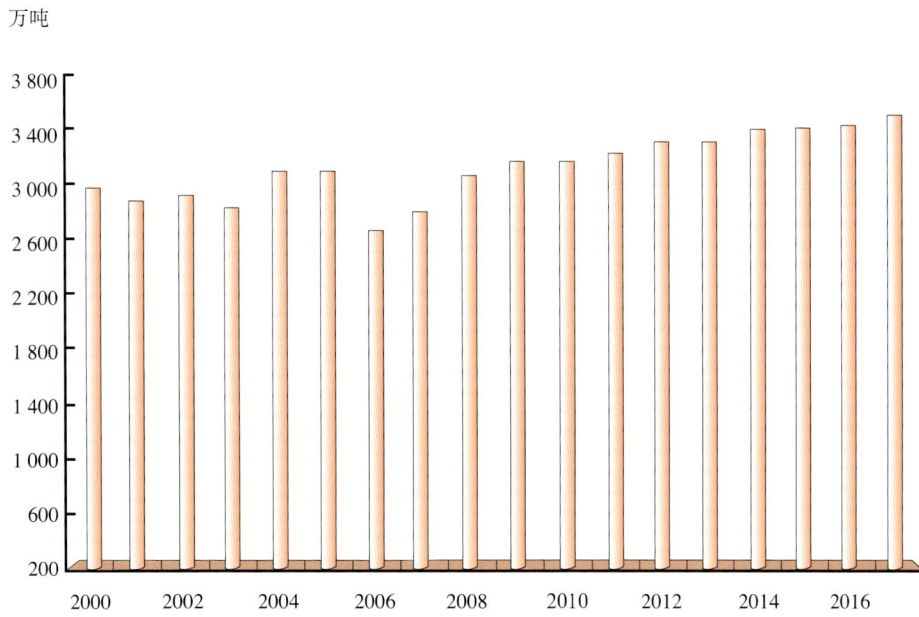

图4 2000—2017年油料总产量变动情况

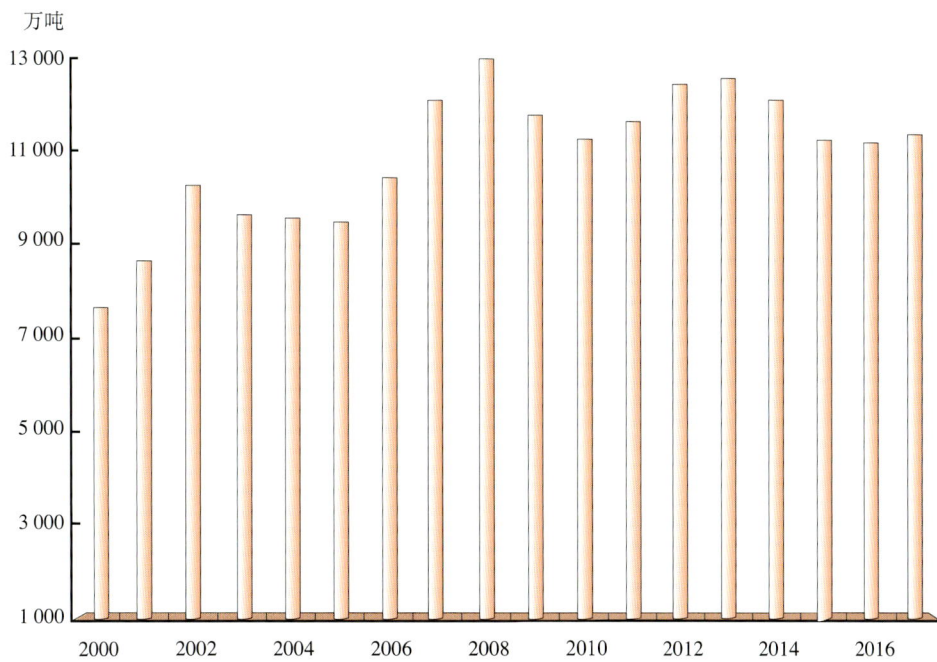

图5 2000—2017年糖料总产量变动情况

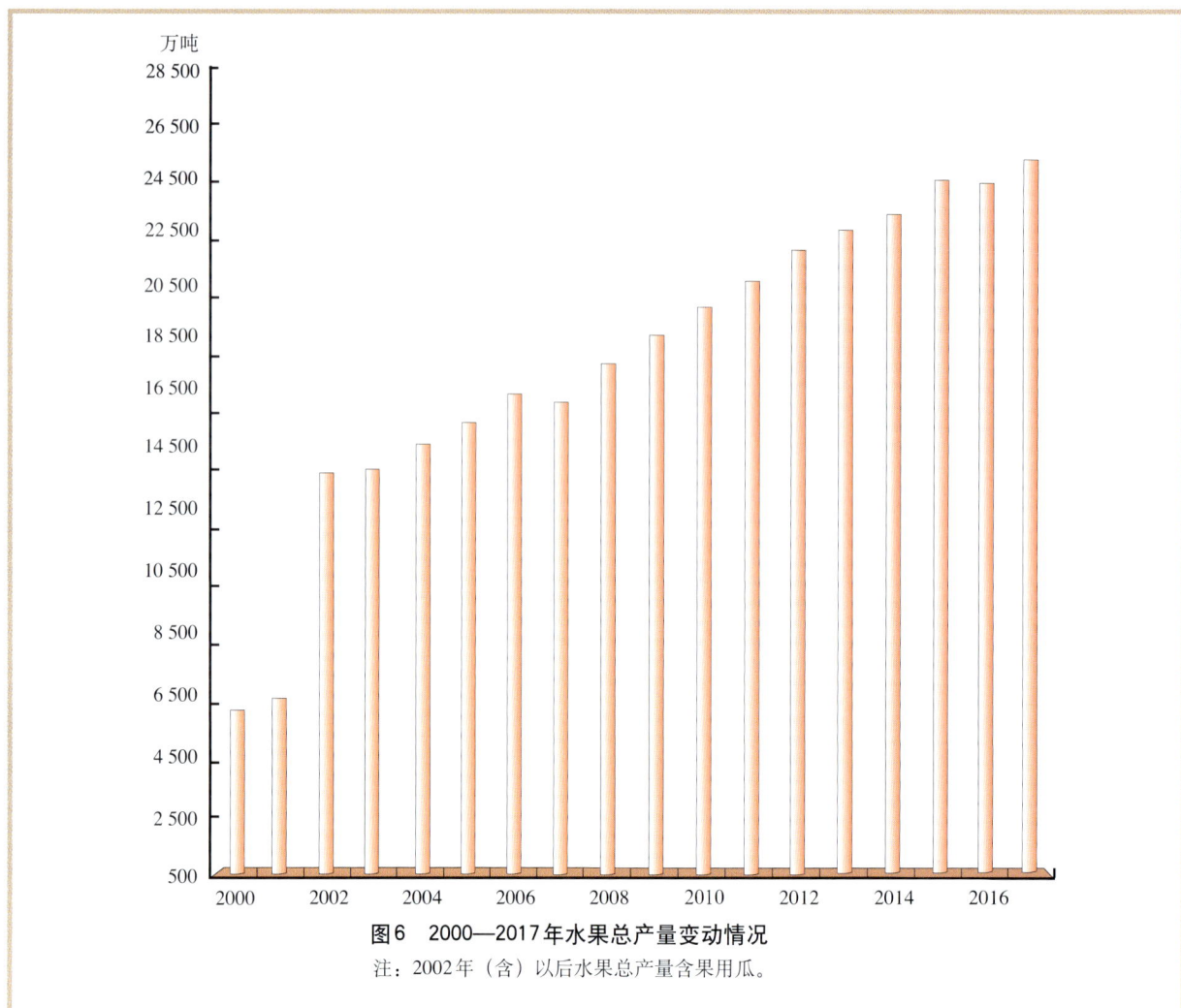

图6　2000—2017年水果总产量变动情况

注：2002年（含）以后水果总产量含果用瓜。

（二）种植业结构调整取得积极进展

1. 结构调"优"有新进展。在稳定口粮品种的基础上，因地制宜调整优化种植结构。一是无效供给减少，库存压力较大的籽粒玉米面积调减178万公顷。二是有效供给增加，市场紧缺的大豆面积增加65万公顷，杂粮杂豆增加约14万公顷，青贮玉米和优质饲草增加30多万公顷，马铃薯增加约6万公顷。三是高效供给拓展，积极发展有区域特色的杂粮杂豆，风味独特的小宗油料，有地理标识的农产品。市场紧缺的优质强筋弱筋小麦面积比例占27.5%，比上年提高2.8个百分点。优质稻、加工专用稻面积比例超过80%，比上年提高1.5个百分点。

2. 生产调"绿"有新进展。一是布局加快优化。华北地下水超采区、西南小麦条锈病菌源区、江淮赤霉病易发区调减小麦面积30多万公顷。推广小麦节水品种面积260多万公顷，比上年增加130多万公顷。二是轮作休耕稳步推进。2017年中央财政安排25.6亿元，在东北地区实施玉米大豆轮作67万公顷，比上年增加33万多公顷，实现种地养地相结合；在河北地下水漏斗区、湖南重金属污染区、西南西北生态严重退化地区实施休耕13万多公顷，比上年增加5万多公顷。

3. 产业调"顺"有新进展。一是农牧结合加快粮改饲。以养带种、以种促养，扩种青贮玉米、优质饲草等作物，促进农牧深度融合，实现就地过腹转化。粮改饲面积超过67万公顷，比上年增加26万多公顷。二是订单生产促进产销衔接。全国粮食作物订单面积2 800万公顷，比上年增加330多万公顷。三是稻田综合种养保粮增收。全年稻田养鱼、养蟹、养虾等综合种养面积160多万公顷，比上年增加13万多公顷。

（三）种植业绿色发展取得新进展

1. 有机肥替代化肥初见成效。2017年，在优势产区选择100个既是果菜茶生产大县，又是畜牧养殖大县的示范县（市）开展有机肥替代试点，分区域集成组装一批有机肥替代化肥技术模式，以果定畜、以畜定沼、以沼促果，推动种养业在布局上相协调、在生产上相衔接。2017年100个示范县（市）减少的化肥用量，相当于减少氮磷流失0.3万吨（折纯）。

2. 化肥农药用量持续下降。深入实施"到2020年化肥使用量零增长行动"和"到2020年农药使用量零增长行动"。一是将化肥使用强度指标纳入省级政府生态文明建设目标考核，在东北和黄淮海玉米产区、北方设施蔬菜集中产区和南菜北运基地、黄土高原和渤海湾苹果优势产区的300个县开展化肥减量增效试点。二是将农药减量增效列入粮食安全省长责任制和农业现代化发展考核指标体系，在150个果菜茶优势县开展全程绿色防控试点，建设600个统防统治与绿色防控融合示范片，建立24个蜜蜂授粉与绿色防控技术集成示范区、46个高效低毒生物农药示范基地，扩大绿色防控面积，减少农药用量。2017年主要农作物病虫绿色防控覆盖率达到27.2%，比上年提高2个百分点；生物农药应用比例超过10%，提高1.5个百分点。2017年化肥农药用量呈现负增长，三大粮食作物化肥利用率37.8%，比2015

年提高2.6个百分点，农药利用率38.8%，提高2.2个百分点。

3. 节水农业加快发展。在华北、西北地区大面积推广耐旱小麦、薯类、杂粮等，小麦节水品种推广面积达到267万公顷，比上年增加130多万公顷。建设11个高标准节水农业示范区，集中示范展示膜下滴灌、集雨补灌和喷滴灌三大模式1 300公顷，带动大面积推广。在西北、华北8省（自治区）推广地膜覆盖、膜下滴灌、抗旱抗逆等旱作农业技术，将补贴与农民回收旧膜挂钩，探索治理农田残膜的思路和技术路径。在河北地下水超采区开展季节性休耕试点，年压采地下水3.6亿立方米。

4. 耕地质量稳步提升。一是划定永久基本农田，2017年，完成10 333万公顷永久基本农田划定，确定了水稻、小麦、玉米生产功能区和大豆生产保护区。二是提升耕地质量，在300个县建设40万公顷示范区，集成推广土壤改良、地力培肥、治理修复综合技术。三是强化耕地质量监测保护，成立农业部耕地质量监测保护中心，完善耕地质量监测网络，建立耕地质量数据库和管理信息系统，耕地质量监测点达到850个。出台《关于加强耕地保护和改进占补平衡的意见》，做好占补平衡补充耕地质量验收。四是东北黑土地地力提高，建立400多个黑土地保护核心示范区，建设183个黑土地耕地质量长期定位监测点，开展第三方评估，17个试点县项目区耕地质量等级平均达到三等，比项目实施前提高0.88个等级，土壤有机质含量平均达到3.27%，提高0.4个百分点。

（四）农药管理条例发布实施 经国务院批准，新修订的《农药管理条例》于2017年6月1日起施行。2017年制定了《农药登记管理办法》等5个配套规章和《农药登记资料要求》等6个规范性文件，完成农药管理职能划转、农药管理机构和编制调整。

专栏1

东北黑土地保护利用试点

加强东北黑土地保护利用，是促进农业绿色发展、夯实国家粮食安全的重要措施。2015年以来，农业部会同财政部，安排专项资金开展黑土地保护利用试点，积极探索黑土地保护有效的工作机制和技术模式。

一、实施成效

2015年以来，农业部会同财政部，在东北4省（自治区）17个县（市、区、旗）开展黑土地保护利用试点。通过试点，东北黑土地保护利用的路径更加清晰、成效更加明显。

一是黑土地保护工作机制逐步建立。黑土地保护是一项长期性、系统性工作，需要建立有效的工作机制。责任到县。试点县（市、区、旗）成立由政府主要负责同志任组长的推进落实组，把工作要求细化到乡镇。乡镇具体负责实施，将试点任务落实到主体、分解到田块。主体带动。改变由政府和农业部门包办的做法，依托新型经营主体，实施黑土地保护。选择705家种植大户、农机合作社、龙头企业开展黑土地保护试点，实施面积占96%以上。连片推进。试点县都选择优势区域和优质品牌基地，集中连片，整体推进。

二是黑土地保护技术模式逐步完善。针对黑土地利用中存在的突出问题，集成组装一批可推广、可复制的综合技术模式。一是积造利用有机肥控污增肥。重点是通过增施有机肥、秸秆还田，增加土壤有机质含量，改善土壤理化性状。2017年，17个试点县（市、区、旗）已建成大型配肥中心和小型智能配肥站70多个、有机肥堆沤场所600多个、有机肥生产加工设施50多套。二是控制土壤侵蚀保土保肥。加强坡耕地与风蚀沙化土地综合治理，控制水土和养分流失，遏制黑土地退化和肥力下降。三是耕作层深松耕保水保肥。重点是推广少免耕、秸秆覆盖、深松等技术，改善黑土地土壤理化性状。四是科学施肥浇水节水节肥。结合开展化肥使用量零增长行动，在玉米、水稻优势产区全面推行精准施肥作业，推广水肥一体化和节水灌溉技术。五是调整优化结构养地补肥。在冷凉区适度压减籽粒玉米种植，推广玉米大豆轮作，发展青贮玉米、苜蓿、黑麦草等优质饲草料。

三是黑土地保护服务体系逐步形成。在黑土地保护利用试点中，探索形成了有效的服务机制。一是推行购买服务。一种是，政府向有机肥生产企业、规模化养殖场及专业合作组织购买服务，承担购买服务的企业或组织将有机肥施用到田。另一种是，政府向农机服务组织购买服务，集中连片开展秸秆粉碎还田、深松耕等。据统计，购买服务资金占总资金的60%以上。二是实施物化补助。主要是对农民使用商品有机肥、缓释肥料、水溶肥料等新型肥料以及大豆根瘤菌剂，采用物化补助的方式，鼓励农民施用。据统计，物化补助资金占总资金的20%左右。三是创新金融服务。部分试点县采取政府和社会资本合作（PPP）模式，在集中养殖区吸引社会主体参与建设、运营"粮—沼—畜"设施。

四是黑土地保护监管方式逐步成熟。一是划定红线。落实最严格的耕地保护制度，将黑土耕地划为永久基本农田，优先将黑土地划为粮食生产功能区和重要农产品生产保护区。17个试点县（市、区、旗）划定永久基本农田3 517.13千公顷，优质黑土耕地100%划入永久基本农田。二是严格考核。结合粮食安全省长责任制和省级政府耕地保护目标责任考核，建立黑土地保护考核机制。探索第三方评估机制，对试点成效进行科学的评估。三是科学监测。制定印发《东北黑土地保护利用试点项目耕地质量监测点建设方案》，建立170多个标准化耕地质量长期定位监测点，采集土样1.8万余个，检测化验13万多项次，田间试验211个。

五是黑土地保护经济生态效益初步显现。主要是"一提一增一改"。一是提升耕地质量。17个试点县（市、区、旗）项目区耕地质量等级平均达到三等，比项目实施前提高0.88个等级，相当于亩均增加粮食产能88千克。耕层厚度达到25厘米以上、增加7～10厘米，土壤有机质含量平均达到3.27%、提高了0.4个百分点。二是增加绿色优质产品供给。黑龙江省结合黑土地保护，认证绿色有机食品面积5 066.67千公顷，推动大粮仓向绿色粮仓、绿色菜园、绿色厨房转型升级。三是改善农田生态环境。通过推进化肥农药减量增效，减少了对黑土地的污染。通过推广节水农业技术，在三江平原、松嫩平原、辽河平原控制水稻生产，减少地下水开采。

二、主要做法

各地加强协调配合，强化指导服务，有力有序推进黑土地保护利用试点顺利开展。

一是压实责任加力推进。制定2017年《东北黑土地保护推进落实方案》，明确目标任务，提出工作要求。工作早部署。在春耕备播前就召开推进落实会，对有关工作进行具体安排。东北4省（自治区）也都及早召开工作部署会，推进各项措施落实。任务早对接。将2017年试点工作的任务列出清单，与试点县（市、区、旗）逐县对接、逐项落实。试点县（市、区、旗）也与承担试点任务的乡镇和实施主体签订协议，细化任务，明确要求，抓好落实。责任早落实。东北4省（自治区）农业部门与17个试点县（市、区、旗）政府签订责任书，明确任务要求。吉林省公主岭市将黑土地保护纳入对乡镇和部门的目标考核，做到进度到月、任务到乡（部门）、责任到人。

二是聚集力量合力推进。强化部门协作。统筹农业、发改、财政、国土、水利等部门协同推进，调动教学、科研、推广、企业、协会积极参与，形成大联合的工作格局。辽宁省法库县将黑土地保护利用项目作为政府"一把手工程"，建立多部门参与的联席会议机制。强化区域协同。以资源禀赋相近，土壤类型相似，种植结构相同的区域为单元，突出三江平原区、松嫩平原区、长白山—辽东丘陵、大兴安岭南麓区等4大区域，分区开展合作交流和协作攻关。强化项目统筹。将黑土地保护与新增千亿斤粮食产能规划田间工程项目相结合，强化工程、农艺措施配套。

三是集成创新示范推进。各地加快技术集成创新，因地制宜推广。一是技术难点强攻突破。黑龙江省农委组织中科院东北地理所、省农科院开展重大课题联合攻关，经过长期试验，将秸秆深翻还田、米豆轮作、增施有机肥等单项技术集成为综合技术，有效解决土壤有机质下降、耕层变薄、理化性状变差等突出问题。二是模式亮点示范展示。各试点县（市、区、旗）建立400多个核心示范区，发挥"攻关区、熟化区、展示区"作用，集中展示绿色高效技术模式。三是关键节点精准指导。4省（自治区）和

17个试点县（市、区、旗）建立专家指导组，每省一位专家牵头，每县一位专家驻点，在秋整地和春整地关键农时，抓好关键技术落实。

四是强化监督务实推进。工作调度信息化。建立信息调度平台，定期调度各省工作进展情况。监督检查常态化。建立督导、通报、约谈的工作制度，东北4省（自治区）各级农业部门累计开展督导检查700余次。项目监管制度化。试点县（市、区、旗）全部建立了资金管理、招标采购、项目公示等制度。对资金实行专账管理，并将审计贯穿于项目全过程，主动接受社会监督。

畜牧业

2017年，畜牧业以新发展理念为指引，以推进畜牧业供给侧结构性改革为主线，更加注重夯实综合生产能力，更加注重提高发展的质量和效益，更加注重推动绿色发展。畜牧业规模化水平、畜禽生产效率、畜产品质量安全水平明显提升，保供给、保安全、保生态协调推进，畜牧业在稳量保质的基础上加快转型升级。

（一）畜牧业生产保持稳定 2017年，全国肉类总产量8 654万吨，同比增长0.3%（图7）。其中，猪肉产量5 452万吨，同比增长0.5%；牛肉产量635万吨，同比增长2.9%；羊肉产量471万吨，同比增长2.4%；禽肉产量1 897万吨，同比增长0.5%。禽蛋产量3 096万吨，同比下降2.0%；牛奶产量3 039万吨，同比下降0.8%。全国商品饲料总产量约2.2亿吨，同比增长6%。畜产品生产总体呈现稳中有进的良好态势。

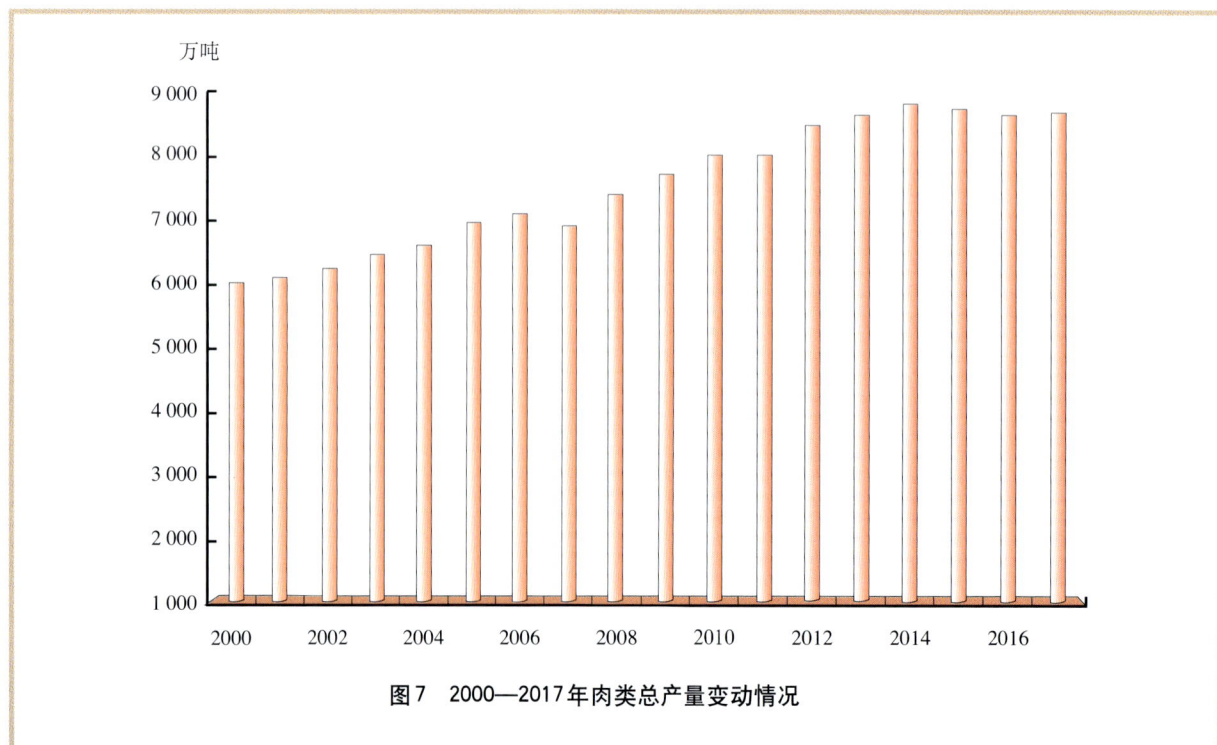

图7　2000—2017年肉类总产量变动情况

（二）养殖效益下降但仍盈利　2017年，平均出栏一头商品肥猪盈利170元，同比减少230元左右；平均每只产蛋鸡全年养殖收益3.1元，同比减少9.2元；平均出栏一只肉鸡盈利1.3元，同比减少0.4元；平均出栏一头450千克的肉牛盈利2 057元，同比增加157元；出栏一只45千克绵羊盈利269元，同比增加129元；出栏一只30千克山羊盈利306元，同比增加26元；平均每头产奶牛全年养殖收益2 720元，同比增加625元。畜禽养殖效益总体较好，为农民增收提供了有力支撑。

（三）生产方式加快转变　2017年，规模化、集约化养殖快速发展，产业集中度进一步提升。全国畜禽养殖规模化率达到58%，同比提高2个百分点，规模养殖逐步成为肉蛋奶生产供应主体。规模化发展促进畜禽生产效率提升，奶牛平均单产达到6.8吨，同比提高7.1%，平均每头母猪年提供猪肉量同比提高4%。产业化龙头企业不断壮大，乳品企业20强市场占有率超过55%，35家百万吨级饲料企业的产量占比达到62%。现代畜禽种业基础进一步夯实，其中国产高产蛋鸡市场占有率提高到40%。

（四）养殖废弃物资源化利用全面推进　绿色发展已经成为畜牧业现代化的主旋律，畜禽养殖废弃物资源化利用制度和政策逐步完善。地方负责、企业主体、政策支持、法律保障、多方参与协同攻坚的工作机制已经形成，养殖废弃物资源化利用工作有序推进。2017年起，中央财政整合资金，重点支持畜牧业大县开展畜禽养殖废弃物资源化利用。2017年，全国养殖废弃物资源化综合利用率达到64%，养殖环境明显改善。

专栏2

畜禽粪污资源化利用稳步推进

2017年，畜禽养殖废弃物资源化利用工作加快推进，制度体系、政策体系、技术体系和工作机制基本建立，粪污资源化利用取得良好开局，规模养殖场粪污处理设施配套率达到65%，比2015年提高15个百分点，畜禽粪污综合利用率达到64%。

一、构建制度体系

国务院办公厅印发《关于加快推进畜禽养殖废弃物资源化利用的意见》，明确新时期畜禽养殖废弃物资源化利用的总体思路和重点任务，建立了以"5项制度+1项机制"为核心的畜禽粪污资源化利用制度。

二、完善工作机制

一是农业部在湖南省召开全国畜禽养殖废弃物资源化利用会议，汪洋副总理出席会议并作重要讲话。二是农业部印发《畜禽养殖废弃物资源化利用工作考核办法（试行）》，明确绩效考核工作安排，层层传导压力。三是印发《畜禽粪污资源化利用行动方案（2017—2020年）》，公布586个畜牧大县名单。

三、强化政策扶持

启动中央财政畜禽粪污资源化利用项目，安排20亿元支持51个重点县整县推进畜禽粪污资源化利用。继续实施种养业循环一体化整县推进项目，支持45个畜牧大县畜禽粪污资源化利用。2017年，共安排中央资金26.68亿元，支持畜牧大县96个。

四、加强技术推广

总结提炼粪污全量收集还田利用、专业化能源利用、规模场配套消纳地种养循环等7种技术模式，出版发行《畜禽粪污资源化利用技术指南》丛书。在全国范围内，创建畜牧业绿色发展示范县55个，认定55个种养结合示范基地、5个集中处理示范基地和15个技术推广示范站，加强典型示范引领。

（五）畜产品质量安全水平持续向好 通过开展畜产品质量安全专项整治，加强日常监督检查，强化质量安全执法，建立畜产品质量安全保障体系，畜产品质量安全水平处于历史最好时期。2017年，畜产品抽检合格率达到99.5%，全年未发生重大畜产品质量安全事件。饲料抽检合格率97.4%，瘦肉精抽检合格率99.8%，生鲜乳抽检合格率99.8%，生鲜乳中三聚氰胺等重点监控违禁添加物抽检合格率连续9年保持100%。生鲜乳蛋白平均值3.2%，脂肪平均值3.8%，均达到奶业发达国家水平。

（六）草原生态持续恢复 2017年，全国大部分草原水热匹配较好，草原植被生长状况好于常年。全国草原综合植被盖度达到55.3%，同比提高0.7%；天然草原鲜草总产量10.6亿吨，同比增加2.5%，天然鲜草产量连续7年保持在10亿吨以上；重点天然草原的平均牲畜超载率为11.3%，同比下降1.1%。草原涵养水源、保持土壤、防风固沙等生态功能得到恢复和增强，草原生态环境持续恶化势头得到有效遏制。

专栏3

现代奶业建设取得新成效

党的十九大作出了深化供给侧结构性改革、实施乡村振兴战略等重大决策部署。2017年中央1号文件提出全面振兴奶业、培育国产优质品牌，为奶业发展指明了方向，提供了根本遵循。农业部认真贯彻落实党中央、国务院决策部署，以优质安全为核心，以"强生产、提质量、创品牌"为主线，加快推动产业转型升级，不断推进奶业振兴和高质量发展，现代奶业建设取得新成效。

一、产业素质显著提升

2017年，农业部继续支持奶牛养殖场（小区）转型升级改造，实施振兴奶业苜蓿发展行动，推进粮改饲和奶牛养殖大县整县种养结合试点，开展奶牛生产性能测定工作，促进奶业标准化、规模化、组织化和绿色发展水平不断提高。一是生产总体稳定增长。2017年，全国牛奶和乳制品产量分别达到3 545

万吨和2 935万吨，总体规模在印度和美国之后，位居世界第三位。乳品市场种类丰富、供应充足，人均奶类消费量折合生鲜乳达到36.9千克，比上年增加0.8千克。二是养殖方式加快转变。2017年，全国存栏100头以上的奶牛规模养殖达到56%，比上年提高3个百分点；奶牛年均单产达到7吨，比上年增加0.6吨；规模牧场全部实现了机械化挤奶，85%的牧场实现了全混合日粮饲喂。三是乳制品加工实力明显增强。乳制品加工结构逐步优化，婴幼儿配方乳粉企业兼并重组，淘汰了一批布局不合理、奶源无保障、技术落后的产能，主要乳制品加工装备设施和管理水平基本达到世界先进水平。2017年，全国规模以上乳品加工企业610家（年销售额2 000万元以上），乳制品加工产值3 590.4亿元，加工行业利润244.9亿元。

二、乳品质量安全水平显著提高

农业部严格按照《乳制品质量安全监督管理条例》《生鲜乳生产收购管理办法》等规定，采取生产和监管并重、监测和执法并举，全面加强生鲜乳质量安全监管，奶业全产业链质量安全监管体系不断完善。一是推进监管信息化。运行奶站和运输车监管监测信息系统，将8 100多个奶牛场、5 400多个生鲜乳收购站和5 200多辆运输车全部纳入精准化、全时段监管，严格做到持证合规经营。特别是对涉及428个婴幼儿配方乳粉奶源的奶站、运输车和奶牛场纳入重点监管。二是推进监管制度化。开展生鲜乳专项整治行动，加大督导检查力度，落实奶站、奶车专人监管和定期巡查制度，做到不漏站、不漏车，坚决整改、取缔不合格奶站和运输车。2017年全年累计出动执法人员3.4万人次，限期整改奶站255家、取缔奶站47个和吊销奶站28个，限期整改运输车105辆、吊销70辆。三是推进监测常态化。连续第9年组织实施生鲜乳质量监测计划，全年共抽检生鲜乳样品2.1万批次，加大对铅、汞、铬、砷等重金属和黄曲霉毒素等的摸底排查，确保乳品源头质量安全。开展婴幼儿配方乳粉奶源质量安全专项监测和飞行抽检，重点对婴幼儿乳粉奶源相关的奶站和运输车进行全覆盖抽检，建立婴幼儿配方乳粉奶源质量安全追溯体系。2017年，生鲜乳抽检合格率达到99.8%，三聚氰胺等违禁添加物抽检合格率连续9年保持100%。生鲜乳蛋白平均值3.23%，脂肪平均值3.81%，主要质量指标均高于《生乳》国家标准，达到奶业发达国家水平。乳制品加工实行出厂批批检验制度，乳制品抽检合格率99.2%，在食品中保持领先；婴幼儿配方乳粉抽检合格率99.5%。

三、品牌影响力不断增强

农业部与有关部门密切配合，建立和完善奶业品牌创建的工作机制，创新品牌发展模式，加大宣传力度，"讲好奶业故事"，为品牌成长创造良好的条件，共同打造"中国奶业"这个大品牌。一是举办以"铸就品牌、振兴奶业"为主题的奶业20强（D20）峰会，20强企业登台推介企业和产品，履行《中国奶业振兴宣言》，充分展示D20企业的乳品品牌形象。二是组织"中国小康牛奶行动"和奶酪进校园推广活动，奶业D20企业开展牛奶公益助学，捐赠牛奶货值6 155万元，惠及63.6万贫困地区学子。三是通过发布中国奶业质量年度报告、推介全国第一批8个休闲观光牧场、在中央电视台播放牛奶公益广告和举办全国牛奶及健康知识竞赛，全面展示奶业发展成就和乳品质量安全状况，让消费者切身感受牛奶安全生产的全过程，激发消费活力。2017年，奶业20强市场销售额超过55%，伊利、蒙牛双双跃居全球乳业前10强，君乐宝婴幼儿奶粉成功登陆香港和澳门市场，飞鹤婴幼儿奶粉获得世界食品品质品鉴大会金奖，民族奶业品牌正在脱颖而出。

兽医事业

（一）兽医体系能力建设 2017年，继续推进兽医立法工作，强化兽医人才队伍建设和兽医机构管理，深入推进兽医社会化服务建设工作。

在兽医立法方面，一是全面评估《兽医立法规划（2014—2020年）》，根据工作实际作出适当调整，制定2017—2020年兽医立法计划，立法任务和工作进度更加明晰。二是发布《港澳台居民参加全国执业兽医资格考试及执业管理规定》，规范港澳台居民参加考试的程序。三是做好配套规范性文件的制修订工作，完成《执业兽医资格考试管理办法》《执业兽医资格考试保密管理规定》等相关规定修订任务。

在兽医人才队伍建设方面，一是完善兽医职业资格制度，执业兽医、乡村兽医作为兽医资格纳入国家职业资格目录；动物疫病防治员、动物检疫检验员作为水平评价类职业资格纳入到国家职业资格目录。二是圆满完成2017年全国执业兽医资格考试，全国共有19 073人通过考试，其中执业兽医师和执业助理兽医师分别为9 487人和9 586人。继续在西藏自治区开展C证政策试点，共有38人取得C证执业兽医资格。推进执业兽医资格考试计算机考试试点工作，制定计算机考试相关工作制度并组织试点省份开展模拟演练。三是继续做好官方兽医和乡村兽医培训工作，举办第五期全国官方兽医师资能力提升培训班，培训业务骨干98名，各地官方兽医师资能力得到了提升；举办全国乡村兽医师资培训班，培训乡村兽医师资

人员110余名。

在兽医机构管理方面，一是在北京市房山区、山东省沂水县、甘肃省环县、安徽省宁国市、广西壮族自治区灵川县等5县（市、区）开展县级兽医体系效能评估指标体系验证工作。起草《县级兽医体系效能评估指标体系（内部验证版）》，编制兽医机构设施水平差距分析报告。二是在全国范围内组织开展兽医处方活动专项整顿行动，进一步规范动物诊疗活动和执业兽医从业行为，整治行动取得良好效果。

在推进兽医社会化服务方面，印发《农业部关于推进兽医社会化服务发展的指导意见》（农医发〔2017〕35号），明确了发展兽医社会化服务总体目标、主要任务和保障措施。江西、重庆、宁夏、黑龙江、湖南就深入推进兽医社会化服务也进行了积极探索。

（二）动物卫生监督执法

1. 推进动物卫生监督法制建设。组织修订《动物检疫管理办法》《动物防疫条件审查办法》，适应社会发展需要，解决动物检疫监督工作面临的突出问题。会同科技部印发《关于做好实验动物检疫工作的通知》，确定实验动物检疫范围，强化实验动物检疫监督管理。印发《兔屠宰检疫规程》，明确兔的屠宰检疫对象和程序，规范兔的屠宰检疫工作。

2. 规范动物卫生监督执法。开展为期5个月的动物检疫证明和畜禽标识专项整治行动，以加强动物检疫证明、畜禽标识管理为重点，严厉打击伪造、变造、买卖动物检疫证明、畜禽标识等违法行为，规范动物检疫秩序。在河南、青海等地组织动物卫生监督骨干轮训，对全国动物卫生监督机构负责同志和基层人员进

行培训，提升业务能力和自身素养。推进兽医卫生监督执法人员网上考试系统建设和执法工作指引编写工作，规范动物卫生风险环节监管。建立活畜禽跨省移动数据报告制度，研究活畜禽移动监管工作，开展动物卫生监督检查站建设有关情况调查，强化畜禽流通风险管控。

2017年，全国动物卫生监督机构共在产地检疫动物182.58亿头（只、羽），较2016年上升8.31％。共检出病害畜禽339.07万头（只、羽），较2016年下降6.1％。对检出病害畜禽全部实施了无害化处理。共查处各类违反动物防疫法案件2.40万件，有力地保障了畜牧业健康发展和畜产品质量安全。

3. 推进病死畜禽无害化处理机制建设。推进《全国动植物保护能力提升工程建设规划（2017—2025年）》病死畜禽专业无害化处理场相关项目落实。开展病死畜禽无害化处理机制建设调研，总结推广无害化处理建设运行模式。印发《病死及病害动物无害化处理技术规范》与《关于进一步加强病死畜禽无害化处理监管工作的通知》，规范病死畜禽无害化处理和监管工作。在湖北召开病死畜禽无害化处理工作座谈会，交流无害化处理机制建设与监管工作经验，总结推广无害化处理与保险联动机制。优化养殖环节病死猪无害化处理补助申报程序，完成2017年度养殖环节病死猪无害化处理补助经费申报工作。

（三）动物疫病防控

1. 重大动物疫病防控。围绕优先防治病种，突出抓好免疫、监测、应急处置等关键措施落实，扎实推进各项防控工作。一是印发国家动物疫病强制免疫计划、监测与流行病学调查计划，指导各地科学防控。二是制定印发国家高致病性猪蓝耳病、猪瘟和新城疫防治指导意见，全面推进优先防治病种的控制和消灭工作。三是调整H7N9流感防疫政策，推动全面免疫，H7N9流感防控取得显著成效。四是组织开展亚洲I型口蹄疫免疫退出监测评估工作，发布公告，全面部署2018年免疫退出后相关工作。五是全面推进小反刍兽疫状况评估工作，组织开展全国小反刍兽疫总体状况评估。六是组织完成《国家中长期动物疫病防治规划（2012—2020年）》中期评估，形成实施进展报告，并将有关情况及时报送国务院。

专栏4

全面加强H7N9流感防控

针对2017年年初人间病例持续高发和变异毒株连续引发家禽疫情等严峻形势，农业部调整防疫政策，推动全面免疫，H7N9流感防控取得显著成效。1—8月，全国共有8个省份发生9起家禽H7N9流感疫情，自9月防疫政策调整后，禽间疫情和人间感染发病情况迅速得到有效控制。

重点从七个环节做好相关工作。一是及时安排部署。多次下发通知，对冬春秋季H7N9流感防控工作进行系统安排部署。按照国务院常务会议要求，召开全国H7N9流感防控工作视频会，指导各地落实综合防控措施。二是强化专项监测。组织国家参考实验室、专业实验室和各地开展H7N9流感专项监测，全年累计检测动物 H7N9 样品 285.4 万份。其中,检测血清学样品 207.7 万份,病原学样品 77.7 万份。三是做好形势研判。多次组织全国动物防疫专家委员会开展研讨,根据监测结果和研究进展,加强趋势研判和预警,及时调整完善防控对策。四是调整免疫政策。在两广地区先行免疫的基础上,从秋防开始对家禽实施全面免疫,成效显著。五是加强部门协作。与卫生计生、食药、工商等部门密切协作,强化防控会商、信息沟通和措施联动。会同国家卫生计生委组成联合督导组,督促落实全面免疫、活禽市场管理等关键措施。六是强化技术支撑。要求部属有关单位密切跟踪病毒变异及流行状况,开展动物 H7N9 疫苗的评价和研究工作。及时建立针对 H7N9 变异毒株的新型病原学检测方法,支持各地开展病原学检测。七是加强应急响应。切实强化应急准备,确保一旦出现突发情况,及时启动应急响应机制。及时向世界动物卫生组织、联合国粮农组织等国际组织通报 H7N9 毒株变异新情况,并向国内公众发布。

2. 主要人畜共患病防控。重点围绕布病、血吸虫病、包虫病等主要人畜共患病开展工作,并取得积极进展。一是继续实行布病区域化管理,坚持分区防控、强化分类指导,做好种畜和奶畜布病监测净化工作。二是联合国家卫生计生委等部委下发《"十三五"全国血吸虫病防治规划》,指导开展血吸虫病家畜查治和农业血防综合治理,巩固和扩大农业血防成果。三是继续开展包虫病防治工作,抓好四川省甘孜州石渠县包虫病综合防治试点工作,试点范围扩大到西藏全区、四川藏区、青海玉树及果洛州等重疫区。四是制定印发国家动物狂犬病防治计划和奶牛结核病防治指导意见,切实做好源头防控。五是持续在陕西、安徽和贵州实施"红项圈"活动,开展狂犬病防治技术示范,指导各地加强防治工作。六是指导各地开展结核病监测净化工作,降低奶牛结核病感染率。

3. 境外动物疫病防范。坚持"内防外堵",加强部门合作,健全联防联控机制,有效防止境外动物疫病传入。一是组织召开非洲猪瘟风险防范部门会商会,召开重点省份防控工作会,对非洲猪瘟防范工作进行再部署、再安排。二是加强非洲猪瘟等境外动物疫病监测和风险评估,强化监测预警与风险管理措施。三是制定发布非洲猪瘟应急预案和国家牛海绵状脑病风险防范指导意见。四是加强防控技术研发和应用,重点加强非洲猪瘟等境外动物疫病病原生物学特性、疫苗和风险评估技术攻关。五是组织开展非洲猪瘟等境外动物疫病防控技术培训,提高基层兽医人员准确识别、快速诊断和规范处置的能力。

4. 无规定动物疫病区建设。全面实施动物疫病区域化管理,加快推进无规定动物疫病区(以下简称无疫区)、无规定动物疫病小区(以下简称无疫小区)建设。一是发布农业部第 2613 号公告,公布吉林省免疫无口蹄疫区达到国家免疫无口蹄疫区标准。二是发布农业部第 2509 号公告,公布山东民和、福建圣农两个肉鸡无高致病性禽流感小区达到国家有关标准。三是修订印发了《无规定动物疫病区评估管理办法》,组织研究起草无疫小区评估管理办法和管理技术规范。四是指导辽宁、黑龙江和内蒙古按照《关于推进大东北地区免疫无口蹄疫区建设的指导意见》要求,积极推进建设免疫无口蹄疫区。海南、广东、山东等已通过国家评估的无疫区所在省份严格落实管理技术措施,维持无疫状态。

5. 突发动物疫情应急管理。全年动物疫情形势总体平稳,未发生区域性重大动物疫情。

对部分省份零星散发的禽流感、口蹄疫、小反刍兽疫等重大动物疫情，均在第一时间派出工作组赶赴现场指导疫情处置，迅速控制和扑灭疫情。针对洪涝、地震等自然灾害，及时召开会议、印发文件，组织编写刊载洪涝灾害动物疫病防控要点，指导灾区开展灾后防疫工作，确保大灾之后无大疫。

（四）生猪屠宰行业管理 2017年，生猪屠宰产业受生猪产能调整、市场需求变化等多重因素的影响，运行情况波动较大，生猪屠宰产业进入转型升级关键期。对此，行业管理部门和产业从业人员协同努力，进一步规范行业发展秩序，总体保持持续稳定发展的态势。

1. 生猪屠宰量小幅增加。2017年我国生猪定点屠宰企业总屠宰量3.20亿头，同比上升4.23%；其中规模以上生猪屠宰企业屠宰量2.22亿头，同比上升6.22%。2017年规模以上生猪屠宰企业屠宰量占全部企业总屠宰量比重为69.38%，较2016年增加1.38%。

2. 屠宰头重进一步增加。2011年以来，规模以上生猪定点屠宰企业年度平均屠宰头重呈现逐年增加的趋势，2017年达116.55千克，较2016年增加1.5千克。

3. 生猪收购价和白条肉出厂价波动加大。2017年全国规模以上屠宰企业生猪平均收购价格15.79元/千克，同比下降15.88%；白条肉平均出厂价格20.55元/千克，同比下降15.39%。全年生猪收购价最低14.46元/千克，最高18.41元/千克，价格波动幅度3.95元/千克；全年白条肉出厂价最低18.90元/千克，最高23.83元/千克，价格波动幅度4.93元/千克。与上年同期相比波动进一步加大（2016年生猪收购价格和白条肉出厂价格波动幅度分别为3.66元/千克、4.31元/千克）。

4. 屠宰企业资产总额有所增加。2017年全国生猪定点屠宰企业资产总额为1 277.01亿元，

同比上涨8.22%；2017年生猪屠宰企业营业收入为2 711.29亿元，同比上涨7.70%。

（五）兽药监管

1. 兽药管理法规标准体系建设。进一步加强兽药管理法规体系建设，组织修订《兽药注册办法》《兽药生产质量管理规范》《兽药注册评审程序》《兽药注册资料技术要求》，制定发布《宠物用兽药说明书范本》《兽药非临床研究质量管理规范（GLP）和兽药临床试验质量管理规范（GCP）监督检查标准》。发布《兽药质量标准》（2017年版），形成以兽药典、质量标准、监测期内新兽药标准为组成的兽药国家标准体系。

2. 兽药GMP管理。进一步强化兽药GMP管理，组织兽药GMP检查员培训，持续派出检查组对相关企业进行现场检查验收。制定发布《兽药生产企业飞行检查管理办法》，明确由兽药GMP检查员和执法人员联合开展飞行检查，检查结果要进行通报。2017年，全国共有446家兽药生产企业通过GMP验收（复验）并取得或换发生产许可证，其中，新取得生产许可证企业34家、换发生产许可证企业412家。

3. 兽药追溯管理。深入推进兽药"二维码"追溯工作，升级国家兽药产品追溯信息系统，完善国家兽药基础数据信息平台，组织开展兽药经营追溯试点工作。2017年12月，升级后的国家兽药产品追溯信息系统正式上线运行，全国兽药经营企业注册34 050家，入网率达63%。

4. 兽用疫苗质量监管。强化禽流感等重大动物疫病疫苗生产、供应以及质量监管工作。落实《口蹄疫、高致病性禽流感疫苗生产企业设置规划》，制定发布《兽用疫苗生产企业生物安全三级防护标准》，严控生物安全风险。组织国家禽流感参考实验室成功研制重组

禽流感病毒（H5+H7）二价灭活疫苗，完成评价和技术标准发布，及时组织生产，有力保障H7N9流感疫苗生产供应。开展兽用疫苗安全再评价，停止生产使用狂犬病活疫苗。继续组织开展重大动物疫病疫苗质量监督抽检，全年共抽检兽用生物制品454批，合格率98%，其中重大动物疫病疫苗抽检219批，合格率100%；重大动物疫病疫苗批签发率和粘贴防伪标签率均达到100%。

5. 兽药质量监督抽检。继续实施兽药质量监督抽检和检打联动，完善兽药质量跟踪检测制度，建立健全部门、区域间沟通协调密切协作以及联动监管等机制，组织开展假兽药查处活动，推动网络兽药打假，完善案件查处通报制度，加大对兽药违法犯罪案件曝光力度。完成非泼罗尼及其制剂风险评估，发布公告禁止非泼罗尼及其制剂用于食品动物。组织实施《2017年兽药质量监督抽检计划》，共抽检兽药15 815批，总体合格率为97%。组织开展假兽药查处活动12次，对24家假冒企业、486批次假兽药进行查处，注销了19家企业255个兽药产品批准文号，2次通报各地兽药违法案件查处率，公布9个典型案件。

6. 兽药宣传培训。组织开展"放心兽药进村科学知识入户"兽药安全使用系列宣传活动，宣传普及兽药识假辨假常识、养殖规范合理用药等相关政策法规和专业知识。实施"科学使用兽用抗生素"百千万接力公益行动，以"科学使用兽用抗菌药，保障动物源性食品安全"为主题，旨在一年之内，覆盖一百个县、一千家养殖企业、一万名养殖从业人员。设立微信公众号"兽药规范使用"，共发布"科学使用兽用抗生素"相关科普、政策、资讯等文章38篇。加入"世界提高抗生素认识周"宣传行动，制作"科学使用兽用抗生素"专题网页，提升养殖者质量安全意识和安全用药水平。

（六）兽医科技管理

1. 加强兽医科技队伍建设。增加6个学科群重点实验室，整合17个相关产业技术体系中兽医首席岗位科学家，成立横向兽医科技研发团队，为动物疫病防控提供技术支撑。

2. 推动实验室管理行政审批制度改革。取消"病原微生物高级别生物安全实验室活动资格认定"审批事项，印发《关于做好动物病原微生物高级别生物安全实验室活动资格认定取消后监管工作的通知》（农办医〔2017〕40号），修改《病原微生物实验室生物安全管理条例》等相关法律法规，调整完善审批管理办法，加强事中事后监管工作，做到工作无缝对接，保障高致病性病原微生物实验活动的生物安全。

3. 加强兽医实验室能力建设。完善国家参考实验室和专业实验室评价标准，审定并公布第二批参考实验室和专业实验室名单。开展2017年度省级兽医实验室比对活动，参与对比的29个省级兽医实验室比对项目全部达标。强化兽医实验室考核，截至目前，有31个省级兽医实验室通过农业部考核。有322个地市级和2 051个县级兽医实验室通过省级考核，分别占全部应考核地市和县市实验室的85.4%和88.2%，各级兽医实验室诊断能力和水平进一步得到提升。

4. 推动兽医标准化工作。全国屠宰加工标准化技术委员会顺利换届。成立全国动物卫生标准化技术委员会中兽医和动物疫病临床诊疗两个分委会。组织全国动物卫生标准化技术委员会制定蓝舌病诊断技术等15项国家标准、16项农业行业标准，终止22项国家标准项目；组织全国屠宰加工标准化技术委员会制定生猪屠宰操作规程等12项国家标准和16项行业标准，集中复审129项畜禽屠宰推荐性标准和计划，提出126项相关标准清理意见。

（七）国际交流合作

1. 深化与国际组织务实合作。一是搭建与世界动物卫生组织（OIE）务实合作平台。积极支持OIE相关活动，举办OIE亚太区猪病防控研讨会和狂犬病防控技术培训，承办OIE/FAO区域小反刍兽疫会议。与OIE合作取得突破性进展。OIE新任总干事艾略特女士应邀访华；中文正式作为OIE全球大会工作语言，彰显大国影响力；与OIE签署谅解备忘录，就派员赴OIE总部工作达成一致意见，中国专家赴OIE总部工作将实现零的突破；猪瘟等新一批实验室被OIE认可为参考实验室；我国无疯牛病、无牛肺疫、无非洲马瘟状况再次得到确认；成功推选理事会、地区委员会成员；在非洲猪瘟等有关标准修订中争取到于我国有利结果。二是进一步强化与联合国粮农组织（FAO）合作。充分利用FAO专家和技术资源，在FAO—中国南南合作项目框架下，启动实施"澜沧江—大湄公河区域跨境动物疫病控制"项目。继续组织开展现场流行病学培训四期项目工作，进一步提高各省动物疫病监测能力。指导中国兽医药品监察所申请FAO/OIE牛瘟病毒保藏中心。

2. 推动双多边兽医领域合作。继续加强中日韩、中老缅、中越、中蒙俄等周边国家双多边跨境动物疫病防控合作，联合举办防控研讨会，加强信息交流，完善协作机制。强化边境地区动物疫病区域化管理，农业部与商务部、海关总署、质检总局联合印发《关于支持云南省在边境地区开展跨境动物疫病区域化管理试点工作的函》（农医函〔2017〕1号），支持和推动云南省边境地区动物疫病控制区建设试点。加大双多边兽医领域合作力度，促进动物及其产品国际贸易。与阿尔及利亚签署《中华人民共和国政府与阿尔及利亚民主人民共和国政府关于动物卫生检疫的合作协定》，与英国、匈牙利、德国、韩国等4个国家签署兽医合作谅解备忘录。完成对26个国家开展的疫情解禁调查问卷材料评估工作，会同有关部门组织专家赴美国、意大利、澳大利亚、哥伦比亚、瑞典、比利时、俄罗斯等7个国家开展实地评估，根据评估结果，与有关部门共同解除法国30月龄以下剔骨牛肉疯牛病禁令；瑞典、荷兰和比利时施马伦贝格病疫区牛精液禁令；加拿大禽流感禁令以及俄罗斯部分地区口蹄疫禁令。针对美国牛肉输华等动物产品国际贸易开展相关技术磋商谈判。

3. 进一步深化与港澳兽医合作。支持香港回归祖国和香港特别行政区成立二十周年系列活动，包括"同一健康"主题国际研讨会、国际无规定马属动物疫病区国际会议等。签署《中华人民共和国农业部兽医局与香港特别行政区食物及卫生局关于广州从化无规定马属动物疫病区运行维护合作安排》。协调国家马病专业实验室，支持香港渔护署兽医人员开展技术交流和培训。协调国家狂犬病专业实验室，帮助澳门组建狂犬病专业实验室，并专门培养2名实验室技术人员。

专栏5

打击危害肉品质量安全违法行为百日行动

2017年10月至2018年年初，农业部与国家食药总局联合开展了严厉打击危害肉品质量安全违法违规行为"百日行动"（以下简称"百日行动"），在整顿屠宰及肉品市场秩序、强化部门协作、完善工作机制等方面取得了较好成效，有效维护了肉品质量安全。

一是整顿重点问题。"百日行动"期间，农业部及时组织各地畜牧兽医部门根据日常监管情况和举报线索，明确整顿重点，针对城乡结合部、交通道路周边、私屠滥宰专业村（户）、肉食品加工集中地区和群众举报多的屠宰企业等重点区域，有力打击私屠滥宰、屠宰加工病死猪（牛、羊）、添加使用"瘦肉精"、注水或注入其他物质、不依法开具或开具虚假检验检疫证明等违法违规行为。各地结合本地区实际，强化重点问题治理整顿。北京、福建等地组织开展夜间检查，对病死猪窝点、未取得定点屠宰证的屠宰点进行排查处理，有效打击和震慑了违法犯罪分子。天津落实街镇属地管理责任制，组织开展联合执法，对牛、羊随意宰杀多发区的乡镇路边集市和城乡结合部等重点区域进行了重点排查治理。浙江对生猪屠宰企业、无害化集中处理厂统一开展专项督查，联合财政部门研究制定无害化处理补贴政策。据统计，"百日行动"期间，全国畜牧兽医部门共开展执法4.7万次，出动执法人员23.7万人次，立案1 296件，罚款1 018万元，捣毁私屠滥宰窝点990个。

二是强化部门协作。"百日行动"期间，各地畜牧兽医部门与食药部门密切协作，加强协调配合，共开展联合执法7 156次，并及时相互通报案件查处和日常监督监测信息；加强行政执法与刑事司法衔接，向公安机关移送案件129起，68人被追究刑事责任。同时，各地以开展"百日行动"为契机，着力加强部门协作。安徽、河南等地畜牧兽医部门联合食药、公安等部门共同开展执法行动。江西畜牧兽医、食药、公安等部门定期召开联席会议，及时会商解决"百日行动"中遇到的困难和问题。湖南部分地区畜牧兽医部门与公安、城管部门联合开展"百日行动"。

三是完善工作机制。指导各地不断健全完善肉品质量安全长效监管机制，在部门联动、行政执法与刑事司法衔接、肉品质量安全溯源等方面加强工作机制创新，有力提升了屠宰监管水平。北京加强与食药、公安、环保、安监等部门的资源共享和优势互补，建立健全畜禽产品质量安全举报稽查制度，着力形成"分兵把守、齐抓共管"的长效机制。山东发挥屠宰管理工作并入畜牧兽医部门管理后的整体优势，推动实施"三化"融合，即养殖、屠宰、加工产业一体化，屠宰、养殖投入品、动物卫生防疫、质量安全监管、执法等内部监管一体化，与食药、公安等部门外部管理一体化，共同提升肉品质量安全保障能力。贵州在"百日行动"中教育引导企业守法经营，完善内部管理制度，及时建立企业诚信档案管理制度，推进企业诚信体系建设。

四是营造良好氛围。组织各地在"百日行动"期间加大宣传力度，共开展肉品质量安全宣传活动4 529次，发放宣传材料176万份；曝光屠宰违法违规案件221起，有效震慑了违法犯罪分子。同时，充分发挥社会监督作用，及时收集整理群众举报线索，"百日行动"期间共收到各类问题举报1 751起，查实1 262起。农业部还组织在中国农业信息网、农民日报等媒体发布了近年来屠宰监管工作成效、春节期间肉品质量安全保障情况等新闻报道，加大对舆论的正向引导。湖南发放"私屠滥宰入刑风险大、遵守定点屠宰是出路"等宣传单，震慑犯罪分子，营造工作声势。江苏在《新华日报》以"问题猪肉别想'混'上百姓餐桌"为题报道了打击屠宰违法行为的做法和成效。天津、新疆等地结合国家宪法日、民族团结"结亲周"等活动，开展了形式多样的肉品质量安全宣传。

渔业

2017年，渔业经济发展保持向好势头，转方式、调结构向纵深推进，绿色发展进展加快，产业结构进一步优化，提质增效成效显著。全年水产品总产量6 445.33万吨，同比增长1.03%，渔民人均纯收入18 452.78元，同比增长9.16%（图8）。按当年价格计算，全社会渔业经济总产值24 761.22亿元，其中渔业产值11 577亿元，渔业工业和建筑业产值5 666.62亿元，渔业流通和服务产业产值6 780.76亿元。

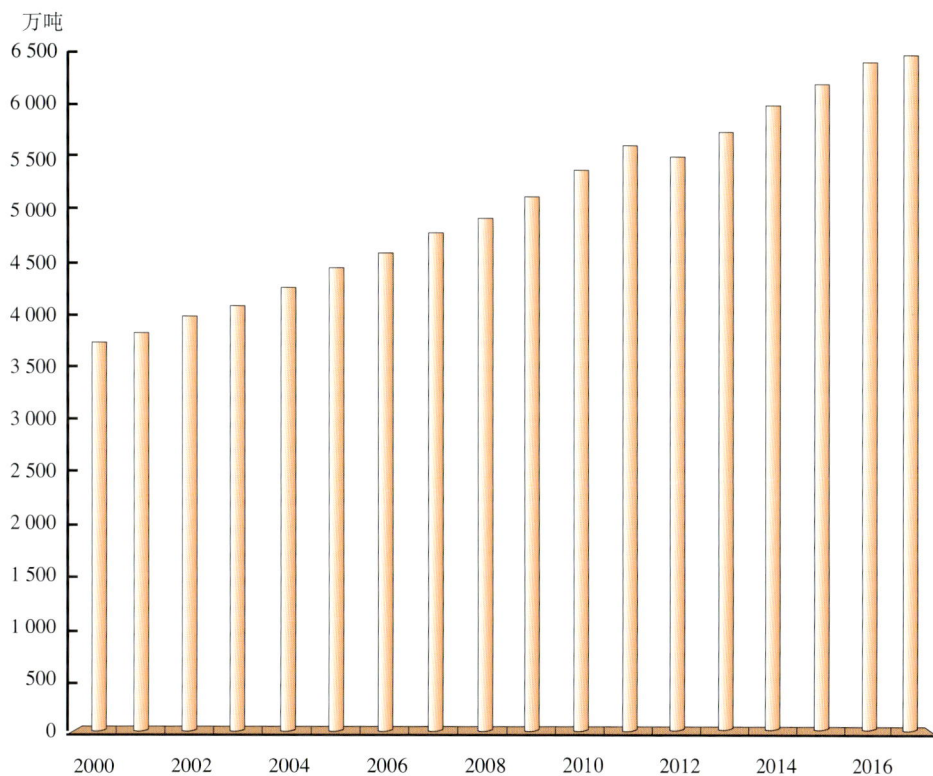

图8　2000—2017年水产品总产量变动情况

（一）渔业生产总体稳定　水产养殖产量4 905.99万吨，同比增长2.35%。其中，海水养殖2 000.70万吨，增长4.46%；淡水养殖2 905.29万吨，增长0.95%。国内捕捞产量1 330.72万吨，下降4.09%。其中，海洋捕捞产量1 321.04万吨，下降4.68%。淡水捕捞产量218.30万吨，下降8.97%。远洋渔业产量208.62万吨，增长4.97%。水产品总产量中，海水产量3 321.74万吨，增长0.62%，淡水产品产量3 123.59万吨，增长1.47%。全国水产品人均占有量46.49千克。水产品产量"减量"成效明显，捕捞产量负增长，水产品总产量涨幅同比回落1.03个百分点。

（二）水产品市场健康运行 2017年，全国水产品批发市场交易量、交易额均呈现上升态势，全年综合平均价格22.97元/千克，同比上涨1.00%。其中，海水产品价格上涨0.01%，淡水产品价格上涨2.66%。水产品交易成交量同比上涨3.69%、成交额同比增长5.18%。水产品进出口贸易保持高位运行。2017年我国水产品进出口总量923.65万吨，进出口总额324.96亿美元，同比分别增长11.56%、7.92%。出口量433.94万吨，出口额211.50亿美元，同比分别增长2.4%、1.99%。进口量489.71万吨，进口额113.46亿美元，同比分别增长21.17%、21.03%。贸易顺差98.04亿美元，同比下降13.73%。

（三）渔业保障与支持体系建设加强 成立了农业部渔业专家咨询委员会，完成渔港升级改造和整治维护规划编制，在《全国动植物保护工程规划（2017—2025）》中进一步突出渔业的地位。渔业油价补贴政策调整导向作用明显，"退坡"资金主要用于资源养护和渔业转型升级，包括减船转产配套补助、休禁渔补助、转产转业培训、水产养殖基础设施建设、渔业渔政信息化建设等方面，有的省结合本地实际，将种业建设、渔业保险、休闲渔业、稻渔种养、增殖放流、资源调查、大型水库湖泊污染治理、品牌建设、渔政执法能力提升等列入支持范围。渔业科技支撑进一步增强，成立"国家现代海洋牧场科技创新联盟"和"国家鳗鲡产业科技创新联盟"，国家级渔业科技创新联盟达到9个。现代农业产业技术体系渔业体系新增岗位科学家95个、综合试验站41个，实现体系覆盖68%的养殖品种、88.9%的产量。《稻渔综合种养技术规范通则》《海洋牧场分类》《养殖暗纹东方鲀鲜、冻品加工操作规范》三个行业急需标准制定颁布。开展国家级水产原、良种场资格验收与复查，国家级水产原良种场总数达到84家。公告确定2016年审定通过的14个水产新品种，水产新品种数量达到182个。渔业信息化支撑能力提高，开展海洋渔业资源总量管理信息化系统研究，在浙江省台州市开展海洋渔业资源总量管理信息化试点。举办首届渔业信息化高峰论坛，与中国电信签订第四期渔业信息化战略合作协议，提升渔业转型升级的信息化支撑。

专栏6

海洋渔业资源总量管理制度启动实施

经国务院审定同意，2017年1月12日，农业部印发《关于进一步加强国内渔船管控 实施海洋渔业资源总量管理的通知》（农渔发〔2017〕2号，以下简称《通知》）。《通知》指出了坚持问题导向、目标导向，针对捕捞强度过大、渔业资源衰退等社会关注的热点问题，坚持渔船投入和渔获产出双向控制，进一步完善海洋渔船"双控"制度和配套管理措施，实行渔业资源总量管理，努力提升海洋渔业管理水平，促进海洋渔业资源科学养护和合理利用，开启了以投入控制为基础、产出控制为闸门的海洋渔业资源管理新时代。

25

《通知》明确提出两大指标：一是渔船控制目标，到2020年全国压减海洋捕捞机动渔船2万艘、功率150万千瓦，除淘汰旧船再建造和更新改造外，不新造、进口在我国管辖水域生产的渔船。二是渔获物产出的控制目标，到2020年国内海洋捕捞总产量减少到1 000万吨以内，与2015年相比减少309万吨以上。对于2020年以后，将根据海洋渔业资源评估情况和渔业生产实际，进一步确定调控目标，努力实现海洋捕捞总产量与海洋渔业资源承载能力相协调。

为确保目标实现，通知确定七项举措：一是推进捕捞渔民减船转产。在中央财政减船补助标准5 000元/千瓦基础上，地方可适当提高补助标准，加大减船转产力度，疏通"出口"。二是加强渔船源头管控。把好"入口"关，严格船网工具指标审批以及渔船建造、检验、登记、捕捞许可、报废拆解等各个环节。三是创新渔船管理机制，按照渔船大小和作业区域实行差别化管理，以船长为渔船分类标准，实行分级分区管理，强化渔船属地管理职责。鼓励创新捕捞业组织形式和经营方式，提高捕捞业组织化程度，实现渔船管理重心下移。四是加强捕捞生产监测，完善渔船渔捞日志填报和检查统计制度，逐步推进渔捞日志电子化；加强渔港、渔产品批发市场建设，实行渔获物定点上岸制度，建立上岸渔获物监督检查机制。五是分品种开展限额捕捞。自2017年开始，辽宁、山东、浙江、福建、广东等5省各确定一个市县或海域，选择部分特定渔业资源品种，开展限额捕捞管理，探索海洋渔业资源利用管理新模式。六是健全完善渔业资源保护制度，执行好伏季休渔制度，大力开展水生生物资源增殖放流活动，统筹推进水生生物保护区建设，形成以保护区为主体，覆盖重要水产种质资源以及珍贵、濒危水生野生动物的保护网络。七是夯实执法监管保障。围绕渔船、渔具和渔法加强执法监管，加强幼鱼保护，严厉打击涉渔"三无"船舶，深入开展违规渔具清理整治，坚决取缔"绝户网"。

（四）绿色发展推进产业转型升级　组织全国各地开展养殖水域滩涂规划编制，科学划定养殖区、限制养殖区和禁止养殖区。水产健康养殖示范创建继续深入开展，修订示范场创建相关标准，更加突出依法规范管理、基础设施建设和绿色发展理念，全年审核通过示范场750个、现场验收通过示范县12个。到2017年年末，全国水产健康养殖示范场6 129个，示范县29个稻渔综合种养迅猛发展，召开全国稻渔综合种养现场会，举办首次全国稻渔综合种养发展论坛，开展国家级稻渔综合种养示范区创建，示范稻渔综合种养典型技术模式。2017年，全国稻渔综合种养面积增加333.33千公顷，达到1 866.67千公顷，带动农民增收超过500亿元。以深水抗风浪网箱为重点持续推进水产养殖基础设施改造，中央财政支持浙江、山东、福建、海南等8省市推广深水抗风浪养殖网箱1 800只，调减近海过密的网箱养殖，推动养殖生产向外海发展，优化海水养殖生产布局。休闲渔业蓬勃发展，深入开展"四个一"创建，创建了27个国家级最美渔村、45个全国精品休闲渔业示范基地、25个全国示范性休闲渔业文化节庆（会展）活动、10个全国有影响力的休闲渔业赛事、100个全国休闲渔业示范基地。渔业治污节能减排深入推进，洞庭湖区畜禽水产养殖污染治理试点全面展开。组织开展水产养殖用药减量行动试点，在辽宁、江苏等11个省（自治区、直辖市）的26家水产养殖单位选择大菱鲆、乌鳢等9个养殖品种先行先试，实施绿色生态养殖技术、病害综合防控技术、养殖全过程质量监控技术等措施，严格执行处方药和非处方药使用管理制度，实现全年试点单位水产养殖用药使用量比上年下降5%以上。渔业节能减排项目大范围实施，有效推进了池塘工程化循环水、工厂化循环水、稻渔综合种养、零用药零排放、集装箱养殖等节能减排技术模式试验示范。

（五）海洋渔业资源管理开启新时代　经国务院批准，2017年1月农业部印发了《关于进一步加强国内渔船管控，实施海洋渔业资源总量管理的通知》，从投入和产出两个方面加强海洋渔业资源开发利用管理，并与沿海各省（自治区、直辖市）渔业主管厅（局）签订责任书，督促各省层层分解任务，落实责任。沿海所在省份均出台了贯彻实施意见，对本省管控渔船、实施海洋渔业资源总量管理进行部署安排。到2017年年末，沿海各省（自治区、直辖市）完成减船拆解并注销船舶证书渔船5 523艘、压减功率42万千瓦。渔船分类分区改革启动，下放小型渔船"双控"指标制定权和管理权，全面推进内陆渔船"三证合一"改革，全国30多万艘内陆渔船换证率超过98%。限额捕捞试点取得突破性进展，浙北渔场梭子蟹和莱州湾海蜇限额捕捞完成一个生产周期，探索了一套可捕量和渔船数量确定方法，健全了专项捕捞许可、定点交易、渔获物统计、渔船和渔获物监管、超额预警等制度，浙江省先行先试，在试点渔船上派驻观察员。

（六）水生生物资源养护深入推进　落实习总书记对长江"共抓大保护、不搞大开发"指示精神，大力实施长江禁捕，2017年1月1日起赤水河率先禁渔10年，公布了长江流域水生生物保护区禁捕名录，研究制定关于加强长江水生生物保护工作的意见。进一步健全完善休渔禁渔制度，发布《关于调整海洋伏季休渔制度的通告》，普遍延长休渔时间1个月，增加

休渔作业类型，规范专项捕捞和渔业资源调查船。据评估，2017年休渔后，资源数量明显增加，8月渔业资源总密度与5月相比，黄渤海区增加170%～200%、东海区增加350%、南海区增加70%，与上年同期相比，黄渤海区增加130%、东海区增加30%、南海区增加24%。组织开展黄河流域禁渔制度研究，形成黄河流域禁渔的初步意见。积极推进海洋牧场建设和管理，印发《国家级海洋牧场示范区建设规划（2017—2025年）》《国家级海洋牧场示范区管理工作规范（试行）》《人工鱼礁建设项目管理细则（试行）》，新建国家级海洋牧场示范区22个，国家级海洋牧场示范区数量达到64个。大力开展水生生物增殖放流，2017年全社会投入增殖放流资金9.8亿元，开展增殖放流活动2 143次，共放流各类苗种404.6亿尾。水生生物保护区建设管理进一步加强，新创建第十一批国家级水产种质资源保护区12个，总数达到535个。加强水生野生动物保护，做好新修订的野生动物保护法宣贯及配套法规制修订，加强中华白海豚、斑海豹、海龟和加利福尼亚湾石首鱼的保护管理，从严管理涉水生野生动物行政审批。

（七）涉外渔业规范有序发展　强化远洋渔业规范发展和管理，农业部印发了《"十三五"远洋渔业发展规划》，发布《远洋渔业从业人员"黑名单"（第一批）》，在一段时期内禁止其从事远洋渔业。对2017年以来发生的远洋渔船涉嫌违规事件逐一进行调查核实，对7家远洋渔业企业、26艘渔船和24名责任人员予以处理。加强与塞拉利昂、毛里塔尼亚、加纳、阿根廷、汤加、坦桑尼亚、苏里南、美国、欧盟等国家和地区的双边渔业合作，开展中菲渔业技术培训交流，向菲律宾赠送鱼苗，与越南签署《中越关于开展北部湾渔业资源增殖放流与养护合作的谅解备忘录》，

并在北部湾联合开展渔业资源增殖放流活动。积极参与WTO渔业补贴谈判、联合国"国家管辖海域外海洋生物多样性养护和可持续利用协定"筹备委员会事务、打击IUU与渔业犯罪活动、北冰洋渔业管理协定国际磋商等，为国际渔业治理贡献中国力量。

（八）渔业安全水平提升　渔业安全生产工作全面加强，成立全国渔业安全事故调查专家委员会，首次组织开展全国渔业水上突发事件应急演练活动和全国内陆渔业水上突发事件应急演练。开展安全生产与应急业务培训，增强应急事件处置能力，提升安全管理业务水平。组织开展2017全国渔业安全生产大检查活动，在十九大召开等重点时段加强渔船作业、涉外安全、渔船在港管理、隐患排查治理、应急值守救援等。2017年，全国共发生渔业船舶水上事故197起，死亡（失踪）192人，同比减少104.5起、157人，同比分别下降34.66%、44.99%。试点开展对虾零用药养殖模式示范和可追溯试点，加强产地监督抽查、贝类卫生

监测、苗种监督抽查等水产品质量安全监督抽查，全年水产品产地监督抽查合格率99.7%。加强水生动物疫病防控，重大水生动物疫病专项监测首次做到全国覆盖，组织全国各省开展水产苗种产地检疫技术培训，在江苏省启动水产苗种产地检疫试点。

（九）渔政执法监管继续加强　首次在全国范围组织开展统一代号"亮剑2017"渔政执法行动，重点开展伏季休渔监管、涉渔"三无"船舶清理取缔、边境水域、大江大河、京津冀等重点水域渔政执法，全国共出动执法人员46万余人次、执法船艇5万艘次、执法车辆6万辆次，检查渔船20.7万艘，清理取缔涉渔"三无"船舶7 000余艘，清理取缔、各类违规渔具40余万张（顶），查处涉渔违法违规案件近1.5万件，处理涉案人员1.34万人，移送公安机关2 962人。渔政队伍规范化建设进一步加强，共2.6万名渔政人员参加全国同步统一考试，通过率达到91%。继续开展渔业文明执法窗口单位创建，新创建26家。

专栏7

"亮剑2017"系列渔政专项执法行动

2017年，农业部在全国范围内组织开展了代号"亮剑2017"系列渔政执法行动。行动期间，加强部门联合、省际联合和国际联动，建立中央外办协调，农业部、外交部、公安部、中国海警局四部门联合办案的工作机制；加大京津冀、青甘川宁、鲁辽冀苏、浙沪、桂湘粤等地区交界水域、共管水域联合监管力度；黑龙江、云南、广西等省（自治区）巩固健全与俄罗斯、老挝、越南有关渔政部门边境水域联合执法与增殖放流机制。在制度建设上，农业部制定并发布禁用渔具种类、准用渔具和过渡渔具最小网目尺寸，配合最高人民法院出台了涉渔"三无"船舶司法解释；北京、山东、浙江、福建、上海等省市先后出台涉渔"三无"船舶认定指导意见、拆解工作规范，加强海洋幼鱼资源保护，强化行政执法与刑事司法衔接等法规规章。专项执法行动以清理取缔涉渔"三无"船舶、整治绝户网和服务国家外交大局

为重点，先后组织伏季休渔、长江珠江淮河禁渔、黄河上游、京津冀、中俄（罗斯）、中老（挝）、中越（南）渔政执法等重大行动，重拳出击，打非治违。全年各级渔业渔政部门派出执法人员46万余人次，执法船艇5万艘次，执法车辆6万辆次，检查渔船停靠点1.6万个、渔船20.7万艘、市场1.2万个、船网修造厂1 700余个，海上巡查里程131万余海里，执法力量投入的规模、频度、范围远超往年。全年查处涉渔违法违规案件近1.5万件，处理涉案人员1.34万人，移送公安机关2 962人，清理取缔涉渔"三无"船舶7 000余艘、绝户网40余万张（顶），分别比上年提高10%和160%。

"亮剑2017"系列渔政专项执法行动增强了监管合力，有力维护了重点水域渔业捕捞秩序，营造了合法生产、依法治渔的良好社会氛围，促进了水域生态文明建设，彰显了我国负责任渔业国家形象。

林业

（一）**营造林规模再上台阶，造林面积超亿亩** 2017年，全国共完成造林面积768.07万公顷，完成森林抚育面积885.64万公顷，超额完成全年计划任务。国家林业重点生态工程建设扎实推进，全年完成造林面积299.12万公顷，比2016年增长19.6%。国家林业重点生态工程造林面积占全部造林面积的38.9%。林木种质资源保护工作稳步推进，国家重点林木良种基地管理全面加强。良种使用率由51%提高到61%，种苗质量合格率稳定在90%以上，油茶全面实现良种化。

（二）**林业投资规模持续增长，投资规模达到4 800亿元** 2017年，全部林业投资完成额达到4 800亿元，比2016年增长6.4%。从资金来源看，在全部林业投资完成额中，中央财政资金、地方财政资金和社会资金（含国内贷款、企业自筹等其他社会资金）的结构比约为1：1：2。国家资金（含中央资金和地方资金）占全部林业投资完成额的47.1%，社会资金占全部林业投资完成额的52.9%，社会资金超过国家资金，林业投资渠道更加广阔，投资结构进一步优化。社会资金主要用于林业产业发展，占社会资金完成投资的74.1%，其中木竹制品加工制造、林下经济和林业旅游休闲康养是当前的投资重点领域。从建设内容看，在全部林业投资完成额中，用于生态建设与保护方面的投资为2 016亿元；用于林业产业发展方面的资金为2 008亿元；用于林木种苗、森林防火、有害生物防治、林业公共管理等林业支撑与保障方面的投资为614亿元；用于林业社会性基础设施建设等其他资金162亿元。

（三）**林业改革稳步推进，体制机制不断创新** 一是大力推进国有林场改革。截至2017年年底，国有林场改革所涉及的1 702个县（市、区）已有70%完成了市县级改革方案的审批，覆盖了全国3 609个国有林场，占全国4 855个国有林场的74%，其中北京、天津等16个省（自治区、直辖市）已完成市县级改革方案审批。二是深入推进国有林区改革。国有林管理机构组建取得积极进展，森林资源管理新体制正在逐步建立。2017年2月，内蒙古大兴安岭重点国有林管理局正式挂牌成立，标志着内蒙古自治区重点国有林区改革步入了一个新的阶段。三是分离企业办社会职能稳步推进。内蒙古森工集团、吉林森工、长白山森工、大兴安岭相继将政府和社会职能移交或完成试点。积极研究化解国有林区金融机构债务。中央财政从2017年起对与木材停伐相关的130亿元金融机构债务每年安排贴息补助6.37亿元，补助到天保工程二期结束的2020年。经国务院批准，2017年11月银监会、财政部和国家林业局联合印发了《关于重点国有林区森工企业和国有林场金融机构债务处理有关问题的意见》。积极争取落实国有林区改革支持政策。2017年继续安排2亿元中央预算内投资在东北内蒙古重点国有林区开展防火应急道路建设试点，安排1.4亿元中央预算内投资在东北内蒙古重点国有林区开展管护用房建设试点。据统计，2017年中央共安排国有林区投入244亿元，比2014年改革启动前增加99亿元，增长了68%，有力地保障了国有林区天然林停伐政策落实和林区社会稳定。同时，进一步加大对国有林区棚户区改造支持力度，中央已累计投入194亿元改造国有林区棚户区120万套，林区职工群众居住条件得到极大改善。四是继续深化集体林权制度改革。集体林地确权发证工作基本完成。截至2017年年底，全国确权集体林地面积占纳入集体林改林地面积的98.97%；发放林权证面积占已确权林地总面积的97.65%。林业新型经营主体不断涌现。截至2017年年底，全国家庭林场、农民林业专业合作社等新型经营主体达22万多个，经营林地24 000千公顷。集体林业带动了3 000多万农民就业，农民纯收入近30%来自林业，重点林区林业收入占农民纯收入的50%以上。林业管理和服务水平逐步提升。截至2017年年底，全国已建立集林权管理、林权流转、综合服务为一体的林权管理服务机构1 800多个，为广大林农提供便利、高效、快捷的"一站式"林权服务。大量林权纠纷得到妥善调处，农村不稳定因素明显减少，维护了农村社会稳定。

（四）林业服务"三大战略"各具特色，建设重点更加突出

1. 京津冀协同发展林业建设。加大重点生态修复工程建设力度。2017年，京津风沙源治理二期工程对京津冀地区下达营造林任务64.91千公顷，下达林业投资3.27亿元。积极推进京津冀地区的国家储备林建设。京津冀地区共完成国家储备林基地建设任务约17.29千公顷，利用政策性、开发性贷款61.69亿元。

2. 长江经济带林业生态保护与建设。一是科学谋划林业发展布局。国家林业局组织编制了《长江经济带森林和湿地生态系统保护与修复规划（2016—2020年）》《长江沿江重点湿地保护修复工程规划（2016—2020年）》，联合国家发展改革委印发了《关于加强长江经济带造林绿化的指导意见》，科学谋划林业发展布局。二是全面保护森林资源。沿江各省（自治区、直辖市）国有、集体和个人所有的天然林实现全面停伐，加强森林管护和后备资源培育，确保长江经济带森林生态功能得到修复。探索建立林长制，开展生态红线制度建设试点，将林地、湿地保有量等生态指标纳入年度市县科学发展综合评价体系。严格执行林地分级管理和用途管制、森林采伐限额制度，严控林地非法流转。三是加快建设沿江绿色屏障。以长江防护林、退耕还林、石漠化治理、三峡后续植被恢复等林业重点工程为载体，突出荒山造林、水系绿化、通道绿化、扩展绿色生态空间，加快建设沿江绿色屏障。

3. "一带一路"建设林业合作。一是加强林业合作顶层设计。出台了"一带一路"建设林业合作规划，引领和推进林业经贸、荒漠化、野生动物保护合作。二是林业对外经贸合作取得积极进展。我国主要林产品出口前15位国家中，有6个属于"一带一路"沿线国家。三是林业对外投资增长迅速。我国林业企业已经在俄罗斯、缅甸、乌兹别克斯坦、哈萨克斯坦等19个"一带一路"沿线国家设立了589家境外林业企业，投资近32亿美元。四是积极应对非法采伐及相关贸易。我国作为负责任大国，顺应全球环境治理新趋势，积极倡导森林可持续经营利用，与国际社会共同努力、相互配合，加强全球森林资源的有效管理和合理开发，遏制和打击木材非法采伐及相关贸易。五是进一步完善机制平台建设。"一带一路"建设林业合作机制不断完善，与老挝、缅甸、埃塞俄比亚、埃及、以色列、斯里兰卡等有关国家签署林业合作协议。

（五）生态扶贫卓有成效，生态护林员达37万人 深入贯彻落实习近平总书记扶贫开发和生态护林员脱贫的重要指示精神，2017年，国家林业局会同财政部、国务院扶贫办联合下发了《国家林业局办公室 财政部办公厅 国务院扶贫办综合司关于开展2017年度建档立卡贫困人口生态护林员选聘工作的通知》，安排21个省份贫困地区生态护林员中央投资25亿元，比2016年增加5亿元，生态护林员选聘规模从28.8万人增加到37万人，精准带动130多万人增收和脱贫。开展2016年生态护林员督导检查工作，会同国务院扶贫办组织7个调研组对河北等8个省（自治区、直辖市）开展调研督导工作，督促生态护林员选聘工作落实。

（六）国家储备林等金融创新不断深入，全年放款232亿元 2017年，国家林业局深入贯彻落实全国金融工作会议确定的"服务实体经济、防控金融风险、深化金融改革"精神，积极创新机制模式，不断推动重点项目落地实施。截至2017年年底，112个项目获得授信1 160亿元，累计实现放款384.5亿元；2017年当年放款金额232亿元，同比增长53%。国家储备林建设金融贷款额达到同期中央造林资金的2倍多，为大规模推进国土绿化和森林质量精准提升提供了强力支撑。

（七）林业产业健康发展，产业结构不断优化 2017年，我国林业产业总体保持中高速增长，以森林旅游为主的林业第三产业继续保持快速发展的势头，林业产业结构进一步优化。从产业规模看，2017年，林业产业总产值达到7.1万亿元（按现价计算），比2016年增长9.8%。自2010年以来，林业产业总产值的平均增速达到17.7%。中、西部地区林业产业增长势头强劲，增速分别达到14%和18%。东部地区林业产业总产值所占比重最大，占全部林业产业总产值的44.4%。受国有林区天然林商业采伐全面停止和森工企业转型影响，东北地区林业产业总产值连续三年出现负增长。林业产业总产值超过4 000亿元的省份共有8个，分别是广东、山东、广西、福建、浙江、江苏、湖南、江西，其中广东林业产业总产值遥遥领先超过8 000亿元。从林业产业结构看，分产业看，超过万亿元的林业支柱产业分别是经济林产品种植与采集业、木材加工及木竹制品制造业和以森林旅游为主的林业旅游与休闲服务业，产值分别达到1.4万亿元、1.3万亿元和1.1万亿元。林业旅游与休闲服务业产值首次突破万亿元，全年林业旅游和休闲的人数达到31亿人次，发展势头强劲。

（八）林产品贸易结构优化，进口贸易增长显著 2017年，我国林产品贸易进出口总额继续保持稳定增长，其中进口贸易额增长尤为显著。从商品结构看，2017年我国在传统林产品的进口方面均实现大幅增长，主要由原木、锯材、纸浆、纸制品、天然橡胶、棕榈油等带动。原木进口量5 539.8万立方米，金额99.2亿美元；锯材进口量3 740.2万立方米，金额100.7亿美元；纸、纸板及纸制品进口量487.4万吨，金额49.8亿美元。

农垦经济

2017年，农垦经济和社会保持了稳中向好、稳中有新的发展态势。全年农垦经济实现生产总值7 905.28亿元，比上年增长7.1%。其中，第一产业增加值1 901.20亿元，增长5.5%；第二产业增加值3 570.46亿元，增长6.6%；第三产业增加值2 433.62亿元，增长9.0%。第一、第二、第三产业增加值占农垦生产总值的比重分别为24.0%、45.2%和30.8%。人均生产总值56 208元，同比增长6.8%。全年固定资产投资总额5 230.90亿元，当年新增固定资产3 278.77亿元。

（一）粮食和重要农产品供给能力、质量不断提高 2017年，农垦继续提高粮、棉、油、糖、胶、乳、肉、蛋等重要农产品的生产供应能力，不断完善全产业链建设，健全供应保障体系，着力提升农垦农产品综合竞争力。全年粮食播种面积4 886.85千公顷，总产量3 517.25万吨，比上年增加31.4万吨，增长1%。其中，黑龙江农垦粮食产量连续6年稳定在2 000万吨以上。棉花播种面积796.35千公顷，产量208.58万吨，比上年增产11.1%。糖料、肉类、禽蛋、水果等重要农产品产量稳步提高。耕地有效灌溉面积达到4 012.67千公顷，占全部耕地的62.2%，耕种收综合机械化水平达到89.0%。年末全系统种植业无公害农产品、绿色食品、有机农产品认证数达到1 172个，带动种植农户达到38.70万户，绿色A级农作物种植面积及产量呈现双增长。

（二）现代农业建设稳步加强 一是强化农业基础设施建设。协调落实农垦高标准农田建设中央资金15亿元，建设高标准农田89.33千公顷；落实大中型灌区建设中央资金2亿元，惠及农田182.67千公顷。做好垦区农业生产指导和服务，继续开展农垦粮棉油糖绿色高效模式示范提升和畜牧高产高效攻关活动，开展农垦农机标准化农场建设，探索推进农业生产社会化服务体系创新，进一步增强农垦示范带动能力。二是加强天然橡胶生产能力建设。落实国务院"两区"划定工作部署，确定1 200千公顷天然橡胶生产保护区面积，做好指导服务。落实国家天然橡胶基地建设及橡胶林业补贴资金2.7亿元，建设高标准胶园5.27千公顷，补贴胶园26.93千公顷。推动热作产业转型升级，加强热作标准化生产示范园创建、种质资源保护利用、病虫害绿色防控，着力推动荔枝、辣木等特色优势热作产业发展。

（三）三产融合发展特征明显，品牌影响力不断扩大 以市场为导向，加快转变发展方式，强化体制机制创新，积极推进农垦三产融合发展。开展国家现代农业庄园创建，研究起草国家现代农业庄园管理办法、行业标准、工作规范等制度规范，指导、推进垦区现代工业和旅游业深度融合，培育新型农业旅游业态。加快推进中国农垦公共品牌建设，加速背书了一批优质安全农产品，组织举办了中国农垦首批授权背书落地活动、中国农垦公共品牌发布会、中国农垦产销对接会、美丽农场万里行活动等，不断增强中国农垦公共品牌影响力。推动农垦农产品加工流通业发展，强化研究，继续推进电子商务、质量追溯等平台建设，成功组织19个垦区178家企业参加第十五届农交会。

（四）探索构建多元合作机制，并初见成效 指导和推动农垦企业统筹利用两个市场、两种资源，积极开展国际、国内经济合作，构建合作机制。加快农业对外合作步伐。将老挝作为农垦企业贯彻落实"一带一路"国家战略和境外农业资源开发的试点区域，以项目建设为载体深化中老农业合作。支持广东农垦收购泰国第三大天然橡胶企业泰华树胶（大众）有限公司，加快境外天然橡胶产业布局。积极开展军垦合作共建，探索全面农业共建模式和途径。创新融资合作模式，推动成立中国农垦产业发展基金，协调推动农发行与北京、上海、海南等垦区签订合作协议，以集团统一授信模式开展政策性金融合作，授信总额度达500亿元。推进联合联盟联营，聚焦农垦优势产业，注重搭平台、通渠道，推进农垦乳业、种业、节水、教育、农场等"三联"工作。

（五）继续推进垦区社会事业发展，着力改善民生 做好扶贫开发工作，加大协调力度，积极争取财政资金支持，指导垦区立足发展实际，科学谋划项目，充分发挥扶贫项目引导作用，增强贫困农场造血机能。改善垦区民生基础设施。2017年落实农垦公益性项目中央投资2.3亿元，落实农垦危房改造中央投资8.5亿元，改造危房9.3万户，并同步建设了一批配套基础设施和公共服务项目，居住条件得到进一步改善，场容场貌明显改观。农垦小城镇建设步伐明显加快，基础设施和功能不断完善。大力发展农垦社会保障事业，以职工基本养老保险社会统筹为核心，医疗、失业、生育、工伤保险为基础，最低生活保障、灾害救助等社会救助为配套的农垦社会保障工作，已基本纳入国家社会保障体系筹管理。2017年农垦人均纯收入达到17 470元，企业退休人员年人均基本养老金为22 021元，基本做到按时足额发放。

（六）深化农垦改革取得积极进展 新一轮以农垦集团化、农场企业化为主线的农垦改革加快推进，重要领域、关键环节改革取得新突破。集团化垦区进一步完善以资本为纽带的母子公司管理体制，加快推进直属企业充足。国有农场归属市县管理的垦区组件区域性集团32家、农业产业公司107家。全国400多家国有农场完成公司化改造。农场办社会职能改革取得新进展，682个农场办社会职能全部纳入政府统一管理，1 200多个农场公检法、基础教育、基本医疗和公共卫生全部纳入政府统一管理。农垦土地确权发证和土地资源资产化资本化实现新突破，全国农垦土地确权率、发证率分别达到48.4%、38.7%。全国农垦453.33千公顷土地经评估作价后注入农垦集团或企业，新增国有资本金360多亿元。另外，农业经营管理体制改革取得新成效，全国农垦单个经营主体经营规模面积超过6.67公顷、实现规模经营耕地面积3 000多千公顷，占全国农垦耕地面积的46%。农垦企业在职职工、退休职工养老保险参保率分别达到93.0%、98.7%，基本实现全覆盖。

农业机械化

2017年，各级农机化主管部门坚决贯彻党的十九大精神和党中央、国务院关于推进农业农村现代化的一系列决策部署，紧紧抓住农业供给侧结构性改革这个主线，巩固提高主要粮食作物生产机械化质量，稳步提升大宗经济作物生产机械化水平，协调推进畜牧业、渔业和产后初加工机械化，突出重点、补齐短板，壮大主体、增添动能，推动农业机械化提档升级。农业机械化"全程、全面、高质、高效"发展取得新进展，为农业农村现代化发展提供了有力支撑。

（一）农机装备总量迈上新台阶 农业部紧紧围绕"缩范围、控定额、促敞开"改革方向和绿色生态导向，加大重点机具敞开补贴力度，提升政策普惠共享程度，着力提高生产急用机具的有效供给。启动了农机新产品和植保无人机补贴试点，着力推动新产品新技术的应用。在西藏和南疆地区开展农机购置补贴差异化试点，提高政策实施针对性。完善操作程序，强化信息公开、违规联查联动、绩效管理考核，着力促进政策高效规范廉洁实施。2017年中央财政安排农机购置补贴资金186亿元，补贴购置机具190万台套，受益农户近170万户。在政策和市场的带动下，全国农机装备总量稳定增加，预计2017年农机总动力达9.88亿千瓦，比上年增长1.6%，实现历史性突破。农机装备结构持续优化，小型拖拉机占比持续下降，粮食生产环节高性能机具占比持续提高。大马力、高效率、多功能机具保有量快速增加，主机与农具配套比进一步优化。

（二）农机作业水平实现新提高　农业部深入开展主要农作物全程机械化推进行动，聚焦粮棉油糖九大作物和耕种收、植保、烘干和秸秆处理等六个关键环节，着力强化行政推动、机制建设、典型引路和技术支撑。取得明显成效，有力地促进了主要农作物全程机械化补短板、提质量、上水平。组建充实了专家指导组，筛选形成了18个区域性全程机械化生产模式，制定发布了《茶园生产机械化技术指导意见》；会同国家发改委、财政部、工信部制定印发了《推进广西甘蔗生产全程机械化行动方案（2017—2020年）》，联合召开了专题推进会，甘蔗生产关键机械的研发制造和全程生产机械化提速。通过专家巡回指导、专题培训和重点技术现场演示等，开展了全国双季稻区"补短板促机插"集中示范服务系列推广活动。通过财政专项支持，在27个省区市140个县布点实施了一批全程机械化示范项目，打造了可复制可推广的示范基地；"以评促建"，在全国新推出122个率先基本实现全程机械化的示范县，示范县总数达150个。2017年，全国农作物耕种收综合机械化率提高1个百分点以上，预计超过66%，比2012年提高近10个百分点。小麦综合机械化率达到95%；玉米综合机械

化率达到84%，机收率达69%，同比提高2.5个百分点；水稻综合机械化率突破80%；油菜、棉花、花生、大豆机械化率均比上年提高3个百分点以上，主要经济作物机械化水平取得实质性提升。我国农业生产方式正在进入机械化为主导的新阶段。

（三）农机社会化服务能力有了新提升　农业部开展了全国农机合作社示范创建活动，新推出261个具备较强全程机械化服务能力的全国农机合作社示范社。同时，引导有能力的农机合作社向"农机作业+综合农事服务"方向发展。大力支持合作社应用全程机械化整体解决方案、承担示范推广项目和作业补助任务。加强了农机合作社经营管理人员的培训，将农机合作社带头人纳入《"十三五"全国新型职业农民培育发展规划》，组织开展了多层次全国农机合作社辅导员培训班，超额完成了年度万人培训任务。积极开展农机职业技能鉴定，合格领证人员达到了5.2万个。总的看，农机社会化服务呈现服务规模扩大、专业能力提升的新特征，以农机专业合作社为代表的新型经营主体特点鲜明：一是装备精良化。很多农机专业合作社配备了高性能耕种收机具及粮食烘干、高效植保、无人机等装备，拥有标准化的机库、维修间等基础设施，新机具、新技术广泛应用，保护性耕作、玉米籽粒机收、油菜机直播等新技术示范应用步伐加快，服务保障能力不断提高。二是作业信息化。跨区直通车、手机APP等"互联网+"农机服务方式开始普及，供需对接顺畅有效。全国统一的深松作业信息管理平台，促进了深松监测规范化。北斗自动驾驶导航技术在农机化领域示范应用。三是服务全程化。合作社创新开展订单作业、全托半托、跨区作业等服务，作业环节从耕种收为主向专业化植保、秸秆处理、产地烘干等农业生产全过程延伸，一批有较强实力的

示范社升级为综合农事服务中心,为周边农户提供机具维修、农资统购、培训咨询、销售对接等"一站式"综合农事服务。2017年,全国农机服务总收入超过5 500亿元,农机服务组织和农机大户总数达到520万个,其中农机合作社超过7万个,以农机合作社为代表的新型农机服务组织已成为我国农业生产性服务业的主力军。

(四)绿色高效农机化技术创新和推广取得新进展 农业部大力推进绿色、高效、精准、节能型装备研发制造,抓住加快农业现代化进程和实施《中国制造2025》的历史机遇,积极谋划,创设政策,与工信部、发改委共同推进《农机装备发展行动方案》落地实施。推进国家重点研发计划"智能农机装备"专项和农机化科技创新联盟建设,智能高效玉米穗茎联合收获机、棉花收获机摘锭等关键部件研发实现新突破,甘蔗收获机实现了批量化生产,农机装备供给能力不断增强。组织制定了畜禽粪便固液分离机、遥控飞行喷雾机质量评价行业标准,多措并举提升薄弱环节机械化水平。围绕落实"实施农业绿色发展五大行动"要求,农业部制定了《2017年农机化促进农业绿色发展工作方案》;总结发布了2017年农机化主推技术和水稻、玉米、小麦、油菜、棉花、大豆秸秆机械化还田离田技术模式;农机深松整地、秸秆还田离田、畜禽粪污处理、节水节肥节药、免耕播种、农膜回收等绿色生产机械化技术推广取得新成效。全年农机深松整地11 733.33千公顷,超额完成10 000千公顷计划任务,物联网监管比例达70%。全国150个主要农作物生产全程机械化示范县高效植保、秸秆处理、产地烘干能力分别达到60%、80%、40%以上。

(五)农机安全生产形势持续好转 农业部制定了《全国农业机械化安全生产

"十三五"规划》,在全国范围内开展农机安全生产大检查、"安全生产月"等系列活动,举办了全国农机事故应急处置演练,提高了安全生产意识和安全管理综合能力。落实"放管服"改革的要求,加快《拖拉机登记规定》《拖拉机驾驶证申领和使用规定》《联合收割机及驾驶人安全监理规定》3个部门规章的修订步伐,进一步落实安全责任,规范执法程序,强化了便民服务。与安全监管总局联合印发了《"十三五"时期创建"平安农机"活动工作方案》,2017年共创建"平安农机"示范市13个、示范县97个、岗位标兵230名。会同公安部、国家安监总局联合开展变型拖拉机专项整治,持续强化源头管理。各地认真贯彻落实国务院免征农机牌证和安全检验等行政事业性收费的决定,协调抓好资金落实、政策宣传、制度完善等工作,创新安全监管机制,免征规费近10亿元,进一步密切了与农民群众的关系,提升了农机安全监管效果。据统计,2017年累计报告全国农机事故(包括农机道路外事故和农机道路交通事故)2 683起,死亡917人,受伤1 957人,直接经济损失2 064.64万元。与上年相比,事故起数、死亡人数、受伤人数和直接经济损失分别下降16.34%、15.17%、21.18%和0.69%。其中,在国家等级公路以外的农机事故829起,死亡130人,受伤226人,直接经济损失1 396.04万元。与上年相比,事故起数、死亡人数和受伤人数分别下降17.4%、2.3%和28.9%,全国农机安全生产形势继续保持平稳。

农作物种业

(一)农作物用种需求及种子生产 2017年,主要农作物种子市场依然供大于求。据统计,全国玉米需种约11亿千克,可供种约21

亿千克；杂交水稻国内种植需种共计2.58亿千克，出口需种6 114万千克，可供种3.6亿千克；常规稻需种7亿千克，可供种9亿千克；棉花需种0.91亿千克，可供种0.95亿千克；大豆需种4.27亿千克，可供种4.45亿千克；冬小麦需种约32亿千克，可供种51亿千克；冬油菜需种1 491万千克，可供种1 670万千克。上述作物种子生产形势基本稳定，能够满足2017年农业生产用种需求。2017年玉米制种195.67千公顷，总产10.6亿千克；杂交水稻制种111.6千公顷，总产2.8亿千克；常规稻繁种9.8亿千克；杂交棉制种113万千克，常规棉繁种1.1亿千克；大豆繁种5亿千克，以上作物种子量均可满足2018年用种需求。2017年种子市场供给过剩、竞争激烈，种子平均售价与上年比降低5%左右。杂交稻、常规稻种子价格基本持平；东北春玉米区玉米种子售价仅为25.56元/千克，同比降幅在10%以上，黄淮夏玉米区种子售价为23.35元/千克，同比下降3%，西北春

玉米区种子价格与上年持平；杂交棉种子销售均价为181.76元/千克，较上年同期小幅下降，降幅为1.32%；常规棉种子均价23.06元/千克，同比下降7.82%；大豆种子，东北区和黄淮区价格均较上年小幅上涨，种子平均售价为7.28元/千克。冬小麦种子市场竞争激烈，河南、山东省种子售价分别为5.14元/千克、3.75元/千克，同比下降9.19%和11.48%。冬油菜种子供需平衡有余，种子价格基本持平。

（二）主要农作物品种审定与推广　2017年，国家级审定主要农作物品种406个，同比增加241个。其中水稻178个、小麦26个、玉米171个、棉花10个、大豆21个。2017年，审定绿色通道品种216个，其中水稻97个、玉米119个。2017年，通过省级审定的主要农作物品种1 975个，同比增加600个。其中水稻591个、小麦167个、玉米1 004个、棉花68个、大豆144个。2017年省级绿色通道34个玉米品种，联合体161个，其中水稻25个、玉米136个。

专栏8

国家农作物种业大数据信息平台建设

为全面贯彻落实党的十八大和十八届三中、四中全会精神，深入实施"四化同步"发展战略，加快种业信息化建设，提高种业的依法管理行政效能，优化种业发展环境，积极响应中央1号文件提出的"深入推进农业供给侧结构性改革"的号召，有效支撑种植业发展方式转变，服务优化种植业结构布局和品质提升，突出科技引领，夯实发展基础，挖掘生产潜力，促进我国现代种业可持续健康发展，2017年，农业部种子管理局会同全国农技中心、科技发展中心、中国农科院信息所、中国软件等单位，对种子管理系统原有的14个信息数据库进行了整合，构建了国家农作物种业大数据信息平台（以下简称种业大数据平台），并于2017年8月14日正式投入使用。

一、建设目标

通过建设和应用种业大数据平台，汇聚种子全产业群体，激活并整合当前分散管理的各类种业信息资源，构建种业监管服务、生产经营、技术推广、科技创新支撑平台，促进宏观性、区域性、个性化、

社会化种业技术推广与产业发展支撑信息服务模式的协同发展，为农业增产、农民增收提供全程信息服务。

二、功能定位

以种子品种全产业链为主线，涵盖种子的研发、保护、区试、审定、生产、销售、推广等环节，以大数据技术为支撑，通过数据库的衔接与整合，构建集展示、分析、服务于一体的种业大数据平台。

三、建设内容

一是建立国家种业大数据，集成、整合监管部门业务数据、科技创新主体、种子生产经营企业、基层生产经营网点、种植业生产经营主体和农户等信息资源，建设种业产业经济运行、农技推广服务和农业科技创新基础资源数据仓库，实现信息资源的共享利用，为国家种业的科学发展做好决策支持。

二是建立种业大数据服务的运行能力保障体系，包括计算能力、存储能力、信息获取能力和运行维护保障能力等。

三是推进种业大数据服务的目标责任机制，构建适应现代种业产业发展需求的系列专项支撑，扎实推进落实对基层种子生产经营者的监管服务能力、提升对广大用种农户和新型农业经营主体的服务的覆盖率、持续性和有效性，对新型生产经营主体和农民要实现精准、及时、全程顾问式种业信息服务全覆盖。建立种业农技推广多元协同服务机制，通过信息化技术实现企业、基层网点、基层农技推广人员、新型生产经营主体和广大农户之间自发、常态互动。

四是研发一批满足大数据平台运行与服务的应用平台系统、数据挖掘与分析系统、物联网装备系统，移动信息终端APP应用系统，实现对种业大数据的有效更新、维护和应用。

五是探索种业大数据服务模式和社会化运维机制，在保障服务立足国家公益的基础上，引导建立多种形式的市场化运行机制。为加速构建现代种业信息支撑，有效保障种业"稳、提、促"目标的全面实现，通过大数据，科学优化种业支撑种植业结构布局、制定种业全行业整体解决方案和不同区域、不同作物体系的全程解决方案，强化基层种业生产经营管理和种业技术推广体系的现代信息武装，整建制推进放心、合适种子和配套技术进村入户到田，有效服务产销对接和优质优价、增加农民收益。

四、建设成效

截至目前，平台共收录了1990年以来近3 100个国审品种信息和25 000个省审品种信息、2001年以来9 642个授权保护品种信息和20 707个品种DUS测试信息、8 000多个有效生产经营许可信息和近20 000个历史生产经营许可信息、近23万个备案主体信息和近180万个备案单信息。95%以上的玉米、水稻种子、50%左右的蔬菜种子均实现了身份管理，部分实现了全程追溯；80%以上的销售门店经营活动可以追溯；品种和经营信息可全面检索，服务农民的手段得到提升。

（三）非主要农作物品种登记情况 2017年5月1日起非主要农作物品种登记制度正式实施。全年发布公告5次，共登记品种1 428个。其中，马铃薯10个、谷子34个、高粱32个、大麦（青稞）34个、蚕豆7个、豌豆5个、油菜236个、花生39个、向日葵246个、甘蔗1个、甜菜16个、大白菜139个、结球甘蓝40个、黄瓜36个、番茄99个、辣椒139个、西瓜

226个、甜瓜74个、苹果6个、柑橘6个、香蕉1个、梨2个。其中，自主选育品种1 284个，境外引进品种46个。从申请主体看，申请者为企业的1 120个，申请者为科研教学单位有305个，申请者为个人的有3个。

（四）农业植物新品种权保护　2017年，我国农业植物新品种权申请量3 842件，同比增长52%，年申请总量居UPOV成员第一位，年授权量1 486件。至2017年年底，申请以三大粮食作物为主，玉米、水稻、小麦年申请量分别为1 086件、945件和305件，分别占年申请总量的28%、25%和8%。申请作物结构不断优化，花卉、蔬菜、果树等非主要农作物年申请量1 302件，占年申请总量的34%，比上年增长9%。国内企业申请量为1 905件、科研单位申请量为1 182件，分别占年申请总量的50%和31%，企业的申请主体地位逐步凸显。境外申请354件，占我国建立植物新品种权制度以来境外申请总量的近1/4。至2017年年底，农业植物新品种权申请总量累计21 917件，结案12 780件，其中授权9 681件，仍处于保护期内6 454件。

（五）种子企业许可与发展　种子企业快速发展，企业结构明显优化，主体地位不断强化，竞争实力不断提升。截至2017年年底，全国持有效许可证的5 203家企业中，种子进出口企业187家，育繁推一体化种子企业95家，外资企业26家，转基因棉花种子生产经营企业98家。前10强企业市场集中度由15%提高到18%，前50强市场集中度由30%提高到35%，隆平高科进入全球种业十强；50多家企业挂牌上市，总市值超千亿，企业"多小散弱"状况明显改善。企业创新能力快速增强，企业获得新品种权数量增长，品种权申请量超过科研单位，成为育种创新主体。国际化进程快速推进，中国化工收购先正达，中信农业收购陶氏巴西种子业务，开启了中国种业国际化并购之路；大北农集团、荃银高科等企业在海外设立研发中心和控股公司，种业"走出去"步伐大大加快。获得信用等级A以上（含）的种子企业373家，同比增加9家，其中AAA级企业127家，AA级企业159家，A级企业87家。

（六）种子质量与市场监管　主要农作物种子质量稳定在较高水平。2017年种子质量抽检总体合格率98%以上。2017年农业部继续组织各地深入开展打击侵犯品种权和制售假劣种子专项行动、区域性制假售假专项治理打击行动，紧抓关键环节，严把品种试验审定关、育制种基地关、市场关，先后组织开展种子企业督查、春季市场检查、生产基地检查和秋季种子市场检查等行动，加大重点区域整治力度，严厉打击未审先推、套牌侵权、制假售假、非法生产经营转基因种子等违法行为。据统计，全国共检查企业（门店）9.2万个，各地共查处种子案件1 180多起，没收违法所得531.5万元，没收种子183.26万千克，移送司法案件15件，铲除非法转基因玉米种子生产近2.67千公顷。侵权案件较上年减少36%，假劣种子案件较上年减少48%。2017年，农业部集中通报了32家违法企业，警示震慑了不法分子。通过各地各部门共同努力，种子市场秩序明显好转，套牌侵权行为明显减少，保护了广大农民、品种权人和守法企业的合法权益。

（七）农作物种质资源保护　2017年，启动浙江、福建、江西、海南四省普查收集行动，截至2017年年底，累计已完成湖北、湖南、广西、重庆、江苏、广东、浙江、福建、江西、海南等十省、自治区收集普查行动。2017年，共收集197种（类）作物种质资源16 670份，其中国内收集12 429份，国外引进4 241份。完成了水稻、小麦、玉米、大豆、蔬菜等113种（类）作物16 835份种质的基本农艺性状鉴定。对水稻、玉米、小麦、大豆、食用豆、小宗作物、棉花、油料、麻类、蔬菜等42种作物的6 390份种质进行了抗病虫、抗逆、品质的鉴定评价筛选。139种（类）作物的13 004份种质编目繁殖存入国家作物种质库（圃）长期保存，其中存入国家作物种质库保存有35种（类）作物11 379份，存入国家作物种质圃保存有104种（类）作物1 625份。截至2017年12月，我国长期保存的种质资源总计495 134份，其中国家作物种质库426 634份，43个国家作物种质圃68 500份。完成了16 151份保存种质的生活力监测，以及40 576份中期库和种质圃资源的繁殖更新和复壮。分发种质资源215种作物共135 160份次，用种单位1 227个；在水稻、小麦、玉米、大豆、棉花、果树等78种作物的主产区，田间种植展示了9 259份优异种质资源，现场参观人数11 206人次，发放种质材料5 503份次。

（八）种业国际合作与交流　2017年批准对外提供种质资源申请41件，向14个国家和地区提供种质资源939份，涉及作物11种，提供资源份数前5的作物依次为花椰菜、小麦、甘蓝、番茄、水稻。2017年审批出口农作物种子6 583.14万千克，出口额为2.53亿美元，同比分别增加24.9%和30.03%；其中，出口水稻种子6 113.93万千克，出口玉米种子124.94万千克。出口数量依次排列为巴基斯坦、越南、菲律宾、印度尼西亚等国。2017年我国审批进口农作物种子2.17万吨，比上年增长20.63%，进口额4.75亿美元，比上年增长82.66%。其中蔬菜种子实际进口1.66万吨，增长70.82%。2017年，农业部举办植物新品种保护国际高级研讨会暨《植物新品种保护条例》颁布20周年纪念活动，来自UPOV、欧盟、美国、加拿大、日本、新西兰等8个国家和组织的11位专家与会交流。2017年，农业部选派种业骨干技术人员，赴欧美等地开展植物新品种保护合作交流和参加第十届东亚植物新品种保护论坛、UPOV系列会议、UPOV植物新品种保护师资培训等活动，不断推动植物新品种保护双边多边合作，扩大了植物新品种保护国际影响力。参与UPOV品种权国际申请平台（PRISMA）研发和汉化，中文系统顺利启用，为国内品种权申请人"走出去"搭建了桥梁，也为国外优良品种"引进来"提供了便利途径。6名中方专家担任ISF专业委员会委员。组织国内专家33人次培训UPOV远程教育，推选6名中国专家成为该项目的指导老师。深入推进中欧知识产权IP KEY项目，与欧盟植物新品种保护办公室签订战略合作协议。

专栏9

国家南繁科研育种基地（海南）建设

国家南繁育制种，简称南繁，是指人们利用海南省南部能够满足动植物周年生长繁殖的热带气候与环境条件和生物生态资源，从每年9月至翌年5月，在此进行农业基础研究、品种选育、种子鉴定和生产推广等活动。南繁在我国农业发展中地位重要、作用独特、效益显著，具有不可替代性、全局性、唯一性和科学性等特征。近年来，在党中央、国务院以及国家部委的关心、指导下，在各省、南繁所在市县以及广大南繁工作者的共同努力下，南繁工作取得了显著成效，国家南繁事业迈上了新台阶。

一、南繁基本情况

2011年以来，南繁事业迎来发展的"黄金机遇期"，党中央国务院先后出台《国务院关于加快推进现代农作物种业发展的意见》（国发〔2011〕8号）等政策文件，把南繁摆上国家战略，作为优势产业和重点项目支持。2013年4月，习近平总书记视察南繁基地，强调南繁是国家宝贵的农业科研平台，一定要建成集科研、生产、销售、科技交流、成果转化为一体的服务全国的重要基地。2013年年底，国务院办公厅《关于深化种业体制改革提高创新能力的意见》（国办发〔2013〕109号），进一步明确提出了在海南三亚、陵水、乐东等区域"划定南繁科研育种保护区，实行用途管制，纳入基本农田范围予以永久保护"。2014年11月，汪洋副总理到南繁基地考察，并对其建设发展做出总体部署，要求各级政府、相关部门"要像保护大熊猫一样，保护国家南繁基地"。2015年10月，经国务院批准，农业部、国家发展改革委、财政部、国土资源部和海南省政府联合印发了《国家南繁科研育种基地（海南）建设规划（2015—2025年）》（简称《南繁规划》）。《南繁规划》描绘了南繁发展的新宏图，是国家对南繁基地建设的巨大支持，标志着南繁育制种进入融合生物工程、互联网信息、体制机制创新和立法保障等完整体系的新的发展阶段。

二、南繁建设成效显著

2015年《南繁规划》印发以来，农业部会同有关部委、海南省以及各南繁省份，狠抓落实，各项工作快速推进。一是南繁科研用地得到保障。南繁科研育种保护区17.93千公顷、核心区3.53千公顷、配套服务区建设用地49.67公顷，全部上图入库，实行用途管制，奠定了南繁科研用地法定基础。目前，北京、山东、湖南、安徽等11个省份，已在三亚、陵水、乐东核心区新基地签约土地近666.67公顷，完成流转土地466.67多公顷，支付土地租金1亿多元。二是各级财政投入不断加大。中央和地方财政共安排资金5.9亿元，陆续启动农田水利、执法监管等项目建设，相继实施制种大县奖励、农民定金补贴等支持政策，及时支付土地租金，开展土地整治。2017年3月，国家批复南繁生物育种专区项目，计划总投资近3亿元。三是核心区建设有序推进。为保障南繁科研新增用地需求，规划新建核心区1.67千公顷，分别坐落于三亚、乐东、陵水的6个大的田洋。2016年以来，北京、山东、湖南、安徽等11个省份，加快土地流转，目前已签约土地近666.67公顷，完成流转453.33多公顷。同时，三市县政府积极组织编制配套服务区建设规划，科研人员生活配套设施建设稳步推进。四是国家南繁管理体系全面构建。充分发挥国家南繁工作领导小组和南繁规划落实协调组的作用，逐步形成了涵盖部、省、市县、乡镇、村5级较为完备的南繁管理体系，全面覆盖南繁各项工作。农业部还专门组建督导组，2017年以来4次督导南繁规划落实，并将其纳入国家粮食安全省长责任制考核范围。海南省政府印发南繁工作要点，对省直单位和南繁三市县开展督导检查，对工作滞后的进行约谈问责。

未来农业部将会同海南省、相关部委及各南繁省份，深入学习贯彻习总书记重要指示精神，以落实南繁规划为主线，高标准建设国家南繁基地，加强对海南省和各南繁省（自治区、直辖市）粮食安全省长责任制考核，将南繁基地打造成为科技创新的"高地"、人才聚集的"高地"、成果转化的"高地"和服务全国的"高地"，力争早日建成"南繁硅谷"。

农产品价格与市场

（一）**农产品生产者价格** 据对全国2万个农业生产经营单位和农户调查，2017年全国农产品生产者价格[①]总水平比上年同期下降3.5%（图9至图14）。

1. 农业产品生产者价格下降0.5%。分季度看，1、2季度分别下降2.8%、1.8%，3、4季度分别上涨2.6%、0.6%。

粮食生产者价格上涨0.1%。分季度看，1、2季度分别下降5.0%和1.1%，3、4季度分别上涨2.5%和1.4%。分品种看，谷物生产者价格上涨0.5%，其中，小麦上涨4.4%，稻谷上涨0.7%，玉米下降2.9%。豆类下降2.6%，其中，大豆下降2.3%。薯类下降2.4%。分区域看，粮食主产区[②]生产者价格下降1.0%，主销区生产者价格上涨0.8%，其他地区上涨0.3%。

棉花（籽棉）生产者价格上涨0.8%。分季度看，1季度上涨16.2%，4季度上涨0.4%。

油料生产者价格上涨0.5%。分季度看，1季度下降0.1%，2、3、4季度分别上涨0.2%、5.2%和1.7%。分品种看，花生下降0.3%，油菜籽上涨3.0%，芝麻上涨3.6%。

糖料生产者价格上涨6.3%。分季度看，1、2、4季度分别上涨5.1%、7.7%和6.8%。分品种看，甘蔗上涨6.6%。

蔬菜生产者价格下降4.4%。分季度看，1、2、4季度分别下降11.6%、12.2%和2.8%，3季度上涨5.1%。分种类看，叶菜类下降3.8%，白菜类下降6.7%，瓜菜类下降2.8%，茄果类下降3.8%，葱蒜类下降8.3%，根茎类上涨1.2%，菜用豆类上涨1.4%。食用菌下降3.2%。

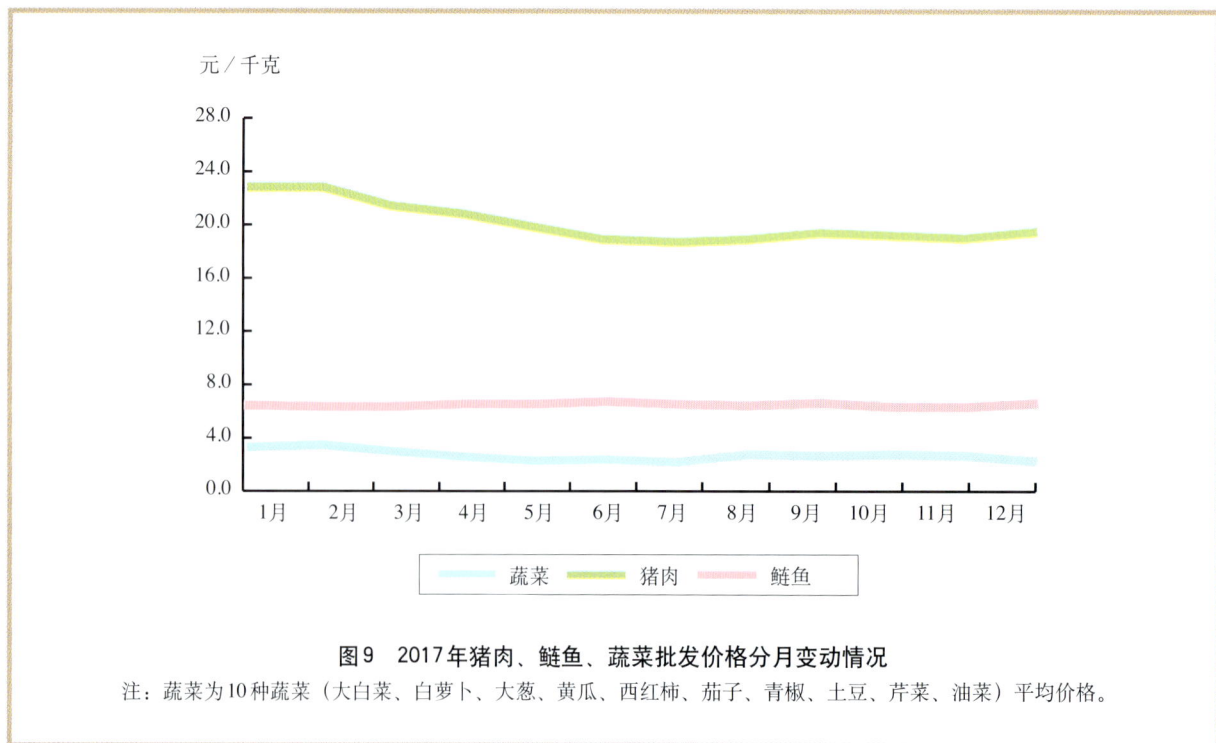

元/千克

图9 2017年猪肉、鲢鱼、蔬菜批发价格分月变动情况
注：蔬菜为10种蔬菜（大白菜、白萝卜、大葱、黄瓜、西红柿、茄子、青椒、土豆、芹菜、油菜）平均价格。

[①]农产品生产者价格是指农业生产者首次直接出售其生产的农产品时实际获得的价格。
[②]粮食主产区包括河北、内蒙古、辽宁、吉林、黑龙江、江苏、安徽、江西、山东、河南、湖北、湖南、四川等13个省份；粮食主销区包括北京、天津、上海、浙江、福建、广东、海南等7个省份；其他地区指除上述主产区、主销区以外的省份。

上年＝100

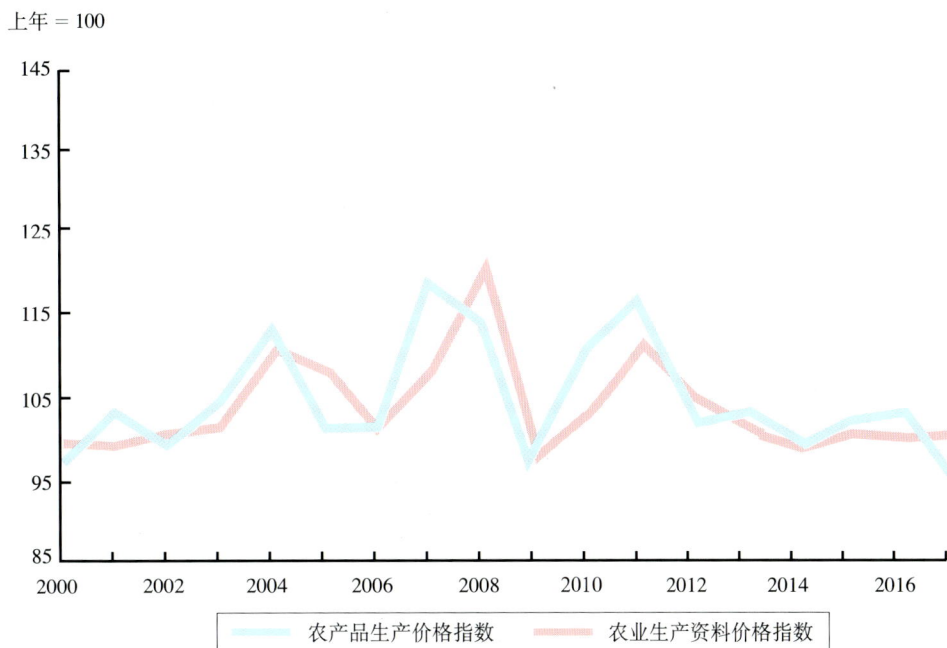

图10　2000—2017年农产品生产价格指数及农业生产资料价格指数变动情况

注：2000年（含）以前农产品生产价格指数为农副产品收购价格指数。

万吨

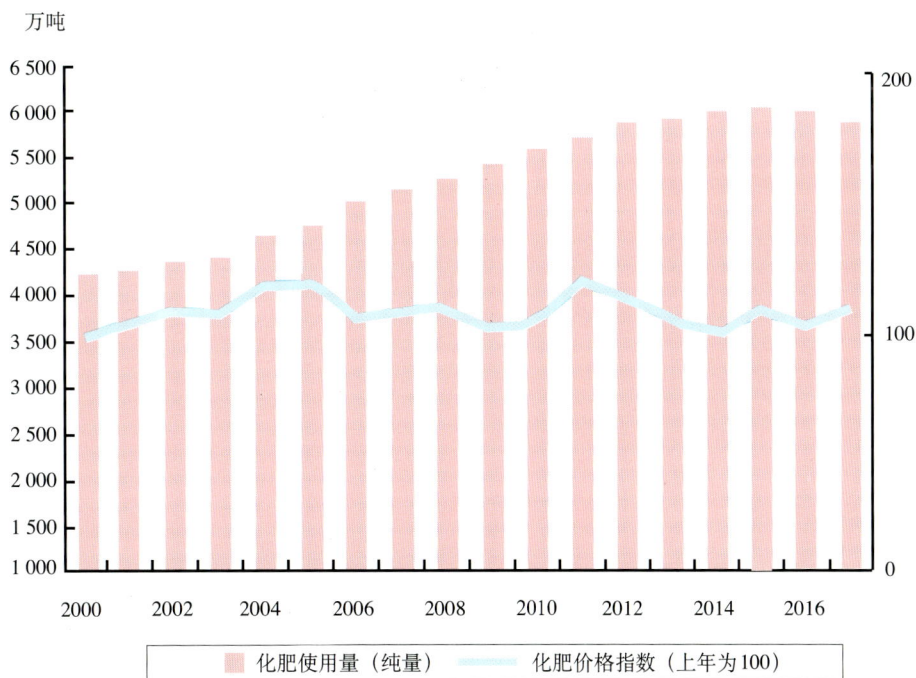

图11　2000—2017年化肥使用量及价格指数变动情况

元／吨

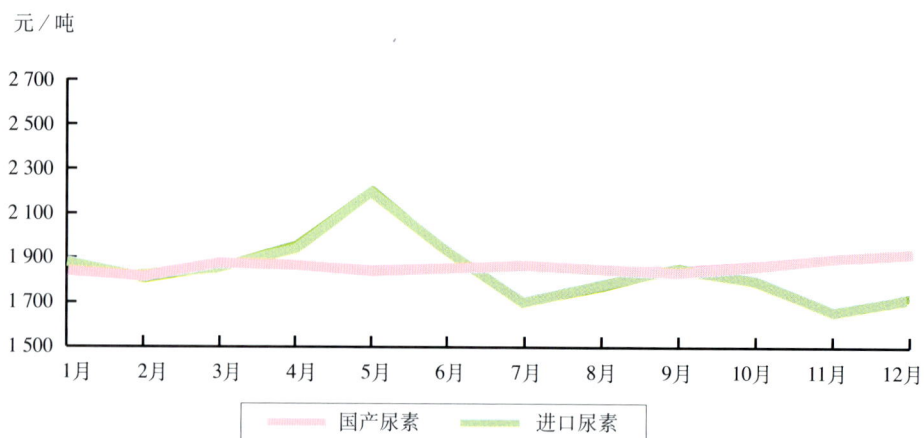

图12　2017年尿素零售价格分月变动情况

图13　2000—2017年农药施用量及价格指数变动情况

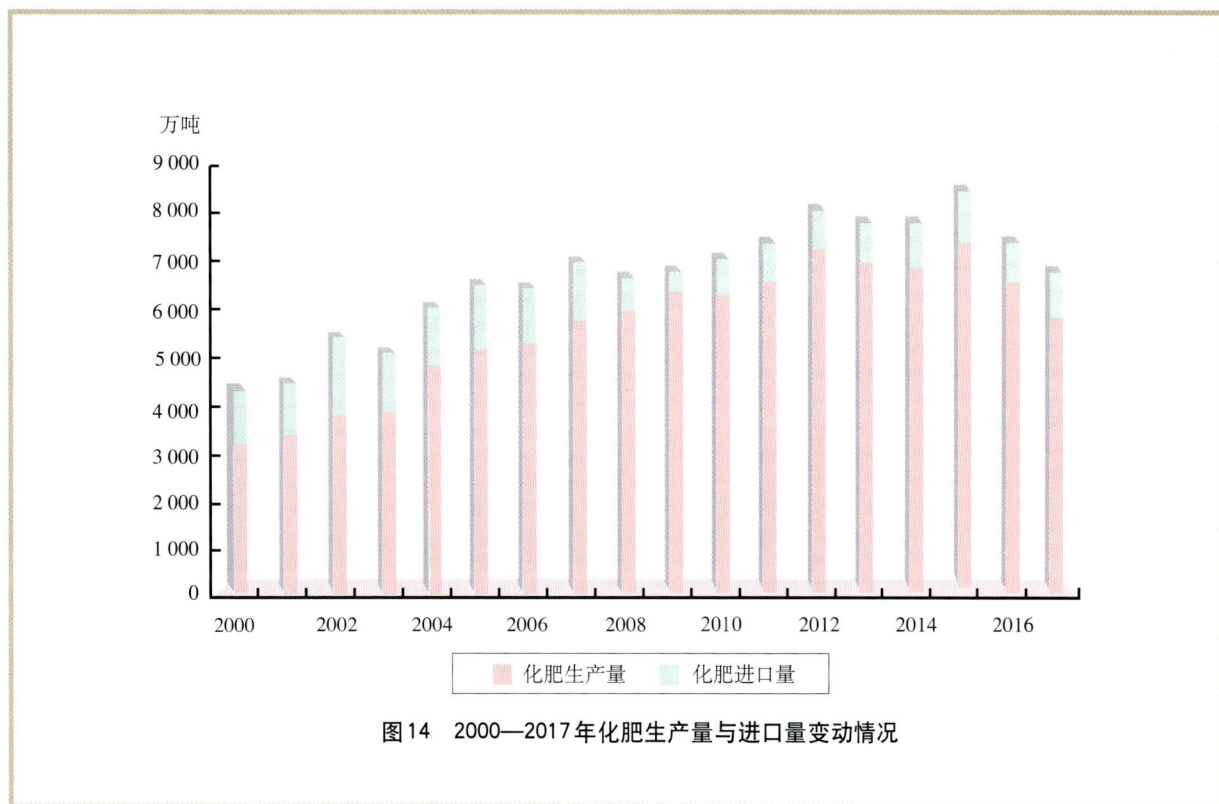

图14　2000—2017年化肥生产量与进口量变动情况

水果生产者价格上涨4.8%。分季度看，1、2、4季度分别上涨9.4%、11.3%和5.6%，3季度下降3.7%。分品种看，苹果上涨10.3%，梨上涨10.5%，柑橘上涨8.7%，热带水果下降9.5%。

2. 林业产品生产者价格上涨4.9%。分季度看，1、2、3季度分别上涨8.2%、9.7%和6.2%，4季度下降0.5%。分种类看，2017年木材生产者价格上涨4.7%，竹材下降1.8%，胶脂和果实类林产品上涨17.6%。

3. 饲养动物及其产品生产者价格下降9.2%。生猪生产者价格下降14.0%。分季度看，1—4季度分别下降1.9%、21.3%、20.7%和12.9%。分区域来看，生猪主产省[①]生产者价格下降14.0%。

活牛生产者价格下降1.2%，活羊上涨7.1%。活家禽下降3.3%，禽蛋下降7.2%。生奶

产品生产者价格同比持平。动物毛类上涨9.9%。

4. 渔业产品生产者价格上涨4.9%。分季度看，1—4季度分别上涨4.0%、6.1%、3.9%和3.7%。2017年海水养殖产品生产者价格上涨7.9%，海水捕捞产品上涨3.1%；淡水养殖产品上涨2.4%。

（二）农产品集贸市场价格　据对全国200个主产县农产品集贸市场价格调查，2017年1—12月，大部分农业产品集贸市场价格上涨，其中，油菜籽和棉花比上年分别上涨5.5%和5.4%；小麦价格上涨3.7%；粳稻、籼稻价格分别上涨2.2%和0.3%；粳米、籼米价格分别上涨1.2%和1.3%；大豆价格上涨1.2%。玉米和花生仁价格下降，降幅分别为9.1%和4.0%。

畜牧业产品中，猪价下降明显。活猪和猪肉价格分别下降16.8%和12.5%，仔猪价

①生猪主产省包括河北、辽宁、江苏、浙江、安徽、江西、山东、河南、湖北、湖南、广东、广西、重庆、四川、云南等15个省份，其他省份为非生猪主产省。

格下降8.2%。牛肉、羊肉价格分别上涨0.8%和0.1%。活鸡价格下降3.1%，鸡蛋价格下降5.4%。

（三）农村商品零售价格 2017年1—12月，农村商品零售价格比上年上涨1.3%，增速高于上年0.4个百分点，高于全国0.2个百分点，高于城市0.2个百分点。分类别看，燃料和中、西药品及医疗保健用品上涨最快，涨幅分别为8.9%和6.8%；其次是建筑材料及五金电料、家具和书报杂志及电子出版物，价格分别上涨3.2%、2.3%和2.0%。食品和交通、通信用品价格下降，比上年均下降1.3%。

（四）农村居民消费价格 2017年1—12月，农村居民消费价格比上年增长1.3%，低于全国0.3个百分点，低于城市0.4个百分点（图15）。分类别看，农村食品烟酒价格下降1.1%，而城市食品烟酒价格仅下降0.2%，其中，粮食、水产品、鲜果价格分别上涨1.6%、3.6%和4.0%，鲜菜、畜肉和蛋类分别下降7.7%、6.5%和4.8%；衣着类价格上涨1.3%；居住类价格上涨2.7%，高于城市0.2个百分点；生活用品及服务价格上涨1.2%，高于城市1.0个百分点；交通和通信价格上涨1.4%，高于城市0.4个百分点；教育文化和娱乐价格上涨2.3%，低于城市0.1个百分点；医疗保健价格上涨4.2%，低于城市2.6个百分点；其他用品和服务价格上涨2.4%，低于城市0.1个百分点。

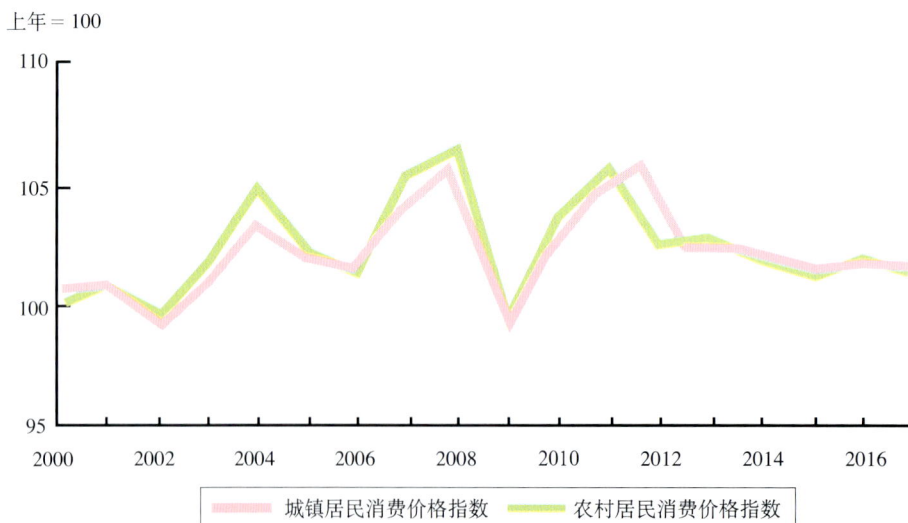

图15　2000—2017年城乡居民消费价格指数变动情况

（五）乡村社会消费品零售额 2017年，乡村社会消费品零售额51 972亿元，比上年增长11.8%，增速比上年提升0.9个百分点，高于城镇增速1.8个百分点。

农产品进出口

2017年，我国农产品进、出口额双增

长，农产品贸易逆差大幅增长。我国农产品进出口贸易总额2 013.9亿美元，比上年增长9.1％。其中，出口额755.3亿美元，比上年增长3.5％；进口额1 258.6亿美元，比上年增长12.8％；农产品贸易逆差503.3亿美元，比上年扩大30.4％（图16、图17）。

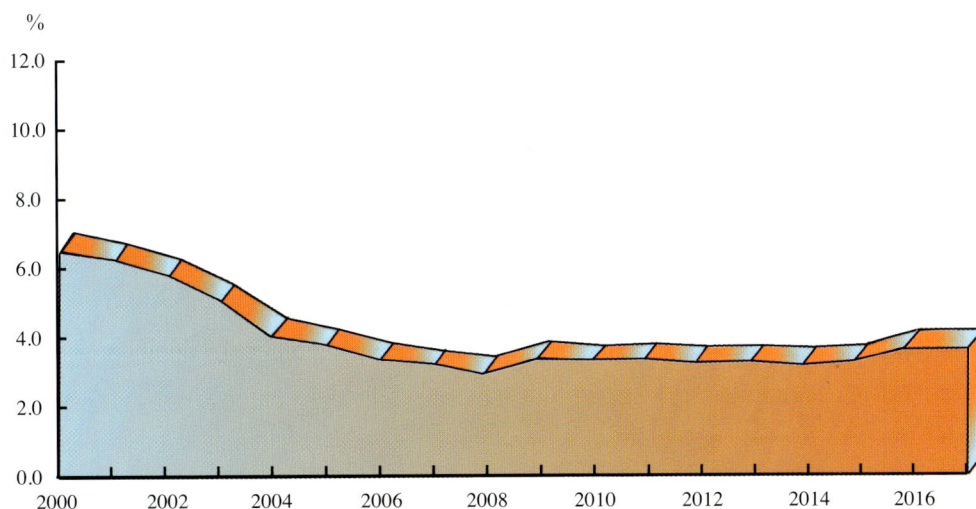

图16　2000—2017年农产品出口额占总出口额比重变动情况

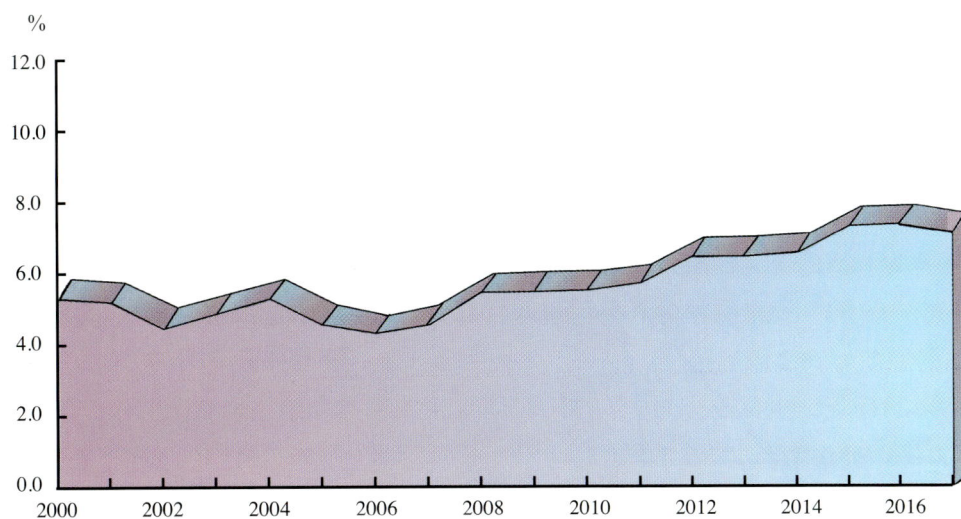

图17　2000—2017年农产品进口额占总进口额比重变动情况

（一）粮食（谷物）净进口量比上年增长12.3％ 2017年，我国粮食（谷物）出口量为161.65万吨，比上年增长1.5倍；进口量为2 560.11万吨，比上年增长16.4％；净进口2 398.46万吨，比上年增长12.3％（图18）。

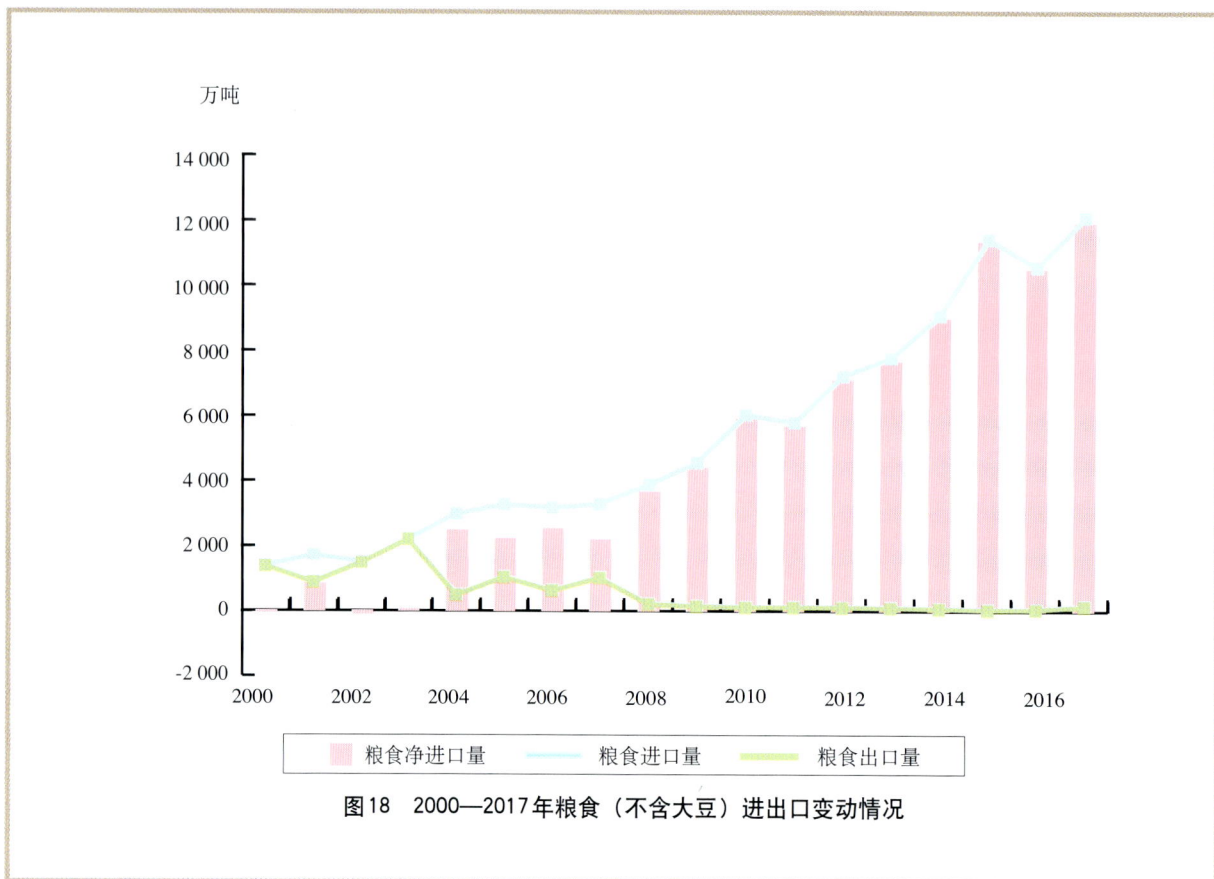

图18 2000—2017年粮食（不含大豆）进出口变动情况

2017年我国粮食（谷物）出口额为8.0亿美元，比上年增长57.8％；进口额为64.9亿美元，比上年增长13.7％；粮食（谷物）贸易逆差为57.0亿美元，比上年扩大9.4％。其中，稻谷产品的逆差为12.6亿美元、玉米产品的逆差为5.8亿美元、小麦产品的逆差为10.0亿美元、大麦产品的逆差为18.2亿美元。

稻谷产品 2017年，出口量为119.7万吨，比上年增长2.0倍；进口量为402.6万吨，比上年增长13.0％。在稻谷产品的进出口贸易中，大米的进出口占绝大部分，具体比重分别是出口占98.6％、进口占98.7％。出口额为6.0亿美元，比上年增长70.0％；进口额为18.6亿美元，比上年增长15.2％。稻谷产品包括大米、大米粉、稻谷和种用稻谷。

玉米产品 2017年，出口量为8.59万吨，比上年增长20.1倍；进口量为282.73万吨，比上年下降10.8％。出口额为0.2亿美元，比上年增长6.7倍；进口额为6.0亿美元，比上年减少5.5％。玉米产品包括玉米、玉米粉、其他加工玉米和种用玉米。

小麦产品 2017年，出口量为18.26万吨，比上年增长61.9％；进口量为442.25万吨，比上年增长29.6％。出口额为0.9亿美元，比上年增长38.0％；进口额为10.8亿美元，比上年增长32.7％。小麦产品包括小麦、小麦粉和种用小麦。

大麦产品 2017年，进口量为886.35万吨，比上年增长77.1%。进口额为18.2亿美元，比上年增长59.0%。大麦产品包括大麦、加工大麦和种用大麦。

（二）食用油籽进口比上年增长13.9%、食用植物油进口比上年增长7.9%

食用油籽 2017年，出口110.00万吨，比上年增长25.9%；进口1.02亿吨，比上年增长13.9%。其中，大豆进口9 552.61万吨，比上年增长13.8%；油菜籽进口474.83万吨，比上年增长33.2%。

2017年我国食用油籽出口额为16.4亿美元，比上年增长15.2%；进口额为430.2亿美元，比上年增长16.2%；贸易逆差为413.9亿美元。其中，大豆出口额为0.9亿美元，比上年减少15.3%；进口额为396.4亿美元，比上年增长16.6%；贸易逆差为395.4亿美元。

食用植物油 2017年，出口20.20万吨，比上年增长75.5%；进口742.75万吨，比上年增长7.9%。其中，豆油进口65.34万吨，比上年增长16.6%；棕榈油进口507.87万吨，比上年增长13.4%；菜油进口75.70万吨，比上年增长8.2%。

2017年我国食用植物油出口额为2.4亿美元，比上年增长49.5%；进口额为56.8亿美元，比上年增长12.5%；贸易逆差为54.5亿美元。

（三）棉花进口量比上年增长9.9%，食糖进口量比上年减少25.2%；蔬菜出口量比上年增长8.5%，水果出口量比上年增长1.5%；畜产品贸易逆差比上年增长8.4%，水产品贸易顺差比上年下降13.7%

棉花 2017年，进口量为136.31万吨，比上年增长9.9%；进口额为23.6亿美元，比上年增长32.7%；贸易逆差为23.2亿美元。

食糖 2017年，进口229.05万吨，比上年减少25.2%；进口额为10.8亿美元，比上年减少7.9%；贸易逆差为9.9亿美元。

蔬菜 2017年，出口量为1 095.2万吨，比上年增长8.5%；进口量为24.7万吨，比上年减少1.1%。出口额为155.2亿美元，比上年增长5.4%；进口额为5.5亿美元，比上年增长4.3%。贸易顺差为149.7亿美元。

水果 2017年，出口量为520.1万吨，比上年增长1.5%；进口量为474.7万吨，比上年增长13.6%。出口额70.8亿美元，比上年减少0.9%；进口额62.6亿美元，比上年增长7.6%。贸易顺差为8.2亿美元。

畜产品 2017年，出口额63.6亿美元，比上年增长12.7%；进口额256.2亿美元，比上年增长9.5%；贸易逆差为192.6亿美元，比上年增长8.4%。其中，生猪产品出口11.6亿美元，比上年减少1.6%；进口44.0亿美元，比上年减少24.3%。禽产品（家禽类）出口16.7亿美元，比上年增长10.6%；进口10.5亿美元，比上年减少20.1%。

水产品 2017年，出口额211.5亿美元，比上年增长2.0%；进口额113.5亿美元，比上年增长21.0%；水产品贸易顺差98.0亿美元，比上年下降13.7%。

（四）一般贸易是我国进出口贸易的主要方式，占我国进出口贸易总额的比例分别为83.0%和82.6% 一般贸易方式出口624.1亿美元，比上年增长4.2%，占我国农产品出口总额的82.6%，比上年提高0.6个百分点；进料加工方式出口71.7亿美元，比上年减少4.5%，占我国农产品出口总额的9.5%，比上年下降0.8个百分点；边境小额出口24.3亿美元，比上年增长29.2%，占我国农产品出口总额的3.2%，比上年提高0.6个百分点；来料加工装配贸易方式出口16.8亿美元，比上年增长

5.9%，占我国农产品出口总额的2.2%，与上年持平。

一般贸易方式进口1 045.0亿美元，比上年增长14.3%，占我国农产品进口总额的83.0%，比上年提高1.0个百分点；保税区仓储转口货物贸易方式进口93.3亿美元，比上年增长11.0%，占我国农产品进口的7.4%，比上年下降0.1个百分点；进料加工方式进口52.3亿美元，比上年增长1.4%，占我国农产品进口总额的4.2%，比上年下降0.4个百分点；保税仓库进出境货物贸易方式进口38.0亿美元，比上年增长1.7%，占我国农产品进口总额的3.0%，比上年下降0.4个百分点。

（五）亚洲是我国农产品第一大出口市场，南美洲为我国农产品第一大进口市场 亚洲是我国农产品第一大出口市场，2017年对亚洲出口486.4亿美元，比上年增长2.4%，占我国农产品出口总额的64.4%，比上年下降0.7个百分点。欧洲为第二大出口市场，对欧洲出口111.1亿美元，比上年增长5.4%，占我国农产品出口总额的14.7%，比上年提高0.3个百分点。北美洲为第三大出口市场，对北美洲出口99.1亿美元，比上年增长4.6%，占我国农产品出口总额的12.7%，比上年提高0.1个百分点。对非洲、南美洲和大洋洲分别出口30.8亿美元、17.3亿美元和13.6亿美元，增幅分别为16.3%、−2.9%和3.6%，对这三大洲出口金额合计占我国农产品出口总额的8.2%，比上年提高0.3个百分点。

就国际组织来看，我国对东盟、北美自由贸易协定组织和欧盟分别出口158.6亿美元、96.1亿美元和87.4亿美元，增幅分别为3.0%、4.6%和6.3%。

从出口国家和地区来看，2017年出口前10位的国家和地区依次是：日本102.4亿美元，比上年增长1.9%，占我国农产品出口总

额的13.6%；中国香港98.4亿美元，比上年减少1.2%，占我国农产品出口总额的13.0%；美国77.3亿美元，比上年增长4.1%，占我国农产品出口总额的12.0%；韩国47.7亿美元，比上年增长2.0%，占我国农产品出口总额的6.3%；越南45.8亿美元，比上年增长18.4%，占我国农产品出口总额的6.1%；此后依次是泰国、中国台湾、马来西亚、印度尼西亚和菲律宾，出口额分别为31.2亿美元、24.8亿美元、24.1亿美元、23.4亿美元和20.4亿美元，对这五个国家和地区的出口额合计占我国农产品出口总额的16.4%。

2017年南美洲是我国进口农产品第一大洲，进口额为344.5亿美元，比上年增长20.0%，占我国农产品进口总额的27.4%，比上年提高0.9个百分点；从北美洲进口居第二位，为312.0亿美元，比上年增长5.5%，占我国农产品进口总额的24.8%，比上年下降0.9个百分点；从亚洲进口居第三位，为231.0亿美元，比上年增长10.0%，占我国农产品进口总额的18.4%，比上年下降0.4个百分点；从欧洲、大洋洲以及非洲的进口额分别为190.7亿美元、150.9亿美元和29.4亿美元，分别增长4.7%、33.8%和4.3%，三者合计占我国农产品进口总额的29.5%，比上年提高0.5个百分点。

从国际组织来看，从北美自由贸易协定组织、东盟和欧盟进口分别为310.7亿美元、167.8亿美元和148.2亿美元，分别增长5.5%、12.0%和5.1%。

从进口国家看，2017年进口前10位国家依次是：美国241.2亿美元，比上年增长0.9%，占我国农产品进口总额的19.2%；巴西241.1亿美元，比上年增长26.4%，占我国农产品进口总额19.2%；澳大利亚90.0亿美元，比上年增长34.4%，占我国农产品进口总额的7.2%；加拿大66.3亿美元，比上年增长23.7%，占

我国农产品进口总额的5.3%；新西兰60.0亿美元，比上年增长33.2%，占我国农产品进口总额的4.8%；此后依次是印度尼西亚、泰国、法国、阿根廷和越南，进口额分别为49.5亿美元、46.9亿美元、39.1亿美元、36.6亿美元和29.6亿美元，分别增长25.8%、8.6%、18.9%、-13.1%和3.4%，这五个国家进口额合计占我国农产品进口总额的16.0%。

（六）东部地区进出口均居第一，广东、山东分居进出口首位　2017年，东部地区农产品出口额503.0亿美元，比上年增长1.6%，占我国农产品出口总额的66.6%，比上年下降1.2个百分点；进口额1 022.4亿美元，比上年增长12.4%，占我国农产品进口总额的81.2%，比上年下降0.3个百分点。

西部地区出口额为99.1亿美元，比上年增长2.4%，占我国农产品出口总额的13.1%，比上年下降0.2个百分点；进口额92.1亿美元，比上年增长24.1%，占我国农产品进口总额的7.3%，比上年提高0.6个百分点。

中部地区出口额77.0亿美元，比上年增长12.6%，占我国农产品出口总额的10.2%，提高0.8个百分点；进口额55.2亿美元，比上年增长9.2%，占我国农产品进口总额的4.4%，比上年下降0.1个百分点。

东北地区出口额为76.2亿美元，比上年增长9.5%，占我国农产品出口总额的10.1%，比上年提高0.6个百分点；进口额88.8亿美元，比上年增长8.8%，占我国农产品进口总额的7.1%，比上年下降0.2个百分点。

2017年出口前五位的省依次是：山东185.5亿美元，比上年增长5.1%，占我国农产品出口总额的24.6%；广东94.3亿美元，比上年减少0.9%，占我国农产品出口总额的12.5%；福建87.4亿美元，比上年减少0.9%，占我国农产品出口总额的11.6%；辽宁50.2亿

美元，比上年增长11.5%，占我国农产品出口总额的6.6%；浙江49.7亿美元，比上年增长3.8%，占我国农产品出口总额的6.6%。

进口前五位的省（直辖市）依次是：广东252.7亿美元，比上年增长7.0%，占我国农产品进口总额的20.1%；江苏188.9亿美元，比上年增长22.8%，占我国农产品进口总额的15.0%；山东163.4亿美元，比上年增长7.4%，占我国农产品进口总额的13.0%；上海135.1亿美元，比上年增长15.8%，占我国农产品进口总额的10.7%；天津81.1亿美元，比上年增长0.8%，占我国农产品进口总额的6.4%。

农业综合开发

2017年，中央财政预算安排农业综合开发资金386亿元。一年来，农业综合开发工作以推进农业供给侧结构性改革为主线，创新机制，完善政策，加强管理，提升效益，在提高农业综合生产能力、推进农村一二三产业融合、转变农业发展方式、发展农业适度规模经营、助力打赢脱贫攻坚战、推进田园综合体试点示范等方面都取得了新进展。

（一）稳步推进高标准农田建设　坚持把高标准农田建设作为第一要务，不断改善农业基础设施条件，提升农业综合生产能力，为确保国家粮食安全夯实基础。集中力量建设高标准农田，资金和项目适当向高标准农田建设任务重和完成较好的地区倾斜，鼓励地方集中打造国家农业综合开发高标准农田建设示范县（区），特别是优先在粮食主产区建设确保口粮安全的高标准农田。在坚持以农田水利为重点，农林水综合治理的前提下，允许项目区按照"缺什么、补什么"的原则，确定具体的工程措施和投入比例。中央财政安排287.4亿元，

计划建设高标准农田1 666.67千公顷，亩均提升粮食生产能力100千克以上。安排13.73亿元，新建续建中型灌区节水配套改造项目262个，为高标准农田提供稳定的水源支持。积极利用外资，通过世行贷款可持续发展农业项目和亚行贷款农业综合开发项目计划建设高标准农田56.67千公顷，不断加快高标准农田建设进度。创新投融资模式建设高标准农田试点，截至2017年年底，已有吉林、山东等6个省份"落地"试点项目51个，总投资24.88亿元，撬动银行贷款19.17亿元，计划建设高标准农田112.15千公顷。

（二）开展田园综合体建设试点示范 准确把握农业农村发展形势，认真谋划推进田园综合体试点示范，激发农发新动能。落实2017年中央1号文件要求，把田园综合体试点示范作为新时期农业综合开发的重要突破口，围绕实现"村庄美、产业兴、农民富、环境优"的目标，按照稳中求进的总基调，中央财政从农业综合开发、农村综合改革等资金中统筹安排，支持18个省份有基础、有优势、有特色、有规模、有潜力的乡村建成以农民合作社为主要载体，让农民充分参与和受益的田园综合体。其中，中央财政安排农业综合开发资金4.3亿元，重点支持河北、山西、重庆等10个省份开展试点。从试点情况看，10个省份试点项目呈现出高水平规划、高标准建设、高标准开局的特点，较好地体现了"坚持以农为本、坚持共同发展、坚持市场主导、坚持循序渐进"的原则，相关工作进展良好，为实现预期目标奠定了坚实基础。

（三）促进农村一二三产业融合发展 以支持区域农业优势特色产业发展、集中打造优势特色产业集群为引领，支持农业全产业链开发，推进农村一二三产业融合发展。完善产业化发展项目扶持模式，同意河南省继续使用部分中央财政资金用于股权投资，额度控制在1亿元以内，支持本地区农业产业发展。深入推进河南省、重庆市和浙江省股权投资基金相关试点工作，确保相关基金及时有效运行，更好地发挥支持农业企业发展、带动农民增收的作用。积极扶持农业优势特色产业发展。通过贷款贴息、财政补助、股权投资等方式集中投入，补齐产业链短板，提升农业产业化发展水平，集中打造优势特色产业集群。中央财政安排35亿元，带动地方财政投入14.71亿元，引导项目单位自筹资金和银行贷款投入786.96亿元，支持了一批资源优势突出、区域特色明显、市场发展前景好、示范带动作用强的农业产业，推进了当地农村一二三产业融合发展。

（四）推进农业适度规模经营 完善政策，强化统筹，积极支持新型农业经营主体发展，发展多种形式适度规模经营，构建新型农业经营体系。积极支持新型农业经营主体，在集中连片推进高标准农田建设，促进土地经营权有序流转基础上，持续支持新型农业经营主体申报建设高标准农田，建立依托新型农业经营主体推进高标准农田建设、使用、管护一体化的新机制。2017年，共支持5 100家新型农业经营主体实施种养殖基地以及加工和流通设施项目建设，推动了农业适度规模经营。稳步推进农业规模化服务，中央财政安排6.53亿元，扶持农业规模化服务项目237个，重点通过搭建为农服务平台，整合供销合作社为农服务资源，开展土地托管服务，面向新型农业经营主体，创新农业生产服务方式和手段，打造"农民外出打工，供销社为农民打工"服务品牌，破解"谁来种地、地怎么种"等问题，促进农业社会化服务体系建设，为农业适度规模经营提供保障。探索土地托管与高标准农田建设统筹安排，将生产条件改造提升与土地托管服务结合起来，构建高标准农田建设、农业设施管护使用和规模化服务于一体的综合生产经营服务体系。

（五）助力贫困地区脱贫攻坚 贯彻落实党中央国务院关于打赢脱贫攻坚战的战略部署，加大资金项目支持，助力贫困地区脱贫攻坚。继续加大对贫困地区的支持，在分配中央农发资金时继续增加"扶贫县占比"因素，进一步向贫困县较多的地区倾斜。在下达2017年中央财政资金和提前下达2018年支出预算时均明确要求各有关地区在分配和安排中央财政农发资金时，也要向贫困地区倾斜，并且用于贫困县的资金增幅不得低于农发资金平均增幅。2017年，在农业综合开发转移支付预算下降情况下，中央财政投入贫困县农业综合开发资金104.36亿元，比上年增加5.5亿元，增长5.6%。支持贫困县涉农资金统筹整合，要求有关地区分配给贫困县的资金采取"切块下达"的方式，资金项目审批权限完全下放到县，不得指定具体项目或提出与脱贫攻坚无关的任务要求。贫困县可按照脱贫任务的实际需要，既可用于高标准农田建设等领域，也可用于其他精准脱贫急需的领域。

专栏10

建立粮食生产功能区和重要农产品生产保护区

2017年3月31日，国务院发布《关于建立粮食生产功能区和重要农产品生产保护区的指导意见》（国发〔2017〕24号）（以下简称《意见》），对建立粮食生产功能区和重要农产品生产保护区（简称"两区"）作出全面部署。《意见》明确提出，要力争用3年时间完成70 533.33千公顷"两区"地块的划定任务，力争用5年时间基本完成"两区"建设任务。

一、"两区"建设的主要内容

建立"两区"包括"划、建、管、护"四个方面。

划：划定粮食生产功能区60 000千公顷、重要农产品生产保护区15 866.67千公顷（与粮食生产功能区重叠5 333.33千公顷），其中水稻生产功能区22 666.67千公顷，小麦生产功能区21 333.33千公顷，玉米生产功能区30 000千公顷，大豆生产保护区6 666.67千公顷，棉花生产保护区2 333.33千公顷，油菜籽生产保护区4 666.67千公顷，糖料蔗生产保护区1 000千公顷，天然橡胶生产保护区1 200千公顷。

建：以"两区"为载体，按照集中连片、旱涝保收、稳产高产、生态友好的要求，大规模推进高标准农田建设。加大新型主体培育，发展多种形式的适度规模经营，构建覆盖全程、综合配套、便捷高效的农业社会化服务体系，提升推广服务能力，整体提升"两区"综合生产能力。

管：严格按照基本农田保护条例等相关法律法规，管控"两区"用途。充分应用现代信息技术，做到"两区"地块全部建档立册、上图入库，形成粮棉油糖等重要农产品种植结构全国"一张图"，实施精准化、动态化管理。

护：通过加大对"两区"的政策支持，增加基础建设投入，完善财政政策，创新金融支持政策，形成有力度、有约束的政策体系，激励和引导地方政府和农民重农抓粮不吃亏、得实惠，确保"两区"持续稳定发展。

二、"两区"建设的重大意义

建立"两区"是党中央、国务院从我国农业和经济社会发展大局作出的重大战略决策，对新时期保障国家粮食安全和重要农产品有效供给具有重要意义。第一，建立"两区"是落实国家粮食安全战略的基本要求。近年来，在我国农业结构加速调整的同时，工业化、城镇化发展与生态建设快速推进，对农业用水用地造成压力。建立"两区"，将水土资源环境较好、农业基础设施相对完善的优势产区保护起来，构筑起"谷物基本自给、口粮绝对安全"战略防线，粮食等重要农产品的安全就有了坚实的基础。第二，建立"两区"是深化农业供给侧结构性改革的重要举措。农业生产要适应市场需求变化，必须大力推进供给侧结构性改革、调整优化农业生产结构，"调什么、怎么调、调多少"是关键。建立"两区"，稳住了粮食和重要农产品供给，就可以放手让群众根据市场需求发展多元化生产，稳中求进推进农业结构调整。第三，建立"两区"是提高我国农业竞争力的迫切需要。建立"两区"，建设一批生产技术先进、经营规模适度、资源环境可持续的粮棉油糖等重要农产品供给保障核心区，有利于促进专业化布局、标准化生产、高效化经营，进一步提高农业生产水平；有利于促进产业、科技、财政、金融等支持政策向"两区"定向集聚，推动我国农业支持政策由"黄"转"蓝"、转"绿"，打开农业支持的政策空间。第四，建立"两区"是推进农业治理现代化的重要途径。农业管理需要运用越来越多的现代要素。"两区"的规划和监测，将大大推进农业遥感、云计算、大数据等信息化技术在农业中的应用。"两区"信息系统的完善，将有力促进农业管理区域化、专业化、信息化、可视化，也将推进各种农业政策更加精准、及时、有效，进一步提高农业治理的现代化水平。

三、"两区"建设的进展情况

《意见》出台后，农业部会同国家有关部门迅速行动、狠抓落实。一是抓动员部署。组织召开全国"两区"工作电视电话会议，要求各地牢牢把握建立"两区"的核心要求，做到"应划尽划""划足划优"，各部门按照《意见》确定的分工，密切配合，共同推进"两区"工作。二是抓任务细化。联合印发《关于做好粮食生产功能区和重要农产品生产保护区划定工作的通知》（农计发〔2017〕99号），根据全国"两区"划定总规模和各省（自治区、直辖市）现有永久基本农田保护面积、种植面积等因素，确定了各省（自治区、直辖市）划定任务。三是抓宣传培训。编发《粮食生产功能区和重要农产品生产保护区划定技术规程（试行）》，提高了"两区"划定工作的科学性、规范性和可操作性。同时通过新闻媒体等编发专家解读文章，刊发宣传材料，举办"两区"划定专题培训班6期，培训600余人。

各地各部门纷纷采取措施，认真落实国务院意见和国家有关部门要求。一是政府主导，加强"两区"领导。先后确立由省政府负责同志本牵头的"两区"工作领导小组或联席会议制度，以发文或召开电视电话会议等形式，研究部署"两区"工作。二是部门协作，抓好组织实施。各级农业相关部门按照《意见》确定的分工，密切协作，制定本省（自治区、直辖市）"两区"划定实施意见，抓紧开展"两区"划定工作。三是自上而下，分解任务到县。按照《意见》"自上而下分解任务"的要求，以政府文件或三部门联合文件等形式将划定任务分解并落实到县。四是落实政策，强化经费保障。各地在"两区"范围加强涉农资金整合和统筹使用，不少地方省县财政在落实"两区"划定经费上给予支持，为全面推进"两区"工作提供了有力保障。

目前，"两区"划定工作加速推进，浙江、上海已提前完成划定主要工作，其他省份也陆续加大推进力度、加快划定步伐。各级农业部门在2018年年初对年度划定工作进行再部署、再落实。未来将结合国家粮食安全新形势，着力加快"两区"划定进度，争取于2018年年底前完成水稻、小麦生产功能区和大豆生产保护区的划定任务，为确保谷物基本自给、口粮绝对安全奠定坚实基础。

饲料工业

2017年，饲料行业紧紧围绕推进农业供给侧结构性改革的主线，充分发挥联结上下游、延长产业链的中枢和纽带功能，优化供给、提质增效，加快推进饲料行业转型升级，大力提升绿色发展水平，总体形势较好。

（一）饲料行业发展质量稳步提升 坚持"安全第一、优质取胜"的基本方针，创新行业管理方式，全面实施《饲料质量安全管理规范》，全国示范企业总数达246家。修订发布了《饲料添加剂安全使用规范》，全面接轨欧盟标准，特别是大幅度下调了铜锌添加剂限量值，可实现养殖业铜锌元素减排50%和34%。持续组织开展饲料质量安全监测，强化检打联动，着力完善事前、事中、事后有效衔接的饲料质量安全管理体系。全国商品饲料抽检合格率97.4%，连续7年稳定在95%以上。

（二）饲料工业总产值稳定增长 全国饲料工业总产值和总营业收入分别为8 394亿元、8 195亿元，同比分别增长4.7%、5.4%。其中，商品饲料工业总产值7 436亿元，同比增长2.0%，总营业收入7 303亿元，同比增长3%；饲料添加剂总产值899亿元，同比增长37.5%，总营业收入831亿元，同比增长33.5%；饲料机械设备总产值58亿元，同比下降11.3%，总营业收入60亿元，同比下降8%。

（三）商品饲料总产量持续增加 2017年全国商品饲料总产量22 161万吨，同比增长6%。其中，配合饲料产量19 619万吨，同比增长6.7%；浓缩饲料产量1 854万吨，同比增长1.2%；添加剂预混合饲料产量689万吨，同比下降0.3%。从品种看，猪饲料产量9 810万吨，同比增长12.4%；蛋禽饲料产量2 931万吨，同比下降2.4%；肉禽饲料产量6 015万吨，同比增长0.1%；水产饲料产量2 080万吨，同比增长7.8%；反刍动物饲料产量923万吨，同比增长4.9%；其他饲料产量403万吨，同比增长10.2%。

（四）产业集中度进一步提高 大型饲料企业规模扩张迅速，饲料企业与养殖终端"场厂对接"合作不断深化，产业链融合发展加速。2017年，广东、山东、河北、广西、湖南、河南、江苏、辽宁、四川、江西等10省（自治区）饲料产量超过千万吨，10省（自治区）饲料总产量15 424万吨，占全国总产量69.6%。年产100万吨以上饲料企业35家，比上年度增加1家，合计产量占全国总产量的62.3%；年产50万吨以上企业51家，合计产量占全国总产量的67.4%。

（五）氨基酸、维生素产量继续增长 饲料添加剂产品总量1 035万吨，同比增长6%。其中，直接制备饲料添加剂983万吨，混合型饲料添加剂51万吨。主要饲料添加剂品种中，氨基酸总产量235万吨，同比增长16.4%；维生素总产量127万吨，同比增长12.6%；矿物元素及其络合物总产量498万吨，同比下降0.4%；酶制剂总产量11万吨，同比下降8.1%。

（六）大型饲料机械设备加工能力持续提升 饲料加工机械设备生产总量25 689台套，比上年减少1 399台套，同比下降5.2%。其中，成套机组1 389台套，增加30台套，同比增长2.2%；单机24 300台，减少1 429台，同比下降5.6%。在成套机组中，时产10吨以上设备1 041台套，增加12台套，同比增长

1.2%；时产小于10吨设备348台套，增加18台套，同比增长5.5%。

（七）饲料企业从业人数略有下降 饲料企业年末职工人数为46.8万人，同比下降1.8%。大专以上学历的职工数为19.1万人，占职工总人数的40.8%。其中，博士1 871人，同比下降1.1%；硕士9 018人，同比下降1.4%；大学本科69 862人，同比增长0.8%；大学专科110 213人，同比增长2.7%；其他学历276 542人，同比下降4.1%。技术工种35 203人，同比下降3.3%。

专栏11

深入实施粮改饲　推进农业结构调整

为深入推进农业供给侧结构性改革，2017年农业部利用中央财政资金20亿元在17个省（自治区）实施粮改饲，666.67千公顷任务目标被列入政府工作报告的量化指标。全年累计完成粮改饲面积889.33千公顷，超额33.4%完成年度目标。

实践表明，粮改饲是一项符合农业现代化发展方向、顺应市场规律、满足产业需求、受到广大农民和地方政府普遍欢迎的好政策，实现了"农牧结合、种养双赢"的目标。目前，"为养而种"的种植业生产方式加快建立，种养关系正以市场为导向作适应性调整，粮草兼顾、农牧结合、种养一体的新型农牧业发展格局正在形成。

一是促进了玉米去库存和种植增收。据农业部调度，2017年试点地区落实粮改饲面积中，青贮玉米占95%，高粱、苜蓿、燕麦等其他优质饲草料占5%。按各地籽粒玉米平均亩产和粮改饲面积测算，共减少籽粒玉米710万吨，约占试点地区当年玉米总产量的15%。农民出售青贮玉米，平均每亩收入1 081元，比出售籽粒玉米每亩增收302元。

二是促进了牛羊养殖增产增效。据调查，原年产奶6吨左右的奶牛饲喂青贮玉米后，日均产奶量增加3千克，乳蛋白、乳脂肪等质量指标也明显提高。肉牛饲喂青贮玉米后，日增重提高约0.4千克，出栏时间缩短30天以上，饲料成本降低900元左右。肉羊饲喂青贮玉米后，日增重提高约0.05千克，出栏时间缩短15天以上，饲料成本降低40元左右。

三是促进了种养结合循环发展。2017年落实的粮改饲面积中，养殖场流转土地自种、种养一体化经营的比例达到36%，内蒙古、辽宁、青海等省份超过60%。养殖场利用一体化经营优势，将牛羊粪便还田用于青贮饲料种植，减少化肥用量40%以上。试点地区专业化生产服务组织发展到两千余家，由专业

收贮企业收贮面积达7%，"耕、种、收、贮"全程机械化作业水平大幅提高。

四是促进了产业扶贫和草牧业发展。各地在政策落实过程中，还将粮改饲与扶贫攻坚、发展草牧业等工作紧密结合起来。2017年455个粮改饲试点县中，有169个国家或省级贫困县，共安排粮改饲资金1.53亿元。在收贮品种上，山东和河南两省将构树收贮纳入补贴范围，分别在山东省菏泽市牡丹区和河南省兰考县、太康县实施，累计收贮构树青贮饲料3万吨，涉及面积1 000公顷，为拓展饲草料资源开发利用，推动草牧业发展，作了积极探索。

草原保护与建设

2017年，农业部按照中央关于生态文明建设的决策部署，遵循"创新、协调、绿色、开放、共享"的发展理念，坚持"生产生态有机结合、生态优先"的基本方针，牢固树立保护为先、预防为主、制度管控和底线思维，进一步推进草原生态保护建设，促进草牧业发展。全年共投入资金246亿元，草原生态加快恢复，草原畜牧业持续发展，牧民收入继续增加，牧区生态、生产、生活稳步协调推进。

（一）草原生态保护补助奖励政策 2017年，国家在河北、山西、内蒙古、辽宁、吉林、黑龙江、四川、云南、青海、西藏、甘肃、宁夏、新疆等13省（自治区）及新疆生产建设兵团和黑龙江省农垦总局实施草原补奖政策。中央财政安排草原补奖政策资金187.6亿元，其中：草原禁牧补助90.5亿元，面积80 666.67千公顷；草畜平衡奖励65.1亿元，面积173 333.33千公顷；绩效考核奖励资金近32亿元，对工作突出、成效显著的地区给予资金奖励，由地方政府统筹用于草原管护、推进牧区生产方式转型升级、发展现代草原畜牧业、推广牧草良种等方面。

（二）强化草原执法监督工作 2017年，全国各类草原违法案件发案13 761起，立案13 449起，结案13 083起，结案率为97.3%，其中提起行政复议或行政诉讼的案件2起，移送司法机关处理的案件326起。全年草原违法案件共破坏草原7 549.48公顷，买卖或者非法流转草原85.03公顷。与上年相比，2017年草原违法案件数量比上年减少1 944起；非法开垦草原、非法征收征用使用草原和非法临时占用草原三类案件破坏草原面积较上年减少1 608.44公顷，减少了17.6%。对内蒙古、黑龙江、吉林、青海、宁夏、甘肃、云南和新疆等8省（自治区）查处的10起破坏草原资源犯罪案件进行了通报，20名犯罪当事人被基层人民法院判处刑期不等的有期徒刑，处2 000元至6万元不等的罚金，并赔偿草原植被恢复费。

（三）实施草原保护建设重大生态工程 2017年，国家继续实施退牧还草、京津风沙源草原治理、西南岩溶地区石漠化草地治理、退耕还林还草、农牧交错带已垦草原治理试点工程等工程，集中治理严重退化和生态脆弱草原近 万公顷。通过实施草原围栏、补播改良、人工种草等工程措施，草原植被逐步恢复，草原生态环境明显改善。监测结果显示，2017年全国草原综合植被盖度达55.3%，较上年提高0.7个百分点；全国天然草原鲜草总产量106 491.18万吨，较上年增加2.53%；折合干草约32 841.93万吨，载畜能力约为25 814.22万羊单位，均较上年增加2.54%。全国23个重点省（自治区、直辖市）鲜草总产量达99 084.63万吨，占全国总产量的93.04%，折合干草约31 010.29万吨，载畜能力约为24 368.19万羊单位。全国天然草原鲜草总产量连续7年超过10亿吨，实现稳中有增。2017年，全国重点天然草原的平均牲畜超载率为11.3%，比上年下降了1.1个百分点，向实现草畜平衡的目标更近了一步。

（四）加强草原防灾减灾能力建设 截至2017年，全国草原防火中央投资达17.87亿元，累计建设草原防火指挥中心36个，草原防火物资储备库81个，草原防火站322个，草原火情监控站66个。每年建设边境草原防火隔离带约2 800多千米。2017年，全年全国共发生草原火灾58起，全部为一般草原火灾，首次实现无重特大草原火灾的目标，累计受害草原面积0.31万公顷，经济损失335万元，无人员伤亡和牲畜损失。与上年相比，重特大草原火灾发生次数减少1起；受害草原面积减少3.4万公顷，减少92%；经济损失减少272万元，减少44.8%。重特大草原火灾发生次数、受害草原面积和灾害损失三下降，取得了历年来草原防火工作最好成绩。2017年，全国累计防治草原鼠害746万公顷，投入劳动力39万人（次），防治器械28万台（套），各种车辆2.1万辆（次）；累计防治草原虫害431万公顷，投入劳动力23万人（次），大型喷雾器7 738台（套），中、小型喷雾器12万台（套），飞机作业2 199架（次）。

水生生物资源养护与水域生态修复

（一）水生生物资源养护制度进一步完善并贯彻落实

1. 海洋渔业资源总量管理制度落地实施。1月12日，经国务院同意，农业部印发了《关于进一步加强国内渔船管控 实施海洋渔业资源总量管理的通知》。3月13日，农业部与沿海各省渔业主管部门签订了"十三五"海洋渔业资源总量管理责任书，产出管理制度在我国正式启动实施。

2. 实施"史上最严"海洋伏季休渔制度。农业部2017年1月19日发布《关于调整海洋伏季休渔制度的通告》，对伏季休渔制度进行调整完善。新制度主要调整内容包括：将各海区休渔开始时间统一提前至5月1日，结束时间基本保持不变；总休渔时间普遍延长一个月；北纬12°以北的四大海区除钓具外的所有作业类型均休渔。制度发布后，央视新闻联播等媒体和栏目进行了广泛报道，舆论形象地称为"史上最严"休渔制度。2月15日农业部办公厅下发《关于做好2017年伏季休渔工作的通知》，对伏休工作进行部署安排。通过近海渔业资源调查、近岸产卵场调查和全国捕捞信息动态采集等相关项目的调查监测数据，2017年伏季休渔基本达到了预期的资源养护效果，渔业资源养护效果明显，主要体现为开渔前渔业资源"一增加、一改善、一提高"，以及休渔期间的"休养生息"等几个方面，即：渔业资源数量明显增加、渔业资源结构明显改善、资源补充能力明显提高和休渔期间渔场生态环境得到短暂休养生息；渔业生产节支增收可观，渔业增收效果明显和渔业成本支出减少明显；全民生态文明意识增强，伏季休渔的社会影响力不断扩大，伏季休渔促进渔政管理工作不断提升，伏季休渔加快推动了转产转业进程。

3. 伏休期间特许捕捞管理更加规范。对各省申报的伏休期间特殊品种专项捕捞许可申请进行专门审查，形成2017年特殊经济品种专项捕捞许可方案，以农业部通告的形式发布。2017年伏季休渔期间专项捕捞品种为海蜇，许可时间为2017年7月20日12时至7月31日12时，许可作业海域为辽宁、河北、天津、山东、江苏、上海和浙江等省（直辖市）的部分海域。专项捕捞管理从项目设置、作业类型、最小网目尺寸、加强监管等方面严格规范。

4. 加强幼鱼保护。农业部印发《关于做好海洋经济鱼类可捕标准贯彻落实工作的通知》，以贯彻最小可捕标准为切入口，要求各级渔业主管部门完善工作机制，严厉打击各类破坏幼鱼资源的行为；做好资源养护，加快幼鱼资源修复；加强宣传培训，提高幼鱼资源保护意识。综合科研和生产实际，初步确定带鱼等15种重要经济鱼类最小可捕标准及幼鱼比例管理办法，并面向社会公开征求意见，为实施幼鱼保护管理制度打基础。

（二）增殖渔业资源保护水域生态

1. 水生生物增殖放流活动广泛开展。6月6日第三届"全国放鱼日"同步开展增殖放流活动，全国30个省（自治区、直辖市）共举办大型增殖放流活动400余场，放流各类水生生物苗种超过50亿尾。7月16日、9月8日、11月17日，分别在宁夏、四川、海南以省部联办的形式举办增殖放流活动。农业部印发《关于进一步规范水生生物增殖放流工作的通知》，进一步加强增殖放流的规范管理。2017年全社会共投入增殖放流资金9.8亿元，其中中央财政3.25亿元，全年开展增殖放流活动2 143次，共放流各类苗种404.6亿尾。

2. 海洋牧场示范区建设进一步规范。农业部印发《国家级海洋牧场示范区建设规划（2017—2025年）》《国家级海洋牧场示范区管理工作规范（试行）》和《人工鱼礁建设项目管理细则（试行）》，制定发布《海洋牧场分类》技术标准，指导海洋牧场示范区合理规划布局，加强国家级海洋牧场示范区及人工鱼礁建设项目的规范管理。2017年，新建国家级海洋牧场示范区22个，国家级海洋牧场示范区数量达到64个。

3. 国家级水产种质资源保护区建设管理加强。对第十批国家级水产种质资源保护区面积范围和功能分区进行实地复核。新创建第十一批国家级水产种质资源保护区12个，国家级水产种质资源保护区数量达到535个。

4. 渔业水域生态环境保护有序进行。审查涉渔海洋工程环评报告，明确6.7亿元渔业资源生态补偿资金纳入项目环保投资。组织全国渔业生态环境监测网成员单位，对海洋和内陆重要天然渔业水域和养殖水域环境状况进行监测，发布《中国渔业生态环境状况公报（2016）》。

（三）水生野生动植物保护与管理进一步加强

1. 扎实做好新野生动物保护法贯彻及配套法规制修订。农业部发布《关于贯彻实施〈野生动物保护法〉，加强珍贵濒危水生野生动物保护工作的通知》，对新保护法生效后水生野生动物保护工作进行全面部署，并委托有关单位面向相关执法部门和基层渔业主管部门有关工作人员举办6期培训班，培训260余人。启动了《中华人民共和国水生野生动物保护实施条例》《中华人民共和国水生野生动物利用特许办法》《国家重点保护水生野生动物及其制品标识管理办法》《水生野生动物及其制品收容救护管理办法》《水生野生动物及其制品罚没处理管理办法》等配套法规和规章制度的起草工作，多次征求意见，并反复修改完善。公布《人工繁育国家重点保护水生野生动物名录》，对CITES公约附录水生物种的国内保护级别进行核准，以农业部公告形式公布中科院动物所等32家水生野生动植物鉴定单位。

2. 重点物种保护切实加强。发布《中华白海豚保护行动计划（2017—2026年）》，成立保护联盟，为中华白海豚保护工作指明方向，并推动完善中华白海豚保护的多方参与机制，推进中华白海豚自然保护区升级和新建。发布《斑海豹保护行动计划（2017—2026年）》，明确了斑海豹保护指导思想、基本原则、主要保护行动、中长期计划和支撑保护措施。加强对斑海豹重要栖息地的保护，支持大连斑海豹国家级自然保护区开展监视巡护等工作。组织水生野生动物保护宣传月、摄影大赛等活动，动员社会各界力量共同参与斑海豹保护行动，加强斑海豹保护科普宣传。加强海龟和加利福尼亚湾石首鱼的保护管理，组织有关专家起草海龟保护行动计划，呼吁社会力量共同参与海龟保护。农业部、国家工商总局和国家濒管办联合在广东省开展为期一个月的打击非法经营利用黄唇鱼及加利福尼亚湾石首鱼专项执法行动。加强野生大鲵种群及栖息地保护和管理，进一步规范养殖大鲵及其产品经营利用管理，农业部与国家濒管办联合下发《关于规范养殖大鲵加工产品出口贸易管理工作的通知》，有序推动养殖大鲵加工产品出口，推进实现保护和利用互相促进、可持续发展。

农业产业化经营

（一）组织梯队日趋壮大 各类农业产业化组织坚持以市场为导向，主动转型升级发展，延长产业链、完善供应链、提升价值链，规模不断扩大、实力稳步增强、质量明显提升，已成为我国农产品生产加工流通、保障重要农产品供给的骨干力量，成为推进乡村经济多元化发展、实施乡村振兴战略的重要主体。到2017年年底，经县级以上农业产业化主管部门认定的龙头企业达8.7万家，其中省级以上重点龙头企业1.7万家、国家重点龙头企业1 242家，年销售收入超过1亿元的省级以上重点龙头企业突破8 000家，超过100亿元的达到70家，示范引领我国农业综合竞争力稳步提升。

（二）组织模式不断创新 顺应新型农业经营主体蓬勃兴起的大趋势，引导龙头企业完善带动农户、分享利益的联结带动机制，携手农民合作社、家庭农场等以分工协作为前提，以规模经营为依托，以利益联结为纽带，组建农业产业化联合体。2017年10月，农业部、发展改革委、财政部、国土资源部、人民银行、税务总局等六部门联合印发了《关于促进农业产业化联合体发展的指导意见》，明确提出农业产业化联合体发展的基本原则、重点任务和支持政策措施。到2017年年底，安徽、河北两省已组织认定337个省级示范农业产业化联合体，聚合农业企业620多家、农民合作社1 100多家、家庭农场和专业大户2 800多家。

（三）产业扶贫取得实效 龙头企业是推动贫困地区发展特色产业促进精准脱贫的重要力量。为搭建龙头企业参与产业扶贫的大平台，在环京津贫困地区、南疆四地州、大兴安岭南麓片区、武陵山区等组织开展了4次龙头企业产业扶贫对接考察活动。截至2017年年底，74家龙头企业现场参加对接活动，通过产品采购、创造就业、服务支持等方式，带动贫困地区农户发展特色产业，加速了当地脱贫攻坚进程。2017年9月，举办了"追梦之路——农业产业化龙头企业扶贫榜样推介"活动，公开推介12家龙头企业产业扶贫典型模式，树立了一批可看、可学、可复制的产业扶贫榜样。同时，研究制定了《关于深入实施贫困村"一村一品"产业推进行动的意见》《环京津贫困地区千村"一村一品"推进行动方案（2017—2019年）》，指导贫困地区通过发展"一村一品"助力脱贫攻坚。

（四）新产业新业态蓬勃发展 龙头企业主动适应城乡居民消费结构的升级和消费方式的变化，积极践行产业融合发展理念，发展生鲜电商、产业链金融、智慧农业等新业态，打造创意农业、观光农业、康养农业等新模式，深入开发农业多种功能，进一步拓展产业发展空间，实现全环节升级、全链条升值。在省级以上重点龙头企业中，近三成的龙头企业科技研发投入占年销售收入的比重超过1%，超过四成的龙头企业通过互联网渠道开展农产品销售，超过六分之一的龙头企业涉足乡村旅游休闲产业，新理念、新技术、新模式的广泛引入，为乡村产业振兴注入了新动能。

农产品加工

2017年，农产品加工业总体上呈现出增速稳步回升、质量效益持续改善，供给结构继续优化，出口贸易恢复增长，发展态势持续稳中向好，对促进农业农村经济持续稳定发展，增加农民收入起到了重要作用。

（一）增长速度稳步回升 2017年，规模以上农产品加工业增加值增速为6.5%（扣除价格因素）①，较上年同期提高0.7个百分点。实现主营业务收入19.4万亿元②，同比增长6.5%，增速较上年同期上升1.2个百分点，延续自2016年年初以来的企稳回升态势。据测算，全口径（含规模以下企业）农产品加工业主营业务收入超过22万亿元，增长速度在7%左右。

（二）质量效益不断改善 2017年，规模以上农产品加工业实现利润总额1.3万亿元，同比增长7.4%，增速较上年同期上升3.1个百分点（图19、图20）。农产品加工业主营业务收入利润率为6.7%。每百元主营业务收入中的成本为83元，与上年持平，低于全国工业1.9元。规模以上企业平均规模2.4亿元，同比增长0.2亿元。规模以上企业人均主营业务收入127.9万元，同比增加13.6万元。规模以上企业亏损深度4.1%，同比下降0.5个百分点。

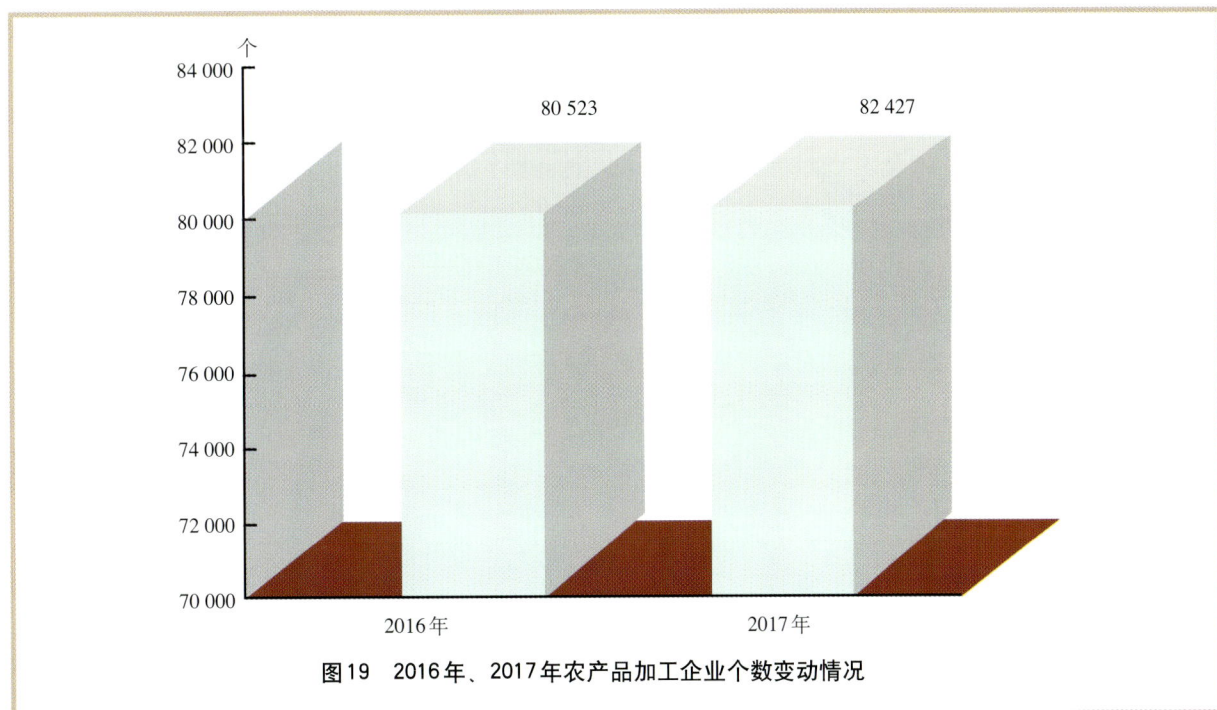

图19　2016年、2017年农产品加工企业个数变动情况

---

① 数据来源：国家统计局、中国轻工业信息中心。
② 按规模以上农产品加工业主营业务收入占全口径比例约88%测算。

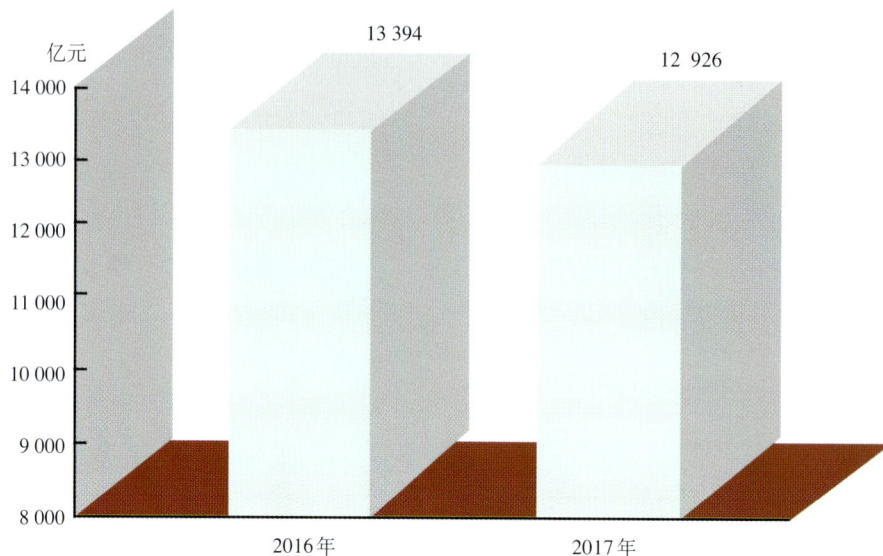

图20　2016年、2017年农产品加工企业利润总额变动情况

（三）**供给结构继续优化**　食用类农产品加工业各子行业主营业务收入增速呈现高、中、低不同档位。其中，蛋品加工、中药制造和精制茶加工继续较快增长，增速均超过10%，表明新兴和传统特色农产品加工产业继续追赶式发展。饲料加工、植物油加工、乳品加工、粮食加工与制造、肉类加工、水产品加工、果蔬加工等保持中高速增长，态势稳定。烟草制造业增长最为缓慢，符合控烟预期。制糖业和粮食原料酒制造业因产成品出厂价格明显上浮等原因，主营业务收入也较快增长。

（四）**主要产品产量提高**　2017年，全国小麦粉、大米、精制食用植物油、鲜/冷藏肉等主要加工农产品产量均稳步提升，且产量向优势地区进一步集中。其中，小麦粉的前五省集中度（产量最多的五省占全国总产量比例）为82.6%，较上年提高0.6个百分点；大米的前五省集中度为64.0%，较上年提高1.0个百

分点；食用植物油的前五省集中度为46.4%，较上年提高1.7个百分点。

（五）**出口贸易恢复增长**　2017年，规模以上农产品加工业完成出口交货值10 980亿元，同比增长7.1%，增速较上年同期上升4.9个百分点。从海关数据看，主要食品行业商品累计出口总额518亿美元，同比增长5.4%，较上年同期上升3.1个百分点。其中，谷物制品、植物油、干制蔬菜、淀粉和冷冻饮品出口增长较快，出口额同比分别增长37.7%、22.9%、23.0%、31.4%和45.4%。主要食品行业实现贸易顺差9.2亿美元，较上年同期收窄62.3%，为近五年最低值。

（六）**固定资产投资保持稳定**　2017年，农产品加工业固定资产投资累计达到39 129亿元，增速为3.9%，占制造业总投资20.2%。其中，农副食品加工业、食品制造业固定资产投资分别为11 986亿元和5 780亿元，增速分别

为3.6%和1.7%；酒/饮料和精制茶制造业、烟草制品业、中药制造业固定资产投资分别为2 588亿元、185亿元和1 987亿元，分别下降5.9%、11.5%和3.0%。

（七）产业融合发展趋势更加明显 2017年，有关部委先后启动了国家现代农业产业园、农村产业融合发展示范园和农村一二三产业融合发展先导区等创建工作，组织实施了农村一二三产业融合发展项目，促进农业与二三产业融合发展。据调查，越来越多的加工企业和加工合作社与小农户建立了稳定订单、保底收益、按股分红、股份制、股份合作制、合作制和社会化服务等利益联结机制。还有很多企业与消费体验、休闲旅游、养生养老、个人定制、电商平台等加快融合，催生了一批新产业新业态新模式。

（八）科技创新推广能力不断提升 2017年，首次采用线上线下同步、专家在线答疑的科企对接、技术推广方式，打破传统展会对接模式的空间局限，让更多企业受益。国家肉制品、水果、马铃薯主食加工、乳品加工和食药同源等产业分别成立科技创新联盟，推动了农产品加工业转型升级和创新发展。农产品加工科研水平有显著提高，其中有4项科研成果获得2017年度国家科技大奖，为近年来农产品加工领域获得该奖项数量之最。

（九）主食加工中央厨房日益兴起 2017年，全国规模以上米面食品、速冻食品、方便面及其他方便食品完成主营业务收入3 921亿元，同比增长10.3%，增速较上年同期上升0.8个百分点，高于农产品加工业平均增速3.8个百分点；实现利润总额229亿元，同比增长8.3%，较上年同期上升4.3个百分点。随着团餐和外卖等餐饮消费需求不断增长，中央厨房形式的加工企业快速兴起，并涌现出了餐店自供型、门店直供型、商超销售型、团餐服务型、旅行专供型、在线平台型、代工生产型、特色产品型和配料加工型等不同模式，进一步推动了主食加工业的发展。

（十）产业政策支持体系逐步完善 2017年，农村一二三产业融合发展补助政策进一步支持贫困地区产地初加工设施建设，全年共安排资金约3.2亿元，建设农产品产地初加工设施984座，新增果蔬贮藏能力5.4万吨、果蔬烘干能力1.6万吨、马铃薯储藏能力1.9万吨。同时，各地认真贯彻落实《国务院办公厅关于进一步促进农产品加工业发展的意见》，推动财政奖补、融资服务、税收优惠、企业上市、增设保险等政策落地生效。截至2017年年底，已有14个省（自治区、直辖市）出台了地方意见，20个省（自治区、直辖市）设立了专门机构。

但农产品加工业仍然存在一些问题，需要引起高度重视并加以解决。一是玉米加工行业投资过热；二是加工原料品质提高需打破瓶颈；三是企业清洁生产能力亟待提升。

休闲农业和乡村旅游

近年来，在市场拉动、政策推动、创新驱动、政府带动下，全国休闲农业和乡村旅游蓬勃发展，呈现出"发展加快、布局优化、质量提升、领域拓展"的良好态势。截至2017年，休闲农业和乡村旅游各类经营主体已达33万家，比上年增加了3万多家，营业收入近5 500亿元。休闲农业和乡村旅游已经成为农业旅游文化"三位一体"、生产生活生态同步改善、农村一二三产深度融合的新产业新业态新模式，在发展现代农业、增加农民收入、建设社会主义新农村和全面建成小康社会中发挥着越来越重要的作用。

（一）以政策为重点，引导带动力度增强 深入贯彻落实中央1号文件精神，农业部联合多个部门制定出台一系列休闲农业和乡村旅游政策意见，2015年联合国家发改委等11部门印发《关于积极开发农业多种功能大力促进休闲农业发展的通知》，2016年又联合财政部等14部门印发《关于大力发展休闲农业的指导意见》，全方位、有针对性地明确了今后一段时间休闲农业的目标任务、保障措施和工作要求。2017年，农业部印发《关于推动落实休闲农业和乡村旅游发展政策的通知》，通过督促检查、通报宣传等方式，推动各地将政策意见细化实化为具体举措。

（二）以资金为突破，扶持力度不断提升 不断加大协调力度，积极引导政府和社会多方面资金不断注入休闲农业和乡村旅游发展，2017年将休闲农业和乡村旅游服务设施建设纳入农村一二三产业融合试点项目补助内容，积极搭建项目投资对接平台，有力引导提升产业发展质量、激励了各方主体发展的积极性。农业部配合国家发展改革委、财政部等7部门实施农村产业融合"百县千乡万村"试点示范工程，支持试点示范县搭建休闲农业和乡村旅游等服务平台。积极撬动金融资本，农业部与中国农业银行联合印发《关于金融支持农村一二三产业融合发展试点示范项目的通知》，与中国农业发展银行联合印发《关于政策性金融支持农村一二三产业融合发展的通知》，加大对休闲农业和乡村旅游基础设施建设的金融支持力度。

（三）以品牌为核心，示范效应不断显现 品牌培育是推动休闲农业和乡村旅游发展的重要举措，按照面点线结合的思路，重点打造了"3+1+X"休闲农业和乡村旅游品牌体系。截至2017年年底，认定全国休闲农业和乡村旅游示范县（市、区）388个、示范点636个，推介中国美丽休闲乡村560个、中国美丽田园248个。以"春节到农家过大年""早

春到乡村去踏青""初夏到农村品美食""仲秋到田间去采摘"为主题，分4批发布670条精品线路和2 160个精品景点，吸引4亿多游客休闲消费。同时，鼓励各地因地制宜开展形式多样的创建推介活动，培育地方品牌。通过品牌建设，在全国培育了一批生态环境优、产业优势大、发展势头好、示范带动能力强的发展典范。以发掘、保护为核心，以能力提升为重点，加大农业文化遗产的发掘保护力度。截至2017年年底，分4批共认定了91项中国重要农业文化遗产，其中15个遗产被联合国粮农组织认定为全球重要农业文化遗产，数量居世界各国之首。研究制定了《重要农业文化遗产管理办法》《中国重要农业文化遗产认定标准》等，构建了农业文化遗产保护的规范管理体系。编辑出版了《中国重要农业文化遗产系列读本》，系统真实地记录和展示了遗产的风貌，扩大农业文化遗产的影响力。组织开展中国重要农业文化遗产普查工作，明确408项具有保护价值的农业生产系统，对认定的重要农业文化遗产保护工作进行第三方评估。

（四）以推介为手段，发展氛围日益浓厚 根据季节特点，围绕"春观花""夏纳凉""秋采摘""冬农趣"四个主题，通过中国休闲农业和乡村旅游网等网络专栏、《农民日报》等报纸专版以及微信转发等形式，多形式、多渠道、有步骤、有重点、分时段加大宣传力度，2017年4月，以"践行'两山论'、发展休闲农业"为主题，在浙江安吉举办首届全国休闲农业和乡村旅游大会，启动仪式、现场考察、专业论坛、推介对接四大板块精彩纷呈，带动各地掀起了新一轮产业发展热潮。

（五）以培训交流为契机，管理能力持续提升 先后在陕西杨凌、重庆等地多次举办休闲农业和乡村旅游培训班和交流活动，重点培

训了各省休闲农业管理部门负责人、休闲农业和乡村旅游示范县负责人、中国重要农业文化遗产所在地代表、贫困地区的村干部和合作社负责人。通过理论学习、参观考察和现场教学等形式，帮助贫困地区村干部换脑子、学点子、结对子、压担子、趟路子，达到理论与实践、扶智与扶志、资源与市场的有机结合，有效提升发展休闲农业和乡村旅游的水平，带领农民脱贫致富。制定了《全国休闲农业和乡村旅游人才培训行动方案》，提出2018—2020年将培训休闲农业和乡村旅游人才15万人次。

农作物病虫害防控

2017年，全国农作物重大病虫害总体中等发生。其中，小麦穗期蚜虫、水稻"两迁"害虫、玉米螟、蝗虫、稻瘟病、马铃薯晚疫病等局部重发，轻于常年和近年。但汉水流域、黄淮海麦区条锈病流行速度快、区域广，江淮、黄淮南部麦区赤霉病预防控制任务重、压力大，江南、长江中游、西南北部稻区二化螟发生基数上升、危害程度加重，黄淮海、西北和东北部分地区棉铃虫种群密度明显回升、危害风险显著加大。各地按照农业部"到2020年农药使用量零增长行动"要求和部署，广泛动员发动，加强督查指导，强化监测预警，大力推进专业化统防统治、绿色防控、科学用药，较好地实现了农药减量增效，有力保障了国家粮食安全和农业生产稳定发展。

（一）切实加强病虫监测预警　组织1030个全国农作物重大病虫测报区域站，加强迁飞性、流行性、暴发性重大病虫定点系统监测和大面积普查，在全面掌握病虫发生消长动态基础上，先后组织召开5次重大病虫害发生趋势会商会和2次网络会商会，及时发布病虫预警预报信息39期，在中央电视台发布病虫警报5期、中央人民广播电台"三农早报"栏目发布病虫信息33期，通过微信公众号发布病虫信息37期、病虫测报专用网站发布293条，实现了对小麦条锈病、赤霉病、水稻迁飞性害虫、黏虫等重大病虫害的及时监测和准确预报，为指导重大病虫防控提供重要信息服务。同时，继续组织性诱、灯诱等自动化监测设施设备推广应用试点，探索物联网技术在病虫害监测预警领域应用新途径。目前，基于"互联网+"的马铃薯晚疫病实时监控平台，已实现400多个监测点数据实时传输和病情图形化实时展示。此外，积极加强测报技术培训工作，先后在南京农业大学、西南大学、新疆等地举办五期专题培训班，累积培训测报技术骨干400余人。

（二）大力推进专业化统防统治　安排重大病虫救灾资金8亿元，支持各地开展统防统治与应急防控。鼓励植保专业服务组织与农户签订协议，开展农药统购、病虫统防等全程承包服务，解决一家一户"打药难""乱打药"的问题。充分利用农机购置补贴等政策，扶持植保专业服务组织购置自走式、风送式、高地隙喷杆喷雾器等大中型植保机械，扩大作业范围，提高作业效率。在病虫重发的关键季节，组织大型植保机械（包括航化作业）跨区开展病虫统防统治，解决"无人防""不好防"的问题。据监测，统防统治作业一般可提高农药使用效率10%～20%，减少用药1～2次。2017年，在农业部门备案的植保专业服务组织达4.05万个，比上年增加3 000多个；大中型植保机械保有量达到32.1万台（套），比上年增加2.3万台（套）；植保无人机保有量14 000多架，比上年增加8 000多架，作业面积5 133.33多千公顷次，比上年增加3 333.33多千公顷次；有人驾驶直升机和固定翼飞机作业面积2 666.67多千公顷次；三大粮食作物实施专业化统防统治面积达到95 333.33千公顷次，专业化统防统治覆盖率达到37.8%，比上年提高2.3个百分点。

（三）大力推进病虫害绿色防控 印发《果菜茶病虫全程绿色防控试点方案》，在果菜茶优势产区，选择150个县开展果菜茶病虫全程绿色防控试点，试点面积68.67千公顷，辐射带动317.33千公顷，试点县平均绿色防控覆盖率33.3%，比全国平均水平高出5个百分点以上，集成了一批全程绿色防控技术模式。大力推进统防统治与绿色防控融合，推动地方建立各类绿色防控示范区6900多个，核心示范面积近3000千公顷，辐射带动推广面积近8000千公顷，示范区粮食作物减少化学农药使用量20%以上，经济作物减少化学农药使用量30%以上。开展蜜蜂授粉与病虫害绿色防控技术集成示范，设立6个万亩以上连片整建制示范区和25个百亩以上试验示范片，示范面积342千公顷，进一步明确了蜜蜂授粉在增产增收、提质增收和节本增收方面效果明显。通过建立不同形式的农作物病虫害绿色防控示范基地，集成适合不同地区、不同作物全程病虫害绿色防控技术模式49套，举办各类绿色防控技术培训班8期、农民田间学校30多期，累计培训技术骨干612名，农民技术带头人15000名，有力促进了绿色防控新技术、新成果和新产品推广与应用。据统计，2017年，主要农作物病虫害绿色防控覆盖率达到27.2%、比上年提高2个百分点。

（四）组织开展科学安全用药 继续将安全用药知识培训纳入为农民办实事重要内容，组织实施"百县万名农民骨干科学用药培训行动"，在20个省开展3900场培训，培训人数达20.48万人，发放防护用品约5万多套，安全用药海报3万多张，《安全用药培训手册》和《植保机械使用技术培训指南》2万多册。同时，建立高效低毒农药和现代植保机械应用示范区

330个，组织开展新型农药、药械对比试验示范，辐射带动应用高效低毒农药和现代植保机械，示范推广安全、高效、环保的新农药品种165个，应用面积3000万公顷次；建立了水稻、小麦、苹果病虫害农药减施增效技术万亩示范区5个，组装和推广成熟的病虫害防控技术，优化药剂使用方法，开展种子包衣、秧苗处理、作物全程用药等新技术示范推广。结果表明，水稻可减少施药2～3次，降低农药使用量20%以上，增产8%以上；小麦可降低农药使用量10%以上，增产5%以上；苹果可减少施药1～2次，降低农药使用量20%。此外，组织开展重大病虫抗药性监测、农药使用情况调查，及时发布监测、调查结果，统计分析全国农药使用量、农药施药水平和抗药性形势，指导新型经营主体、专业化防治组织及广大农民科学用药。

（五）强化重大植物疫情阻截防控 突出重大疫情高风险区的阻截，强化重大植物疫情的监测防控，遏制疫情蔓延危害，保障生产安全，促进产业发展。针对柑橘黄龙病和马铃薯甲虫，在金沙江上游和中俄边境启动2个重大疫情阻截带建设。争取重大疫情防控资金1.25亿元，支持地方开展柑橘黄龙病、马铃薯甲虫、苹果蠹蛾、红火蚁等疫情防治。下发《柑橘黄龙病防控补助实施方案》，安排部署柑橘黄龙病防控工作，先后组派6个督导组开展督查指导。制定柑橘黄龙病、苹果蠹蛾、稻水象甲和马铃薯甲虫等4个检疫性有害生物阻截防控方案，研判趋势、分析原因、提出策略、指导防控，并继续组织各地做好30个疫情综合防控示范区建设。构建完成以5000个监测点为主的全国疫情监测网，明确工作任务、工作要求和责任人员，全年报送疫情快报134期，开展10种新发检疫性有害生物的普查，切实做到疫情早发现、早预警、早处置。正式上线运

行全国植物检疫信息化管理系统，初步实现各级植物检机构行政审批、疫情报告等全网运行，信息资源体系共享。指导地方开展产地检疫和调运检疫，组织南繁基地、柑橘苗木检疫联合执法检查，集中整治应施检疫物未经检疫的调运、经营行为，防止染疫种苗流入生产环节。扎实推进基础能力建设，启动了《植物检疫条例实施细则（农业部分）》等三项部门规章修订，组织6次疫情监测防控技术培训，培训300人。

（六）实施植保工程建设项目　按照《全国动植物保护能力提升工程建设规划（2017—2025年）》的建设重点和布局，启动新一轮植物保护能力提升工程项目建设，以"聚点成网"和"互联网+"的总体思路，构建国家、省、市、县四级植保机构农作物有害生物监测预警体系。据统计，2017年中央安排预算内投资1.06亿元，在11个省（自治区)93个县（市、区）新建或改建农作物病虫疫情监测点，在山东、四川两省开展生物防治天敌繁育基地建设，全面提升植保现代化水平。

由于预防控制措施到位，全年病虫防控成效显著。据统计，2017年全国农作物病虫草鼠害实际发生4.37亿公顷次，同比减少2.2%。累计防治5.39亿公顷次，同比减少0.26%。通过防治挽回粮食损失887.7亿千克，挽回棉花损失近11.1亿千克，挽回油料损失38.3亿千克；减少蔬菜、果树等其他经济作物产量损失721.9亿千克。

农产品市场体系建设

目前，我国农产品批发市场已近4 500家，产地市场约占70%。据国家统计局统计，截至2016年年底，亿元以上农产品专业批发市场有966家，摊位数52.29万个，营业面积达4 371.83万平方米，年成交额16 539.21亿元。其中，粮油市场占9.69%，肉禽蛋市场占8.18%，水产品市场占18.43%，蔬菜市场占25.09%，干鲜果品市场占18.70%，棉麻土畜烟叶产品及其他农产品市场占19.91%，已形成以蔬菜、水果、水产品等鲜活农产品为主的大型专业市场流通网络，在推进农业供给侧结构性改革、促进农产品市场流通、保持农民收入稳定增长等方面，发挥了重要作用。

2017年，农业部重点围绕推进全国性农产品产地市场建设和田头市场示范建设两方面开展工作。

（一）以全国性农产品产地市场建设为重点，进一步加强市场体系建设　农业部已先后启动建设了洛川苹果、牡丹江木耳、舟山水产、赣南脐橙、重庆生猪、斗南花卉、眉县猕猴桃、荆州水产、定西马铃薯等13个全国性农产品产地市场，部分市场已经发挥了全国性农产品产地市场价格形成中心、产业信息中心、物流集散中心、科技交流中心、会展贸易中心等"五大中心"功能，在带动相关产业健康发展，提升产品和产业影响力等方面发挥了积极作用。

1. 加快推进市场体系建设，发挥"五大中心"引领作用。围绕"建设一流市场、打造产业龙头"的目标，通过创新交易方式，发布价格指数，加强集货、储藏、交易、商品化处理等基础设施建设，促进农产品生产流通相关的研究、推广、展示和交流，畅通流通渠道，稳定市场价格，降低市场风险，构筑信息平台，辐射带动周边产业发展。彭州蔬菜市场对农产品生产、供求、市场交易等信息进行采集和发布，发布的蔬菜价格指数已成为区域内蔬菜定价的重要参考依据。长白山人参市场的在线拍卖交易价格，成为国内人参产业价格波动的"风向标"。眉县猕猴桃市场协调整合猕猴桃研发推广机构，建立猕猴桃高新技术研发团队和专家库，开展技术交流，为产业服务，促进产业链集群发展。

2. 强化农业品牌创建，不断提升产品市场知名度和占有率。2017年是农业部确定的"农业品牌推进年"，全国性农产品产地市场从品牌培育塑造、营销推介等方面入手，提高农产品品牌知名度和差异度，提升产业影响力和话语权。2017年各市场联合企业及合作社等经营主体积极参加第十五届中国国际农产品交易会、首届中国国际茶叶博览会等各类农业展会及各类品牌推选活动，提高产品知名度，塑造产品品牌，增强市场竞争力。定西马铃薯市场重新建设马铃薯综合交易中心，深挖马铃薯营养功能，延伸产业链条，在各大电商平台开设品牌网店220多家，网络销售额超2 200万元，进一步做大做响定西"中国薯都"品牌。荆州淡水产品批发市场精心筹备参加第十四届中国武汉农业博览会，以"精品、品牌"为主线，提升荆州水产在全国影响力。

3. 助力特色农产品优势区建设，彰显示范引领作用。2017年农业部联合国家发展改革委等部门组织各地开展特色农产品优势区（以下简称特优区）创建工作，全国性农产品产地市场在推进特优区建设、带动相关产业发展、提升农产品国内外市场影响力等方面发挥了积极作用。赣南脐橙、洛川苹果、定西马铃薯等全国性农产品产地市场均在首批62个特优区区域内，长白山人参市场、荆州水产市场等在吉林省抚松人参、湖北潜江特优区产业发展方面发挥了积极作用。全国性农产品产地市场建设，推动特优区完善标准化交易专区、集配中心、冷藏冷冻、电子结算、检验检测等设施设备，提高产业集中度和配套服务保障水平，切实将区域资源优势变成产品优势、产业优势。如陕西洛川苹果市场建立了苹果博物馆，每年举办

洛川苹果节，展示新品种，推广新技术，提升知名度，增强产业的规模化、专业化、市场化水平，为现代农业发展、农民增收提供了强劲动力。

（二）以田头市场示范带动为抓手，不断完善市场流通体系建设 2017年，农业部在河北、辽宁、重庆、山东等10个地区开展田头市场试点示范建设，着力解决农产品流通"最初一公里"，改善基础设施，规范建设标准，强化分等分级和商品化处理，重点支持信息采集发布、电子化交易等公益性设施建设，提高了田头市场流通效率，减少流通损耗。在农业部示范带动作用下，各地把田头市场建设作为促进农产品销售、引导农业结构调整和增加农民收入的重要措施，培育发展了一批专业性强、辐射范围广、带动一方产业发展的田头市场，对提高农户营销能力，强化农产品流通起到了重要推动作用。

1. 基础设施进一步完善，带动特色产业提质增效。根据农产品生物特性、运输距离、市场需求等因素，建设基础交易棚厅，改善分级、清洗、包装、烘干等商品化处理设施和预冷储藏设施，最大限度地减少农产品采后损失，提高经济效益。山东省宏大生姜市场通过更换交易库房岩棉夹心屋顶，延长市场交易时间，使市场具有全天候交易能力，新增外地客商23户，每天交易量增加200多吨，每年市场增收100多万元，间接增加姜农收入2 000万元。重庆奉节县田头市场新建交易服务室200平方米，仓库200平方米，电子商务室110平方米，带动当地50余户户均增收3 500元。

2. 服务功能不断强化，农产品流通效率显著提高。引导产地市场开展电子商务建设，创新农产品运营机制，对于提高农产品附加值、减少流通损失、降低农产品物流成本、实现农产品快速流通具有重要意义。辽宁省铁岭市西

丰县和凌源市四官营子镇通过科学规划、稳步推进，基本实现田头市场"六个一""三大功能""一个模式"的建设目标，新建电子结算中心、信息发布平台、改造标准化电子斤检室等基础设施，有效提高了流通效率，促进农民增收。山东省沂南县双堠镇果蔬批发市场通过建立电子商务交易平台，集中开展农产品电子商务营销，实现产品线上销售，减少交易环节。山东省成武县芸豆批发市场通过建立交易价格采集发布信息平台，形成较为完善的芸豆价格监测信息系统，能够定时发布交易品种、价格和数量等信息，保障交易信息透明、对称。

3. 辐射相关产业发展，助推农村劳动力就业增收。以田头市场建设推动产业融合发展，形成特色农产品产、供、销的一体化发展模式，解决农产品供需不匹配问题，促进了地方产品贸易，拉动区域农业产业发展，增加农民收入。四川省阿坝州和广元市两个田头市场依托当地的生态地理环境和特色优质农产品，立足农业产业扶贫和民族文化、民俗风貌，以市场为中心，积极发展农耕文化园、大学生农业创业园、养生文化园，培育家庭农场、农民合作社等新型农业经营主体11家，发展特色蔬菜种植面积133.33公顷，年产值达到600万元；积极发展中药材、水果等特种经济作物面积20公顷，年产值达到200万元；发展高原黑猪、牦牛等特色畜禽养殖100头（只），年产值达到160万元。

专栏12

农业品牌推进年

中央高度重视品牌在农业转型升级中的重要作用，将品牌建设提升到国家战略高度。党的十九大提出实施乡村振兴战略，把提高供给体系质量作为主攻方向。品牌是农产品信誉、信用、信任的集中体现，是农业转型升级、提质增效的核心标志，是促进农民增收的有效保证。

农业部将2017年确定为农业品牌推进年，高扬"品牌强农"主旋律，全国性、大规模、成体系的品牌创建活动有序开展。各地对农业品牌建设已形成共识，以品牌为引领的市场导向作用显著提升，市场主体加快培育，品牌建设积极性空前高涨，运用市场化方法和信息化手段强品牌、建品牌的能力显著提升。

一、以品牌推进年为契机，高起点谋篇布局，奏响全面推动品牌建设序曲

积极落实《国务院办公厅关于发挥品牌引领作用推动供需结构升级的意见》，农业部明确2017年为农业品牌推进年，全面推动农业品牌建设工作，及时印发《农业部关于2017年农业品牌推进年工作的通知》，明确了工作思路和原则，确定了工作内容和重点任务，为全年品牌建设工作设计了详细的路线图和时间表。媒体积极宣传，连续进行专题报道，营造了全社会关注农业品牌建设的良好氛围。各地按照农业部总体要求，认真谋划、精心安排，制定本地区农业品牌推进年工作方案，印发通知提出具体工作思路和举措。重庆将品牌工作首次纳入市委市政府对区县的综合考核。青海将扶持30个特色农牧业品牌工作纳入了省政府考核内容。黑龙江坚持用品牌引导生产，出台了实施品牌战略的政策意见。农业品推进年的确立，向社会发出了强有力的信号，标志着我国农业品牌建设站在新的历史起点，进入新的发展时期。

二、以品牌推进大会为标志，广泛动员各方力量，吹响全国动员集结号

按照形式创新、机制创新、内容创新的设计思路，筹备召开全国农产品加工业发展和农业品牌创建推进工作会，总结农业品牌建设经验，部署新时期工作重点，为今后一段时期品牌建设工作指明了方向。会议展览展示了大米、苹果、奶业、蛋品、水产品、地理标志产品、农业文化等品牌建设成果，设计了中国农业品牌大道。同期举办了中国农业品牌发展论坛，共同探讨农业品牌的发展思路、目标、重点和实现路径。此次大会是我国农业系统第一次以品牌为主题召开的全国性大会，各类农业品牌第一次集中联袂亮相，相关农业品牌建设力量第一次集结，在我国农业品牌建设历程中具有里程碑意义。此后，各地掀起了品牌创建浪潮，相继召开农业品牌发展大会，结合本地区实际，提出建设目标和重点工作。河北制定了"区域、企业、产品"三位一体品牌发展战略，大力实施区域品牌培育工程、企业品牌提升工程、产品品牌孵化工程，引领产业升级发展。安徽制定了"绿色皖农"品牌培育计划，立足优势主导特色产业，培育和创建在国内外有较大影响力的知名皖字号农业品牌。浙江制定了《浙江农业品牌振兴行动计划（2017—2020年）》，培育一批农业领军企业和国内外知名品牌。吉林省委省政府高度重视农业品牌创建工作，省十一次党代会明确提出要把增加绿色优质农产品供给摆到突出位置，做大做强"吉字号"优质特色农产品品牌，组织召开了吉林省农业品牌发展大会。在各级政府的强势推动下，以品牌为引领的市场导向作用明显提升，广大消费者越来越关注品牌、看重品牌、消费品牌，市场主体加快培育品牌、塑造品牌的劲头空前高涨。

三、以首届国际茶博会为纽带，力推茶叶品牌，唱响中国茶好声音

国际茶博会是我国首次举办的国际性茶叶展会，习近平总书记为展会发来贺信，是一次推动茶产业大发展、增进茶文化大交流、促进茶贸易大合作、唱响中国茶好声音的行业盛会。展会期间举办了中国茶业国际高峰论坛、"世界茶乡·中国之夜"品茶招待会、国际茶咖对话等重大国际性活动，共有46位国内外省部级领导出席，12个中央、国务院有关部委和单位参加，全国20个茶叶生产省全部组团参展，汇聚茶和咖啡产品近万种，918家知名企业齐聚，到场专业采购商超过7 000家，客流突破6.68万人次。展会组织了多达68场的品牌推介活动，公布了中国十大茶叶区域公用品牌和中国优秀茶叶区域公用品牌，西湖龙井、信阳毛尖、安化黑茶、蒙顶山茶、六安瓜片、安溪铁观音、普洱茶、黄山毛峰、武夷岩茶、都匀毛尖入选了中国十大名茶。茶博会的成功举办，全面展现了我国茶产业发展成就，促进了茶叶贸易和茶业交流，推动茶产业走出中国、迈向世界。江西省整合1亿资金推进"四绿一红"茶叶品牌，开展"江西茶·香天下"品牌建设活动；云南重点打造以"云茶"为首的"云系"农产品品牌，培育云南普洱茶、滇红茶、昌宁红等区域公用品牌。

四、以第十五届农交会为高潮，打造国际化大平台，齐奏品牌推介新乐章

第十五届中国国际农产品交易会以"绿色发展、生态优先、品牌引领、产业升级"为主题，聚焦农业品牌，突出成就展示。国务院副总理汪洋到展会视察指导，对农交会组织筹办工作给予充分肯定。全

国人大常委会副委员长张宝文、全国政协副主席罗富和出席开幕式。农交会期间举办的"我为品牌农产品代言"大型公益活动，26位社会知名人士、30名农民兄弟倾情推介家乡农产品区域公用品牌，20余位省部长现场见证，说着家乡话，叙着家乡情，弘扬家乡的味道，向全国人民展示了农业发展成果和区域特色优势农产品。展会期间还举办了首届中国国际品牌农业发展高峰论坛、第三届全国农产品地理标志品牌推介会等10余场品牌活动，推选了"2017年中国百强农产品区域公用品牌"和参展农产品金奖，精彩展示了我国农业品牌建设成效，推动各地形成了上下联动推进农业品牌建设的又一次高潮。各省积极推荐本省特色品牌农产品集中亮相，吉林省携"白、黄"两张名片——吉林大米和吉林玉米两大区域公用品牌，在农交会上重点推介。在随后各地举办的农交会、农博会上，纷纷上演农业厅长、市长、县长推介名优农产品专场活动和明星名人代言品牌农产品活动，一些省份卫视还对品牌推介活动进行现场直播，行政官员推介品牌农产品已经成为全国处处唱响、遍地开花的官方名片。

农业农村信息化

2017年，农业信息化紧紧围绕推进农业供给侧结构性改革的工作主线，立足构建现代农业产业体系、生产体系、经营体系，瞄准现代农业建设的主攻方向，加强农业信息基础设施建设，提升农业信息技术创新应用能力，完善农业信息服务体系，加快推进农业生产智能化、经营网络化、管理数据化、服务在线化，全面提高农业农村信息化水平，让广大农民群众在分享信息化发展成果上有更多获得感，为农业现代化加快发展和脱贫攻坚、农民增收提供强大动力。

（一）全国新农民新技术创业创新博览会成功举办　11月，农业部与江苏省人民政府在江苏省苏州市共同主办了首届全国新农民新技术创业创新博览会。中央政治局常委、时任国务院副总理的汪洋同志莅临博览会巡展，出席了全国新农民新技术创业创新大会并作重要讲话，并对博览会给予了高度评价。博览会深入展示信息化时代背景下农村创业创新的最新实践成果，展示交流新技术新模式，研究探讨产业发展方向，凝聚众智众力，推动农业农村"双新双创"深入发展。据统计，本届博览会各类参展单位达到1 038个、参展省份31个，共吸引56 000余人次参观，汇聚了政府部门、科研院所、企业、新农民等各方面代表人士，签约和意向合同金额超过350亿元。博览会同期举办了全国新农民新技术创业创新大会、全国信息进村入户工程交流会、中国农村创业创新论坛、全国农民手机达人大赛、全国农村创业创新项目创意大赛（总决赛）等5场重大活动，农产品供应链管理高峰论坛、美丽乡村和农业特色互联网小镇高峰论坛等5场企业论坛和农业农村信息化成果发布、中国农业品牌创新联盟成立仪式等36场推介活动，博览会期间还专门举办了五省（自治区）特色农产品推介和产销对接活动。

（二）信息进村入户工程全面实施　2017年起全面实施信息进村入户工程，在10省份开展整省推进示范。3月在北京召开信息进村入户工程整省推进示范工作布置会，研究部署全年整省推进示范的重点工作任务，并指导10个示范省份农业部门签订了《信息进村入户工程整省推进示范工作目标责任书》。7月，组成5个调研组，分赴信息进村入户10个整省推进示范省市进行集中调研督导。从调研督导情况看，10省份按照中央1号文件部署要求，切实加强组织领导和队伍建设，强化资金投入，明确目标责任，完善制度规范和风险防控措施，整省推进示范取得明显成效，为全国全面实施起到了很好的带动作用。11月10日在苏州市召开全国信息进村入户工程交流会，会上发布了益农信息社百佳案例，部分省份交流了各自的先进做法和典型模式。截至2017年年底，全国共建成运营超过13.1万个益农信息社，累计培训村级信息员47.8万人次，为农民和新型农业经营主体提供公益服务1 660万人次，开展便民服务2.25亿人次，实现电子商务交易额152.6亿元。

（三）农业农村电子商务加快推进 农业部会同商务部出台了《关于深化农商协作大力发展农产品电子商务的通知》，以农产品电商出村工程为重点，探索农产品电商上行模式，推动农产品电商上行。在总结10省份试点经验基础上，进一步明确试点要求，继续支持10个省份重点在电商模式、标准体系、质量安全追溯等方面加强试点探索，积极协调推动相关部门和地方政府大力加强分拣包装、仓储加工、冷链物流等基础设施建设。在2017中国电子商务创新峰会上举办农业电子商务分论坛。在首届全国新农民新技术创业创新博览会上，组织电商企业展区，举办系列电商企业论坛。组织编制了《中国农业电子商务发展报告》，开展了《生鲜电商农产品追溯监管体系的构建》《鲜活农产品电子商务分品种模式构建》等基础性研究。

（四）农业物联网区域试验工程深入实施 2017年在继续支持天津、上海、安徽深入开展农业物联网区域试验工程的基础上，新增吉林、江苏2个示范省。4月组织召开农业物联网区域试验研讨会，总结农业物联网区域试验的工作进展和经验，研讨新增省份农业物联网

区域试验方案，细化工作任务。12月11—12日在江西抚州召开全国农业物联网工作会议，交流总结农业物联网工作新进展新成就，集中推介生猪、蟹、鸡、渔业养殖、叶菜、棉花、水稻、玉米种植8种农业物联网应用推广模式。截至2017年年底已陆续推介了果蔬种植、畜禽养殖等10种农业物联网应用多媒体宣传影片。

（五）农业农村大数据工作扎实推进 建设运行重点农产品市场信息平台，以重点品种全产业链数据的采集、分析、发布、服务为主线，建立"一网打尽"式市场信息发布服务窗口，为农业生产经营主体提供权威、全面、及时、有效的市场信息服务。组织开展农业农村大数据试点阶段性评估，及时总结和推广好经验好做法，更好发挥试点先行示范的作用。面向全社会组织开展农业农村大数据实践案例推介活动，经过专家严格评审，遴选出38个实践案例，并在首届全国新农民新技术创业创新博览会上向社会发布，营造了社会各界关心关注农业农村大数据的良好氛围，社会反响良好。探索推进生猪、苹果、茶叶单品种大数据建设，建立完善数据采集、分析和服务机制，促进提高生产经营的科学决策能力。

（六）农民手机应用技能培训工作顺利开展 3月20—26日，组织开展了全国农民手机应用技能培训周活动。全国各省（自治区、直辖市）以及不少地市、县区相继启动了培训活动，形成了上下联动、政企合作、同心为民的培训格局；组织编写了《农民手机应用（精编版）》教材和《手机助农十招》口袋书，利用微信平台"小程序"研发了全国农民手机应用技能培训平台；组织了通信运营、电子商务、手机制造、金融服务、农业产业化、互联网和IT等15家企业以及有关培训机构举办了11个专场培训活动，其中9场实现了网络同步直播。据监测，培训周期间有410.3万人观看网络直

播、登录平台学习和参与网上活动。11月9日，在首届全国新农民新技术创业创新博览会期间举办了全国农民手机达人大赛，来自全国各个省份和新疆生产建设兵团的100位新农民代表参加大赛，最终决出了3位新农民手机达人。

（七）农业特色互联网小镇建设试点工作有序开展 为贯彻落实党中央、国务院关于农业农村信息化发展和特色小城镇建设的部署要求，推动信息化与农业农村融合发展，印发了《农业部办公厅关于开展农业特色互联网小镇建设试点的指导意见》，提出力争到2020年，在全国范围内试点建设，认定一批产业支撑好、体制机制灵活、人文气息浓厚、生态环境优美、信息化程度高、多种功能叠加、具有持续运营能力的农业特色互联网小镇。

（八）农业信息化发展基础不断夯实 进一步梳理和完善农业信息化标准体系框架，研究提出2018—2023年农业信息化标准体系建设五年工作方案。加强农业信息化标准化工作统筹，梳理农业信息化标准的修订项目，编制农业信息化标准分类清单。在全国范围内开展了农业信息化标准制修订需求调查，调度各省（自治区、直辖市）已发布、编制中和拟制修订农业信息化标准数据和内容，全面了解当前全国各地农业信息化标准化工作情况。开展2017年农业农村信息化示范基地评选及考核工作，认定104家单位为2017年度全国农业农村信息化示范基地，同时组织专家对2013年度首批认定的全国示范基地进行了考核评估，将考核合格的全国示范基地资格有效期续延4年。

农产品质量安全管理

2017年，全国蔬菜、畜禽产品和水产品监测合格率分别为97%、99.5%和96.3%，同比分别上升0.2、0.1和0.4个百分点，主要农产品质量安全例行监测抽检总体合格率为97.8%，同比上升0.3个百分点。全年未发生重大农产品质量安全事件，农产品质量安全继续保持持续向好的发展态势。

（一）国家农产品质量县安全创建深入推进 进一步扩大安全县创建范围，确定204个县、11个市为第二批国家农产品质量安全创建试点单位。成功举办"双安双创"成果展和现场会等活动，汪洋副总理出席并作重要讲话，韩长赋部长致辞并为34个国家农产品质量安全县（市）代表授牌。举办专题培训，推动创建水平不断提升。通过创建，安全县农产品质量安全水平普遍提升2个百分点以上，群众满意度提升16个百分点，较好地实现了预期目标。

（二）农业标准化扎实推进 加快推进农兽药残留标准制修订，对《动物性食品中兽药最大残留限量》进行了全面梳理。全年新制定农兽药残留国家标准1 653项、农业行业标准182项。新认证无公害农产品37 860个、绿色食品10 093个、有机农产品529个，新登记地理标志农产品238个。"三品一标"产品总数达12.1万个。积极开展官方评议和国际食品法典委员会（CAC）工作，加强《农产品质量安全法》修订工作研究。

（三）突出问题治理得到强化 组织开展专项整治，部署农药、"瘦肉精"、兽用抗生素等7个专项整治行动，严防、严管、严控农产品质量安全风险。全年共出动执法人员421.5万人次，检查生产企业201.3万家次，发放宣传材料4 729.5万份，查处问题3.1万起，责令整改2.3万起。加大执法监管力度，推动各地加强执法办案，组织开展监督抽查和专项整治督查。开展放心农资下乡进村宣传周活动。向社会公布9个农产品质量安全执法监管典型案例和农资打假十大典型案件，有效震慑不法分子。

（四）风险监测评估积极推进 扎实开展国家农产品质量安全例行监测，蔬菜、畜禽产品和水产品监测合格率分别为97.0％、99.5％和96.3％，同比分别上升0.2、0.1和0.4个百分点。组织开展10类农产品专项监测。对问题突出地区和产品进行预警提示，加强国家和地方监测工作联动，将省级监测情况纳入地方政府食品安全工作考核指标。深入实施风险评估专项，对粮油、蔬菜、畜禽、奶产品等重点食用农产品开展风险因子排查评估，抽取验证样本6万余份，获得基础数据80余万条，提出相应控制措施、技术规范和标准制修订建议。

（五）科普宣传和应急处置有效开展 针对公众普遍关注的农产品质量安全热点敏感问题，组织专家进行科普解读，发布科普文章近100篇。举办全国食品安全宣传周农业部主题日活动，公布农产品质量安全十大谣言，全国举办各类活动2 800余场，200余家媒体进行了报道，有力促进了质量安全知识普及。及时稳妥应对各类负面舆情和突发事件，先后妥善处置了鸡蛋氟虫腈污染、山东"问题大葱"等突发性问题和"一头猪的遗书"等网络不实信息，降低对产业的负面影响。

（六）监管能力切实提升 加快推进农产品质量安全追溯体系建设，开通门户网站、微信公众号和手机APP，举办国家追溯平台上线运行启动仪式，制定印发配套制度及基础标准，选定四川、山东、广东3省开展试运行。加强检测机构管理，组织开展飞行检查、专项检查、能力验证，遴选10家国家农业检测基准实验室，修订《农产品质量安全检测机构考核

办法》。强化技术支撑和科技创新，推荐7家重点实验室、10个数据分中心、23个创新能力建设项目，在现代农业产业技术体系建设中争取到48个质量安全与营养评价岗位。推进信用体系建设，会同发展改革委等29个部门出台《关于对农资领域严重失信生产经营单位及其有关人员开展联合惩戒的合作备忘录》，加快建立生产经营主体信用档案。

国家现代农业示范区建设

2017年，各国家现代农业示范区立足建设、管理、服务三大职责，着力趟路子、立标杆、作示范，引领带动现代农业加快发展。据2017年监测，示范区农业现代化水平稳步提升，已有江苏东台市、上海市、北京市等120个示范区率先基本实现农业现代化，成为引领农业现代化建设的"领头羊"；示范区农作物耕种收综合机械化水平达79.4％，比上年提高2.1％，比全国平均水平高13％；农民人均可支配收入达到14 925元，比全国平均水平高20.7％。

（一）加强示范区建设指导，推进规范建设 研究制定示范区建设绩效评价方案，以省为单位，定期考核评价各示范区工作部署、建设成效、示范带动等情况，探索建立示范区退出机制。加强与财政部农发办沟通，制定印发推进农业全产业链开发创新示范工作通知，优先选择39个示范区开展创新示范，探索农业全产业链再造新模式。研究制定加强和规范试验示范区工作指导意见，推动试验示范区工作规范化、有序化。

专栏13

国家现代农业产业园创建

建设现代农业产业园，是推进农业供给侧结构性改革、加快农业农村现代化的重大举措，是培育农业农村经济发展新动能和推进农民增收机制创新的重要载体。党中央、国务院对此高度重视，要求以规模化种养基地为基础，依托农业产业化龙头企业带动，聚集现代生产要素，建设"生产+加工+科技"的现代农业产业园。为贯彻落实中央部署要求，2017年3月以来，农业部、财政部启动国家现代农业产业园创建工作，目前已批准了2批、共41个产业园创建国家现代农业产业园。

一、高站位谋划，保证方向正确

认真学习、准确领会中央农村工作会议、中央1号文件推进产业园建设的决策部署。深入调研，组建8个调研组，分赴8个省调研各地好经验好做法。联合财政部组建产业园建设领导小组，农业部发展计划司、财务司、财政部农业司三位一把手司长任领导小组办公室主任，共同谋划、精心设计总体方案。

二、高规格启动，保证上下联动

2017年，国务院将全国春季农业生产工作会议和现代农业产业园建设工作会议套开，部署安排产业园建设工作，要求产业园建设必须姓农、务农、为农、兴农，必须带动小农户进入现代农业发展轨道，分享全产业链增值收益。会后，农财两部立即印发创建通知，并召集农财两个系统负责同志开会进行集中部署。

三、高标准遴选，保证创建质量

采取实地核查、材料评审、现场答辩相结合的方式扎实开展创建评审。坚持优中选优，不搞省际平衡。遴选出的41个产业园只涵盖26个省和1个垦区，有6个省级申报单位和1个垦区落选，严格落实了汪洋副总理高标准、严要求、宁缺毋滥的指示。

四、高强度推进，保证引领有力

第一批创建名单公布后，农财两部立即召开现场会，总结经验、分析问题，推动产业园完善创建方案，余欣荣副部长亲自到会部署。严格审核创建方案、建设规划和中央财政奖补资金使用方案，农财两部门以正式文件反馈存在问题，确保高质量规划、高质量创建。强化面上指导，研究制定了产业园建设指导意见和建设指引。切实加大支持，对批准创建产业园中央财政分别给予了1亿元奖补资金支持。

（二）开展数字农业建设试点，打造数字农业示范样板 启动和扩大数字农业建设试点。争取中央预算内投资2亿元，新设立数字农业建设试点项目，选择大田种植、设施园艺、畜禽养殖、水产养殖四大领域，安排20个项目开展精准作业、精准控制建设，打造一批数字农业示范样板。加强与有关部门沟通，推动2018年数字农业试点投资规模由2亿元扩大4.7亿元、项目数量由20个增加到37个。组织开展数字农业农村发展规划编制。研究制定《数字农业试点项目建设方案（2017—2020年）》，明确试点思路、目标任务、区域布局、建设内容，为开展数字建设试点提供依据。启动国家数字农业农村发展规划纲要编制工作。加强项目监管。在线监测项目实施进展情况，实现常态化监管。印发《关于加快2017年数字农业建设试点项目实施进度的通知》。组织10个调研组赴20个项目所在省开展调研，督导地方加快项目建设进度，确保项目如期建成投用。

（三）多方争取支持，形成政策合力 在基建投资上，争取国家发展改革委支持，安排3.89亿元中央预算内投资，支持25个示范区续建高标准农田40千公顷，改善农田基础设施条件。在金融支持上，加强邮政储蓄银行、国家开发银行等金融机构合作，引导金融资金支持示范区建设。鼓励地方加大投入力度，通过PPP、政府购买服务、贷款贴息等方式，撬动更多金融和社会资本投入示范区建设。

（四）开展监测评价，强化服务和宣传 组织农业部规划设计研究院投资所编制完成2016年和2017年示范区监测评价报告，发布120个示范区率先基本实现农业现代化。组织283个示范区参加第15届农交会，示范区展区荣获最佳组织奖、设计银奖，4个参展产品荣获金奖。举办1期数字农业建设试点项目培训班、1期"互联网＋"现代农业高级研修班。推动《农民日报》设立园区建设专栏，累计刊发15期120多篇文章。抓好日常宣传，推出看得见、摸得着、学得到的样板。

（五）深入开展调查研究，探索发展新路径 紧扣中央、部里的部署和司领导的"命题作文"，完成现代农业产业园建设机制、农业农村现代化的新内涵等重大问题研究，形成了一批有价值的成果。组织有关省开展产业园规划布局、功能定位、建管机制、支持政策等重大问题研究，集众智、汇众力，提出加快推进产业园建设的意见建议。

专栏14

国家农业可持续发展试验示范区

按照农业部、国家发改委、财政部等8部门联合印发的《国家农业可持续发展试验示范区建设方案》（农计发〔2016〕88号）要求，2017年，在各地积极申报的基础上，农业部、国家发展改革委、财政部等8部门组织遴选，产生了浙江省、江苏省徐州市、河北省围场县等第一批40个国家农业可持续发展试验示范区（农业绿色发展先行区）。第一批试验示范区将全面贯彻落实党的十九大精神，以绿水青山就是金山银山理念为指引，以资源环境承载力为基准，把绿色贯穿于农业发展全过程，全面开展农业绿色发展先行先试。在试点目标上，通过3年左右的努力，因地制宜总结一批农业绿色发展模式和技术集成，提炼推广一批农业绿色发展制度，努力形成农业绿色生产方式和绿色生活方式。在试点任务上，坚持节约资源和保护环境的基本国策，综合考虑各地资源环境承载力、生态类型和农业发展基础条件，围绕优化农业主体功能与空间布局、保护与节约利用农业资源、保护与治理产地环境、养护修复农业生态系统和推行绿色生活方式等五个方面，开展先行先试，解决突出问题，创新体制机制。

农业科研、推广与教育

（一）优化农业科技创新布局，提升自主创新能力　围绕农业供给侧结构性改革、绿色发展和农业质量效益竞争力提升对科技的需求，进一步明确问题导向和目标导向，着力优化科技资源配置，加大攻关力度，科技对产业的贡献度有效提升，2017年，农业科技进步贡献率达到57.5%。

1. 突出前沿技术引领。依托转基因重大专项等加强基础与前沿研究，提升原始创新能力。扎实开展转基因作物综合性状测试，筛选出16个达到审定标准的抗虫耐除草剂玉米重大品种，抗虫水稻华恢1号获得了美国进口许可，耐除草剂大豆S4003.14通过阿根廷的安全评审，进一步打牢产业化基础。加强重大育种价值基因发掘与应用，获得具有自主产权的重大基因200多个，重点部署安全、高效基因组编辑、合成生物学等颠覆性新技术的研发与应用，在国际上首先将基因组编辑技术应用于水稻和小麦，抢占国际科技竞争制高点。

2. 加强产业重大问题攻关。围绕保障国家粮食安全、食品安全和生态安全的战略目标，针对农业发展的关键共性技术问题，在动植物种业、绿色生产模式、重大病虫害防控等方面，产出了一大批重要成果。培育出寒地早粳稻龙粳31、龙粳25等一批适宜轻简化栽培、优质高产多抗的新品种；集成创建了油菜全产业链绿色高产高效技术模式、对虾肝病害生态防控技术与绿色养殖模式等绿色生产技术与模式；初步构建了小麦赤霉病综合防控技术模式；研发了以障因消除、抗性增强、按需精准施肥减少土壤盐渍化的"三位一体"蔬菜连作障碍防控技术体系等重大病虫害防治技术模式。

3. 强化基础性长期性科技支撑。在土壤质量等10个领域率先启动农业基础性长期性科技工作，遴选布局456个试运行国家农业科学实验站，建立了1个数据总中心，10个数据分中心，会同国家科技创新联盟办公室制定了工作总体实施方案。组织数据中心和有关专家开展多轮论证，凝练发布监测体系77项重点任务，进一步明确数据指标数量和规范格式并在监测实验站体系发布。组织召开监测工作人员培训会，从仪器使用、监测方法、数据整理和报送等方面，对全部实验站开展培训，确保观测任务有效开展。通过修购专项支持，加大数据中心建设力度。组织开展实验站大调研工作，在土壤质量、植物保护、渔业资源环境等领域重点遴选部分站点予以优先支持，着力发挥优秀站点的牵头引领作用。

4. 提升农业部重点实验室管理水平。开展"十三五"企业重点实验室遴选工作。着力完善农产品加工、动物营养与饲料、农产品质量安全等学科群体系，组织相关领域农业科技企业申报农业部企业重点实验室，增补38家重点实验室进入学科群体系。修订出台新的《农业部重点实验室管理办法》，进一步树立面向产业服务的导向性，完善工作任务审核、主任人选变更等管理事项的规范性，加强不合格实验室退出的竞争性和流动性。

5. 拓展对外合作交流。继续加强中日农业科技交流合作。派员参加中日农业科技合作工作小组第1次会议，签署《中日农业科技合作工作小组会议职责范围（TOR）》等系列文件。推进设立国内研发机构对接亚太中心。赴国际竹藤组织和国际竹藤中心进行调研，召开专题研讨会研究国际马铃薯中心亚太中心与国内科研机构衔接事宜，指导农科院设立国内专门马铃薯研究机构。

（二）强化体制机制创新，促进科技与产业紧密融合　以现代农业产业技术体系、国家农业科技创新联盟和现代农业产业科技创新中心为抓手，促进资源要素高度集聚和高效配置，着力搭建集中力量办大事的平台和载体。目前，产业技术体系对产业的贡献巨大，联盟的吸引力、凝聚力和影响力不断增强，科创中心的生命力、引领力和驱动力逐渐显现。

1. 现代农业产业技术体系贡献突出。以产品为单元，以产业为主线，集聚全国优势科技力量，建立了水稻、油菜等50个主要农产品的现代农业产业技术体系，从2017年开始，财政部将现代农业产业技术体系专项经费由每年的13.2亿元增加到16亿元，体系最大限度发挥集中力量办大事的制度优势，为保障国家粮食安全、主要农产品有效供给、推动农业产业转型升级作出了突出贡献。在推动产业转型升级方面贡献突出。50个体系面向产业，大力开展技术研发和集成示范，在推动产业结构调整和发展方式转变、推动产业技术进步中，都发挥了主力军作用。产出了一大批标志性成果，农业领域2/3的国家级科技奖励成果是由体系人员主持或参与完成的。农业部推介的主导品种、主推技术一半以上是由体系研发的，有效提高了粮食综合生产能力和农业抗灾减灾能力，大幅度提升了农产品综合生产能力。体系支持了谷子糜子、燕麦荞麦等具有传统优势的小作物，有力推动和壮大了我国特色产业发展，在推动农业"转方式、调结构"、产业扶贫和农民增收中，支撑带动作用越来越明显。在支撑政府决策和应急服务方面贡献突出。体系启动建设以来，围绕50个主要农产品，共建立了种质资源、土壤肥料、产品开发等科技基础数据库和生产形势、成本收益、市场与贸易等产业经济基础数据库共900余个，摸清了产业家底，为分析产业发展趋势、服务生产决策提供了可靠的数据支撑。据统计，体系向政府部门和有关企业提供产业发展政策建议、调研报告、咨询报告等4 500余份，其中获省部级及以上领导批示353份、被地方政府采纳1 615份、被企业采纳1 766份，为农业产业和技术发展提供了科学的决策参考。在运行机制和模式创新方面贡献突出。以任务为纽带，以共同解决问题为导向，体系逐步建立了体系内每个人员既有明确岗位职责分工又有协同创新、协作攻关的分工协作机制。以体系管理平台为载体，建立了同一体系和不同体系人员在平台上的相互沟通与交流机制。体系探索形成了一系列有效的管理制度，包括决策机制、科技活动组织、人员遴选、考核评价、经费使用制度等。在人才培养、技术模式集成与示范、推广应用、基层农技人员培训等方面，各体系积极探索，建立形成了一批行之有效、可推广复制的模式，对带动地方产业发展、促进科技成果推广转化发挥了积极作用。

2. 国家农业科技创新联盟建设成效显著。以小麦赤霉病综合防控、农业大数据等20个标杆联盟为重点，按照"有任务、有目标、有团队、有资金、有评价"和"有干头、有看头、有说头"的要求，围绕科技创新、产业发展和体制机制创新，推进联盟各项重点任务落地见效。科技协同创新取得明显成效。20个标杆联盟在推动农业技术进步、产业变革和绿色发展方面取得了一系列突破性进展。谷物收获机械联盟自主研制的10千克级联合收获机，突破了智能控制、高含水率籽粒低损脱粒等技术瓶颈，引领了谷物收获机械行业产品升级与技术进步。奶业联盟创制了奶产品品质评价技术，优化了绿色低碳优质乳加工工艺，在光明乳业等7家D20企业和14家乳企示范推广，显著提升了国产优质乳的品质、品牌和销量，市场销售增长10%以上。农业废弃物联盟在河北等7省进行了环境承载能力评价试点，创建了整县制推进专业化肥料和能源利用的"京安模式"，实现了县域内农业废弃物的全部消纳和零排放。运行机制创新取得明显进展。"实体化运行""一体化实施""共建共享"三大机制均不同程度取得突破。在"实体化运行"方面，水稻分子育种、深蓝渔业等联盟通过构建研发、运营、服务机构实体化法人治理结构，推动联盟由优势互补、联合协作的创新平台向利益共享、风险共担的市场主体转变，增强了联盟作为投入、研发和实施主体的市场参与度。在"一体化实施"方面，小麦赤霉病、棉花等联盟通过构建研发一体化、转化一体化、示范一体化的机制，打通创新链产业链各主体、各环节和各领域之间的通道，实现技术集成、方案综合、效果叠加。在"共建共享"方面，农业大数据、农作物种质资源等联盟通过构建基础性公共服务平台，促进各类科技资源共建共享，使农业资源流动"活"起来了，资源利用效率"提"起来了，自主创新能力"强"起来了。带动引领作用显著增强。在农业部3年来的持续推动和规范引导下，目前已建立60个联盟，还有一些科研单位和企业正在筹划、组建新的联盟。地方政府重视度高，13个省（自治区、直辖市）投入财政资金共计2.7亿元，支持本地联盟或区域性联盟建设运行。科教单位参与面广，340多家科教、推广单位和近2000名科研骨干，围绕联盟重点任务组建135个创新团队。企业参与主导性强，企业在联盟攻关任务凝练、研发投入、组织实施和成果转化应用中的主体作用越来越突出，37个牵头企业投入联盟资金超过5.1亿元。

3. 现代农业产业科技创新中心稳步推进。针对科技经济"两张皮"的痼疾，启动建设江苏南京、山西太谷、四川成都3个科创中心，搭建科技经济一体化平台，实现了科技创新与农业产业发展无缝对接。强化工作指导把方向。系统研究国外典型科技园区、国内146家高新区和256家农业科技园区建设的经验教训，明确了科创中心的定位和建设思路：以科技创新为基础、产业化为方向，促进关键技术集成、创新要素集聚、关联企业集群、特色产业集中，打造区域经济增长极。指导地方政府牢牢把握科技创新能力强、科技型企业强、辐射带动力强和地方党委政府高度重视的建设标准，坚持"先建、后认、再挂牌"，对地方政府建设方案严格把关。撬动各方投入强支撑。通过政策创设、机制设计等调动各方投入的积极性。江苏、山西、四川3省将科创中心建设上升为省级重大战略，另有10多个省积极跟进，向我部提出创建申请。推动南京市政府落实24.6公顷园区总部建设用地，园区"一核四园"（江北核心区、南京市四个涉农园区）的整体规划布局初步形成。山西太谷发行5亿元新增债并投入资金1.8亿元用于科创中心建设，市县财政和企业共同注资6亿元成立建设投资公司，为科创中心基础设施建设、科研启动等提供支撑。推进资源对接促发展。隆平高科、先正达公司等一批科技企业已意向入驻南京科创中心，立足江苏科教实力强劲和产业发展基础较好的优势，聚焦现代种业、智慧农业等重点领域，打造带动全省、辐射长三角的农业硅谷。中国农业大学、中国农科院优势科技力量入驻山西太谷科创中心，通过科企对接、院地合作等方式，搭建功能农业研究院、特色杂粮全产业链基地等科技与产业融合发展平台。

专栏15

推进国家农业科技创新联盟建设

2014年以来，以解决行业、产业和区域性重大问题为导向，按照"有任务、有目标、有团队、有资金、有考核"的要求，整合优势科技资源，创新运行机制，构建了60多个农业科技创新联盟。联盟自建立以来，一步一个脚印、一年一个变化，干了不少实事，在科技和机制创新上取得了积极成效。

在科技创新方面，聚焦科技资源共享、区域重大问题、产业瓶颈问题，形成了"三个一"的创新格局。针对资源碎片化、共享不够等问题，建立全国农产品质量安全协作网、全国种质资源共享联盟和农业大数据联盟，初步形成了资源共享的"一盘棋"格局。针对东北秸秆综合利用，南方耕地重金属污染治理等区域重大问题，初步形成了集成解决问题的"一体化"格局。针对企业发展对科技的需要，构建企业出题、专家开方、协同创新、利益共享的运行机制，初步形成了科技与经济紧密结合的"一条龙"格局。

在机制创新方面，聚焦创新资源整合、创新主体融合、创新环节结合，搭建了三大创新平台。为改变单个学科、单项技术、单兵作战的格局，搭建了多学科协同的平台，有效引导了不同学科交叉融合、集成创新。为解决科技创新和企业需求脱节的问题，搭建了科企合作的平台，建立了37个企业牵头的联盟，有效引导了优势科技资源向企业集聚。为解决科技创新中基础研究、应用研究和集成示范割裂的问题，搭建了上中下游衔接的平台，推动实现从科学研究、试验开发到推广应用的三级跳。实践证明，联盟建设有利于破解科技创新存在的资源配置碎片化、科研低水平重复、科技与经济"两张皮"等问题，是推动农业科技创新和体制机制创新的有效方式和解决途径。

（三）推进推广体系改革和典型引领，加快成果转化进程 针对农业生产科技成果有效供给不足、农技推广体系推广效能不高等问题，深化改革促发展、创新机制增活力，着力开创公益性与经营性融合发展、各方面力量协同推广的生动局面。

1. 体系改革有新进展。在13个省份36个县开展基层农技推广体系改革创新试点，探索公益性推广机构与经营性服务机构融合发展新机制，支持农技人员进入新型经营主体创新创业，探索提供技术增值服务获取合理报酬的新模式。继续实施基层农技推广体系改革与建设补助项目，中央财政投入26亿元，通过提升农技人员业务能力、建设长期稳定试验示范基地、培育科技示范主体、健全考核制度等措施，巩固了改革成果，激发了人员活力，提高了服务效能。在5省的7个贫困地区的61个县开展农技推广服务特聘计划试点，通过政府购买服务等方式，从农业乡土专家、种养能手、新型农业经营主体技术骨干、科研教学单位一线服务人员中招募一批特聘农技员，承担公益性推广任务，支撑精准脱贫攻坚。

2. 协同推广有新突破。会同教育部出台《关于深入推进高等院校和农业科研单位开展农业技术推广服务的意见》，召开专题会议进行研究部署。引导农业科研院校与农技推广机构、新型农业经营主体协同开展农业技术服务，探索农业科研基地＋区域示范基地＋基层推广站＋新型经营主体"两地一站一体"的链式农技推广服务新模式。从培养农业农村人才、促进成果熟化应用、开展农业科技试验示范等方面，推动农业科研院校发挥自身优势并结合农业产业发展需要，投身"三农"工作主战场，为乡村振兴和农业农村现代化建设提供科技服务支撑。

3. 典型带动有新亮点。在全国开展首届"寻找最美农技员"活动，遴选出100名品德高尚、业绩突出、农民满意的最美农技员，新华社、人民日报、央视新闻联播等进行广泛宣传与深度报道，宣传王一成等先进事迹，推介农技推广服务的典型任务、创新做法和鲜活经验，发挥典型的示范带动效应，在全社会引起巨大反响。推荐部属5项成果获得国家科技成果奖、7人获得"创新争先"奖。

专栏16

国家现代农业产业科技创新中心建设

国家现代农业产业科技创新中心建设，充分借鉴国内外依托院校支撑、依赖市场运行、依靠政府引导的成功经验，以科技创新为基础、产业化为方向，促进创新要素集聚、关键技术集成、关联企业集中、优势产业集群，着力构建政府支持、企业主体、市场运作的机制，按照科技创新能力强、科技型企业强、地区辐射带动力强和地方党委政府建设意愿强的标准，建设农业硅谷，推动地方农业经济高质量发展。

截至2017年年底，农业部共收到10个省（直辖市）来函申请创建，已批复江苏南京、山西太谷、四川成都3地启动产业科技中心建设，在体制机制创新、资源要素聚集、发挥市场作用等方面取得了明显成效。3地均建立了由省（直辖市）领导同志牵头的统筹协调机制，成立专门建设运行机构，积极对接创新主体进驻产业科技中心，落实各项配套支持政策。

下一步，农业部将围绕综合引领示范，激发产业科技中心活力，完善全国布局，总结成熟模式，加强政策创设，指导广东广州、安徽合肥、吉林白城、四川眉山、山东青岛、湖北武汉、贵州等地完善建设方案，继续扎实推进产业科技中心布局建设工作，为乡村振兴和农业高质量发展提供强有力的科技支撑。

（四）加快培育新型职业农民，为乡村振兴提供一线人才支撑 按照"科教兴农、人才强农、新型职业农民固农"的战略要求，围绕现代农业产业发展、新型农业经营主体壮大和"五区一园"建设，突出目标导向、需求导向和问题导向，进一步提高新型职业农民培育工作的针对性、规范性、有效性，进一步提高新型职业农民的发展能力和培育工作基础保障能力。

1. 强化顶层设计。农业部印发了《"十三五"全国新型职业农民培育发展规划》，提出"十三五"新型职业农民培育工作的总体目标、培育路径以及重大工程等；2017年中央财政投入15亿元组织实施新型职业农民培育工程，启动新型经营主体带头人轮训、现代青年农场主培养、农村实用人才带头人培训和农业产业扶贫精准培训四大计划，全年培训各类新型职业农民超过100万人。

2. 夯实基础建设。健全完善师资管理系统，组织全国6.5万名师资入库，供各地遴选，实行动态管理、末位淘汰；加强基地建设，遴选发布了100个全国新型职业农民培育示范基地，推荐入库9 000个实训、创业孵化、农民田间学校等各类基地；制定了分层分类分模块培训规范和标准，遴选推介了一批精品教材和精品课程。

3. 强化示范引领。会同行业部门开展万名农机大户、万名果菜茶种植大户、万名职业渔民、万名畜牧养殖大户等示范培育工作，为产业培养人才；加大对新型职业农民的奖励激励和典型宣传力度，会同中华农业科教基金会组织开展"凤鹏行动·新型职业农民"评选活动，资助了100名新型职业农民，在全国范围内遴选了100名新型职业农民典型，并陆续宣传。

4. 抓好信息化手段。农业部整合构建了全国农业科教云平台，包括全国农业科教管理基础平台（农业科教管理用户）、中国农技推广APP（专家、农技推广人员用户）和云上智农APP（农民用户），具备了在线学习、互动问答、成果速递、服务对接和管理考核等核心功能。组织管理人员、农业专家、农技推广人员和新型职业农民注册上线，上传农业信息、科技成果资源和精品课程，为农民提供在线农技问答服务。

专栏17

全国农业科教云平台建设

为充分利用信息化手段，给农技推广插上信息化的翅膀，让广大农民搭乘"互联网+"的快车，加速农业科技成果转化，提升农技推广服务效能和新型职业农民培育效果，农业部在借鉴近年来农业科教信息化经验的基础上，整合构建了"全国农业科教云平台"（以下简称云平台），并于2017年8月上线试运行。

云平台功能定位为全国性农业科技教育综合管理信息服务平台，是基于大数据、云计算和移动互联技术，聚集各类农业科技教育资源，为各级农业科教管理部门、农业专家、农技推广人员和广大农民提供在线学习、互动问答、成果速递、服务对接和管理考核。云平台为"π"形结构框架，包括农业科教管理基础平台（农业科教管理用户）、中国农技推广APP（专家、农技人员用户）和云上智农APP（农民用户），云平台一期规划建设有三大核心功能。

到2017年年底，云平台上线专家和农技推广人员16万人，以职业农民为主体的农民用户44万人，有效解答农民问题33万条，发布农业信息30多万条，上报农情信息190多万条，为农民培训和农技推广全面信息化奠定了坚实基础。

农业农村人才队伍建设

近年来，全国各级农业部门按照中央决策部署，深入学习贯彻习近平总书记重要指示和《深化人才发展体制机制改革的意见》精神，以实施现代农业人才支撑计划为统领，采取有效措施，不断加大力度，扎实推进农业农村人才发展体制机制改革和队伍建设，取得了显著成绩。

（一）以激发人才活力为目标，农业科技人才培养评价激励机制日趋完善 2017年继续组织实施农业科研杰出人才培养计划，给予每名杰出人才及其创新团队连续专项经费支持，打造了一支由300名杰出人才、3 000名骨干组成的农业科技创新突击队。举办农业科研杰出人才专题研修班，组织部分杰出人才赴国（境）外研修，将各类人才和科研项目向杰出人才倾斜；坚持规范管理，专门制定印发《农业科研杰出人才培养计划实施办法》，每年召开培养计划管理工作座谈会。截至目前，300名杰出人才中已有5人当选为"两院"院士，47人入选"万人计划"，103人入选国家"百千万人才工程"，34人获得中国青年科技奖。充分发挥现代农业产业技术体系、农业部重点实验室学科群、中国农科院科技创新工程、国家农业科技创新联盟等重大平台和项目作用，最广泛地培养集聚农业科技创新骨干。重视青年农业科技人才培养，2016年启动实施"杰出青年农业科学家"资助项目，首批25名青年人才获得资助，打造了优秀青年脱颖而出的平台，其中1人当选党的十九大代表。稳步推进部系统职称制度改革，将部系统初、中级职称评审和认定权限下放给部属各单位，将中国农科院副高级职称评审权限下放到各研究所，进一步落实用人主体自主权。在中央、省、地市三级农业科研机构中遴选22家单位开展机构

和人员分类评价试点，推动建立针对不同科研活动、不同科技岗位的分类评价制度，进一步调动科研人才创业创造积极性。在连续两年开展种业人才发展和科研成果权益改革试点的基础上，于2016年7月联合科技部等四部委在全国推开，进一步探索建立种业科技人才享受科研成果转化收益的新机制，被誉为种业领域的"小岗村"实践。研究出台促进科技成果转化细则，就部属科研院所成果转移及科技人员持股转化成果、兼职兼薪、离岗创业等问题作出了明确规定，让科研人员合法合规享受成果权益。稳步实施万名农技推广骨干培养计划、基层农技推广特设岗位计划、基层农技人员知识更新培训，推动农技推广队伍素质不断提升。坚持向基层倾斜，组织开展全国农业技术推广研究员任职资格评审，一大批活跃在基层一线的农技人员晋升为正高级职称。2017年，继续组织开展一次"全国十佳农技推广标兵"遴选，10名长期扎根基层、作出突出成绩的农技人员获得每人10万元资助，树立了良好导向。

（二）以新型职业农民为主体，农村实用人才培养扶持机制日益健全 会同中组部大规模开展农村实用人才带头人和大学生"村官"示范培训，根据农民学习的特点，大力开展体验式教学，探索出了"村庄是教室、村官是教师、现场是教材"的培训模式，让学员们到已经发展起来的先进村庄，亲眼看看现代化的农业、美丽的乡村、富裕的农民，听听老一辈带头人讲奋斗历程和发展经验，帮助他们开阔眼界、启发思路，提升带头致富和带领农民群众共同致富的能力。培训还安排参与政策制定的专家和部门领导解读产业政策，与学员面对面交流，使得培训既"接地气"又"架天线"。2017年，农业部与中组部联合举办210期培训班，培训2万余名农村实用人才和大学生"村官"。截至目前，累计举办900余期示范培训

班，共组织9.2万多名种养大户、家庭农场主、农民合作社负责人及村"两委"成员、大学生"村官"等，到农业部农村实用人才培训基地学习交流，为农村培养了一大批留得住、用得上、干得好的带头人。加强农村实用人才培训基地建设，在26个省（自治区、直辖市）选取江苏华西村、黑龙江兴十四村、陕西梁家河村等有价值观、有精神内核的现代农业和新农村建设先进典型村庄，建设了30个农业部农村实用人才培训基地，初步建成全国农村实用人才培训网络。依托各级农业广播电视学校和农业职业院校，继续实施"百万中专生计划"，10年来已完成90多万名中专学历农村实用人才的培养任务，其中80%的毕业生留在农村成为农业农村经济发展的骨干，30%的党员干部学员成为带领农民群众致富的中坚力量。大力实施新型职业农民培育工程、现代青年农场主计划和新型农业经营主体带头人轮训计划，加快构建教育培训、规范管理、政策扶持"三位一体"的培育制度，每年培育各类职业农民超过100万人。全面推进以新型职业农民为主体的农村实用人才认定管理，鼓励有条件的地方探索建立初、中、高三级认定制度。加快研究出台新型职业农民扶持政策清单，把强农惠农富农政策与高素质农业生产经营者挂起钩来，加速务农农民职业化进程。会同有关社会力量，组织实施"全国杰出农村实用人才""农业科教兴村杰出带头人""风鹏行动·新型职业农民"等多个资助项目，为优秀农村实用人才发展产业提供支持。2017年继续组织开展了"全国十佳农民"遴选活动。"全国十佳农民"已成为一个响当当的品牌，"跟着十佳好种田"已成为农村新时尚。

（三）以服务行业发展为导向，农业职业技能开发结构稳步调整 根据国务院统一部署，完成7轮减少职业资格许可和认定事项工

作，目前共取消农业职业资格42项。对已经取消的农业行业职业资格许可和认定事项，加强跟踪督查，及时组织了"回头看"，确保清理到位，防止反弹。提前谋划国家职业资格目录清单公布后农业行业职业资格管理事宜，探索建立农业行业职业技能等级认定制度。适应现代农业发展需要，及时将休闲农业服务员等新兴职业纳入国家职业分类大典，农业职业分类体系更加科学规范。依据国家职业分类和技术规程，按照农业职业技能标准、培训教材、鉴定试题库"三位一体"的开发模式，近年来累计开发21项标准、13本教材、21个试题库，技能开发工作基础进一步打牢。推动依托行业重大项目开展农民技能培训，农业技能人才培养使用紧贴行业需求的机制初步形成。依托由390个鉴定站、6 000多个工作站组成的鉴定体系开展培训与鉴定，累计有505万人次获得国家职业资格证书，农业高技能人才比例从2012年年底的15.5%提高到2016年年底的18.61%。积极举办全国技能竞赛，20多人获得"全国五一劳动奖章""全国技术能手"等称号，营造了学技能、用技能、比技能的良好氛围。

农业行政能力建设

2017年，农业部按照建设服务政府、廉洁政府、法治政府和责任政府的要求，坚持全面深化改革，强化体制机制创新，扎实做好政府职能转变和简政放权工作，统筹推进农业行政管理体制改革、事业单位管理体制改革和社团管理体制改革，以改革求发展，以创新促发展，切实提升农业农村经济调控能力和公共服务水平。

（一）积极推进职能转变，继续深入开展"放管服"改革，进一步提升农业公共服务水平 适应改革新形势、新任务，按照中央有关

要求和部党组的统一部署，明确工作目标和任务分工，深入推进简政放权、放管结合、优化服务工作，在切实转变政府职能同时，不断推动"放管服"向纵深发展。

1. 继续推进简政放权。研究制定深化简政放权放管结合优化服务改革实施方案，完善推进职能转变工作机制，统筹推动"放管服"改革相关工作。按照国务院办公厅统一部署，开展"放管服"改革政策措施落实情况自查自纠，稳妥推进整改任务落实。及时向国务院推进职能转变协调小组办公室反映职能转变工作进展情况，宣传改革成效，改革经验材料被国务院推进职能转变协调小组办公室汇编印发宣传。组织人员赴部分省市开展"互联网+政务服务"调研，了解优化政务服务工作机构设置情况，完成政务服务事项目录清单编制工作，不断优化政务服务流程。

2. 切实加强事中事后监管。在推动取消下放审批事项的同时，积极转变管理方式，加强事中事后监管。完善法律法规，研究制定配套措施，确保依法监管。对于已经取消下放的事项及调整的中介服务，及时启动修订相关法律法规的程序，对于正在履行取消下放程序的行政许可事项和调整的中介服务事项，做好配套法律法规的制修订工作，抓紧清理废除不再适用的规范性文件和政策性文件。推进农业信用体系建设，鼓励行业协会对会员企业开展信用评价。推行"双随机、一公开"监管，建立检查对象名录库和执法检查人员名录库，制定监督检查工作实施细则，规范随机抽查程序，为农业生产经营主体营造公平竞争环境。

3. 不断优化农业公共服务。坚持从人民群众需求出发，改进服务质量，创新服务方式，简化办事环节和手续。加快公共服务信息平台建设，进一步完善行政审批综合办公系统，推进网上办理和信息公开，切实提高农业公共服务工作效率和服务水平。积极开展行政审批标准化建设，推行服务标准化，组织开展政务服务事项办事指南汇编工作，简化优化公共服务流程，更好地方便基层群众办事创业。

（二）扎实推进体制机制创新，不断深化农业行政管理体制改革，强化农业农村工作履职能力 按照中央有关要求和部党组统一部署，深入开展农业行政管理体制改革研究，突出强化行政职能，优化结构布局，完善工作机制，规范机构编制管理，不断丰富和强化农业部农业农村经济调控手段。

1. 深入开展农业行政管理体制改革研究。适应农业农村经济发展面临的新形势、新任务、新要求，开展农业行政管理体制改革研究。多次组织召开专家研讨会，赴相关省份开展调研，修改形成《农业行政管理体制改革研究报告》，为深化农业行政管理体制改革提供理论支撑和决策参考。全面梳理本届政府以来涉及农口的管理体制和职责分工变化、法律法规调整、领导重要批示等基础材料，系统研究当前农业行政管理职能重复交叉分割情况，进一步理清农业行政管理体制改革思路，组织开展农业行政管理体制改革专题研究，为新一轮国务院机构改革做好准备。

2. 强化机构编制资源配置。适应履行职责任务和形势发展要求，加快农业"走出去"步伐，推动完善农业对外合作工作机制，强化农业驻外体系建设，进一步提升农业外交和农业对外合作能力。按照全面从严治党和从严监督管理干部要求，进一步优化内设机构和编制设置，切实加强巡视和党建工作力量，为落实全面从严治党、全面从严监督管理干部提供强有力的组织保障。在种植业司加挂农药管理局牌子、增加相关领导职数，有效履行农药监管职责。适应财务管理和农垦改革新形势新要求，统筹研究财务司、农垦局、渔业渔政局内设机构调整事宜，进一步调整完善财务管理体制。落实生态文明建设要求，组织研究健全和加强草原保护管理体制相关问题。同时，开展机构编制申请事项评估试点，加强机构编制违规违纪行为预防，严肃机构编制纪律，规范机构编制管理。

3. 全面增强农业公共服务能力。根据中央有关文件要求，加强基层农业公共服务机构和队伍建设，完善运行机制，强化条件保障，不断健全农业公共服务体系。农业技术推广机构普遍健全，截至2017年年底，全国共建成县乡基层农技推广机构7.2万个，其中，县级1.8万个，乡级5.4万个。全国畜禽屠宰监管职责调整已全部完成，各级畜牧兽医部门全面履行监管职责，采取有效措施切实维护屠宰环节肉品质量安全。新型兽医制度建设持续推进，官方兽医确认12.2万人，10.3万人取得执业兽医资格，乡村兽医备案31.3万人。推动发展兽医社会化服务，丰富兽医服务供给主体和内容，积极稳妥推进政府购买服务，完善兽医公共服务供给模式，提高兽医公共服务供给效率和水平。农产品质量安全监管机构建设持续推进，全国所有省、88%的地市、75%的县、97%的乡镇建立了监管机构，落实专兼职监管人员11.7万人。投资支持建设部省地县农产品质检机构3 332个，检测人员达到3.5万人。开展国家农产品质量安全县创建工作，命名首批107个国家农产品质量安全县（市），确定第二批创建试点单位215个。

4. 不断提升农业综合执法监管水平。扎实推进农业综合执法体系建设，针对农业行政管理中监管机构不健全、监管力量分散等问题，组织开展农业综合执法专题调研，从运行机制入手，按照决策、执行、监督适度分离要求，在保留现有机构行政许可、行政监管等职能的基础上，相对集中行政处罚职能，积极推动农业综合执法。截至2017年年底，全国已有30个省份开展了农业综合执法工作，共成立了284个市（地、州）、2 419个县（市、区）级农业综合执法机构。地方各级农业综合执法机构实有在岗人员29 783人，其中具有大专以上学历的执法人员有23 944人，公务员和参照公务员法管理的有9 319人，人员素质和执法水平进一步提高。

（三）科学调配机构编制资源，统筹推进事业单位管理体制改革，不断增强支撑保障内生动力 适应农业农村经济发展形势，优化部属事业单位结构布局，统筹推进部属事业单位分类以及相关各项改革工作，进一步强化部属事业单位支撑保障能力，充分激发事业单位改革发展活力。

1. 进一步优化部属事业单位结构布局。落实部党组决策部署，强化实施"藏粮于地、藏粮于技"战略工作力量，协调中编办批复成立耕地质量监测保护中心，印发组建决定和"三定"批复，完成耕地质量监测保护中心人员划转、岗位设置、法人登记等组建工作。优化调整农产品质量安全领域事业单位结构布局，统筹协调质量安全中心、绿色食品中心机构设置、职能调整和人员划转工作，指导质量安全中心制定岗位设置和人员聘用实施方案。根据推进中央财政科技计划项目管理专业机构建设工作需要，研究批复科技发展中心内设机构调整事宜。结合农药监管职责调整，统筹研究加强农业部农药检定所工作力量等有关事宜。

2. 稳步推进部属事业单位各项改革。协调落实部属事业单位分类意见批复工作，农业部36家直属事业单位的分类已获中编办正式批复。研究推进"三院"特别是拟转企所改革工作。做好生产经营类事业单位改革工作，推动建立部内工作机制，及时报送改革工作方案。

研究行政类事业单位改革工作。统筹推进培训疗养服务机构改革、部属科研单位改革试点等各项改革工作。

3. 加强部属事业单位机构编制管理服务。组织开展部属事业单位岗位设置管理工作调研，统筹研究部属事业单位岗位设置，协调人社部推动调整部属事业单位岗位设置方案。研究批复调整相关单位内设机构和干部职数调整事宜。完成水科院有关研究所内设机构调整备案，研究同意热科院相关所站管理改革工作方案。批准7家单位岗位聘用实施方案。审核14家事业单位法人变更，协调事业单位登记管理局办理有关事业单位法人变更事宜，完成事业单位法人年度报告公示工作，配合办理有关事业单位变更事宜。根据中组部要求，充分总结农业部事业单位人事管理工作情况，反映相关管理工作经验和成效。

（四）切实加强社团管理服务，稳慎推进行业协会与行政机关脱钩改革，增强社团健康发展动力 按照中央关于行业协会商会与行政机构脱钩工作部署，稳慎推进部业务主管行业协会与行政机关脱钩试点工作，加强对部业务主管社会组织的监督管理和指导服务，统筹做好领导干部社会组织兼职审批和部业务主管社会组织日常管理工作，切实增强部业务主管社会组织发展动力。

1. 稳慎推进行业协会与行政机关脱钩。以农业部脱钩工作方案为基本遵循，研究制定第三批试点17家行业协会的脱钩实施方案，报经民政部核准后全面实施。协调有关司局分别推进资产财务、人员、党建、外事、期刊等分离事项。系统梳理、认真研究农业部脱钩试点工作进展情况，形成专题报告。圆满完成第二批试点工作，组织做好脱钩试点工作总结，及时查缺补漏。稳妥推进第三批脱钩试点工作，确保按进度完成。

2. 健全完善社会组织管理工作制度。结合民政部社会组织管理局"上门工程"座谈会精神，制定《关于进一步规范部业务主管社会组织管理有关问题的通知》，在"放管服"改革背景下为继续规范部业务主管社会组织管理加强制度建设。落实中组部对规范退（离）休领导干部社团兼职规定贯彻落实情况专项督察有关要求，组织开展农业部退（离）休领导干部社会组织兼职全面自查工作，重申兼职审批的制度要求，对自查中发现的问题积极整改，并将自查情况报中组部。配合民政部研究制定《全国性社团年检内部规范》，密切关注社会组织管理体制相关改革进展，跟踪掌握改革最新动态。

3. 做好社团日常管理与服务。注重发挥农业生态保护和改革关键领域社会团体的桥梁纽带作用，积极推进中国水生生物保护协会、中国农村产权学会筹备成立事宜，做好相关支撑服务工作。根据国评组要求，在部业务主管社会组织范围内开展创建（试点示范）活动书面调研。稳妥推进中管干部到社会组织兼职的报批工作。审核办理社团换届、届中调整、延期换届、章程核准、社团变更登记、领导干部社会组织兼职等事项。组织开展部业务主管社会组织年度检查。

农业灾害

（一）农业气象灾害 2017年农业气象灾害总体偏轻，但局部旱涝较重，给农业生产造成一定影响。全国农作物受灾18 466.67千公顷，比上年减少7 733.33千公顷，其中成灾9 200千公顷，绝收1 826.67千公顷，分别减少4 466.67多千公顷和1 073.33多千公顷。受灾、成灾和绝收面积均是近十年最低值（图21）。

千公顷

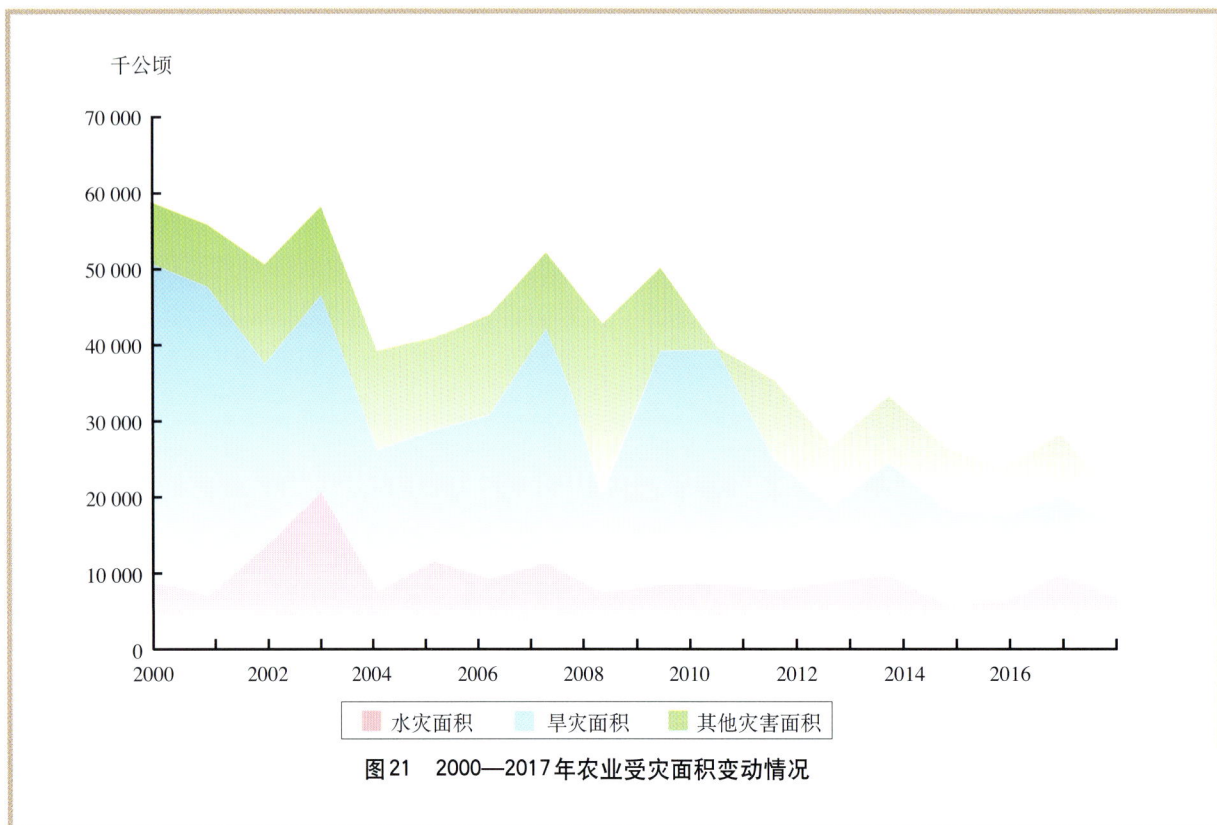

图21 2000—2017年农业受灾面积变动情况

1. 旱灾。2017年，旱情总体轻于常年，北方局部重于常年。4月至6月中旬，东北、华北北部和山东半岛等地降水持续偏少，气温偏高、大风天气多，土壤失墒快，造成黑龙江西部、吉林西部、辽宁西部、内蒙古东南部、河北北部、山东东部等地出现春旱。6—8月，西北地区大部、内蒙古东北部和中部以及长江中下游地区持续高温少雨、气温偏高，造成部分省农作物因旱受灾。全国农作物因旱受灾9 866.67千公顷，与上年持平。其中，成灾4 440多千公顷、绝收753.33千公顷，分别减少1 686.67多千公顷和266千公顷。受灾、成灾和绝收面积轻于近十年平均值。

2. 洪涝。2017年，洪涝灾害总体轻于常年，华西秋雨影响历史罕见。6月下旬至7月上旬，江南、华南地区出现暴雨，局地大暴雨，部分地区发生不同程度洪涝灾害。9月中旬至10月中旬，西北、黄淮、江淮等地出现大

范围持续连阴雨天气，累计阴雨日数16～20天，部分地区达21～25天，降雨量较常年同期偏多1～4倍，日照时数较常年同期偏少三成至八成，持续阴雨寡照天气造成部分地区农作物倒伏和成熟农作物穗发芽，已收农作物霉变。全国农作物因洪涝受灾5 413.33多千公顷，比上年减少3 113.33多千公顷，其中，成灾3 020多千公顷、绝收740多千公顷，分别减少1 313.33多千公顷和553.33千公顷。受灾、成灾和绝收面积轻于近十年平均值。

3. 台风。2017年，台风登陆偏早、时间集中，影响总体偏轻。2017年8个台风在我国登陆，较常年偏多1个，首个台风登陆时间较常年偏早15天，且登陆时间较为集中，影响区域重叠。全国农作物因台风受灾393.33多千公顷，比上年减少1 626.67多千公顷。其中，成灾180多千公顷，绝收21.33千公顷，分别减少412.67千公顷和123.33千公顷。农作物因台风

受灾、成灾和绝收面积均为近十年次低值（仅重于2010年）。

4. 风雹。2017年，风雹灾害分布范围广、多发频发，影响总体偏轻。5月22—23日、6月2—3日两次短时大风等强对流天气过程，造成河北、山东、河南、陕西等省小麦大面积倒伏受灾。全国农作物因风雹受灾2 266.67多千公顷，比上年减少640千公顷。其中，成灾1 233.33多千公顷、绝收220多千公顷，分别减少186.67千公顷和43.33千公顷。受灾、成灾和绝收面积均轻于近十年平均值。

5. 低温冻害。2017年，低温冻害较常年明显偏轻。全国农作物因低温冻害受灾520多千公顷，比上年减少2 360多千公顷。其中，成灾306.67多千公顷、绝收80多千公顷，分别减少866.67多千公顷和90千公顷。受灾、成灾面积均为近十年最低值，绝收面积居近十年同期第9位。

（二）农作物病虫草鼠害　2017年农作物重大病虫草鼠害总体为中等发生，其中，小麦条锈病、穗期蚜虫、水稻二化螟、纹枯病、玉米三代黏虫偏重发生，其中小麦条锈病、水稻二化螟在局部地区大发生，小麦赤霉病、水稻"两迁"害虫、玉米螟、二代黏虫等中等发生。由于部署早、行动快、措施实，有效遏制了农作物重大病虫发生危害，"虫口夺粮"保丰收成效显著。据统计，2017年全国农作物病虫草鼠害发生面积437 000千公顷次，比上年减少10 004千公顷次，减少2.2%；全年累计防治面积539 322千公顷次，比上年减少1 395千公顷次，减少0.26%。通过防治挽回粮食损失887.7亿千克，比上年减少29.3亿千克，减少3.2%；挽回棉花损失11.1亿千克，比上年减少0.37亿千克，减少3.2%；挽回油料损失38.3亿千克，比上年增加3.0亿千克，增加8.3%。

1. 小麦病虫害。总体偏重发生，累计发生58 644千公顷次，同比减少3.9%。其中，虫害发生29 199千公顷次，同比减少0.85%；病害发生29 444千公顷次，同比减少6.8%。穗期蚜虫在黄淮海部分麦区偏重发生，发生面积15 268千公顷次，接近5年平均值，明显高于2001年以来的平均值。吸浆虫在黄淮麦区上升危害趋势得到遏制，发生面积1 097千公顷次，明显小于近5年和2001年以来的平均值。赤霉病在黄淮海大部麦区中等流行，长江中下游麦区、江淮麦区偏重流行，发生面积3 310千公顷，是2001年以来的第2轻发年份。条锈病在黄淮海大部麦区大发生，发生面积5 435千公顷，是2002年以来最重的一年。纹枯病在江淮和黄淮南部麦区偏重发生，发生面积8 555千公顷次，与近10年平均值基本持平。白粉病在江苏、山东、安徽局部麦区偏重发生，发生面积6 084千公顷次，轻于上年和2012—2016年平均值。

2. 水稻病虫害。2017年总体中等发生，轻于上年和常年。全国发生面积80 424千公顷次，是2002年以来发生面积最少的年份，比上年减少2.4%，比2011—2016年均值减少14.8%。其中，虫害发生面积55 195千公顷次，病害发生面积25 229千公顷次，分别比上年减少2.0%、3.3%。稻飞虱总体中等发生，轻于上年和常年，发生面积19 684千公顷次，比上年和2011—2016年均值分别减少5.0%、23.1%。其中，华南稻区偏重发生，江南、西南和长江中游稻区中等发生，长江下游和江淮稻区偏轻发生。稻纵卷叶螟总体中等发生，与上年持平，轻于常年，发生面积13 810千公顷次，比上年和2011—2016年均值分别减少0.71%、13.2%。其中，长江下游稻区偏重至大发生，重于上年；华南、江南、西南东部、长江中游稻区中等发生，西南西部稻区偏轻发生。二化螟总体偏重发生，发生程度呈明显回升态势，发生面积13 184千公顷次，比上年增加1.1%，比2011—2016年均值减少4.9%。其中，江南、西南北部和长江中游稻区偏重发生，湘南衡阳、株洲和邵阳局部大发生；西南东部、长江下游和江淮稻区中等发生，华南、西南南部和东北稻区偏轻发生。稻纹枯病总体偏重发生，轻于上年和常年，发生面积16 360千公顷，比上年和2011—2016年均值分别减少4.7%、7.6%。其中，华南、江南、西南北部、长江中下游及东北中南部稻区偏重发生，江淮稻区中等发生，西南南部、东北北部稻区偏轻发生。稻瘟病总体偏轻发生，发生面积3 400千公顷次，是1991年以来次少的年份，仅高于1991年，比上年和2011—2016年均值分别减少12.3%、24.5%。其中，叶瘟在西南大部和长江中下游稻区中等发生，穗瘟在华南南部稻区中等发生，其他稻区偏轻发生。

3. 玉米病虫害。2017年玉米病虫总体中等发生，轻于上年，以玉米螟、黏虫、蚜虫、蓟马、叶螨、棉铃虫、地下害虫和大斑病、小斑病、褐斑病、南方锈病为主，发生面积66 157千公顷次，虫害发生50 325千公顷次，病害发生15 832千公顷次，同比分别减少4.9%、3.5%和9.0%。其中，玉米螟在新疆、黑龙江、辽宁西部、吉林中西部、内蒙古东部偏重发生，东北其他地区、华北、黄淮、西南等大部地区偏轻至中等发生，全国发生21 020千公顷次；二代黏虫总体中等发生，幼虫见虫面积2 297千公顷，比上年高39.7%，比2015年低19.0%。内蒙古、河南、山东、陕西、云南等地局部地区出现高密度田块，重于2013—2016年同期，各地最高百株虫量120～900头。三代黏虫发生面积为10 676千公顷，黑龙江南部、吉林中西部、内蒙古东部和西部、山西南部、陕西北部、宁夏中东部，以及山东威海和

天津静海等地局部出现高密度集中为害田块。棉铃虫在华北、黄淮和西北地区发生程度明显重于前几年，其中，内蒙古、宁夏、辽宁、河北、山东、甘肃等地偏重发生，全国发生面积5 595千公顷。二点委夜蛾在河北中等发生，局部田块偏重发生，黄淮海其他地区偏轻发生，全国发生面积596千公顷。大斑病总体中等发生，在东北、华北局部偏重发生，轻于上年同期，全国发生面积3 356千公顷次。小斑病在黄淮局部中等发生，全国发生2 336千公顷次，轻于近几年平均水平。南方锈病在黄淮海大部偏轻发生，全国发生2 416千公顷次，轻于2015—2016年水平。

4. 农区蝗虫。总体中等发生，与近年持平。飞蝗累计发生1 136千公顷次。其中，东亚飞蝗在环渤海湾、华北湖库和沿黄滩区发生1 035千公顷次（夏蝗发生577千公顷次，秋蝗发生458千公顷次）；西藏飞蝗在四川、西藏等金沙江、雅砻藏布江河谷地带发生83千公顷次；亚洲飞蝗在新疆阿勒泰、阿克苏、塔城等地农区发生18千公顷次。北方农牧区土蝗大部中等发生，内蒙古中西部、新疆北部等局部地区偏重发生，发生面积1 683千公顷次。

5. 马铃薯病虫害。总体中等发生，全国发生面积5 947千公顷次，同比增加2.5%，造成损失5.55亿千克，同比减少0.5%。全年防治面积6 189千公顷次，同比增加1.6%；挽回损失15.5亿千克，同比减少8.4%。其中，马铃薯晚疫病发生1 897千公顷次，同比增加8.8%，造成损失2.5亿千克，同比增加2.9%。

6. 棉花病虫害。2017年棉花病虫害总体为偏轻发生，全国累计发生面积9 309千公顷次，病害发生1 612千公顷次，虫害发生7 697千公顷次，全国棉花病虫害防治面积10 840千公顷次，挽回损失和实际损失分别为9.1亿千克和2.5亿千克。其中，苗期病害中等发生，全国

发生面积为444千公顷；棉蚜、棉叶螨、棉盲蝽发生重于上年，全国发生面积分别为2 179千公顷次、1 154千公顷次和995千公顷次，棉铃虫偏轻发生，全国棉田累计发生为1 784千公顷次，Bt棉对棉铃虫的控制作用明显，虫量维持低水平发生。

7. 油菜病虫害。总体中等发生，发生面积7 805千公顷次，比上年减少了4.4%，造成油菜籽损失2.57亿千克。其中，菌核病发生面积3 041千公顷次，同比减少1.5%；霜霉病发生面积1 267千公顷次，同比减少10.8%；蚜虫发生面积2 115千公顷次，同比减少3.7%。全年防治油菜病虫8 742千公顷次，同比减少2.5%，挽回油菜籽损失10.8亿千克，同比减少7.6%。

8. 农田鼠害。总体呈中等至偏重发生趋势，东北大部、华南大部及西北部分地区呈偏重至大发生态势。全国农区鼠害总体发生平稳，部分种植业结构调整地区种群密度出现点片状高发。种群密度较高的地区主要集中在一些湖区、库区、山区（半山区）等贫困地区以及部分农林、农牧交错区，发生特点呈现出局部鼠密度高、发生范围扩大、危害损失加重的趋势。2017年全国农田鼠害发生面积27 667千公顷次，比上年减少了958千公顷次，减少3.35%，造成田间粮食损失31亿千克。全国农田鼠害防治面积达18 067千公顷，占发生面积的65.3%，挽回田间粮食损失42亿千克。

9. 农田草害。总体为中等偏重发生。其中，稻区稗草、鸭舌草、野慈姑、莎草、扁秆藨草等偏重发生，南方直播稻区千金子、马唐、杂草稻和东北稻区野慈姑、萤蔺、泽泻、雨久花等发生较重；小麦田看麦娘、日本看麦娘、硬草、茵草、猪殃殃、荠菜、播娘蒿、婆婆纳、繁缕等发生重，特别是黄淮小麦主产区节节麦、雀麦、麦家公、鼠尾看麦娘（大穗看麦娘）、蜡烛草等恶性杂草发生加重；玉米田

稗草、马唐、狗尾草、牛筋草、香附子、反枝苋、马齿苋、藜等偏重发生，东北玉米区苣荬菜、刺儿菜、鸭跖草、问荆、苍耳等发生较重。2017年农田草害发生94 809千公顷次，比上年减少了2 417千公顷次，减少了2.5%。防治面积106 066千公顷次，化学除草面积比上年增加了397千公顷次，增加了0.38%。挽回粮食损失244.1亿千克、油料11.3亿千克、棉花2亿千克、果树21.2亿千克、蔬菜63.5亿千克。

10. 重大植物疫情。2017年，全国农业植物检疫性有害生物发生较为平稳。全国农业植物检疫性有害生物在29个省（自治区、直辖市）的1 334个县（市、区）发生，发生面积1 801千公顷次，比上年增加137千公顷次，增幅8%。柑橘黄龙病、苹果蠹蛾等15种农业植物检疫性有害生物新发突发，涉及9个省（自治区、直辖市）的142个县级行政区，同比增加39%。各级农业主管部门和植物检疫机构认真组织开展农业植物疫情应急处置和阻截防控，在16个省（自治区、直辖市）的94个县级行政区根除马铃薯甲虫、番茄溃疡病等20种农业植物检疫性有害生物。全年开展疫情防治6 065.6千公顷次，实施种子除害处理162.4万千克、苗木除害处理1 195.8万株、产品处理1 408.3万千克，销毁种子2.47万千克、苗木1 200.45万株、产品1 626.88万千克，轮作197千公顷次，挽回经济损失270亿元。

（三）畜牧业灾害 2017年，畜牧业遭受的自然灾害主要有洪涝、地震、草原火灾、草原鼠虫害。

1. 洪涝灾害。2017年，我国降水范围较大，强降雨引发的洪涝灾害给部分地区畜牧业带来不利影响。据统计，灾害造成湖南、江西、辽宁、贵州、吉林、云南、广西、重庆、福建、甘肃等地区死亡畜禽418万头（只），倒塌损坏畜禽圈舍196万平方米，损失饲草料3.6万吨，

受灾草原面积1.2千公顷。

2. 地震灾害。2017年，我国西北、西南等地区多次发生地震。地震对新疆塔什库尔干县、尼勒克县、特克斯县、云南云龙县、漾濞县、四川九寨沟县等地区畜牧业生产造成了一定影响。据统计，地震灾害造成4.02万头（只）畜禽死亡，26.5万平方米畜禽圈舍损毁。

3. 草原火灾。2017年，全国共发生草原火灾58起，全部为一般草原火灾，首次实现无重特大草原火灾的目标。累计受害草原面积0.31万公顷，经济损失335万元，无人员伤亡和牲畜损失。与上年相比，重特大草原火灾发生次数减少1起，受害草原面积减少3.4万公顷，经济损失减少272万元。

4. 草原鼠虫害。2017年，全国草原鼠虫害面积较去年略有增加，危害程度略有加重。全年草原鼠害危害面积2 844.7万公顷，约占全国草原总面积的7.2%，危害面积较上年增加1.3%。其中，青海、西藏、新疆、内蒙古、甘肃、西藏、四川等6省（自治区）危害面积合计2 636.9万公顷，占全国草原鼠害面积的92.7%。2017年全国草原虫害危害面积1 296.1万公顷，约占全国草原总面积的3.3%。草原虫害主要发生在河北等13个省（自治区）。其中，西藏、内蒙古、新疆、甘肃、青海、四川等6省（自治区）危害面积合计为1 122.1万公顷，占全国草原虫害面积的86.6%。

（四）动物疫病

2017年，全国重大动物疫情总体保持稳定。全国仅新疆、西藏、广东、贵州发生11起O型口蹄疫疫情，新疆兵团发生2起A型口蹄疫疫情；湖南、湖北、内蒙古、贵州、安徽发生5起H5亚型家禽高致病性禽流感疫情；湖南、河北、河南、天津、陕西、内蒙古、黑龙江、安徽等8个省份发生9起高致病性H7N9病毒引发的家禽疫情。农业部未接到亚洲I型口

蹄疫疫情报告。各起重大动物疫情均得到及时有效处置，没有造成扩散蔓延。

农业资源环境保护

（一）打好农业面源污染防治攻坚战 2017年，农业部坚持打赢农业面源污染防治攻坚战决心不动摇，加强政策引导、典型示范、项目带动，各项工作取得积极进展。一是加大政策扶持。推动中办、国办出台《关于创新体制机制推进农业绿色发展的意见》，推动国办印发《关于加快推进畜禽养殖废弃物资源化利用的意见》，着力构建以绿色生态为导向的制度体系。印发《重点流域农业面源污染综合治理示范工程建设规划》《种养结合循环农业示范工程建设规划》，加强农业面源污染综合治理示范。二是推进节水农业发展。推进品种节水、结构节水、农艺节水、工程节水和制度节水，提高水资源利用效率。在华北、西北等8省（自治区）推广旱作节水农业技术1 333.33千公顷。建设11个高标准节水农业示范区，集中展示膜下滴灌、集雨补灌和喷滴灌三大模式。实施河北地下水超采区综合治理试点，压减冬小麦133.33千公顷。农业用水量占全社会用水总量的比重下降至62.4%，农田灌溉水有效利用系数达到0.536。三是推进化肥、农药减量。实施果菜茶有机肥替代化肥、化肥使用量零增长、耕地质量保护与提升等重大行动，扩大测土配方施肥实施范围，推动100个果菜茶有机肥替代化肥、300个耕地质量提升和化肥减量增效示范县建设。加大绿色防控力度，加强600个统防统治与绿色防控融合示范基地和150个果菜茶绿色防控示范基地建设，推进农作物病虫害专业化统防统治。2017年，水稻、玉米、小麦三大粮食作物化肥利用率为37.8%，比2015年提高2.6个百分点，提前三

年实现到2020年化肥使用量零增长；农药利用率达到38.8%，比2015年提高2.2个百分点，农药使用量连续三年负增长。四是推进养殖污染防治。支持100余个畜牧大县整县推进粪污资源化利用，建设规模化养殖场和第三方建设粪污处理利用设施，集成推广畜禽粪污资源化利用技术，探索粪污综合利用有效模式。大力推广循环水养殖、大水面养殖和综合种养等生态健康养殖模式，开展水产健康养殖示范创建活动，创建了19个水产健康养殖示范县、750个水产健康养殖示范场。五是推进秸秆地膜综合利用。实施东北地区秸秆处理行动，在71个玉米主产县开展试点，推动出台秸秆还田、收储运、加工利用等补贴政策，带动东北地区秸秆综合利用率整体提高4个百分点。推动出台了地膜新国家标准，提高了地膜厚度、拉伸强度和耐候性能，从源头保障了地膜可回收性。实施农膜回收行动，在甘肃、新疆、内蒙古等重点用膜地区，建设100个农膜回收示范县，在4个县试点"谁生产、谁回收"的地膜生产者责任延伸制。

（二）强化土壤污染防治　推动《土壤污染防治法》立法工作，明确农业部门在土壤污染防治方面的职责。出台《农业部关于贯彻落实〈土壤污染防治行动计划〉的实施意见》，推进未污染耕地优先保护、轻中度污染耕地安全利用、重度污染耕地严格管控。会同环保部出台了《农用地土壤环境管理办法（试行）》，管控农用地土壤环境风险。建设农产品产地土壤环境监测网络，推进4万个国控监测点建设，加强耕地土壤污染风险监测预警。推动土壤污染详查工作，开展土壤污染详查与农产品协同监测。加强耕地分类管理，制定耕地土壤环境质量类别划分技术指南，启动开展了类别划分试点。继续实施湖南重金属污染修复及农作物种植结构调整试点工作，大力推广品种替代、

灌溉调节、土壤调理的"VIP"技术模式，探索耕地重金属污染土壤第三方治理机制，试验区耕地土壤重金属活性、水稻镉超标比例明显降低。

（三）稳步推进农业资源保护工作　加强农业野生植物保护。研究制定《国家重点保护野生植物名录（第二批）》，继续组织各省对野生稻、野生大豆、小麦野生近缘植物等国家重点保护农业野生植物资源进行本底调查，建立和补充GPS/GIS数据库，抢救性收集和保存了2 000余份重要农业野生植物资源。加强农业野生植物原生境保护区建设与管理，将农业野生植物原生境保护区建设项目纳入《现代种业提升工程建设规划（2018—2025年）》，推进湖北、湖南、山西三省9个在建原生境保护区建设，做好已建190余个农业野生植物原生境保护区（点）资源监测与日常管护。加强外来入侵物种综合防控。推进外来物种管理立法，会同环保部、林业局启动《外来物种管理条例》《国家重点管理外来入侵物种名录（第二批）》起草工作。发布《NY/T 3077—2017 少花蒺藜草综合防控技术规范》等行业标准，制作外来入侵生物防治科普宣传材料，举办外来入侵生物应急管理与综合防控技术培训，提升基层从业人员综合防控能力和社会公众防控意识。继续开展水葫芦、薇甘菊、豚草、福寿螺等重大危害外来入侵物种调查，更新全国外来入侵物种数据库。利用卫星遥感技术对南方11省20个重点湖（库）水生外来入侵植物水葫芦、水花生、大薸进行监测。推进江苏、湖北、湖南、广西等地水花生、水葫芦、豚草天敌繁育基地建设，在内蒙古和贵州开展外来入侵物种生态替代技术示范，分别在湖南衡南和广西柳州开展了福寿螺、豚草的集中灭除和综合防治示范。

专栏18

果菜茶有机肥替代化肥行动

果菜茶有机肥替代化肥行动，是农业绿色发展"五大行动"之一。2017年，中央财政安排专项资金，在优势产区选择100个既是果菜茶生产大县，又是畜牧养殖大县的示范县（市），开展果菜茶有机肥替代化肥试点。

一、实施成效

一是初步探索建立有效的组织方式。示范县（市）成立由政府主要负责同志任组长的推进落实组，协调人力、物资、资金等，把任务和要求细化到乡镇。乡镇具体实施，将试点任务落实到主体、分解到园区。选择果菜茶优势区域、核心区域，集中连片打造，形成规模效应。其中，苹果、柑橘园都超过666.67公顷，茶园超过333.33公顷，设施蔬菜基地超过66.67公顷。充分发挥新型经营主体的引领作用，通过竞争性遴选的方式，让一批有意愿、有技术、有实力的种植大户、专业合作社、龙头企业承担试点任务。

二是初步集成一套绿色高效技术模式。结合各地肥源条件和果菜茶需肥特点，集成组装类型多样的有机肥替代化肥技术模式。一是"有机肥＋配方肥"模式。在水果、设施蔬菜、茶叶优势产区，推广配方施肥，增施有机肥，减少化肥用量。二是"果（菜）—沼—畜"模式。在水果优势产区和设施蔬菜集中产区，与规模养殖相配套，建立沼气设施，将沼渣沼液施于果园、菜园。三是"有机肥＋水肥一体化"模式。在设施蔬菜、柑橘产区，结合增施有机肥，推广滴灌、喷灌等水肥一体化技术，提高水肥利用效率。四是"有机肥＋机械深施"模式。在山区茶园果园推广有机肥机械深施技术，减轻劳动力成本、减少肥水流失。此外，各地还因地制宜推广了秸秆生物反应堆、自然生草覆盖、绿肥还田等技术模式。

三是初步创建一批绿色优质产品生产基地。各地结合推进质量兴农、品牌强农，以有机肥替代化肥为抓手，加快建设绿色优质产品基地，着力打响有影响力的知名品牌。建立一批绿色产品基地。2017年，各示范县（市）优选了200多个果菜茶生产基地，率先开展有机肥替代化肥和病虫害全程绿色防控，用健康土壤和绿色方式生产优质产品。创响一批绿色知名品牌。示范县（市）大作有机文章，大打绿色品牌，效果明显。据统计，100个示范县（市）项目区共有"三品一标"品牌800多个。安徽省在祁门县、金寨县、桐城市3个示范县（市）建设生态有机茶园，提升祁门红茶、六安瓜片、桐城小花三大徽茶品牌价值。四川省丹棱县创响了"丹棱不知火"柑橘品牌，项目区柑橘收入增加近两成。

四是初步构建有机肥利用的政策框架。积极探索政策扶持的实施形式，引导农民和新型经营主体增施有机肥。采取政府购买服务方式，与有机肥企业、规模化养殖场、种植大户、服务组织签订协议，统一开展专业化服务，较好地解决了一家一户有机肥积造难、运输难、施用难的问题。对一些有机肥肥源较远、积造不便的山区果园茶园和城市近郊菜园，采取现金补贴或物化补贴的方式，按照每亩200～400元标准，对农民施用商品有机肥、生物有机肥予以适当补助，调动了农民增施有机肥的积极性。

通过试点，果菜茶有机肥替代化肥的经济生态社会效益初显。一是减少了化肥用量。据初步统计，示范县（市）项目区化肥用量减少18%。二是减轻了农业面源污染。通过有机肥的资源化利用和化肥减量，减少了畜禽粪便污染和氮磷流失。专家测算，示范县（市）项目区减少的化肥用量，相当于减少氮磷流失0.3万吨（折纯）。三是提高了资源利用水平。通过就地就近利用畜禽粪便、沼渣沼液、秸秆尾菜等有机肥资源，打通了农业废弃物循环利用的"通道"，实现"污染源"向"资源"的转化。据初步统计，示范县（市）消纳畜禽粪污2 000多万吨。四是提高了耕地质量。通过有机肥的增施，改善了土壤理化性状，增加了土壤有机质含量。

二、主要做法

一是及早部署，压实责任。印发《开展果菜茶有机肥替代化肥行动方案》《农业部关于实施农业绿色发展五大行动的通知》，提出有机肥替代化肥的思路目标、重点任务、技术模式及保障措施。在湖南省宜章县召开项目启动会，对行动开展进行具体安排。在果菜茶生产关键季节，又在湖北省宜昌市召开推进落实会，进行再动员、再部署、再落实。各省和示范县（市）也因地制宜制定具体实施方案，加强工作部署，层层对接任务，层层压实责任。

二是加强统筹，聚合资源。为确保果菜茶有机肥替代化肥行动取得实效，与相关工作进行统筹谋划，合力推进。农牧结合推。将果菜茶有机肥替代化肥示范县（市）与畜禽养殖废弃物资源化整建制推进县对接，以果定畜、以畜定沼、以沼促果，推动种养业在布局上相协调、在生产上相衔接。项目统筹推。湖北省将沼气工程、农业综合开发区域生态循环农业、标准化规模养殖、畜禽粪污资源化利用、果茶绿色高产创建等资金统筹安排，向有机肥替代化肥示范县（市）倾斜。技术配套推。将有机肥替代化肥与病虫绿色防控相结合，既促进产地环境优化，又提升绿色防控水平。

三是创新服务，务实推进。示范县（市）探索有效方式，创新服务，加快推进。政府购买服务拉动。陕西省延川县大力发展沼气社会化服务公司，推广规模化养殖+沼气+社会化出渣运肥服务模式。浙江省武义县扶持成立4家机械深施服务队，对开展茶园有机肥机械深施服务进行适当补助。新型经营主体带动。湖南省安化县茶农合作社自筹资金2 000万元，用于收购畜禽粪便、饼肥、有机肥。四川省丹棱县成立国有独资的丹橙现代果业有限公司，承担全县果菜茶有机肥替代化肥项目实施。金融服务创新促动。湖北省十堰市郧阳区推动设立"环水共治基金"，撬动社会资本投入，支持南水北调水源地应用有机肥替代化肥技术。

四是精准指导，技术到位。各地加强指导，提高技术到位率。细化技术方案。示范县（市）组织专家分苹果、柑橘、设施蔬菜、茶叶制定有机肥替代化肥技术指导方案。辽宁、山东等省成立院士领衔的专家团队，指导农民落实关键技术，帮助示范县（市）提升创建水平。加强技术培训。重点培训种植大户、新型经营主体技术骨干。据初步统计，2017年各示范县（市）组织现场观摩300多场次，组织技术培训班700多期次，培训农户10万多人次。创新服务方式。辽宁省利用主要农作物控减施肥与手机信息化服务平台，在8个示范县（市）开展"保姆式施肥指导服务"。安徽省通过手机APP和短信等方式，将有机肥替代化肥技术要领和工作动态及时发送到农户手中。

　　五是强化监管，推进落实。加强调度督导。建立调度制度，对实施进度较慢的地区，开展重点督导。在关键农时组织省际间、县际间交叉督导，推动措施落实。加强资金监管。湖南省安化县落实合同制、招标采购制、公示制、审计制"四制"管理，防止出现挤占挪用资金情况。重庆市奉节县引入第三方监理，监督项目实施、质量标准、物资招标等环节，确保资金使用安全。加强监测评价。结合耕地质量监测网络建设，在示范县（市）布设监测点近3000个，采集土样4700多个，检测化验2万多项次。开展产地环境、产品质量、投入品使用调查，跟踪肥料用量和土壤质量状况。

农业国际合作与交流

　　2017年，面对复杂的世界政治经济环境和艰巨的农业农村改革发展任务，农业国际合作相关部门深入学习党的十九大精神，在农业国际交流与合作工作中坚决贯彻新发展理念和中央决策部署，推动我国农业对外开放水平不断提升，全年实现农业对外投资合作深入拓展、农产品进出口稳定发展、农业国际影响力逐步提高，与重点国别、地区以及国际组织的农业多双边合作和科技交流也取得显著成效。

　　（一）农业对外投资合作深入拓展　农业对外投资规模不断扩大，截至2017年年底，我国农业对外投资流量超过22.2亿美元，占非金融类对外投资的比重达到1.86%，在全球107个国家和地区设立农林牧渔类境外企业1300多家。农业对外合作进一步向"一带一路"聚集，在38个国家设立了500多家涉农企业，500万元以上农业项目数量比2016年增加5.4%，累计投资超过100亿美元。农业走出去主体结构进一步优化，民营企业占农业走出去前100家企业的3/4，投资领域更加丰富。20个境外农业合作示范区和农业对外开放合作试验区正式挂牌且运行良好，在服务农业走出去和引进来方面，发挥了较好示范带动作用。有关金融机构对于农业对外合作的支持不断增强，中国进出口银行累计为107个农业走出去项目放贷272亿元；国家开发银行、中国农业银行先后为光明集团、首农集团、隆平高科海外并购项目提供融资贷款；中国出口信用保险公司为88个海外农业项目承保投资金额42亿美元。农业对外合作人才培育力度加大，"扬帆出海"培训工程累计培训2300多人次，"猎英行动计划"累计提供涉农工作岗位1.5万个。

　　（二）农产品贸易持续健康发展　农产品贸易额、进口额和出口额呈"三增"态势，均创历史新高。2017年农产品进出口总额首次突破两千亿美元大关，达2013.9亿美元，同比增长9.1%；出口755.3亿美元，增长3.5%；进口1258.6亿美元，增长12.8%；贸易逆差503.3亿美元，增长30.4%；国际市场结构和产品结构基本稳定。在我国三大主要出口优势产品中，蔬菜出口额155.2亿美元，同比增长5.4%；水果出口额70.8亿美元，同比下降0.9%；水产品出口211.5亿美元，同比增长2.0%。首届国际茶博会5月在杭州隆重举行，来自全球48个国家和国际组织的代表参会，促进了茶产品贸易和"一带一路"农业合作交流。第2届中国—东盟农业国际合作展、2017年中国—阿拉伯国家农业合作论坛和现代农业展、第8届薯业博览会、第22届渔业博览会、2017年调味品及食品配料展览会等精品国际展会在华成功举办，推动了我国优势农产品出口和国际形象树立。我国企业、协会等以国家展团形式参加了马来西亚国际食品饮料展、莫斯科国际食品展、科隆国际食品博览会、切塞纳国际果蔬博览会、布鲁塞尔国际水产展、日本国际食品饮料展等世界知名展会，提升了国外消费者对我农产品的认知度。进口干玉米酒糟反倾销、反补贴，进口食糖保障措施等贸易救济措施顺利实施，避免了我国内相关产业遭受过度损害。

（三）农业国际影响力进一步提升 农业南南合作成效显著，乌干达总统和习近平主席互致信函，高度评价我国在乌开展的南南合作项目。在我国有关部门参与下，世界粮食计划署（WFP）和联合国粮农组织（FAO）分别编制发布了新的《中国国别战略计划》和《中国—FAO国别规划框架》，规划了今后在中国的发展合作蓝图。FAO总干事等涉农国际组织高层出席"一带一路"国际合作高峰论坛，并在《人民日报》发表署名文章支持"一带一路"建设。我国积极参加FAO全球重要农业文化遗产（GIAHS）申报工作，4项遗产获得FAO专家组初步审议通过；在第15届中国国际农交会期间，GIAHS主题展成功举办，进一步提高了我国在GIAHS领域的国际影响力。《关于国际马铃薯中心亚太中心（中国）行政与财务补充协议》正式签署，国际马铃薯中心亚太中心（中国）延庆科研基地正式入驻。我国向FAO输送了1名D级和2名P5级职员，并首次向FAO等涉农国际组织大规模派出初级专业官员和访问学者。全年向6个非洲国家派遣农业技术专家78人次，在华为95个国家共举办107次农业技术培训班，受训2 575人，推广了一大批我国实用的农业技术与管理经验。

（四）重要农业外交活动成功举办 《共同推进"一带一路"建设农业合作的愿景与行动》以及我国与塞尔维亚、智利、阿根廷、埃及农业合作协议等5项成果纳入"一带一路"国际合作高峰论坛成果清单，农业合作成为论坛的重要内容之一。金砖农业部长会议在南京隆重召开，会议发布《共同宣言》和《农业合作行动计划2017—2021》，首次发布《金砖国家农业发展报告》，期间还举办了金砖国家农业合作论坛、中国奶业展会等系列活动，配合了金砖国家领导人会晤，实现外交与产业发展两促进、两提升。"澜沧江—湄公河农业合作暨中柬老缅泰村长论坛"在西双版纳勐腊顺利举行，11家国内外村寨和企业共签署了8份投资贸易合作协议。第四届中俄博览会期间，中俄双方在哈尔滨召开了农业论坛，就农业经贸投资等议题达成共识。第四届中非农业合作研讨会在海口成功举办，进一步落实了中非合作论坛约翰内斯堡峰会共识和中非农业现代化合作计划。

（五）农业多双边交流成果突出 在习近平主席或李克强总理见证下，我国与俄罗斯、意大利、塞尔维亚、越南、乌兹别克斯坦、塔吉克斯坦、阿根廷、智利等9个国家的农业部门签署了农业相关合作协议。与中东欧的农业合作取得新进展，首个"16+1"农业合作示范区建设顺利启动，首个"16+1"农产品电商平台上线运行。对新建交国家的农业合作拉开序幕，与巴拿马签署了农业合作谅解备忘录，援圣多美和普林西比农业技术项目组专家派出及项目接管工作顺利开展。根据我国与德国、欧盟开展青年农业实用人才能力建设的合作协议，派出19名青年职业农民赴德接受为期3个月的培训实习，来自欧盟9国的9名青年农民来华开展为期2周的实习，共同提高了农业管理和技术水平。中澳省州农业合作论坛在堪培拉举办，双方政府官员、食品和农业行业60余位企业家共百余人参加了论坛，进一步促进了中澳农业经贸合作。中国东北地区与俄罗斯远东及贝加尔地区特色优势农业发展规划编制工作顺利启动，中国—菲律宾农业渔业合作机制时隔7年后重启，我国积极参与大湄公河次区域（GMS）、大图门倡议、上合组织、东盟与中日韩等周边区域农业合作。

（六）农业科技合作不断增强 中德农业中心二期项目实施协议签署，黄海农场中德作物生产与农业技术示范园、河南谊发中德养猪业发展合作项目顺利实施，发挥了先进农业技术引进示范作用。中奥有机农业（茶叶）生产基地建设继续推进，引进了奥地利先进的有机理念和管理模式，助推了我国特色优势农业发展。中芬农业发展与创新合作平台、中匈农业科技合作促进中心、中波农业科技中心等科技平台持续活跃，推动双边在动植物种质资源交换、农业关键技术交流、食品质量安全等方面有效合作，芬兰燕麦品种引进试种和农机引进示范等取得务实进展。在中非合作论坛框架下，中非农业科研机构"10+10"合作顺利落实，我国与非洲13个国家农业科研机构达成合作意向。在中美、中澳、中泰等科技工作组机制下，双方围绕精准农业、生态循环农业、化肥农药减施增效、农业生产节能减排固碳、转基因生物安全风险评估、果蔬商品化处理及精深加工、轮作休耕及耕地质量调查监测等现代农业技术开展了深入交流，服务了我国产业发展水平提升。

2017年
农村发展状况

2017年农村发展状况

总体状况

2017年，面对复杂多变的国际国内形势，各地区各部门深入学习贯彻习近平新时代中国特色社会主义思想和党的十九大精神，稳步推进改革创新，加大投入力度，加强农村基础设施建设，改善农村居民生产生活条件，强化农村公共服务，完善农村社会保障体系，扎实推进农村脱贫攻坚，不断提升农民收入和生活水平，农村民生得到了切实改善，广大农民获得感得到了有效提高。

（一）我国乡村人口规模不断缩小 2017年，我国乡村人口为57 661万人，比2016年减少1 312万人，乡村人口比重为41.48%，下降1.17个百分点。少儿和老年人口比重高，乡村0～14岁人口比重为19.39%，比城镇高4.43个百分点；乡村60岁及以上人口和65岁及以上人口比重分别为19.92%、13.22%，比城镇老年人口比重分别高4.43和3.13个百分点，乡村的老龄化程度更加严重。

（二）农村基础设施建设取得新进展 2017年，农业农村水利建设取得新成效。全国冬春农田水利基本建设完成投资3 212.07亿元、农民投劳工日21.26亿个、土石方量69.91亿立方米和出动机械1.80亿台（套）。党的十八大以来，发展有效灌溉面积5 533.33多千公顷，改善灌溉面积20 667.67多千公顷，新增高效节水灌溉面积6 666.67多千公顷。全面推行河长制取得重大进展，23个省份建立了河长制，设立乡级及以上河长31万名、村级河长62万名。全年农村水电全年完成投资200亿元，新增电站161座，新投产装机135.3万千瓦，技改净增发电设备容量25万千瓦，农村水电全年发电量2 477.2亿千瓦时。2017年1—10月，各地累计完成农村饮水安全巩固提升工程投资338亿元，受益人口4 000多万。新一轮农村电网改造取得阶段性重大进展。截至2017年年底，为78 533个小城镇中心村实施农网改造升级，涉及农村居民1.6亿人；为全国1 595 756个机井通了电，惠及农田10 000千公顷；为33 082个贫困自然村通了动力电。"四好农村公路"建设稳步推进。2017年农村公路建设完成投资 4 731.33 亿元，新改建农村公路 28.97 万千米，新增通硬化路建制村 1.1 万个，新增通客车建制村 8 473 个。到 2017 年年末，全国开通客运线路的乡镇比例为 99.12%，开通客运线路的建制村比例为 95.85%。农村住房安全保障工作稳步推进。2017年，国家安排预算资金 159.87 亿元，用于农村危房改造补助，完成全国农村地区建档立卡贫困户危房改造 152.5 万户。农村环境综合治理力度不断加大。截至 2017 年年底，中央财政累计安排农村环保专项资金 435 亿元，完成 13.8 万个村庄环境综合整治。农村厕所革命取得初步成效。2017 年 1—10 月，全国新改建厕所 6.8 万座。

（三）农村公共服务不断强化　城乡义务教育均衡发展成效显著。截至 2017 年年底，全国实现义务教育发展基本均衡的县累计达到 2 379 个。2017 年，中央财政下达免费教科书补助资金 149 亿元，惠及全国城乡所有义务教育阶段 1.43 亿中小学生。农村义务教育学生营养改善计划惠及全国 29 个省（自治区、直辖市）1 631 个县、3 700 万农村学生。党的十八大以来，截至 2017 年年底，中央财政已累计投入专项资金 1 336 亿元，带动地方投入 2 500 多亿元，全国新建、改扩建校舍 1.65 亿平方米，采购课桌凳 2 738 万件、图书 4.53 亿册、生活设施设备 1 462 万台件套等。农村文化事业稳步推进。截至 2017 年年底，已建成 35 000 多个乡镇（街道）基层服务点、60 万个村（社区）基层服务点，全国有农家书屋 58.7 万家，累计配送图书突破 11 亿册。全国乡镇（街道）文化站 41 175 个，2/3 的村有综合性文化服务中心，覆盖城乡的国家、省、市、县、乡、村（社区）六级公共文化服务网络进一步健全。农村医疗卫生服务体系进一步完善。2017 年，农村地区设有县级医院 14 482 所、乡镇卫生院 3.7

万个、村卫生室 63.2 万个，初步形成了由县医院、乡镇卫生院和村卫生室组成的三级卫生服务网络。国家对基本公共卫生服务的财政补助达到人均 50 元，比上年提高 5 元。新型农村合作医疗参合率稳定在 98% 以上。

（四）农村社会保障体系不断完善　城乡统筹的社会保障制度建设取得突破性进展。新农保和城镇居民养老保险已整合统一为城乡居民基本养老保险制度，新农合跨省就医费用核查和结报工作加快推进，城乡居民大病保险制度全面实施。到 2017 年，大病保险覆盖所有城乡居民医保参保人，基本医疗保险制度已基本覆盖城乡全体居民。城乡最低生活保障制度加快统筹，北京、上海等地实现了城乡低保标准的并轨。农村社会保障覆盖范围不断扩大。截至 2017 年年末，城乡居民基本养老保险参保人数为 51 255 万人，其中，实际领取待遇人数为 15 598 万人。参加城乡居民基本医疗保险人数为 87 359 万人。社会救助和社会福利有效惠及困难群众，年末共有 4 047 万人享受农村居民最低生活保障，467 万人享受农村特困人员救助供养。农村社会保障标准和水平稳步提高。基础养老金标准每人每月提高至 70 元。2017 年，各级财政对新农合的人均补助标准达到 450 元，比上年提高 30 元，新农合政策范围内的住院费用报销水平达到 75% 左右。农村低保月人均标准达到 351 元，较上年增长 16.6%。农村五保集中供养和分散供养月人均标准分别达到 560 元、320 元，比上年分别增长 5.7%、8.5%。

（五）农村居民收入和生活水平不断提高　2017 年，全国农村居民人均可支配收入 13 432 元，同比名义增长 8.6%，扣除价格因素影响，实际增长 7.3%。名义增速和实际增速分别比上年加快 0.4 个和 1.1 个百分点。其中，工资性收入 5 498 元，增长 9.5%；经营净收入

5 028元，增长6.0%；财产净收入303元，增长11.4%；转移净收入2 603元，增长11.8%。2017年，农村居民人均消费支出10 955元，名义增长8.1%，扣除价格因素影响，实际增长6.8%。医疗保健、交通通信、居住和教育文化娱乐支出增速较快。

（六）农村脱贫攻坚取得显著成效　2017年，农村贫困人口减少1 289万，预计可退出100个以上国家级贫困县。扶贫资金投入继续加大，中央和省级财政专项扶贫资金突破1 400亿元。财政涉农资金统筹整合使用实现832个贫困县全覆盖，2017年整合资金规模达到2 900多亿元。新增发放扶贫小额贷款约1 500亿元，累计发放4 335亿元，扶贫再贷款余额约1 600亿元。贫困地区全年新改建农村公路约14.28万千米，98%的乡镇和96%的建制村实现通硬化路，改造升级1万多个贫困村宽带网络覆盖和通信基础设施。完成340万贫困人口易地扶贫搬迁建设任务。实现近600万贫困劳动力稳定转移就业，30多万贫困人口家门口就业。实施贫困户危房改造约190万户，中央补助标准由户均8 500元提高到1.4万元。832个贫困县低保标准全部达到或超过扶贫标准。

乡村人口与就业

党中央、国务院高度重视"三农"工作，党的十九大报告强调农业农村农民问题是关系国计民生的根本性问题，提出坚持农业农村优先发展，实施乡村振兴战略。乡村人口①作为农村地区主要生产力和消费者，其规模、结构和分布等状况是乡村振兴的禀赋条件和衡量指标，乡村人口自身发展也是乡村振兴的重要目标。2017年全国人口变动情况抽样调查显示，我国乡村人口规模不断缩小；少儿和老年人口比重高；受教育程度以初中和小学为主；六成就业人口从事农业。

（一）乡村人口规模逐年减小　2017年，我国乡村人口为57 661万人，比2016年减少1 312万人，乡村人口比重为41.48%，下降1.17个百分点。中华人民共和国成立以来，我国乡村人口比重持续下降，1949年乡村人口占全国总人口的89.36%，68年间乡村人口比重下降近50个百分点。乡村人口总量变化略有不同，呈先增后减的趋势，从1949年的48 402万人，增加至1995年的85 947万人，之后随着城镇化的快速推进，我国乡村人口规模逐年减小，从1996年开始，我国乡村人口以年均1 286万人的速度减少。当前，乡村人口逐年递减，但总量依然巨大。从地区分布看，我国东、中、西部三个地区乡村人口规模相近，东北地区乡村人口较少。受城镇化发展水平不同影响，各地区乡村人口所占比重存在差异，中、西部地区乡村人口比重高于东部和东北地区。

（二）少儿和老年人口比重高　受乡村劳动年龄人口大量外出影响，我国乡村少儿和老年人口比重明显高于城镇，劳动年龄人口比重低于城镇，乡村的少儿、老年人口抚养比和总抚养比均高于城镇。2017年，我国乡村0～14岁人口比重为19.39%，比城镇高4.43个百分点。乡村60岁及以上人口和65岁及以上人口比重分别为19.92%、13.22%，比城镇老年人口比重分别高4.43和3.13个百分点，与城镇相比，乡村的老龄化程度更加严重。乡村少儿抚养比和老年抚养比均高于城镇，乡村总抚养比为48.39%，比城镇高出14.97个百分点，城乡抚养比差异明显。人口年龄结构的城乡差异，

①本书的乡村人口是常住人口口径，指按《统计上划分城乡的规定》划定的乡村地域上的常住人口，不包括常住地在城镇的乡村户籍人口。

主要受人口乡城迁移的影响，因为迁移人口有显著的年龄特征选择。城镇人口中20～50岁人口比重明显高于乡村，正是这部分劳动年龄人口大量从乡村向城镇的迁移，为城镇提供了丰富的劳动力，推动了城镇化的发展。

（三）受教育程度以初中和小学为主 乡村人口受教育程度以初中和小学为主，人均受教育年限低于城镇，粗文盲率明显高于城镇，城乡人口的受教育情况差异较大。2017年全国人口变动调查显示，受教育程度为初中和小学的乡村人口分别占全部乡村人口的39.56％和32.05％，高中和大专及以上学历分别占10.21％和3.21％；城镇人口中受教育程度为初中和小学的分别为32.37％和17.33％，高中和大专及以上学历的城镇人口比重分别为20.62％和19.74％。通过比较可以看出，城镇人口受教育状况明显优于乡村人口，特别是高中和大专及以上受教育程度优势明显。15岁及以上乡村人口平均受教育年限为8.02年，未达到初中毕业水平；城镇人口的平均受教育年限为10.66年，两者相差2.64年。乡村人口的粗文盲率为6.41％，明显高于城镇的2.35％。城乡人口受教育程度存在差异，受当前我国教育资源分布的影响较大。高中和大学学校基本分布在城镇地域，接受过或正在接受高中及以上教育的人口也大多在城镇工作或学习，这部分人离开了乡村，造成了当前乡村人口受教育程度明显低于城镇人口的现象。

（四）六成就业人员从事农业 乡村就业人口中，六成从事农林牧渔业，从事农业的人口比重与年龄正相关。乡村就业人口比重高于城镇，50岁以上城乡人口就业比重差异尤为明显。2017年全国人口变动调查显示，16～64岁乡村劳动年龄人口中，77.33％为就业人口，其中，从事农林牧渔业的人口比重为60.48％。年龄越大，从事农业的比重越高，50岁及以上

各年龄乡村就业人口从事农业的比重均在70％以上。乡村人口中有近40％从事非农产业，其中制造业、建筑业和批发零售业占比相对较大，分别为11.04％、7.24％和5.30％。与城镇劳动年龄人口相比，乡村就业比重高出6.62个百分点。从城乡人口分年龄就业情况看，16～24岁乡村人口就业比重略高于城镇，25岁以后城乡人口就业比重基本一致，城乡人口就业比重差异主要体现在50岁以上人口，乡村人口没有明确的退休年龄，其就业比重受年龄变化影响不明显，50岁以上乡村人口仍保持较高的就业比重。

我国乡村人口总量在逐年减少，但规模仍然巨大。由于乡村青壮年的大量外出，乡村人口中劳动年龄人口比重低，抚养系数较高。与城镇相比，乡村人口受教育程度较低，主要从事农业和非农产业中制造业、建筑业等技术含量低的行业。乡村人口的年龄构成、受教育程度和就业等结构，与有效推动促进乡村振兴战略顺利实施的人力资本构成还存在一定差距。实施乡村振兴战略，改变农业农村的落后面貌，一方面，要坚持城市支持农村、农业农村优先发展的理念，把政策规划、工作部署落到实处；另一方面，要加大对乡村人力资本的投入，通过加强教育、技术培训等方式，不断提升农民素质，鼓励农业技术人员等专业人才扎根乡村、服务乡村，优化乡村劳动力结构，真正改变当前城乡发展的不平衡现状，助推实现农业现代化和乡村振兴目标。

农业农村水利建设

2017年，各级水利部门坚决贯彻党中央、国务院兴水惠民决策部署，采取有力措施大力开展农田水利基础设施建设，全面推行河长制，努力提升防洪抗旱减灾能力，推进农村水

电转型升级发展，加快农村饮水安全巩固提升工程建设，积极开展农村小水电扶贫，农业农村水利建设成效显著。

（一）农田水利基础设施建设继续加强 党的十八大以来，大力开展农田水利基本建设，发展有效灌溉面积5 533.33多千公顷，改善灌溉面积20 667.67多千公顷，新增高效节水灌溉面积6 666.67多千公顷，为粮食连年丰收奠定了坚实基础。国务院《2017年政府工作报告》明确提出2017年要新增高效节水灌溉面积1 333.33千公顷的目标。截至2017年11月10日，新开工13项节水供水重大水利工程，172项重大水利工程累计开工119项，在建投资规模9 000多亿元，年度投资计划执行进度创历史最好水平；新增高效节水灌溉面积1 269千公顷，达到年度建设任务的95.2%，预计年底超额完成年度任务。截至2017年年底，全国冬春农田水利基本建设完成投资3 212.07亿元、农民投劳工日21.26亿个、土石方量69.91亿立方米和出动机械1.80亿台（套），分别占年度计划的73.52%、68.51%、76.11%和61.35%。与上年同期相比，完成投资、农民投劳和土石方量分别提高了0.25、5.83、6.67个百分点，出动机械台班数量与上年基本持平，农业结构调整的水利支撑明显增强。

（二）全面推行河长制取得重大进展 2016年12月，中办、国办印发《关于全面推行河长制的意见》。2017年，习近平总书记在新年贺词中提出今后"每条河流要有河长了"，对全面推行河长制提出了更高要求。水利部会同有关部委多措并举、合力推进，狠抓落实河长制。截至2017年年底，全国所有省市县乡四级工作方案全部出台，6项配套制度基本建立，有23个省份建立了河长制，设立乡级及以上河长31万名、村级河长62万名。河长制制度体系和组织体系已经基本建立，湖长制

全面启动实施。很多河湖实现了从"没人管"到"有人管"、从"多头管"到"统一管"、从"管不住"到"管得好"的重大转变。

（三）防汛抗旱减灾能力明显提升 党的十八大以来，中央统筹推进水利基础设施特别是防灾减灾工程体系建设。一批重大水利工程建成并发挥效益，抵御洪涝干旱灾害能力进一步增强。2017年全国水旱灾害总体偏轻，局部较重。在党的领导下，全国上下坚决打赢了防汛抗旱防台风这场硬仗，大江大河干堤无一决口，大中型水库无一垮坝，江河湖库险情得到有效控制。全国30个省（自治区、直辖市）发生不同程度洪涝灾害（天津未受灾），洪涝灾害受灾人口、死亡人口、农作物受灾面积、倒塌房屋、直接经济损失占当年GDP百分比等指标比2007—2016年的平均值少30%以上，因灾死亡失踪人数降至1949年以来最低。全国26个省（自治区、直辖市）发生干旱灾害（北京、天津、上海、浙江、海南未受灾），因旱作物受灾面积、粮食损失、经济作物损失、饮水困难人口分别比2007—2016年的平均值少30%以上。

（四）继续推进农村水电转型升级发展 2017年，农村水电以绿色小水电建设为主线，以扶持贫困地区农村水电开发为重点，全年农村水电完成投资200亿元，新增电站161座，新投产装机135.3万千瓦，技改净增发电设备容量25万千瓦；农村水电全年发电量2 477.2亿千瓦时，占全口径水电发电量的20.7%，占全国总发电量的3.9%；全国有农村水电的县1 558个，主要集中在我国西南大部、中部和南部地区。截至2017年年底，全国共有农村水电站47 498座，农村水电装机容量达到7 927万千瓦，农村水电已开发量占我国农村水能资源技术可开发量的62%，比2015年上升1.1个百分点。

（五）农村饮水安全进一步巩固提升 2017年1—10月，各地累计完成农村饮水安全巩固提升工程投资338亿元，受益人口4 000多万人，其中建档立卡贫困人口350多万人，贫困地区的农村饮水安全保障水平持续提升。截至2017年10月底，安徽、河南、湖南、广西、重庆、四川、云南、陕西、甘肃等10个省（自治区、直辖市）完成贫困地区农村饮水安全巩固提升投资均超过5亿元，其中湖南超过26亿元，安徽、四川、陕西3省均在10亿元以上。吉林、江西、山西等地优先安排实施贫困地区的饮水安全巩固提升工程，山西省还实行对贫困户入户部分补助50%。

（六）农村小水电扶贫工作成效显著 截至2017年年底，2016年启动的27个农村小水电扶贫工程试点项目已基本完成，新增扶贫装机11.1万千瓦，2017年兑现扶贫收益近1 882万元，2.0万建档立卡贫困户开始受益。2017年，中央预算内投资5亿元继续支持农村小水电扶贫工程，安排湖北、湖南、重庆、贵州、陕西等5省（直辖市）37个农村小水电扶贫工程项目，工程全部建成后将新增扶贫装机17.6万千瓦，约2.1万建档立卡贫困户受益。

专栏19

2017年新增2 000万亩^①高效节水灌溉工程建设

一、项目建设情况及成效

"十三五"规划纲要明确提出，"十三五"期间新增高效节水灌溉面积1亿亩。2017年《政府工作报告》提出新增2 000万亩高效节水灌溉面积建设任务，并列入政府量化考核指标。水利部认真贯彻落实党中央、国务院部署，联合发展改革、财政、农业、国土等部委共同部署工作，及时分解建设任务，协调落实建设资金，建立信息报送制度，严格项目建设管理，加强督察督办，全面推动建设任务的落实。2017年年底，全国新增高效节水灌溉面积1 443.33千公顷，占计划任务的108%，31个省（自治区、直辖市）和新疆生产建设兵团全面完成年度建设任务，其中26个省（自治区、直辖市）和新疆生产建设兵团超额完成年度建设任务。完成高效节水灌溉建设资金304.8亿元，占计划总投资的100.5%。高效节水灌溉建设进一步推进了农业节水，促进了现代农业发展、农民增收和贫困地区加快脱贫，取得了显著的经济效益、社会效益和生态效益。

一是促进了水资源高效利用。高效节水灌溉较传统地面灌溉亩均节水20%～50%。通过大力发展高效节水灌溉，2017年全国可新增节水能力18.3亿立方米。河北地下水超采区大力发展高效节水灌溉，形成节水能力0.9亿立方米，有效缓解了地下水位的下降。

二是促进了农业规模化集约化生产。发展高效节水灌溉有力推动了规模化种植和经营，加快新型农业经营主体的培育，提高了劳动生产率和效益。甘肃重点支持了土地连片规模66.67公顷以上、种植结构统一的片区实施高效节水灌溉。

---

① 15亩＝1公顷

三是促进了农民增收节支。高效节水灌溉模式与传统灌溉模式相比，在农作物增产的同时，品质也得到提高，亩均可减少用工2个工日，水肥一体化节省25%左右的化肥用量，降低50%左右的除草剂用量，减少渠道占地5%以上，有效促进了农民增收。

四是促进了绿色发展。高效节水灌溉在节水的同时，还可提高肥、药利用率5%~20%，削减农业面源污染物10%~20%。江西、湖北、浙江等省采用田间水肥高效利用综合调控技术后，总磷和总氮的地表排放量分别下降11%和16%。

五是有效助推了脱贫攻坚。新增高效节水灌溉面积中有402千公顷在贫困县，涉及贫困县491个，农民亩均增收超过500元。内蒙古赤峰市在发展高效节水灌溉的同时实施产业化扶贫工程，推广"一村一品""一乡一业"，已覆盖8.5万户、32万贫困人口，人均受益2 000~2 500元。

二、地方典型经验做法

各地在推进高效节水灌溉发展方面形成了一套行之有效的工作措施。

1. 加强组织领导，落实各方责任。各地党委、政府高度重视高效节水灌溉工作，及时开会部署、出台指导意见，明确责任，强化考核。31个省（自治区、直辖市）和新疆生产建设兵团成立了高效节水灌溉工作领导小组或联席会议。北京、辽宁、江苏、浙江、江西、山东、河南、四川、陕西等省（直辖市）将高效节水灌溉建设任务纳入政府年度考核或粮食安全责任制等考核。辽宁、江西、湖南、重庆、宁夏、新疆等省（自治区、直辖市）将高效节水灌溉建设纳入农田水利基本建设"杯赛"进行考核。湖南、宁夏将高效节水灌溉写入政府工作报告。

2. 建立协作机制，形成推动合力。各地水利、发展改革、财政、农业、国土等部门普遍建立了部门定期会商、分工协作、齐抓共管的联动机制。31个省（自治区、直辖市）和新疆生产建设兵团均多部门联合编制"十三五"省级高效节水灌溉总体方案，将年度建设任务落实到具体部门、具体项目。北京市成立了高效节水工作联席会议办公室，从水务、农业、发展改革等部门抽调9人专项推动工作。河北、内蒙古、江苏、江西等省份建立有关厅局负责人为成员的高效节水灌溉项目建设管理联络员制度，不定期召开会议，推动工作落实。

3. 多方筹措资金，加大投入力度。各地将中央财政农田水利设施建设补助资金重点用于高效节水灌溉，统筹其他渠道涉农涉水资金大力支持高效节水灌溉发展。同时通过财政贴息以及利率、价格、税收优惠等政策，吸纳金融资金，吸引社会资本参与高效节水灌溉工程建设。2017年度高效节水灌溉项目共吸引社会资本38亿元，占高效节水灌溉建设资金的12.5%。甘肃省积极协调省财政厅，在财力非常有限的情况下，落实2.3亿元支持高效节水灌溉项目建设。河南省按照1：1足额落实省级财政资金。新疆生产建设兵团克服没有财政的困难，有关师、团自筹资金1.23亿元，整合国土涉水项目资金3.7亿元用于高效节水灌溉建设。云南省2017年度引入社会资本14.35亿元，占总资金的46.2%。

4. 强化前期工作，夯实建设基础。各地进一步简化审批程序、规范审查审批方式，明确由市级审查批复年度实施方案，报省水利厅备案，加快前期工作进度，同时，采取切实措施保证前期工作质量。北京市按照市招投标条例开展招投标工作，缩短10天公示时间，同时采取施工与监理同时招标的办法，进一步压缩1个月左右的工作时间。天津市建立了高效节水灌溉项目绿色审批通道，最大限度的减少审批环节，区级审批过程中合并财政评审环节，取消拦标价环节，加快审批进度。河北要求项目实施方案技术审查、财政评审和备案审查同步进行，实行一会三审。湖南省编制了《小型农田水利工程标准设计图集》（高效节水灌溉工程分册）。四川省成立专家库，要求各地依托省级专家库，统筹整合本地技术力量，严格把好技术咨询和审查关口，确保前期工作进度和质量。福建省要求应由具有乙级及以上水利资质的设计单位承担高效节水灌溉项目实施方案编制工作。

5. 狠抓进度和质量，确保完成任务。各地采取倒排工期、及时发现并解决问题、将建设进度与项目安排挂钩等方式，加快推进项目建设。大部分省份编制了序时横道图，进行倒排工期、挂图作战。湖北、山东等省份将建设进度与下一年度小农水项目竞争立项挂钩，对进度慢的县（市、区）扣减分数。四川米易县实行三方监督、三级验收，项目实施过程中由村民、专家、政府进行"三位一体"监督，工程竣工后由村、乡镇、县"三级逐层"验收，确保工程建设质量。甘肃省建立了项目进度旬报制、社会公示制，推行"四至坐标"管理，确保项目落实到地块上。云南省出台了《关于落实水利工程建设质量终身责任制的意见》，对高效节水灌溉项目严格落实工程质量终身负责制。

6. 创新建管模式，破解建设难题。各地大力推行先建机制、后建工程，工程监理、社会公示，自主申报、竞争立项，民办公助、先建后补等机制，鼓励积极探索适合高效节水灌溉工程特点的建管模式，突破发展瓶颈。甘肃实行"设计、施工总承包"，要求项目实施主体为具备乙贰级以上灌溉资质等级的高效节水灌溉材料、设备生产企业，全面负责工程测量、设计方案编制、材料设备生产、施工安装、工程试运行及群众培训等各项工作，最终实现"交钥匙"工程。湖北开展"建管一体化"试点，建立起"企业＋合作社＋农户"的利益链接机制，保证工程长期发挥效益。湖南省积极探索高效节水灌溉工程标准化、生态化、信息化建设方式，为推进农业现代化提供有力支撑。

7. 强化监督检查，严肃问责问效。各地建立督导检查机制，加强项目计划、实施、验收等全过程检查，督促整改并严肃责任追究，确保高效节水灌溉各项工作落到实处。山西、福建、江西、广西、重庆、四川、云南、青海、新疆等省（自治区、直辖市）采取厅领导分片督导、责任处室分片包干的方式开展督导检查。云南省通过政府购买服务，委托中介机构对高效节水灌溉建设进行专项督导检查，并定期将高效节水灌溉建设信息以通报形式发送到各州（市）人民政府和省级有关单位，借助各地政府和有关部门的力量，进一步加快推进高效节水灌溉建设。

8. 加强工程管护，保障长效运行。各地坚持"先建机制、后建工程"，工程建设时同步落实工程产权、管理主体与管护经费，同时创新管护模式，保障高效节水灌溉工程"管得好、长受益"。山东乳山市建立"1+5+15"物业式管理模式，即设立1个市水利设施管护服务总站，在总站设立116水利服务热线，建立5个片区管护站，在全市15个镇设立15个小型水利设施管护服务站。浙江海宁市采取市财政每年补助10元/亩，镇街道配套补助5元/亩，以及村群自筹、社会捐资赞助等多种形式筹集高效节水灌溉工程维护经费，2013年以来，市镇两级财政共补助管护资金1 000万元。河南兰考县政府与五家保险公司组成共保体，通过购买农田水利设施商业险，解决管护资金不足问题。

农村电力发展

2017年，中央财政大力支持农村电网升级改造，消除农村电网发展短板，全面提升农村电网供电能力和服务水平，当年的小城镇中心村电网改造、农村机井通电和贫困村通动力电三大任务全部完成，为乡村振兴提供了强力支撑。启动北方地区冬季清洁取暖试点，带动了农村"煤改气""煤改电"，助力蓝天保卫战。

（一）新一轮农村电网改造取得阶段性重大进展 农村电网是农村重要的基础设施，对促进农业农村发展、改善农民生产生活条件具有不可替代的作用。为促进乡村振兴和脱贫攻坚，加快城乡供电服务均等化进程，解决农村供电"最后一公里"问题，2016年3月，国务院部署实施新一轮农村电网改造工程，力争到2017年年底完成小城镇中心村农网改造升级、平原地区机井用电全覆盖、基本完成贫困村通动力电等三大任务。2017年国家发改委下达农村电网改造升级工程投资计划4 212 601万元。截至2017年年底，为78 533个小城镇中心村实施农网改造升级，涉及农村居民1.6亿人；机井通电工程比国务院要求的期限提前3个月完成，为全国1 595 756个机井通了电，完成投资490亿元，涉及全国17个省（自治区、直辖市）和新疆生产建设兵团的1 061个县的10 688个乡镇，已经基本实现平原地区机井通电全覆盖，惠及10 000千公顷农田，每年节省农民灌溉支出上百亿元，有效助力农民节支增收；为33 082个贫困自然村通了动力电。三大任务已全部完成，标志着新一轮农网改造取得阶段性重大进展。未来农村电网改造升级的重要战场将是"三区三州"深度贫困地区。

（二）农村用电保障能力显著增强 新一轮农村电网改造工程实现了农村基础设施补短板、强弱项，重点解决了农村电网供电"卡脖子"、低电压等问题。国家电网公司是此轮农村电网改造工程的建设主力。据统计，该公司在工程中累计新建及改造变电站552座，输配电线路89.7万千米，配电变压器45.1万台，改造户表1 431.4万户。截至2017年8月底，国家电网公司农网供电可靠率和综合电压合格率分别达到99.808%、99.677%，年户均停电和电压不合格时间较2015年分别缩短6小时和53.6小时。改造后的村镇低压供电半径由700米缩短到430米，低压线损率下降30%，户均配变容量由1.60千伏安提高到2.64千伏安，供电能力提升65%。改造后的农村电网为贫困地区脱贫攻坚和乡村振兴提供了"坚强"电力保障。

（三）启动北方地区冬季清洁取暖试点工作 农村"煤改电"是推进北方清洁取暖、治理大气污染及改变农村生活方式的重要措施。截至2016年年底，我国北方地区城乡建筑取暖总面积约206亿平方米，其中燃煤取暖面积约83%，取暖用煤年消耗约4亿吨标煤，其中散烧煤（含低效小锅炉用煤）约2亿吨标煤，主要分布在农村地区。实现北方地区冬季清洁取暖的难点在于大幅提升北方农村地区的清洁取暖比例。2017年5月，财政部、住房和城乡建设部、环境保护部、国家能源局4部门组织开展了中央财政支持北方地区冬季清洁取暖试点工作，提出以城市为单位整体推进、城市带动农村，大幅提升农村地区的清洁取暖比例。天津、石家庄、唐山等12个城市入围首批试点，试点城市提出到2020年4月农村地区清洁取暖率目标均在90%以上。2017年9月，国家发展改革委印发《关于北方地区清洁供暖价格政策的意见》，明确了以村或自然村为单位通过"煤改电"改造使用电采暖或热泵等电辅助加热取暖，与居民家庭"煤改电"取暖执行同样的价格政策。北京市的农村煤改清洁能源工作为试点城市树立了典范，2017年北京市完成了901个村庄、36.9万户的煤改清洁能源工作，超额完成201个村庄，预计2018年内基本实现平原村庄"无煤化"。

专栏20

国家能源局等三部门关于印发建立健全农村机井通电长效机制有关要求的通知

为实施好农村机井通电，支持粮食生产和农村水利建设，2017年6月7日，国家能源局、水利部、农业部印发了《关于建立健全农村机井通电长效机制有关要求的通知》，就建立健全农村机井通电长效机制、做好2017年后农村机井通电工作作出了安排。

一、做好规划衔接

各地在实施农村电网改造升级工程规划时，要做好与高标准农田建设、小型农田水利建设、农业综合开发、土地整治以及全国新增1000亿斤粮食生产能力规划的衔接。省级要做好农网改造升级总体目标和任务与相关规划机井通电总体需求的衔接。县级要以行政村为单元，详细梳理分析相关农田水利规划中机井通电需求，明确农网改造升级建设重点和农网供电可靠性指标，做好低压线路布局与农田机井配置布局的衔接。

二、做好机井通电审查和业扩报装工作

一是对拟通电机井进行合法合规性审查。提出通电需求的机井应符合最严格水资源管理等相关法律法规、规范性文件要求以及水利部门管理程序。电网企业不得对违法违规机井进行通电。机井所有人（或受益人及其他相关单位或个人）先向当地县级水利部门提出申请对机井合法合规性进行审查，水利部门以井为单位逐一审查同意后，出具机井合法合规性意见。缺少水利部门机井合法合规性意见的，电网企业不得受理机井通电业扩报装申请。

二是理顺机井电力设施资产权属。对机井原有老旧电力设施进行改造升级的，机井所有人须负责理顺电力设施资产权属。对于原属政府投资建设的机井电力设施，应由当地政府协调明确该电力设施是否移交给当地电网企业，由电网企业统一实施建设改造和运行管理。对于权属不清的机井电力设施，电网企业可不实施改造升级。

三是以井为单位提出通电业扩报装。在通过水利部门机井合法合规性审查和理顺电力设施资产权属后，由机井所有人向当地县级电网企业提出通电报装，逐井明确坐标、所有人姓名等机井信息。电网企业按照有关规定，开展技术经济可行性评估，纳入业扩报装范围，及时进行通电或对原有老旧电力设施进行改造升级。电网企业加强对机井电力设施运行管理，确保发挥作用。

三、多渠道筹措建设资金

在国家农网改造升级工程实施主体供电范围内实施的机井通电工程，10千伏配电台区及以上电力设施，由电网企业负责建设；配电台区以下，由当地县级政府统筹使用支持农业生产、水利建设、土地整理、扶贫等相关资金，结合机井动力设施建设，建设通到机井井口的线路。对确无资金来源的低压线路，由国家农网改造升级工程实施主体兜底建设。国家农网改造升级工程实施主体供区范围内农村机井通电工程，纳入国家农网改造升级工程中央投资计划。对于非国家农网改造升级工程实施主体供区范围内的机井，由当地政府出台措施支持该主体实施机井通电。

农村道路交通建设

2017年，交通运输行业深入贯彻落实党中央、国务院对"三农"工作部署和习近平总书记对农村公路建设的重要指示精神，致力于把农村公路建好、管好、护好、运营好，加快推进农村公路建管养运协调可持续发展，"四好农村公路"建设稳步推进，农村交通服务保障水平不断提升，助力农村脱贫攻坚和乡村振兴的能力持续提高。

（一）农村公路建设稳步推进　党的十八大以来，中央持续加大对农村公路建设的投资力度，2014年交通运输部启动了百万公里农村公路建设工程，每年安排新改建农村公路20万千米。2017年，中央进一步加大了对农村公路投资倾斜的力度，交通运输部优先确保农村公路投入，充分发挥农村公路作为交通运输服务群众"最后一公里"作用，坚持把新改建农村公路作为"交通运输更贴近民生实事"。全年农村公路建设完成投资4 731.33亿元，比上年增长29.3%，增速比全国公路建设投资增速快11.1个百分点。全年新改建农村公路28.97万千米，超额完成年度新改建20万千米的任务，新增通硬化路建制村1.1万个。截至2017年年底，农村公路里程400.93万千米，其中县道55.07万千米，乡道115.77万千米，村道230.08万千米。年末全国通公路的乡（镇）占全国乡（镇）总数99.99%，其中通硬化路面的乡（镇）占全国乡（镇）总数99.39%、比上年提高0.38个百分点；通公路的建制村占全

国建制村总数99.98%，其中通硬化路面的建制村占全国建制村总数98.35%、提高1.66个百分点。农村公路的快速发展，使农村公路惠民利民的能力稳步提升，真正发挥了连接城乡、服务"三农"的普惠作用，使广大农民群众共享交通运输发展成果。

（二）农村公路助力脱贫攻坚和美丽乡村建设成效显著　党的十八大以来，重点支持集中连片特困地区建设了约2.5万千米资源路、旅游路、产业路，其中，2017年建成1.3万千米，改变了贫困地区交通落后面貌。农村公路的快速发展，有效带动特色种养业、农村电商、客货运输、乡村旅游等产业，有力支撑了现代农业与新型农村经济的发展，有利促进了农民增收致富。同时，交通运输部门大力开展美丽农村路建设，全面整治路域环境，与生态环境、人文历史相交融，打造出一条条"畅安舒美"的农村公路风景线，助力形成了一大批宜居、宜业、宜游的特色小镇和美丽乡村。

（三）农村交通保障水平持续提高　党的十八大以来，农村公路等级路率达89%，增长了4个百分点；硬化路率达73%，增长了10个百分点。同时，为打造更加安全的通行环境，实施农村公路安全生命防护工程约22.1万千米，改造危桥1.25万座，让农民群众出行更安全、更舒心。2017年2月，国务院办公厅印发《关于创新农村基础设施投融资体制机制的指导意见》，对农村公路养护资金筹措进行了部署。交通运输部按照国务院的部署，会同有关部门研究修订《农村公路管理养护体制改革方案》，着力解决养护资金保障等重点问题，指

导各地建立健全"以公共财政分级投入为主，多渠道筹措为辅"的农村公路发展资金保障机制。目前，县、乡级农村公路管养机构设置率分别达到99.9%和92.9%，农村公路列养率达到97.5%，基本实现了"有路必管""有路必养"。优良中等路率达到80.7%，"养必到位"步伐加快。

（四）农村客运能力有效提升　2017年，交通运输行业继续实施"村村通客车"工程，大力推进城乡运输一体化。2017年，新增通客车建制村8 473个，比年初制定的4 000个建制村通客车的目标多出1倍多。到2017年年末，全国开通客运线路的乡镇比例为99.12%，开通客运线路的建制村比例为95.85%，建制村通车率比上年提高0.48个百分点。同时，交通运输部大力开展 创建城乡交通运输一体化示范县活动，2017年确定了北京市怀柔区、天津市武清区、河北省平泉县等52个县（市、区）为城乡交通运输一体化示范县第一批创建县（市、区）。目前城乡运输一体化水平接近80%，农村"出行难"问题得到有效解决，农村物流网络不断完善，广大农村居民得到了实实在在的获得感、幸福感。

（五）农村公路交通建设管理能力不断加强　为全面完善"四好农村路"制度体系，破解农村公路建设发展瓶颈，为更好地服务乡村振兴战略、打赢脱贫攻坚战、支撑农业农村现代化提供制度保障，2017年，交通运输部起草了《农村公路建设管理办法（征求意见稿）》，并于2017年9月13日至10月12日在中国政府法制信息网和交通运输部网站向社会公开征求意见。截至10月13日，共收到反馈意见124条。为进一步把农村公路建好、管好、护好、运营好，交通运输部还下发了关于印发《"四好农村路"督导考评办法》的通知，以建立健全督导考评体系，当年完成了对山西、辽宁、

广西、贵州、云南、西藏等六省区"四好农村路"建设工作的实地督导。此外，在山东临沂组织召开了全国"四好农村路"养护现场会，对深化"四好农村路"建设进行了全面部署。命名了第一批"四好农村路"全国示范县53个。

农村人居环境治理

2017年，财政部、住房与城乡建设部、国家旅游局等部门认真贯彻党中央、国务院对"三农"工作的决策部署，统筹安排，深入推进，落实农村住房建设与人居环境改善工作，取得明显实效。

（一）农村环境综合治理力度不断加大　为改善农村人居环境，2014年国务院办公厅印发《关于改善农村人居环境的指导意见》（国办发〔2014〕25号），提出到2020年，全国农村居民住房、饮水和出行等基本条件明显改善，人居环境基本实现干净、整洁、便捷等阶段性目标。各地区、各部门认真贯彻落实党中央和国务院的决策部署，农村人居环境逐步得到改善。截至2017年年底，中央财政累计安排农村环保专项资金435亿元，完成13.8万个村庄环境综合整治，整治后的村庄人居环境明显改善，近2亿农村人口受益。同时，住房城乡建设部等部门认真落实农村人居环境示范村创建活动，2017年公布3类295个改善农村人居环境示范村名单。其中，保障基本示范村99个，环境整治示范村97个、美丽乡村示范村99个。

（二）农村住房安全保障工作稳步推进　为保障建档立卡贫困户、低保户、农村分散供养特困人员和贫困残疾人家庭农村危房改造工作，2016年年末，住房城乡建设部、财政部联合印发《农村危房改造激励措施实施办法

（试行）》（〔2016〕289号），要求按期完成中央安排的建档立卡贫困户等4类重点对象危房改造任务。2017年，财政部、住房城乡建设部安排预算资金159.87亿元，用于农村危房改造补助，完成对全年全国农村地区建档立卡贫困户危房改造152.5万户，为全面改善农村居民住房条件奠定基础。

（三）**农村生活垃圾治理成效逐步显现** 2015年，住房城乡建设部等10部门联合印发《关于全面推进农村垃圾治理的指导意见》（建村〔2015〕170号），提出到2020年全面建成小康社会时，全国90%以上村庄的生活垃圾得到有效治理和建立逐省验收制度的目标。2016年年底，全国对生活垃圾进行处理的行政村比例已达到65%。目前，北京、上海、江苏、浙江、广东等省（直辖市）已经提前达到预期目标。截至2017年年底，浙江农村生活垃圾集中收集有效处理基本实现全覆盖，所有乡镇（街道）和96%村庄生活垃圾得到有效治理，部分地区达到100%。

（四）**"厕所革命"取得明显成效** 2015年，国家旅游局印发《全国旅游厕所建设管理三年行动计划》（旅办发〔2015〕78号），在全国范围内开展"旅游厕所建设管理大行动"，提出从2015年到2017年，通过政策引导、资金补助、标准规范等方式全国共新建、改扩建旅游厕所5.7万座的总体目标。各地高度重视，纷纷响应，"厕所革命"取得明显成效。近三年来，国家旅游发展基金累计安排资金达到10.4亿元，各地安排的配套资金超过200亿元，并加大对中西部地区、农村地区、革命老区的资金支持力度，"厕所革命"由景区逐步扩展到全国370多个重点旅游城市、500多个国家全域旅游示范区创建单位、9 200多家金牌农家乐和2万多家乡村旅游重点村，"厕所革命"正在逐步深入城乡，向实现全域布局迈进。截至2017年10月底，全国已新改建厕所6.8万座，超出计划目标的19.3%。为继续提升我国旅游厕所服务水平，2017年国家旅游局印发《国家旅游局关于印发全国旅游厕所建设管理新三年行动计划（2018—2020）的通知》（旅办发〔2017〕291号），计划从2018—2020年全国新建、改扩建旅游厕所6.4万座，其中新建4.7万座以上，改扩建1.7万座以上，达到"数量充足、分布合理，管理有效、服务到位，环保卫生、如厕文明"的新三年目标。

专栏21

浙江省"千村示范、万村整治"工程

"千村示范、万村整治"工程，简称"千万工程"，是浙江农村人居环境整治工作的重要成功实践。

21世纪初，为了解决农村环境脏乱差，农村精神文明建设、社会事业发展相对滞后等农村建设和社会发展中存在的突出问题，为了加快全面建设小康社会，提高广大农民群众的生活质量，时任浙江省委书记的习近平同志亲自谋划、部署"千村示范、万村整治"工程：提出用5年时间，从全省4万个村庄中选择1万个左右的行政村进行全面整治，并把其中1 000个左右的行政村建设成全面小康示范村。

2003年，中共浙江省委办公厅、浙江省人民政府下发《中共浙江省委办公厅、浙江省人民政府办公厅关于实施"千村示范、万村整治"工程的通知》（浙委办〔2003〕26号），文件明确了5个基本原则：

农民自愿，因地制宜；规划先行，统筹安排；保护生态，协调发展；以民为本，整体推进；各方支持，密切协作。

浙江省"千村示范、万村整治"工程的做法和成功的经验可以归纳为五点。一是高度重视、统筹协调，15年来坚持"一把手"直接抓"千万工程"，现场会定部署落实。二是因地制宜、精准施策，不搞形象工程，不搞一刀切，也禁止大拆大建。三是稳扎稳打、久久为功，始终坚持规划先行，不规划不设计，不设计不施工，一件事情接着一件事情办，一年接着一年干，不急于求成。四是树立典型、示范带动，坚持先易后难、先点后面，通过重点打造基础条件好的"千""万"试点进行示范，带动整体提升。五是明确要求，具体规范：从基层组织建设、经济发展、精神文明、环境治理等方面对示范村提出了明确要求；从环境、配套、布局等方面对其他整治村提出了明确要求。

经过多年的坚持，工作成效显著，截至2017年年底，浙江省累计有2.7万个建制村完成村庄整治建设，占全省建制村总数的97%；74%的农户厕所污水、厨房污水、洗涤污水得到有效治理；生活垃圾集中收集、有效处理实现建制村全覆盖，实施生活垃圾分类处理的建制村增加到41%。

如今，浙江省的"千村示范、万村整治"工程已经成为我国农村人均环境建设的经典样板，2013年5月，习近平总书记作出指示强调，要认真总结浙江省开展"千村示范、万村整治"工程的经验并加以推广。2017年，中央农办、农业农村部联合下发《中央农办 农业农村部关于学习推广浙江"千村示范、万村整治"经验深入推进农村人居环境整治工作的通知》（中农办发〔2018〕2号），要求认真组织好浙江经验的学习推广工作，深入推进农村人居环境整治工作，打好实施乡村振兴战略第一仗。

农村教育

2017年，教育部门深入学习贯彻习近平新时代中国特色社会主义思想和党的十九大精神，贯彻新发展理念，转变教育发展方式，加快推进城乡义务教育均衡发展，农村义务教育条件持续改善，农村教师队伍素质稳步提升，切实发挥了教育在打赢脱贫攻坚战中的重要作用。

（一）城乡义务教育均衡发展成效显著 党的十八大以来，中央深入推进城乡义务教育均衡发展。截至2017年年底，全国实现义务教育发展基本均衡的县累计达到2 379个，占全国总数的81%。其中东部地区819个，中部地区782个，西部地区778个。继2014至2016年的北京、天津、上海、江苏、浙江、福建、广东7省（直辖市）后，2017年又有吉林、安徽、山东、湖北4省整体通过国家督导评估认定。山西、内蒙古、辽宁、江西、重庆、陕西、宁夏7省（自治区、直辖市）通过认定县的比例均超过80%。

（二）农村义务教育学生资助体系基本形成 党的十八大以来，全面免除城乡义务教育阶段学杂费、书本费，继续对家庭经济困难寄宿生提供生活补助，还实施了农村义务教育学生营养改善计划。截至2017年年底，农村义务教育学生营养改善计划惠及全国29个省（自治区、直辖市）1 631个县、3 700万农村学生，其中10个省88个县国家扶贫开发工作重点县，全部纳入营养改善计划实施范围。学生营养不良的问题得到了缓解，学生生长发育得到了有效保障，身体素质得到了明显提升。2017年5月，教育部、财政部出台《关于全面实施城乡义务教育教科书免费提供和做好部分免费教科书循环使用工作的意见》，对全国城市和农村地区义务教育阶段学生免费提供教科书。2017年，中央财政下达免费教科书补助资金149亿元，比上年增加39亿元，增长35.45%，惠及全国城乡所有义务教育阶段1.43亿中小学生。

（三）农村义务教育办学条件进一步改善　党的十八大以来，中央持续加大对农村义务教育的投资力度，全面改善农村义务教育薄弱学校基本办学条件。截至2017年年底，中央财政已累计投入专项资金1 336亿元，带动地方投入2 500多亿元，全国新建、改扩建校舍1.65亿平方米，采购课桌凳2 738万件、图书4.53亿册、生活设施设备1 462万台件套等，价值804亿元。工程的实施，显著改善了贫困地区义务教育学校办学条件，学生自带课桌椅、睡"大通铺"、在D级危房上课等现象在绝大部分地区已消除。

（四）乡村教师职业环境不断优化　党的十八大以来，尤其是2015年国务院办公厅颁布实施《乡村教师支持计划（2015—2020年）》以来，乡村教师队伍建设进入了全面提质增速的新阶段。2017年，教育部、财政部继续组织实施连片特困地区乡村教师生活补助政策，首次实现了集中连片特困地区县的全覆盖，补助资金总额49.20亿元，同比增幅11.12%。人均月补助标准为322元，同比增幅13.38%。2017年6月，人社部、教育部印发了《关于做好2017年度中小学教师职称评审工作的通知》，要求加大对农村和艰苦边远地区中小学教师职称评审工作的支持，评价标准要综合考虑乡村学校和教学点实际，对长期在农村和艰苦边远地区工作的中小学教师可放宽学历要求，不作论文、职称外语和计算机应用能力要求，侧重

考察其工作业绩，提高实际工作年限的考核权重。人社部着手研究修订义务教育学校岗位设置管理指导意见，进一步优化岗位结构比例，吸引优秀教师向农村流动。"国培计划"实现了对全部乡村教师的轮训。

（五）农村职业教育进一步发展　2017年，教育部继续推进国家级农村职业教育和成人教育示范县创建工作，累计创建264个示范县。农业部、财政部大力培养新型职业农民，到2017年年末，累计投入财政资金50.9亿元，全国新型职业农民超过1 500万人。2017年5月，教育部办公厅、国务院扶贫办综合司印发《关于贯彻落实〈职业教育东西协作行动计划（2016—2020年）〉实施方案的通知》，对东西职业院校协作全覆盖行动、东西协作中职招生兜底行动、职业院校全面参与东西劳务协作进行了部署。2017年9月，中共中央办公厅、国务院办公厅印发《关于深化教育体制机制改革的意见》明确指出，"大力增强职业教育服务现代农业、新农村建设、新型职业农民培育和农民工职业技能提升的能力"。一系列职业技能提升计划——"春潮行动""星火计划""阳光工程""雨露计划"，有效提升了农民工职业技能。

农村文化

2017年，全国文化系统以习近平新时代中国特色社会主义思想为指导，紧紧围绕"五位一体"总体布局和"四个全面"战略布局，因地制宜、积极探索、精准发力，农村文化事业稳步推进，农村文化产品不断丰富，农村文化产业创新发展，农村公共文化服务水平有效提升，使广大农民群众共享了文化发展成果，充分发挥了文化在提高农民获得感、幸福感，增强农民文化自信，加强农村精神文明建设中的

积极作用。

（一）农村文化事业稳步推进 党的十八大以来，中央持续加大对农村文化事业的投资力度，围绕扶贫攻坚等国家重大战略部署，新策划实施了贫困地区村文化活动室设备购置、送戏下乡、流动文化车、流动图书车等一批文化扶贫项目。2017年，全国县及县以下文化事业费457.45亿元，同比增加14.5%，占比53.5%，比重比上年提高了1.6个百分点。中央补助地方文化事业专项转移支付资金45.52亿元，比2012年增长22.7%。同时，文化部继续推进全国文化信息资源共享工程。截至2017年年底，已建成35 000多个乡镇（街道）基层服务点、60万个村（社区）基层服务点，基本实现所有乡镇、行政村全覆盖，广大农民群众可以就近享用网上公共文化资源。

（二）农村文化产品不断丰富 党的十八大以来，持续推进农家书屋、送戏下乡、农村电影公益放映等项目，农村图书、报纸、期刊、音乐和表演艺术等文化产品供给日趋丰富。2017年，中宣部、财政部、文化部联合开展戏曲进乡村活动，按照每个乡镇每年6场、每场300元的标准，为国家级贫困县、集中连片特困地区等839个县的12 984个乡镇，给予经费补助2.338亿元。全年全国艺术表演团体赴农村演出184.44万场，同比增长21.7%，赴农村演出场次占总演出场次的62.8%，农村观众8.30亿人次，同比增长33.8%。截至2017年年末，全国有农家书屋58.7万家，累计配送图书突破11亿册，农民人均图书拥有量从工程实施前的0.13册增长到1.63册，增长11.5倍。农村文化产品的不断丰富，在提高农民获得感、增强农民文化自信、保障农民基本文化权益等方面作出了重要贡献。

（三）农村文化产业创新发展 2017年，中央致力于加强文化产业发展顶层设计，出台了一系列促进文化产业发展的政策文件。《文化产业促进法》起草工作稳步推进并形成了征求意见稿。2017年3月，国务院办公厅出台《关于进一步激发社会领域投资活力的意见》，首次明确提出推进文化等领域"投贷联动"。2017年8月，国家发展改革委办公厅印发《社会领域产业专项债券发行指引》，推出文化产业专项债券。2017年4月，文化部制定出台《文化部"十三五"时期文化产业发展规划》，进一步明确了农村上网服务场所改善经营环境、特色文化乡村建设、培育和发展农村文化消费市场等重点问题。同月，文化部印发《关于推动数字文化产业创新发展的指导意见》，对数字文化产业发展进行了部署。一系列政策文件的出台，为农村文化产业创新发展提供了指引。

（四）农村公共文化服务水平有效提升 2017年，公共文化服务法律和制度体系框架初步形成，《公共文化服务保障法》正式实施，《公共图书馆法》正式颁布，为农村公共文化服务体系建设提供了法制保障。文化部会同中宣部等部门完成贫困地区民族自治县、边境县村综合文化服务中心覆盖工程，累计投入近30亿元，完成1.1万个贫困地区村级综合文化服务中心建设。截至2017年年底，全国乡镇（街道）文化站41 175个，2/3的村有综合性文化服务中心，覆盖城乡的国家、省、市、县、乡、村（社区）六级公共文化服务网络基进一步健全。2016年文化部组织开展了"春雨工程""大地情深"等示范活动和"阳光工程"——中西部农村文化志愿服务行动计划。截至2017年年底，面向老少边穷地区举办各类文艺演出、讲座培训、展览展示近400场次，服务群众超过100万人次，共招募1 871名农村文化志愿者和800名乡村学校少年宫文化志愿者，开展服务超过20万次，带动了农村文化志愿服务发展。

专栏22

山东菏泽全面推进移风易俗　引领乡风文明新风尚

一、主要成效

2016年，山东省被中央文明办确定为全国农村移风易俗工作试点省。菏泽市狠抓落实，深入开展移风易俗工作，乡风文明建设取得明显成效。

1. 喜事新办，"天价彩礼"得到初步遏制。一是村村成立红白理事会，推行喜事新办，村规民约设置彩礼上限，对结婚婚车数量、喜宴桌数、菜数、烟酒价格、随礼金额上提出限制要求。二是发展义务红娘，免费为青年男女牵线搭桥，同时还积极倡导不收或者少收彩礼，减轻负担。如郓城县建立了"一乡一婚介协会，一村一义务红娘"服务网络，在全县推行村（社区）妇女专职主任兼任义务红娘工作，目前共发展1512位义务红娘，成功介绍1866对新人；定陶区村（社区）妇女专职主任、文艺骨干兼任义务红娘，共聘任585位义务红娘。三是推广颁证仪式代替迎娶和婚宴仪式、集体婚礼、旅游婚礼等喜事新办模式。郓城县婚姻登记处设立了颁证大厅，安排专人负责免费为新人举办简洁庄严的颁证仪式，不再用婚车迎娶，不再举行其他仪式。目前，已为新人办理新型颁证仪式3250余对，节省资金1690余万元。

2. 丧事简办，村级公益性公墓建设得以推广。一是主张丧事仪式简化，实行戴白花、黑纱、行鞠躬礼、放哀乐等庄重文明的祭奠仪式，严禁搭台演出，不大摆宴席。二是丧事就餐简化。如巨野县推行"丧事一碗菜"，倡导文明就餐，并全县农村实现了常态化、全覆盖，在郓城、定陶等地也推广开来。三是推广村级公益性公墓建设。郓城县建起村级简易公益性公墓96处，巨野县建成村级公墓19个，定陶区建成公益性公墓15个。

3. 厚养薄葬，孝道文化得到弘扬。倡导厚养薄葬之风，大力弘扬孝道文化，传承养父母之身、怡父母之心、行父母之志的孝道精神。如郓城县张营镇小屯村通过村"两委"成员引导，爱心人士、爱心企业捐助，设立孝心基金，引导家庭、子女自觉履行赡养老人的义务，把群众的关注点从大操大办转移到孝老爱亲上来，形成了政府、社会、家庭合力孝老、敬老、爱老的新风气。郓城县杨庄集镇东马庄村从2006年开始评选好媳妇、好婆婆、五好家庭等乡村道德模范，形成了模范效应，成立了敬老孝老爱老服务队，经常帮扶孤寡老人。定陶区马集镇袁堂村大力推进道德模范评选，评选出20户文明示范户，评选10户"好媳妇""好婆婆""好邻居""好夫妻"，签订了孝老爱亲责任书350份，较好地弘扬了孝道文化和孝道精神。

二、主要做法

1. 完善工作机制，打造过硬的制度环境。一是县、乡、村三级书记重视。菏泽市各县乡普遍成立由党委、政府主管领导为组长、各相关部门参与的移风易俗工作领导小组。二是各级党委政府专门研究制定各层次的《实施意见》《规划》《工作方案》《实施办法》等文件。三是完善督导考核机制。菏泽市移风易俗工作领导小组成立督导组，每月至少进行一次专项督察，对年底完不成任务的进行约谈，对工作滞后的县区追责问责。凡群众举报党员干部违纪违规大操大办红白事的有案必查、有查必处。2017年定陶区共处理违反移风易俗工作规定案件7起，11人受到处理。

2. 以"一会一约"为抓手，开展包村到户宣传。对村干部等进行移风易俗工作培训，指导村级红白理事会建设、村规民约修订，明确红白事办理程序和费用标准，做到"一村一策"。通过广播村村响活动及其他群众喜闻乐见的形式，向群众宣传抵制陈规陋习，树立文明乡风的价值观。

3. 以丧葬宴请简办为突破口，提倡白事一碗菜、红事有规矩。巨野县通过深入调查，重点推广"丧事就餐一碗菜"办法，提倡不吃成桌酒席。简化治丧仪式，报丧控制在三代以内亲属，减少纸扎、孝布、响班规模。禁止红事大操大办，不得搭台演出，控制婚车数量等。

4. 规范农村职业婚介市场，做到媒礼、彩礼有标准。一是对农村媒人进行登记、培训和清理，限制媒礼、彩礼。在听取群众意见的基础上，规定彩礼一般不超过6万元。二是健全"一乡一协会、一村（社区）一红娘"的服务网。每个乡镇街区都成立婚介协会，每个村专职负责计生工作的妇女主任兼任"义务红娘"，并颁发聘书和义务红娘工作证。

5. 巩固火化率，取消二次装棺，提升村级公益性公墓建设水平。推进村级公益性公墓和公共祠堂建设，落实基本殡葬服务费用全免等惠民政策，着手破解殡葬改革难题。巨野县从源头控制棺木、封建迷信丧葬用品、大型墓碑生产流通，全面依法取缔各类生产加工、销售点。对举报违规土葬的，经查属实，给予举报人一定的现金奖励。全面取消"二次装棺"陋习，积极推广"公共棺材""公共冥轿"、骨灰盒直接入土、骨灰堂等多种模式。进行公共祠堂、墓地的前期规划和后期管理的探索。墓地建设坚持生态绿色环保的原则，县乡财政补贴三年的墓地维护费。

农村医疗卫生

2017年，我国农村医疗卫生事业围绕实现人人享有基本医疗卫生服务的目标稳步推进，医药卫生体制改革进一步深化，体制机制不断创新，农村公共卫生服务、医疗服务、医疗保障和药品供应体系不断完善，农村医疗卫生条件和公共卫生条件进一步改善，农村基本医疗卫生服务体系和保障水平进一步提升。

（一）农村居民健康水平显著提高 2017年，我国居民人均预期寿命76.7岁，比上年提高0.2岁。与上年相比，农村孕产妇死亡率由20.0/10万略增至21.1/10万，农村婴儿死亡率由9.0‰下降至7.9‰，农村新生儿死亡率由5.7‰下降至5.3‰，农村5岁以下儿童死亡率由12.4‰下降至10.9‰，居民健康水平总体上处于中高收入国家平均水平，为确保全面建成小康社会打下了坚实的健康基础。

（二）农村公共卫生服务水平显著改善 2017年，农村基本公共卫生服务项目全面实施，促进基本公共卫生服务逐步均等化，向城乡居民免费提供基本公共卫生服务。2017年，国家对基本公共卫生服务的财政补助从上年的人均45元提高到50元，健康素养促进和免费提供避孕药具纳入国家基本公共卫生服务项目，服务项目从最初的9类41项扩大到14类45项，农村住院分娩率从上年的99.6%的较高水平进一步提高到99.9%。我国农村改厕工作取得显著成绩，2017年全国农村卫生厕所普及率已达80.3%，较2010年提高了12.9个百分点，东部一些省份达到了90%以上。我国农村饮水安全问题基本得到解决，全国农村集中式供水人口比例提高至82%，农村自来水普及率提高至76%，农村供水水质合格率显著提高。

（三）农村医疗卫生服务体系进一步完善 2017年，医疗卫生服务设施条件明显改善，初步形成了由县医院、乡镇卫生院和村卫生室组成的三级卫生服务网络。农村医疗服务队伍更加充实，2017年，全国2 851个县（县级市）共设有县级医院14 482所、县级妇幼保健机构1 917所、县级疾病预防控制中心2 109所、县级卫生监督所1 839所，四类县级卫生机构共有卫生人员288.6万人；全国3.16万个乡镇共设3.7万个乡镇卫生院，床位129.2万张，卫生人员136.0万人（其中卫生技术人员115.1万人），每千农村人口乡镇卫生院床位达1.35张，每千农村人口乡镇卫生院人员达1.42人；全国55.4万个行政村共设63.2万个村卫生室，村卫生室人员达145.5万人，平均每村村卫生室人员2.30人。县级医院技术装备水平进一步提高，ICU病房、透析设备等集成技术力量都已具备，120急救服务已经由城市延伸到农村地区，农村居民获得优质医疗服务更为便利。全国已有1 640家三级医院与3 758家县医院建立对口支援关系，通过对口支援，使县级医院医疗质量和技术管理得到强化。

（四）农村医疗保障能力显著提升 2017年，新型农村合作医疗参合率始终稳定在98%以上，各级财政对新农合的人均补助标准达到450元，比上年提高30元。其中，中央财政对新增部分按照西部地区80%、中部地区60%的比例进行补助，对东部地区各省份分别按一定比例补助。做好农村贫困人口大病专项救治工作，将儿童白血病、儿童先天性心脏病、食管癌、胃癌、结肠癌、直肠癌、终末期肾病等大病集中救治范围覆盖至所有农村参合贫困患者。进一步提升保障绩效，逐步缩小政策报销比和实际报销比之间的差距，政策范围内门诊和住院费用报销比例分别稳定在50%和75%左右。进一步完善农村居民重大疾病保险制度，提高门诊保障水平、重大疾病补偿比例，并且扩大了重大疾病保障范围，将23种重大疾病限额内医疗费补偿比例提高到90%，并且将胰腺癌、卵巢癌、病毒性肝硬化、肝癌、甲状腺癌、难治性癫痫病、膀胱癌、红斑狼疮、再障、儿童脑瘫、胆管癌、儿童钾低等12种疾病纳入重大疾病保障范围，政策范围内医疗费补偿比例为75%。通过新农合基本医保、大病保险和医疗救助相结合，农村居民的医疗负担进一步减轻，农村居民医疗保障水平明显提高。

专栏23

保基本　防大病　兜底线——党的十八大以来我国农村医疗保障体系建设成就

　　基本医疗保障制度是人民健康幸福生活、社会和谐稳定的一块"压舱石"。我国已经织起了世界上最大的基本医疗保障网，城镇职工基本医疗保险、城镇居民基本医疗保险、新型农村合作医疗三项基本医疗保险参保（合）人数超过13亿人，参保率稳定在95%以上。

一、基本医保＋大病保障、筑牢农民看病保障基石

党的十八大以来，我国基本医疗保障制度及补充医疗保障体系不断发展和完善，覆盖全民的医疗保障网更细密、更结实，保基本、防大病、兜底线的能力进一步增强。

农村医疗的筹资水平和参合人口的受益程度稳步增长。新农合保障范围有所扩展，部分日间手术项目、符合条件的住院分娩费用以及符合规定的家庭医生签约服务费等纳入新农合报销范围。新农合政策范围内门诊和住院费用报销比例分别稳定在50%和75%左右，政策报销比和实际报销比之间的差距有所缩小。

异地就医联网结报工作加快推进。通过完善政策措施和工作规范、加强管理经办能力建设、引入社会力量打破实施瓶颈、加强督导检查等措施，新农合异地就医联网结报工作全面推进。目前，我国新农合已基本实现省内异地就医直报，省外就医直报试点也在有序开展中。

不同制度的衔接工作不断推进，保障合力得以充分发挥。积极推进医疗救助与基本医疗保险、大病保险及相关保障制度衔接，健全新农合、大病保险、医疗救助、疾病应急救助、商业补充保险等制度的联动报销机制，推进"一站式"结算服务，全国93%的地区实现了医疗救助与医疗保险费用"一站式"结算。

当前，我国已初步建立起针对重特大疾病的多层次、多形式的大病保障机制。以大额费用为切入点，积极推进城乡居民大病保险工作。目前，全国31个省（自治区、直辖市）均已建立城乡居民大病保险制度。2016年，全国超过1 000万人次受益，实际报销比例在基本医保报销基础上再提高13个百分点左右，大病患者的医疗费用负担进一步减轻。2017年，新农合规定新增筹资中的一定比例要用于大病保险，同时将贫困人口大病保险起付线降低50%，以促进更多贫困人口从大病保险中受益。

二、农村医疗服务机构能力提升、农民就医环境和条件明显改善

财政投入力度不断加大，政府责任进一步落实。在中央财政的支持下，96.2%的县落实了基层医疗卫生机构经常性收支差额补助，财政对乡镇卫生院投入的增长速度高于对公立医院和公共卫生机构的年均增长速度。2009年以来，中央财政投入600多亿元支持4万多个基层医疗卫生机构建设和化解历史债务，投入44亿元加强信息化建设，特别是投入21.6亿元为最基层村卫生室配备健康一体机，广大农民的就医环境和就医条件明显改善。

以引导优质资源下沉为重点提升县级医院能力。继续组织开展"万名医师支援农村卫生工程"、国家巡回医疗队等工作，提升县医院医疗服务和管理能力；深入开展医疗人才"组团式"援藏援疆工作；累计派出493名医疗队员，实施"组团式"援藏"1774"工程，进入南疆四地州、塔城、吐鲁番探索科室包干帮扶。

三、全面实施健康扶贫工程、绝不让"病根"变"穷根"

不让"病根"变"穷根"是健康扶贫的基本要义。2016年6月，国家卫生计生委会同国务院扶贫办等14个中央部门制定印发《关于实施健康扶贫工程的指导意见》，全面动员部署健康扶贫工作，扎实推进各项工作，取得良好成效。

贫困人口医疗保障水平显著提高。城乡居民基本医保（新农合）、大病保险对贫困人口实现全覆盖，重特大疾病医疗救助逐步覆盖贫困人口。提高新农合政策范围内住院费用报销比例5个百分点以上，降低大病保险报销起付线。全国已有74%的贫困县实行贫困人口县域内住院先诊疗后付费和"一站式"信息交换和即时结算，有效减轻贫困人口看病就医经济负担。

贫困地区医疗卫生服务能力明显提升。取消贫困地区县级和西部连片特困地区地市级配套资金，支持包含贫困地区在内的县级医院、妇幼保健机构、疾控机构建设项目800个。

农村社会保障

2017年，我国农村社会保障体系建设取得明显成效，农村社会保障制度建设加快推进和完善，实现了社会保障制度全覆盖，参保人数持续增加，待遇水平稳步提高，城乡社会保障加速并轨，广大农民通过享有社会保障得到更多的实惠。

（一）城乡统筹制度建设取得突破性进展 2012年覆盖城乡居民的社会养老保障体系基本建立，2014年新农保和城镇居民养老保险整合统一为城乡居民基本养老保险制度，实现城乡居民在这两项基本制度上的平等和管理资源上的共享。医疗保险制度方面，新农合支付方式改革取得重要进展，新农合跨省就医费用核查和结报工作加快推进，城乡居民大病保险制度全面实施。到2017年，大病保险覆盖所有城乡居民医保参保人，基本医疗保险制度已基本覆盖城乡全体居民。社会救助制度体系加快构建，临时救助制度全面建立，城乡最低生活保障制度加快统筹，北京、上海等地相继调整城乡居民最低生活保障标准，并实现了城乡低保标准的"并轨"。政策衔接上，新农保与农村低保制度、五保制度的配套，医疗救助与基本医疗保险的衔接均取得积极进展，社会力量参与社会救助的机制进一步完善。

（二）农村社会保障覆盖范围不断扩大 2017年，各项农村社会保险覆盖面均有所扩大，从制度上实现了基本养老和基本医疗保障对城乡居民的全覆盖。2017年年末，我国城乡居民基本养老保险参保人数51 255万人，比上年末增加408万人。其中，实际领取待遇人数15 598万人。全年城乡居民基本养老保险基金收入3 304亿元，比上年增长12.6%，其中个人缴费810亿元。年末参加城乡居民基本医疗保险人数为87 359万人，比上年末增加42 499万人。社会救助和社会福利有效惠及困难群众，年末全国共有1 264万人享受城市居民最低生活保障，4 047万人享受农村居民最低生活保障，467万人享受农村特困人员救助供养。以非公有制经济组织从业人员、灵活就业人员、农民工和被征地农民为重点的扩面效果显现，2017年参加城镇职工基本养老保险、基本医疗保险、失业保险、工伤保险的农民工人数分别为6 202万人、6 225万人、4 897万人、7 807万人，分别比上年末增加262万人、1 399万人、238万人、297万人。

（三）农村社会保障标准和水平稳步提高 随着经济发展水平的提高和国家财政实力的增强，我国不断加大社会保障财政投入，社会保障待遇水平明显提升。一是养老金水平逐年提高，从2014年7月1日起将基础养老金标准从每人每月55元提高至70元，有27个省级政府及新疆生产建设兵团在全国最低标准之上增加了基础养老金，其中11个省份达到100元以上，全国城乡居民基本养老金平均水平超过100元，1.4亿多城乡老年居民及其家庭直接受益，更好地保障和改善了低收入和无收入城乡居民的养老待遇。二是基本医疗保险的保障水平显著提升，2017年各级财政对新农合的人均补助标准在2016年的基础上提高30元，达到450元，新农合政策范围内的住院费用报销水平达到75%左右，全国普遍建立了城乡居民医保门诊统筹，积极推进城乡居民大病保险，有效减轻了居民医疗负担。三是社会救助水平适度提高，城乡低保投入持续增加，2017年全国城市、农村低保月人均标准分别达到534元、351元，较上年增长9.9%、16.6%。四是农村五保供养水平不断提升，农村五保集中供养和分散供养月人均标准分别达到560元、320元，较上年增长5.7%、8.5%。城乡医疗救助稳步推进，临时救助力度加大，困难群众基本生活切实改善。

（四）农村社会保险管理服务水平不断提升 各级政府和社会保障经办机构大力推进管理服务规范化、专业化、信息化、严格实施收支两条线管理，逐步完善基金预结算制度，不断加大基金监督力度，社会保障管理和服务水平有了明显提高。2017年，继续稳步推进基本公共服务标准化、信息化、专业化建设，发布人力资源社会保障领域26项国家标准和1项行业标准，年末全国31个省份和新疆生产建设兵团已发行全国统一的社会保障卡，实现省份全覆盖。全国实际发卡地市（含省本级、新疆生产建设兵团各师）共383个，地市覆盖率达99.7%。全国社会保障卡持卡人数达到10.88亿人，社会保障卡普及率达到78.7%。部分地区进行了一些有益的探索，将社会保障服务加快延伸到基层，社会保障服务站作为民生工程，

方便农民办理手续。

农村居民收入与消费

据国家统计局对全国31个省（自治区、直辖市）16万户居民家庭开展的住户收支与生活状况调查，2017年全国农村居民收入加快增长，消费支出平稳增长，消费结构不断优化升级。

（一）农村居民收入

1. 农村居民收入较快增长。2017年全国农村居民人均可支配收入13 432元，同比名义增长8.6%，扣除价格因素影响，实际增长7.3%。名义增速和实际增速分别比上年加快0.4个和1.1个百分点。

（1）工资性收入增长9.5%。2017年，全国农村居民人均工资性收入5 498元，增长9.5%，增速比上年加快0.3个百分点。工资性收入占人均可支配收入的比重为40.9%，比上年提高0.3个百分点，对全年农民增收的贡献率为44.5%。带动农村居民工资性收入增长的主要原因是在本地就业农民工就业增长2.0%的基础上，农民工人均月收入增长了6.4%。

（2）经营净收入增长6.0%。2017年，全国农村居民人均经营净收入5 028元，增长6.0%，增速比上年加快0.7个百分点，占人均可支配收入的比重为37.4%。其中，第一产业经营净收入3 391元，增长3.7%。其中，人均种植业净收入2 524元，增长3.4%，增速同比加快2.3个百分点。增速加快主要是受到全年粮食增产，同时小麦、稻谷、部分水果等农产品价格上涨。人均牧业净收入586元，增长2.1%，增速比上年回落15.3个百分点。人均牧业净收入增速大幅回落，主要是生猪、禽蛋等价格大幅下降所致。二三产业经营净收入1 637元，增长11.2%，增速比上年加快2.2个百分点。

（3）财产净收入增长11.4%。2017年，全国农村居民人均财产净收入303元，增长11.4%，比上年加快3.2个百分点。财产净收入占人均可支配收入的比重为2.3%，与上年基本持平。主要是转让承包土地经营权租金净收入、出租房屋收入和红利收入增长较快，分别增长12.4%、11.2%和12.9%。

（4）转移净收入增长11.8%。2017年，全国农村居民人均转移净收入2 603元，增长11.8%，占人均可支配收入的比重为19.4%。转移净收入对农村居民增收的贡献率为25.7%。各地大力推进精准扶贫，增加扶贫投入，以及其他惠民政策的实施使农民得到实实在在的实惠。2017年农村居民获得的包括最低生活保障费、扶贫款等在内的人均社会救济和补助增长26.0%，人均养老金和离退休金增长15.5%。

2. 农村居民人均可支配收入中位数增速略快于平均数。2017年，农村居民人均可支配收入中位数11 969元，比上年增长7.4%，增速低于平均数1.2个百分点。农村居民人均可支配收入中位数相当于平均数的89.1%，比上年下降1.1个百分点。

（二）农村居民消费

2017年农村居民人均消费支出10 955元，名义增长8.1%，扣除价格因素影响，实际增长6.8%。总体来看，农村居民人均消费支出保持平稳增长，医疗保健支出、交通通信、居住和教育文化娱乐支出增速较快。

1. 食品烟酒支出增长4.6%。2017年农村居民人均食品烟酒支出3 415元，增长4.6%。农村居民食品支出增速较慢，主要受猪肉、蔬菜、禽蛋等价格回落影响。食品烟酒支出占农村居民人均消费支出的比重（恩格尔系数）为31.2%，比上年下降1.0个百分点。

2. 衣着支出增长6.3%。2017年农村居民人均衣着支出612元，增长6.3%，农村居民服装品质逐步升级，衣着支出增速快于城镇居民5.2个百分点。

3. 居住支出增长9.6%。2017年农村居民人均居住支出2 354元，同比增长9.6%，主要是因为住房维修及管理支出、水电燃料支出增长较快。

4. 生活用品及服务支出增长6.4%。2017年农村居民人均生活用品及服务支出634元，增长6.4%。

5. 交通通信支出增长16.9%。2017年农村居民汽车和智能手机消费需求旺盛，人均交通通信支出1 509元，增长11.0%，增速快于城镇居民6.3个百分点。

6. 教育文化娱乐支出增长9.4%。受智能手机对照相机以及其他娱乐设备的替代影响，文化娱乐用品支出有所下降，但居民的发展享受型消费需求增加。2017年农村居民人均教育文化娱乐支出1 171元，增长9.4%。

7. 医疗保健支出增长13.9%。2017年农村居民人均医疗保健支出1 059元，增长13.9%，增速快于城镇居民4.9个百分点。这主要是受城乡居民医保并轨政策影响，居民享受到更多的医疗服务，大部分支出可通过医疗保险制度报销。

8. 其他用品和服务支出增长8.0%。2017年农村居民人均其他用品和服务支出201元，增长8.0%。

农村扶贫开发

2017年是打赢脱贫攻坚战的重要一年，是精准扶贫精准脱贫的深化之年。党中央、国务院持续高位推进脱贫攻坚，各地各部门密切配合，社会各界广泛参与，贫困地区干部群众艰苦奋斗，脱贫攻坚态势良好，各项政策举措逐步见效，打赢脱贫攻坚战迈出坚实步伐。2017年减少贫困人口1 289万，退出125个国家级贫困县，脱贫攻坚战取得显著成效。

（一）推进深度贫困地区攻坚　出台支持深度贫困地区脱贫攻坚的实施意见，明确深度贫困地区脱贫攻坚的工作思路和举措，中央统筹重点支持"三区三州"，落实部门责任支持深度贫困地区、解决深度贫困问题，省负总责解决区域内深度贫困问题。研究制定深度贫困地区脱贫攻坚实施方案，出台新的超常规政策举措。各地确定深度贫困县、深度贫困乡镇和深度贫困村，出台实施方案和政策措施，集中力量攻坚。

（二）稳步推进分类施策　电商扶贫带动274万贫困户增收，光伏扶贫直接惠及80万贫困户，旅游扶贫覆盖2.3万个贫困村。完成340万贫困人口易地扶贫搬迁建设任务。实现近600万贫困劳动力稳定转移就业，30多万贫困人口家门口就业。累计选聘37万贫困人口为生态护林员。贫困县农村学生上重点高校人数再增长9.3%，义务教育阶段学生营养改善计划对贫困县全覆盖，普通高中建档立卡家庭学生免除学杂费。开展大病集中救治一批，慢病签约服务管理一批，重病兜底保障一批。实施贫困户危房改造约190万户，中央补助标准由户均8 500元提高到1.4万元。832个贫困县低保标准全部达到或超过扶贫标准。

（三）深化细化大扶贫格局　开展东西部扶贫协作和中央单位定点扶贫考核工作，进一步压实帮扶责任。东部342个经济较强县帮扶西部570个贫困县。中央单位选派650多名干部到592个国家扶贫开发工作重点县挂职，选派360名干部到贫困村担任第一书记。中央企业设立贫困地区产业投资基金，开展贫困革命老区"百县万村"帮扶行动。民营企业结对帮扶2.57万个建档立卡贫困村，带动388万贫困

人口增收。引导和动员社会组织参与脱贫攻坚。举办全国脱贫攻坚奖和全国脱贫攻坚模范评选表彰，脱贫攻坚氛围更加浓厚。

（四）着力改善贫困地区发展环境　进一步完善贫困地区交通、水利、电力、通信网络等基础设施，巩固提升建档立卡贫困人口饮水安全水平，推动片区重大基础设施工程和重点民生项目建设，推进实施对革命老区发展和脱贫攻坚辐射带动作用强的重大工程项目。贫困地区全年新改建农村公路约14.28万千米，98%的乡镇和96%的建制村实现通硬化路，改造升级1万多个贫困村宽带网络覆盖和通信基础设施。积极组织实施贫困村提升工程，加强基层组织建设，发展壮大集体经济，培育健康文明生活方式，为贫困群众稳定脱贫、逐步致富提供基础保障。

（五）夯实精准扶贫工作基础　对2016年标注脱贫人口进行核实，将245万脱贫不实人口重新回退为贫困人口。对建档立卡实行动态管理，新识别贫困人口和返贫人口849万人，清退识别不准的412万人，努力做到应扶尽扶、应退尽退。建立全国扶贫大数据平台，加强信息共享和数据分析应用，为各地各部门宏观决策和指导工作提供数据支撑。加强驻村干部选派管理，出台指导意见，目前在岗驻村干部77.5万名，在岗第一书记19.5万名。

（六）加强扶贫资金投入和监管　中央和省级财政专项扶贫资金突破1 400亿元，其中中央财政专项扶贫资金比上年增长30%，省级财政专项扶贫资金比上年增长28%。财政涉农资金统筹整合使用实现832个贫困县全覆盖，2017年整合资金规模达到2 900多亿元。扶贫资金项目审批权下放到县比例超过95%。新增发放扶贫小额贷款约1 500亿元，累计发放4 335亿元，扶贫再贷款余额约1 600亿元。证券业支持贫困县企业融资近830亿元。贫困地

区增减挂钩节余指标流转累计收益460多亿元，主要用于脱贫攻坚。开展财政扶贫资金专项检查，进一步加强纪检监察、高检、审计等机关对扶贫资金监督。审计查出问题金额占抽查资金的比例，由2013年的36.3％下降到2017年的7.93％，其中，严重违纪违规问题金额占抽查资金的比例，由2013年的15.7％下降到2017年的1.13％。

（七）强化督查巡查和考核评估 开展2016年省级党委和政府扶贫开发工作成效考核，经党中央、国务院同意，通报表扬综合评价好的8个省，并给予资金奖励；对4个省的党政主要负责同志和4个省的分管负责同志进行约谈。开展2017年脱贫攻坚督查巡查，推动各地加大考核发现问题整改的督查问责力度。积极配合中央巡视工作把脱贫攻坚作为重要内容。支持8个民主党派中央开展脱贫攻坚民主监督。配合纪检监察、财政、审计等部门和媒体、社会等开展监督，把各方面监督结果运用到考核评估和督查巡查中。开展脱贫攻坚重要政策措施第三方评估，推动中央决策部署落地落实。

（八）推进扶贫领域作风问题专项治理 全面落实从严治党要求，部署开展扶贫领域作风问题专项治理，领导小组成员单位和各地扶贫部门制定实施方案，重点解决扶贫领域"四个意识"不强、责任落实不到位、工作措施不精准、资金管理使用不规范、工作作风不扎实、考核监督从严要求不够等问题。进一步克服形式主义、官僚主义，对填表报数、检查考评、会议活动、发文数量、调查研究、考核评估作出明确要求，努力减轻基层负担，确保基层扶贫干部将工作精力用到精准帮扶上。综合各方面反映，上述措施收到初步成效，不少问题不同程度得到改进。

2017年
农业农村政策

2017年农业农村政策

总体评价

　　2017年，面对复杂严峻的国内外经济形势，党中央、国务院在农业转方式、调结构、促改革等方面积极探索，准确把握农产品供求结构失衡、要素配置不合理、资源环境压力大、农民收入持续增长乏力的态势，把改革作为根本动力，立足国情农情，顺应时代要求，加大农村改革力度、政策扶持力度、科技驱动力度，加快构建集约化、专业化、组织化、社会化相结合的新型农业经营体系，进一步健全农业支持保护制度，持之以恒强化农业、惠及农村、富裕农民。

　　（一）强农惠农富农政策力度不断加大　2017年，农业部与财政部共管的中央财政转移支付安排资金2 543亿元，包括农业生产发展资金、农业资源及生态保护补助资金、农业生产救灾资金、动物防疫补助经费、农村土地承包经营权确权登记颁证补助资金、渔业发展与船舶报废拆解更新补助资金等6大专项。农业部部门预算资金283.6亿元，主要是用于保障履行职能，项目支出主要用于农业科研、农产品质量安全监管、农业面源污染和产地环境监测体系、长江流域和西藏重点水域渔业资源与环境调查等经费保障。遵循绿色引领、统筹兼顾，政府支持、市场引导，存量优化、增量倾斜，系统设计、稳妥推进的原则，初步构建了以绿色生态为导向、促进农业资源合理利用与生态环境保护的农业补贴政策体系和补贴制度。

　　（二）农村改革进一步深化　贯彻落实党中央国务院《深化农村改革综合性实施方案》要求，农村各项综合改革向纵深推进。农村基本经营制度不断完善，截至2017年年底，全国31个省（自治区、直辖市）均开展了承包地确权工作，共涉及2 747个县级单位、3.3万个乡镇、54万个行政村；承包地确权面积77 266.67千公顷，占二轮家庭承包地（账面）面积的80%以上；发放土地承包经营权证1.06亿份。实现所有权、承包权、经营权三权分置，引导土地经营权有序流转，发展多种形式农业适度规模经营，推进农村土地制度和农业经营制度创新。围绕健全农村金融服务体系、拓宽有效抵押物范围、建立农村信用体系、开展农民合作社内部信用合作、完善农业保险制度等开展探索，着力建立现代农村金融制度。围绕农村集体资产清产核资和股权量化、新型集体经济组织经营管理和农村产权流转交易等方面开展探索，着力深化农村集体产权制度改革。围绕农村土地征收、集体经营性建设用地入市、宅基地制度改革等方面开展试点，推进农村土地制度改革。围绕统筹城乡发展规划、推动户籍制度改革、促进城乡公共服务均等化、建立"以工促农"机制、健全农业支持保护制度等方面开展探索，着力健全城乡发展一体化体制机制。围绕水价机制，全面推进农业水价综合改革，落实地方政府主体责任，加快建立合理水价形成机制和节水激励机制。农村改革试验区联席会议各成员单位通力合作、全力推动，50多个农村改革试验区锐意改革、大胆探索，形成了一批各具特色的改革成果，农村改革试验取得明显成效。

（三）推进农村一二三产业融合发展　农业部深入实施农村一二三产业融合发展推进工程，积极培育融合多元化主体，完善利益联结机制，打造农业全产业链全价值链。与发展改革委等7部委联合印发《关于国家农村产业融合发展示范园创建工作方案的通知》，已批准148家单位具备创建资格。全年共安排中央财政资金30亿元，重点支持农产品产地初加工设施补助建设和整县制推进农村一二三产业融合发展。

（四）农产品市场调控机制进一步健全　继续执行稻谷、小麦最低收购价政策，稻谷最低收购价全面小幅下调，早籼稻、中晚籼稻、粳稻每500克比上年分别下调0.03元、0.02元、0.05元，为1.30元、1.36元、1.50元，小麦最低收购价为每500克1.18元，保持上年水平不

变。继续在东北地区深化玉米市场定价、价补分离改革，健全生产者补贴制度。继续在新疆实行棉花目标价格政策，目标价格水平为每吨18 600元，价格水平一定三年，并进一步完善了补贴方式，同时推动出台内地棉区补贴政策。将东北地区大豆目标价格政策与玉米收储制度改革统筹，调整为市场化收购加补贴的新机制。

（五）国家对农民工公共服务体系逐步完善　各地着力稳定和扩大农民工就业创业，不断提高农民工的劳动权益保障水平，农民工培训力度不断加大，促进农民工社会融合，进一步加强对农民工工作的领导。在此背景下，农民工规模持续扩大，农民工总量达到28 652万人，比上年增加481万人，增长1.7%，增速比上年提高0.2个百分点。

（六）加强农业农村法治建设　农业法律法规不断完善，农业执法水平不断提升，农业普法教育不断深入，农业依法行政取得重要进展。配合立法机关完成了《农药管理条例》《水污染防治法》《农民专业合作社法》等3部法律、行政法规的修订工作。继续深入开展执法工作，截至2017年年底，全国已有30个省份开展了农业综合执法工作，成立了284个市级农业综合执法机构、2 419个县级农业综合执法机构，县级覆盖率达到应建比例的99%。

财政支农政策

（一）财政支农专项转移支付　2017年，农业部与财政部共管的中央财政转移支付安排资金2 543亿元，包括农业生产发展资金、农业资源及生态保护补助资金、农业生产救灾资金、动物防疫补助经费、农村土地承包经营权确权登记颁证补助资金、渔业发展与船舶报废拆解更新补助资金等6大专项。

1. 农业生产发展资金1 928亿元。一是耕地地力保护补贴，引导农民自觉提升耕地地力。二是农机购置补贴。推行补贴范围内全部机具敞开补贴，对粮食烘干仓储、深松整地、免耕播种、高效植保、节水灌溉、高效施肥机具和秸秆还田离田、残膜回收、畜禽粪污资源化利用、病死畜禽无害化处理等支持绿色发展的机具率先全面敞开补贴。三是支持粮食适度规模经营。支持建立完善全国农业信贷担保体系，大力推进农业生产社会化服务，支持家庭农场发展。四是支持国家现代农业产业园建设，中央财政对创建的国家现代农业产业园给予适当支持。五是支持优势特色主导产业发展。围绕具有区域优势、地方特色等条件的农业主导产业，推进集约化、标准化和规模化生产，提高现代农业生产的示范引导效应。六是支持培育新型农业经营主体。实施新型农业经营主体带头人轮训计划和现代青年农场主培养计划，试点开展农村实用人才带头人培训，培育新型职业农民。支持制度健全、管理规范、带动力强的国家级农民合作社示范社和农民合作社联合社。七是支持农业结构调整。在东北四省区开展粮豆轮作试点，在河北黑龙港地下水超采区、湖南长株潭重金属耕地污染区、西南石漠化区（贵州、云南）及西北生态严重退化地区（甘肃）开展耕地休耕试点，在"镰刀弯"地区和黄淮海玉米主产区开展粮改饲试点。八是支持绿色高效技术推广服务。开展绿色高产高效创建，深化基层农技推广体系改革与建设，支持农机深松整地作业，支持西北、华北等旱作区推广地膜清洁生产技术模式，在内蒙古、甘肃和新疆选择部分地区探索建立健全废旧地膜回收利用体系，启动果菜茶有机肥替代化肥试点。九是支持农村一二三产业融合发展。整县制推进农村一二三产业融合发展，实施农产品初加工补助政策，开展马铃薯主食开发试点，支持辽宁、江苏、江西、河南、四川5省实施信息进村入户整省推进示范。十是支持畜牧业转型升级。支持养殖大县开展畜禽粪污资源化利用，支持建设和升级改造畜禽粪污收集、贮存、处理设施，高产优质苜蓿示范基地建设，发展南方现代草地畜牧业，支持牧区畜牧良种推广。

2. 农业资源及生态保护补助资金220亿元。一是耕地质量提升，支持东北黑土地保护利用、测土配方施肥、农作物秸秆综合利用。二是草原生态保护补助奖励，对按照有关规定实施草原禁牧和草畜平衡的农牧民予以补助奖励，支持草原生态保护建设和草牧业发展。三是渔业资源保护支出，主要支持渔业增殖放流。

3. 动物防疫补助经费61亿元。一是强制免疫补助，主要用于国家和省级确定的重点动物疫病开展强制免疫、免疫效果监测评价、人员防护等相关防控措施，以及实施强制免疫计划、购买防疫服务等方面。二是强制扑杀补助，主要用于预防、控制和扑灭国家重点动物疫病过程中被强制扑杀动物的补助等方面，补助对象为被依法强制扑杀动物的养殖者。三是养殖环节无害化处理补助，主要用于养殖环节病死猪无害化处理等方面。按照"谁处理、补给谁"的原则，补助对象为承担无害化处理任务的实施者。

4. 农业生产救灾资金35亿元。对各地农业重大自然灾害及生物灾害的预防控制、应急救灾和灾后恢复生产工作给予适当补助。

5. 农村土地承包经营权确权登记颁证补助资金54亿元。支持推进农村土地承包经营权确权登记颁证和农垦国有土地使用权确权登记发证工作。

6. 渔业发展与船舶报废拆解更新补助资金240亿元。支持渔业油价补贴，推动海洋捕捞减船转产工作，支持渔船更新改造、渔船拆解、人工鱼礁、深水网箱、渔港及通讯导航等设施建设。

2017年，安排制种大县奖励资金5亿元，新启动实施17个制种大县奖励，实现了52个制种大县奖励全覆盖。此外，还推动安排农业保险保费补贴资金182亿元、目标价格补贴和生产者补贴689亿元、产粮（油）大县奖励416亿元、生猪（牛羊）调出大县奖励30亿元。

2017年，农业部部门预算资金283.6亿元，主要是用于保障履行职能，项目支出主要用于农业科研、农产品质量安全监管、农业面源污染和产地环境监测体系、长江流域和西藏重点水域渔业资源与环境调查等经费保障。

（二）建立以绿色生态为导向的农业补贴制度 2016年12月，农业部和财政部联合向各省级人民政府和有关部门印发了《建立以绿色生态为导向的农业补贴制度改革方案》。按照《方案》部署，遵循绿色引领、统筹兼顾、政府支持、市场引导、存量优化、增量倾斜、系统设计、稳妥推进的原则，以改革完善现有农业补贴政策为切入点，从制约农业可持续发展的重点领域、关键环节入手，初步构建了以绿色生态为导向、促进农业资源合理利用与生态环境保护的农业补贴政策体系和补贴制度。

1. 牢固树立绿色生态的补贴政策导向。围绕保障粮食等主要农产品供给安全、农民稳定增收和农业生态环境保护等目标，推动中央财政将促进绿色发展、农业可持续发展作为财政支农政策设计和实施的出发点和落脚点。在财政支农转移支付项目管理中，将绿色发展作为下达地方的任务清单和绩效评价指标体系的重要内容。例如，农机购置补贴对深松整地、节水灌溉、秸秆还田离田、残膜回收、畜禽粪污资源化利用、病死畜禽无害化处理等支持绿色发展的机具全面实行敞开补贴。

2. 积极稳妥推动农业补贴以数量导向为主向数量质量生态并重改革。将农业"三项补贴"改革为农业支持保护补贴，重点支持耕地地力保护和粮食适度规模经营，鼓励各地创新补贴方式方法，引导农民采取秸秆还田、深松整地、科学施肥用药、推进病虫害统防统治和绿色防控等综合措施，稳步提升耕地地力水平；大力支持适度规模经营，培育新型农业经营主体，鼓励发展绿色生态高效农业。改革渔业油价补贴政策，将补贴与耗油量、油价脱钩，逐步减少对国内捕捞业油价补贴水平，腾出来资金加大对近海捕捞渔民减船转产、海洋牧场建设支持，坚持推动增殖放流。

3. 增加重大生态资源保护补贴政策投入力度。重点是增量倾斜，加大机制成熟、急需保护的农业生态资源保护补贴。主要包括建立完善草原生态补偿制度，扩大退牧还草工程实施范围，启动实施新一轮草原生态保护补助奖励政策，适当提高禁牧和草畜平衡奖补标准，并将河北省兴隆等5个县纳入实施范围。加大耕地保护和休养生息，在地下水漏斗区、重金属污染区、生态严重退化地区探索建立耕地休耕制度，在东北开展黑土地保护利用试点。全面推进农业结构调整，扩大粮豆轮作、粮改饲试点。

4. 积极创设农业面源污染治理和废弃物综合利用补贴政策。按照"一控两减三基本"的目标要求，结合农业绿色发展"五大行动"，整合资金加大试点支持力度，探索有效的补贴模式。以河北省黑龙港流域为重点，开展地下水超采综合治理；以湖南省长株潭地区为重点，支持开展重金属污染耕地综合治理；以生猪、奶牛、肉牛养殖大县为重点，启动畜禽粪污资源化利用试点，推动规模化养殖场粪污就地就近资源化利用；以东北地区和环京津冀为重点，开展农作物秸秆综合利用试点，整县推动农作物秸秆以农用为主的综合利用；在内蒙古、甘肃、新疆选择部分重点地区推行地膜清洁生产，探索建立多种方式的回收利用机制；实施果菜茶有机肥替代化肥行动，集中推广堆肥还田、商品有机肥施用、沼渣沼液还田、自然生草覆盖等技术模式；支持农作物病虫害专业化社会化统防统治服务，推行绿色植保措施，减少农药使用。

（三）农业政策性信贷担保体系建设 贯彻落实2017年中央1号文件、《政府工作报告》有关精神，为切实解决农业农村"融资难、融资贵"问题，2016—2017年，财政部会同农业部、银监会大力推进全国农业信贷担保体系建设工作，推动各地完成省级农业信贷担保公司组建，并进入向下延伸分支机构、开展实质性运营阶段。

1. 召开全国农业信贷担保座谈会。2017年4月，召开了全国农业信贷担保座谈会，汪洋副总理出席会议并作重要讲话，对加快基层服务网络建设、快速拓展担保业务、加强部门协作配合等作出系统部署。要求准确把握农业信贷担保体系的政策性定位，坚持以满足农业生产需要和广大农民诉求为出发点，加快创新、推广农业信贷担保产品和业务模式，让农民尽快享受改革红利；强调加快建立健全财政支持的全国农业信贷担保体系，完善省级信贷担保机构，支持有条件的市县尽快建立担保机构，实现实质性运营。

2. 印发指导性文件。2017年5月，财政部等印发《关于做好全国农业信贷担保工作的通知》（财农〔2017〕40号），就扎实做好农业信贷担保工作提出明确要求。一是限定政策性业务范围"双控"标准。要求服务范围限定为农业生产及其直接相关的产业融合发展项目；服务对象聚焦家庭农场、种养大户、农民合作社、农业社会化服务组织、小微农业企业等农业适度规模经营主体，单户在保余额控制在10万～200万元，对适合大规模农业机械化作业的地区可适当放宽限额，但最高不超过300万元。二是明确担保费补助和业务奖补两项支持政策。其中，要求担保费用补助政策将使农民实际承担担保费率控制在1%～1.5%，有效降低其融资成本；业务奖补资金主要用于建立省级农业信贷担保系统风险资金池、风险代偿或转增资本金规模等，给省农担公司大胆开展业务吃下了定心丸。

3. 扎实推进信贷担保业务开展。截至2017年年底，除上海、西藏、深圳外，全国29个省（自治区、直辖市）及4个计划单列市已组建省级农担公司，并以办事处、分公司等形式设立了一批分支机构。各省农担公司积极创新业务模式，加快开发担保产品，完善风险防控体系，推动担保业务发展，主要担保对象是农业适度规模经营主体。其中，北京、重庆的业务规模对资本金放大比例超过2倍；安徽省农担公司通过开发"劝耕贷"产品，两年实现担保贷款额26亿元。

深入实施藏粮于地、藏粮于技战略

（一）建立粮食生产功能区和重要农产品生产保护区 建立粮食生产功能区和重要农产品生产保护区（简称"两区"）是党中央国务院为确保粮食等重要农产品有效供给作出的重大战略部署，是实施藏粮于地、藏粮于技战略的重要举措。

1. 政策措施。2017年3月，国务院印发《关于建立粮食生产功能区和重要农产品生产保护区的指导意见》（以下简称《意见》）提出，力争用3年时间完成70 533.33千公顷"两区"地块的划定任务，将"两区"内的水稻、小麦、玉米等粮食作物和大豆、棉花、油菜籽、糖料蔗、天然橡胶等重要农产品种植地块全部建档立册、上图入库，形成全国"两区"布局"一张图"，实现信息化和精准化管理。其中，粮食生产功能区划定水稻生产功能区22 666.67千公顷、小麦生产功能区21 333.33千公顷（含水稻和小麦复种区4 000千公顷）和玉米生产功能区30 000千公顷（含小麦和玉米复种区10 000千公顷），共计60 000千公顷；重要农产品生产保护区划定大豆生产保护区6 666.67千公顷（含小麦和大豆复种区1 333.33千公顷）、棉花生产保护区2 333.33千公顷、油菜籽生产保护区4 666.67千公顷（含水稻和油菜籽复种区4 000千公顷）、糖料蔗生产保护区1 000千公顷和天然橡胶生产保护区1 200千公顷，共计15 866.67千公顷（与粮食生产功能区重叠5 333.33千公顷）。2017年6月，农业部、国土资源部、国家发展改革委联合下发了《关于做好粮食生产功能区和重要农产品生产保护区划定工作的通知》，按照《意见》要求，根据"两区"划定总规模、各省（自治区、直辖市）现有耕地总面积及划定永久基本农田保护面积、粮食和重要农产品种植用地面积等因素，确定了各省（自治区、直辖市）的划定任务。

2. 主要做法和成效。为贯彻落实党中央国务院关于"两区"划定决策部署，有效推动"两区"划定工作，2017年6月，汪洋同志在全国"两区"工作电视电话会上作重要讲话，对全国"两区"工作做出部署。按照《意见》，原农业部会同发改、国土等部门着力加强工作落实与推动。一是积极做好文件宣贯工作。《意见》印发后，第一时间通过新华社编发韩长赋部长解读文章，在《农村工作通讯》《农民日报》刊发文件解读、专家观点等宣传文稿，收集"两区"相关文件材料，编制"两区"培训资料，编发发展计划动态等刊物解读政策、宣传地方试点工作经验。二是分层分片组织开展培训。在北京、黑龙江等地举办了6期培训班，以贯彻《意见》和国务院电视电话会议精神为重点，共培训省级农业部门及150个试点县干部600余人。三是加强技术支撑和保障。印发《粮食生产功能区和重要农产品生产保护区划定技术规程（试行）》，制定《粮食生产功能区和重要农产品生产保护区划定数据库规范（试行）》。在国家发改委等七部委印发的《关于扎实推进高标准农田建设的意见》，以及2018年新增千亿斤粮食产能投资专项中，明确要求各地原则上在已划或规划划入"两区"地块建设高标准农田。国务院电视电话会后，各地有序启动"两区"划定工作。各省（自治区、直辖市）成立由分管副省长任组长的划定工作领导小组，落实了"两区"划定任务的分解工作，选择了375个试点县，对"两区"内所有品种的划定工作开展先行先试。浙江省和上海市的粮食生产功能区划定探索早，已基本完成。四川和黑龙江两省初步完成了都江堰灌区、三江平原等核心片区划定工作。

（二）耕地质量保护与提升行动

1. 政策措施。2017年，农业部、财政部联合印发了《关于做好中央财政农业生产发展等项目实施工作的通知》，提出中央财政农业生产发展资金主要支持开展耕地地力保护等，具体开展耕地保护与质量提升、黑土地保护利用、农作物秸秆综合利用等工作，主要包括开展东北黑土地试点5亿元，耕地保护与质量提升8亿多元，农作物秸秆综合利用10亿元。2017年，农业部启动了果菜茶有机肥替代化肥试点、地下水超采区农业种植结构调整、农机深松整理、地膜回收利用等支农惠农项目，支持各地开展耕地质量保护与提升行动。

2. 主要做法。一是构建管理监督体系。落实最严格的耕地保护制度，将优质的耕地划为永久基本农田。结合粮食安全省长责任制和省级政府耕地保护目标责任考核，建立耕地质量保护考核机制，督促地方政府落实保护责任。试点建设一批耕地质量监测网点，跟踪耕地质量变化趋势，为耕地保护提供科学依据。二是构建政策投入体系。落实绿色生态为导向的农业补贴制度改革要求，加大中央财政投入力度，调动地方和农民的积极性。按照"取之于土、用之于土"的要求，鼓励地方政府利用好土地出让收益，积极整合相关资金，对农民开展耕地保护等给予补贴。三是构建科技支撑体系。统筹科研院校和农业技术推广单位的资源力量，开展土壤保育、土壤养分平衡、节水灌溉、旱作农业、保护性耕作、水土流失治理等技术协同攻关，集成组装一批耕地质量保护技术模式。在关键农时组织农机人员进村进户入田开展技术指导，着力提高农民的科学施肥、耕地保育水平。四是构建法律法规体系。积极推动耕地保护立法，严格规范土地利用和耕地质量保护行为，明确地方各级政府及耕地使用者的义务，加大执法和监督力度，做到依法管土、依法护土。加快修订完善《土地管理法》《基本农田保护条例》等法律法规，支持各地制定耕地质量保护地方性法规规章。

3. 实施成效。一是提升耕地质量。施用秸秆还田技术项目区耕层土壤有机质含量平均提高0.36克/千克，速效钾含量平均增加5毫克/千克，容重平均降低0.02克/立方厘米；施用有机肥技术项目区耕层土壤有机质含量平均提高0.52克/千克，土壤容重平均降低0.01克/立方厘米。二是实现节本增收。北方玉米秸秆还田后平均每亩可增产51千克，减少氮肥3.2千克，减少磷肥1千克，减少钾肥5.5千克，平均每亩节本增收80.7元。地力培肥平均亩增产28千克，亩均增收72.8元，每亩减少化肥用量4千克，节支20元。三是生态效益显著。改善空气质量和农村环境质量，避免了焚烧秸秆带来

的空气污染，消除了火灾事故隐患，保证了航空和高速公路交通安全。稻草、绿肥鲜草大量还田和有机肥的施用，可平均每亩减少化肥用量3.0千克以上，提高了化肥当季利用率，减少氮磷等养分排放。

（三）开展耕地轮作休耕制度试点 耕地轮作休耕制度试点是一项创新性的改革任务。农业农村部、财政部积极出台相关配套文件和政策，耕地轮作休耕制度试点顺利开展。

1. 政策措施。2015年10月，党的十八届五中全会首次提出，"探索实行耕地轮作休耕制度试点"。习近平总书记在就"十三五"规划建议起草情况向全会作说明时，专门对探索实行耕地轮作休耕制度试点作了重要阐述。2016年6月，经党中央、国务院同意，农业农村部会同财政部等10个部门和单位联合下发《探索实行耕地轮作休耕制度试点方案》，以资源约束紧、生态保护压力大的地区为重点，选择东北冷凉区、北方农牧交错区等地开展轮作试点，选择地下水漏斗区、重金属污染区、生态严重退化地区开展休耕试点。2016—2018年，中央财政累计安排资金98.36亿元，支持开展耕地轮作休耕制度试点。坚持轮作为主、休耕为辅，中央财政支持重点区域轮作休耕，地方财政自主开展轮作休耕。试点省份由9个增加到15个，试点面积由410.67千公顷增加到2 000千公顷。

2. 主要做法和成效。一是经济社会生态效益初显。三年来，在轮作休耕的区域，出现了一些积极的变化。东北轮作区实施玉米与大豆轮作，轮作试点补助加上大豆生产者补贴，大豆的亩收益与玉米基本相当。河北实行小麦冬季休耕后，只种植雨热同季的玉米，亩产提高10%以上。由于轮作效益好的带动，2016—2017年东北地区农民主动调减籽粒玉米2 000多千公顷，增加优质食用大豆、杂粮杂豆面

积1 333.33多千公顷。玉米改种大豆后，发挥了大豆固氮作用，减少了氮肥施用，病虫害发生率也明显下降。河北地下水漏斗区实施"一季休耕一季雨养"，133.33千公顷季节性休耕年压采地下水3.6亿立方米。二是政策框架基本构建。按照既保障承担试点任务的农户收入不减，又避免农户把轮作休耕当作增加收入的措施的原则，不断完善轮作休耕补助政策。注重作物间收益平衡，根据不同作物种植收益变化，合理测算轮作补助标准，让农民改种后有账算、不吃亏。比如东北冷凉区，按玉米大豆1∶3的收益平衡点，每亩补助150元。注重区域间收入平衡，综合考虑不同区域间经济发展水平、农民收入等因素，特别是中西部地区和东部地区的收入差异，合理测算休耕补助标准，每亩补助500～800元。任务精准落实到户，与每个试点农户签订3年的轮作休耕协议，明确相关权利、责任和义务，特别是休耕地要做到休而不退、休而不废。补助资金精准发放到户，明确补助对象是实际生产经营者，而不是土地承包者，防止出现争议和纠纷。三是技术模式、组织方式不断健全。在试点中，注重坚持生产与生态相协调、适区与适种相一致的原则，创新技术模式。东北冷凉区建立了玉米与大豆、杂粮、饲草等"轮作倒茬"模式，地下水漏斗区建立了一季休耕一季雨养"单季高产高效"模式。同时，积极推动组织方式不断完善，建立中央统筹、省级负责、县级实施的工作机制；探索集中连片、整体推进的规模化轮作休耕方式，比如黑龙江把轮作任务集中安排在第三、四、五积温带的规模种植区域；实行主体带动、示范引领，将家庭农场、农民合作社等新型经营主体优先纳入轮作休耕制度试点，成为示范带动轮作休耕的重要力量。

（四）东北黑土地保护利用

1. 政策措施。2017年，农业部会同国家发展改革委、财政部、国土资源部、环境保护部、水利部编制了《东北黑土地保护规划纲要（2017—2030年）》（以下简称《规划纲要》）。《规划纲要》经国务院同意，已于2017年6月印发内蒙古、辽宁、吉林、黑龙江4省（自治区）人民政府实施。《规划纲要》提出，到2030年，集中连片、整体推进，实施黑土地保护面积16 666.67千公顷，基本覆盖主要黑土区耕地。通过治理修复，基本遏制黑土退化趋势，将东北黑土区耕地质量平均提高1个等级以上，加快建成一批集中连片、土壤肥沃、生态良好、设施配套、产能稳定的商品粮基地。2017年，中央财政安排5亿元专项资金，在17个试点县安排3 000万元，大力度支持黑土地保护措施的落实。

2. 主要做法和成效。一是强化行政推动。督促东北4省（自治区）人民政府压实黑土地保护责任，构建上下联动、协同推进的工作格局。各地联合成立了黑土地保护利用试点项目实施领导小组。二是推进科技创新。组织开展黑土保育、土壤养分平衡、节水灌溉、旱作农业、保护性耕作、水土流失治理等技术攻关，集成5大类17个黑土地保护利用技术模式，其中，耕作层深松耕保水保肥类技术模式4个，积造利用有机肥控污增肥类技术模式5个，科学施肥灌水节水节肥类技术模式1个，控制土壤侵蚀保土保肥类技术模式4个，调整优化结构养地补肥类技术模式3个。组装一批黑土地保护技术模式。三是强化技术指导。开展黑土地退化防治和耕地质量保护技术指导，组织机关干部和农技人员，采取进村入户、蹲点包片等方式，培训试点县农业部门技术骨干。四是加强调度监测。结合国家耕地质量监测网络建设，加大投入、加密布点，建立了251个监测点，定期监测黑土地耕地质量变化趋势，提出改良治理措施。五是创新投入机制。引导各类新型农业经营主体参与黑土地保护，探索建立政府、企业、社会共同参与的多元化投入机制。据统计，已有355家农机合作社、家庭农场、种粮大户参与黑土地保护利用试点项目，服务面积264千公顷。监测结果表明，与2015年项目实施前比，2017年试点区土壤有机质含量稳中回升，平均含量31.2克/千克，提高3.3%；耕层厚度明显增加，平均厚度28.2厘米，提高36.2%；土壤板结状况一定程度得到缓解，土壤容重平均1.26克/立方厘米，下降3.2%；土壤肥力指标全面向好，表现出较强的养分供给能力，全氮、有效磷、速效钾含量处于高水平状态；土壤酸化一定程度改观，土壤pH总体变化不大，部分区域略有上升；土壤重金属处于健康安全状态，绝大部分耕地可作为绿色和有机农产品生产基地；内蒙古、吉林试点区耕地质量提高0.5个等级。

（五）高标准农田建设

1. 政策措施。按照深化党和国家机构改革的要求，整合分散在发展改革、财政、国土资源、水利等部门的相关职责，统筹开展高标准农田建设。统筹不同渠道资金，加大投入力度，确保到2020年建成8亿亩、力争建成10亿亩高标准农田。建立健全高标准农田建设全程监管机制，统一建设标准、统一监管考核、统一上图入库。完善建后管护机制，确保高标准农田发挥长久作用。创新高标准农田投融资机制，在进一步加大政府投入力度的同时，吸引社会资金进入，拓宽投资渠道，加快建设步伐。

2. 主要做法和成效。长期以来，党中央、国务院高度重视农田建设工作。2013年10月，国务院批复了《全国高标准农田建设总体规划》，明确提出到2020年建成8亿亩高标准农田。2016年中央1号文件、"十三五"规划纲要进一步提出，到2020年建成8亿亩、力争建成10亿亩高标准农田。《乡村振兴战略规划（2018—2022年）》提出"确保到2022年建成10亿亩高标准农田"。近年来，各部门合力推进，建设了一大批优质农田。据发展改革委和原国土资源部统计，2011—2017年，全国已建设高标准农田约37 333.33千公顷（其中，2017年建设高标准农田5 333.33千公顷），建成的高标准农田抵御自然灾害的能力显著增强，耕地的质量和产能明显提升，耕地质量大约能提升1～2个等级，粮食产能大约提高10%～20%，亩均粮食产量提高100千克左右，为保障国家粮食安全夯实了基础。

（六）农业科技支撑

1. 政策措施。一是大力实施基层农技推广体系改革与建设补助项目，在全国2 436个农业县（市、区、场）继续加强基层农技推广体系改革建设，支持基层农技推广机构及时高效的提供农业公共服务，推广应用了一大批农业重大品种、关键技术和重要模式，为支撑藏粮于地、藏粮于技战略提供了有力保障。二是立足产业需求组织开展科技创新，增强粮食生产科技成果的供给能力。在启动建设的50个农产品产业技术体系中，与粮食生产紧密相关的有水稻、小麦、玉米、大麦青稞、谷子高粱、燕麦荞麦和马铃薯7个体系，共有首席科学家7人、岗位科学家226人、综合试验站260个，2017年中央财政投入经费29 030万元。三是以转基因生物新品种培育重大专项等项目为载体，不断提升自主创新能力和转化应用水平。推动实施中国农业科学院农业科技创新工程，稳定支持科研团队开展持续科技攻关和技术集成模式创建。加快基层农技推广体系改革与建设步伐，推动粮食生产科技成果的转化应用。四是推动基层农技推广体系改革创新。探索公益性与经营性农技推广融合发展、基层农技人员提供增值服务合理取酬和加强贫困地区基层农技推广服务供给的有效机制，激发人员活力、提升服务效能。

2. 主要做法和成效。一是强化现代农业产业技术体系建设，以农产品为单元，以产业为主线，引导和支持农业科技创新要素向我国农业生产实践需要集中，使农业科研力量得到了优化整合，提升了农业科技整合力。二是育成一批高产优质抗逆和适应于机械化的粮食作物新品种并获得大面积示范推广，攻克了粮食作物优质高效生产关键技术，重大病虫草害防控技术水平得到显著提升，开发了高效实用的粮食作物机械化技术体系，粮食作物加工科技含量不断提升，质量安全检测技术不断强化。专项实施以来，我国转基因核心技术和新品种培育不断突破，形成了一批重大成果。在转基因玉米、水稻等研究取得重大突破。自主创新能力显著提升。构建了水稻、棉花、玉米、大豆、小麦等主要农作物规模化转基因技术体系，其中粳稻转化效率达到80%以上，籼稻转化效率由1%提高到40%以上，小麦转化效率由1%提高到20%以上。三是创制出了一批具有重要应用前景的抗虫、耐除草剂、抗旱节水和营养功能型的玉米、大豆、水稻等转基因新品系，具备与国外同类产品抗衡和竞争能力。2017年，相关科研团队取得国审（登记）农作物新品种34项，省审（登记）93农作物新品种93个，新兽药17个，新农机49个，发明专利700多项，开展的主要农产品绿色增产增效技术集成模式研究工作，共集成180多项技术，构建38套生产模式，建立试验示范基地120个，示范面积10千公顷，带动区域66.67多千公顷，示范奶牛、肉羊、生猪40多万头，覆盖全国18个省份，为保障粮食和主要农产品的持续稳定供应提供了有效支撑。四是推动机制创新，通过建设一批国家农业科技创新联盟，通过推动企业、高校、科研院所开展协同攻关，解决了农业发展和粮食生产等方面行业性区域性公共性的一系列技术问题，为产业发展和保障粮食生产提供了有力的支撑。五是开展农技推广服务特聘计划试点。从新毕业大学生、农业乡土专家、种养能手、新型农业经营主体技术骨干、科研教学单位一线服务人员中招募160余名特聘农技人员，帮助贫困地区农户科学发展特色产业，开展技术指导服务，宣传脱贫攻坚政策，提升基层农技推广体系的服务效能和活力。六是推动促进科技成果转移转化有关决策部署落地。研究出台《关于深入推进高等院校和农业科研单位开展农业技术推广服务的意见》，构建服务平台，加强农业科技成果转化落地。2017年部属科研机构签订成果转化合同221项，技术开发、咨询、服务合同3 354项，合同总金额超过12亿元，依托全国农业科技成果转移服务中心展示农业科技成果2 000多项，促进成果交易203项，交易额超过7亿元。一大批农业科技成果被转化应用与生产环节，有效解决了农业生产和产业发展中的关键瓶颈问题，延长了产业链，提升了产品附加值，推动了农业供给体系的优化。

推进乡村绿色发展

（一）大力推进农业供给侧结构性改革，推进农业提质增效 以提高农业供给质量效益为主攻方向，优化农业产业体系、生产体系、经营体系，提高农业农村现代化水平。一是调整优化农业区域布局。立足各地资源禀赋和区位优势，推动建立与资源环境承载力相匹配的农业发展新格局。按照国务院印发的《关于建立粮食生产功能区和重要农产品生产保护区的指导意见》，继续推进60 000千公顷粮食生产功能区、15 866.67千公顷重要农产品生产保护区划定工作，确保将优质耕地稳定地用于粮棉油糖等重要农产品生产，目前各地正积极落实"两区"划定工作。农业农村部会同国家发改委聚焦特色粮经作物、特色园艺产品、特色畜产品、特色水产品、林特产品五大类29个重点品种（类），创建并认定浙江省安吉县安吉白茶等第一批62个特色农产品优势区。二是增加优质绿色农产品供给。坚持质量兴农、绿色兴农、品牌强农，稳步发展绿色、有机和地理标志农产品，打造一批优质农产品品牌。稳定水稻、小麦生产，截至2017年年底累计调减"镰刀弯"（包括东北冷凉区、北方农牧交错区、西北风沙干旱区、太行山沿线区及西南石漠化区，在地形版图中呈现由东北向华北—西南—西北镰刀弯状分布）等非优势产区籽粒玉米种植面积近1 333.33千公顷，增加优质食用大豆、薯类、杂粮杂豆等品种的种植面积。大力发展设施高效农业和牛羊等草食畜牧业，扩大青贮玉米、苜蓿等优质牧草生产，加快构建"粮经饲"协调发展三元结构。三是积极发展休闲农业和乡村旅游。推介一批美丽休闲乡村和精品旅游线路，挖掘农业休闲观光、文化传承、生态涵养价值。目前，已认定休闲农业和乡村旅游示范县388个，推介中国美丽休闲乡村560个，有力促进了农村水电路气房讯等基础设施建设和农村人居环境改善。

（二）着力加强农业资源保护，促进资源永续利用　针对我国人多地少水缺的国情农情，加大农业资源保护力度，推动农业生产由依赖资源消耗向绿色生态可持续转变。一是全面保护与提升耕地质量。实行最严格的耕地保护制度，配合自然资源部完成103 333.33千公顷永久基本农田划定工作。按照中央部署要求，在东北冷凉区、北方农牧交错区、河北黑龙港地下水漏斗区、湖南长株潭重金属污染区、西南石漠化区、西北生态严重退化区等地区，推行耕地轮作休耕制度试点，2017年达到800千公顷。试点工作坚持生态优先、综合治理、轮作为主、休耕为辅，集成了一批保护与治理并重的技术模式。二是加强草原生态保护。推行基本草原保护、禁牧休牧和草畜平衡制度，实行草原生态保护补助奖励政策，实施退牧还草、退耕还林还草、京津风沙源草地治理等工程，强化草原灾害防控和执法监管，着力保护和恢复草原生态环境。三是建立渔业资源保护制度。加强水生生物自然保护区和水产种质资源保护区建设，大力实施增殖放流，在2017年6月6日"放鱼日"举办全国大型增殖放流活动400多场，放流各类水生生物苗种超50亿尾。不断完善休渔禁渔制度，将禁渔期制度从长江、珠江等流域扩大到黄河流域，明确从2018年4月1日起，在黄河流域实施禁渔，期限为每年的4月1日12时至6月30日12时。启动以长江为重点的水生生物保护行动，率先在长江流域水生生物保护区实现全面禁捕。四是持续加强农业生物多样性保护。加强种质资源收集与保护，建立种质资源库、保护区和保护地相结合的种质资源保护体系。加强畜禽遗传资源和农业野生植物资源保护，开展江豚、中华鲟等濒危动植物物种专项救护。

（三）坚决打好农业面源污染防治攻坚战，改善农产品产地环境　以"一控两减三基本"（控制农业用水总量，化肥、农药使用量减少，畜禽粪污、农作物秸秆、农膜基本资源化利用）为目标，坚持投入减量、绿色替代、综合治理，农业面源污染加剧的趋势得到有效遏制。一是加快发展节水农业。落实最严格的水资源管理制度，建立11个高标准节水农业示范区。在东北、华北、西北等地大力发展旱作农业，推广水肥一体化、喷灌滴灌等节水技术。目前，每年农业用水总量稳定在3 800亿立方米左右，占全社会用水总量的比重持续下降，利用率逐年提高，2016年农业用水比例下降到62.4%，农田灌溉水有效利用系数提高到0.542。二是实施化肥农药使用量零增长行动。推进种植绿肥、增施有机肥，扩大测土配方施肥范围。在苹果、柑橘、设施蔬菜、茶叶优势产区，2017选取100个县实施果菜茶有机肥替代化肥试点示范。加大绿色防控力度，推进农作物病虫害专业化统防统治，集成推广全程农药减量增效模式。化肥用量2017年实现负增长，农药用量连续3年负增长，提前3年实现化肥农药零增长目标。三是推进养殖粪污综合利用。优化养殖布局，全面推进禁养区划定，已划定禁养区9.2万个，关闭搬迁规模养殖场户25.8万家。2017年安排79个县实施整县推进畜禽粪污资源化利用专项，形成了一系列成效显著的粪污治理模式。目前，全国畜禽粪污综合利用率达到64%，养殖环境条件水平明显改善。四是推进秸秆地膜综合利用。大力推进秸秆机械化还田，开展秸秆综合利用试点。目前，全国秸秆还田面积达46 666.67千公顷，牛羊粗饲料70%左右来源于秸秆，秸秆综合利用率达82%。开展地膜综合利用示范，实行农膜回收补贴。推动修订农用地膜强制性国家标准，新的国家标准已于2017年12月公布。

（四）坚持"产出来"和"管出来"两手抓，努力提升农产品质量安全水平 一手抓标准化生产，一手抓质量安全监管，农产品质量安全形势稳中向好。一是推进农业标准化生产。截至2017年年底，我部共制定发布农业国家标准和行业标准12 695项，其中国家标准6 678项，行业标准6 017项，基本覆盖我国常用农兽药品种和主要食用农产品。国家标准中，农药残留限量标准4 140项，兽药残留限量标准1 548项，饲料安全标准67项，转基因安全标准166项，检测方法等标准757项。创建标准化示范县185个，建设园艺作物标准园、畜禽标准化养殖场和水产健康养殖场1万多个。

二是加强农产品质量安全监管。推进农兽药等专项整治，严打非法添加、制假售假、私屠滥宰等行为。加大农产品质量安全监测力度，国家例行监测范围扩大到152个大中城市、5大类产品108个品种、94项指标，基本涵盖主要城市、产区、品种和参数。加强执法监管，实现全程监管，逐步建立农产品质量安全可追溯体系。近年来，我国农产品质量安全形势稳中向好，2017年全国主要农产品例行监测总体合格率为97.8%。

（五）加大改革创新力度，构建农业绿色发展长效机制 一是加强顶层设计。按照党中央部署，牵头起草《关于创新体制机制推进农业绿色发展的意见》，文件经中央深改组会议审议通过，于2017年9月以中办国办名义印发，成为党中央印发的第一个推进农业绿色发展的文件。二是强化科技支撑。组织开展《农业绿色发展科技体系规划》编制工作，优化农业科技资源布局，推动科技成果、科技人才等要素向农业绿色发展倾斜。建设一批现代农业产业科技创新中心，推动建立联合试验示范基地，成立畜禽养殖废弃物资源化利用等国家科技创新联盟。三是推动制度创新。配合财政部出台《建立以绿色生态为导向的农业补贴制度改革方案》，健全耕地保护补偿、生态补偿制度，建立财政资金分配与农业生态文明挂钩的激励约束机制。健全农业信贷担保体系，加快构建多层次、广覆盖、可持续的农业绿色发展金融服务体系。开展农业面源污染防治延伸绩效考核，健全完善考核机制。四是开展先行先试。会同国家发改委、科技部、财政部等8部委，确定浙江省、福建漳州市、河北省围场县等40个第一批国家农业可持续发展试验示范区，作为首批农业绿色发展试点先行区，因地制宜总结一批发展模式和技术集成，提炼推广一批绿色发展制度，以点带面，为全国农业绿色发展提供样板。

农村土地承包经营权确权登记颁证

（一）政策背景及主要内容　农村土地承包经营权确权登记颁证工作，是深化农村土地制度改革的基础性工作，事关农村长远发展和亿万农民的切身利益。党中央、国务院对此高度重视，习近平总书记指出，建立土地承包经营权登记制度，是实现土地承包关系稳定的保证，要把这项工作抓紧抓实，真正让农民吃上"定心丸"。2013年中央1号文件明确提出"用5年时间基本完成农村土地承包经营权确权登记颁证工作，妥善解决承包地块面积不准、四至不清等问题"；2014年中央1号文件再次强调"抓紧抓实农村土地承包经营权确权登记颁证工作"；同年底，中办国办《关于引导农村土地经营权有序流转发展农业适度规模经营的意见》（中办发〔2014〕61号）对土地承包经营权确权登记颁证工作作了系统部署；2015年中央1号文件提出"扩大整省推进试点范围，总体上要确地到户"；2016年中央1号文件强调"抓紧完成土地等资源性资产的确权登记颁证"；2017年中央1号文件又强调"加快推进农村承包地确权登记颁证，扩大整省试点范围"。按照中央要求，2014年开始，农业部、中央农办、财政部等部门部署开展整省试点，并逐年扩大试点范围，扎实推进农村承包地确权工作。

（二）推进政策实施的主要措施　各地各有关部门认真贯彻落实党中央、国务院的决策部署，集中力量，进一步加大了承包地确权登记颁证试点工作力度。一是加强部署指导。为贯彻落实中央1号文件和国务院领导指示精神，2017年2月，组织召开全国农村承包地确权登记颁证工作视频会议，总结交流前一段工作成

效，分析当前面临形势，对下一阶段工作进行再强调、再部署。韩长赋部长出席会议并讲话，要求实施分类指导，明确不同重点任务，加快推进农村承包地确权登记颁证工作，确保按期保质完成好中央交办的任务。2017年底，专门召开深化农村改革情况交流会，韩长赋部长对确权工作作出重要部署。二是明确工作要求。针对当前农村承包地确权登记颁证工作面临的整体形势及各地进展情况，2017年3月，印发了《农业部关于加快推进农村承包地确权登记颁证工作的通知》，进一步研判工作形势，明确重点任务和工作要求，实施分类指导，加快推进试点工作开展，确保各地按时保质完成承包地确权工作。2017年3月，针对各地实际执行中反映的问题，印发了《农业部办公厅关于修订〈农村土地承包经营权证印制标准（试行）〉的通知》，进一步规范并做好承包经营权证的印制、管理和发放等工作。三是部署数据汇交。为加快推进承包地确权登记数据库成果的逐级汇交，2017年3月，印发了《农业部办公厅关于做好农村承包地确权登记数据库成果汇交工作的通知》，明确汇交要求，细化不同进展省份2017年汇交具体任务，实行靶向施策，年底按期对账。四是强化工作督查。为了解各地进展和相关会议文件贯彻落实情况，2017年组织力量赴内蒙古、河北、山西、广东、福建、山东等21个省份开展督查调研，了解各地在推进承包地确权过程中存在的问题，并指导提出下一阶段重点工作任务，推动又好又快完成确权工作。五是探索成果应用。在扎实做好承包地确权工作的基础上，积极开展确权成果应用推广，在土地流转、互换并地解决土地细碎化、承包经营权抵押贷款、耕地轮作休耕等方面探索利用确权成果，不断释放确权红利。

（三）政策执行情况及效果评价　经过各地各部门的不懈努力，确权工作取得了积极

进展。截至2017年年底，全国31个省（自治区、直辖市）均开展了承包地确权工作，共涉及2 747个县级单位、3.3万个乡镇、54万个行政村；承包地确权面积77 266.67千公顷，占二轮家庭承包地（账面）面积的80%以上；发放土地承包经营权证1.06亿份。天津、河北、山西、上海、江苏、安徽、江西、山东、河南、湖北、湖南、海南、四川、贵州、陕西、甘肃、宁夏等17个省份已向党中央、国务院提交基本完成报告。通过"确实权、颁铁证"，农村承包地确权工作取得了明显成效。

1. 摸清了承包地底数。通过确权，基本解决了以往承包地块四至不清、面积不准等历史遗留问题，特别是西部省份和山区，原来承包地账面面积和实际面积出入较大，通过确权摸清了承包地家底，农民得到了实惠。宁夏回族自治区确权面积比二轮承包合同面积增加了近40%，江西省确权面积较二轮承包面积增加了16.3%。

2. 保障了承包权益。各地按照新的承包合同样式补签、完善了承包合同，内容更加完整，权利义务更加清晰，有效保障了农民的土地承包权益。

3. 解决了承包纠纷。各地在确权过程中，有效解决了一批历史遗留的承包纠纷问题，土地边界权属更加清晰，农户经营更加安心。天津市共调处土地承包经营纠纷1 400余起，得到了当事人的普遍好评，地界不清、人地矛盾等一批历史遗留问题依法依规得到解决。

4. 促进了土地流转。土地确权稳定了农户承包关系，促进了农户承包地流转，为推动土地适度规模经营和发展多种形式新型经营主体打下坚实基础。四川省开展确权工作以来，土地流转总面积累计1 356.27千公顷，占耕地总面积34.9%，较开展确权前增加11.6个百分点。

5. 推动了经营权抵押。土地确权为开展土地经营权抵押融资提供了有利条件，撬动了金融资本投入农业农村发展，在一定程度上解决了农户特别是新型经营主体缺乏抵押物、融资难等问题。截至2017年年末，全国试点地区农村承包土地经营权抵押贷款余额达到319亿元。

专栏24

大力推进农业生产托管

一、主要内容

在相当长时期内，小农户仍是我国农业生产的基本面，以普通农户为主的家庭经营仍是农业的基本经营方式。推进农业现代化建设，决胜全面建成小康社会，重点难点在小农户。党中央、国务院高度重视小农户发展。党的十九大作出关于实施乡村振兴战略的重大部署，明确提出要健全农业社会化服务体系，实现小农户和现代农业发展有机衔接。习近平总书记在2017年中央农村工作会议指出，大国小农是我们的基本国情农情，要培育各类专业化市场化服务组织，提升小农生产经营组织化程度，促进小农户和现代农业发展有机衔接。从实践看，发展农业生产性服务业，推进农业生产托管，为农民提供社会化服务，是在不改变集体土地所有权、承包权、不流转土地的情况下，发展服务规模经营、提高农业规模效益的重要途径。2017年，农业部采取措施加快发展农业生产性服务业，大力推进农业生产托管，进一步健全农业社会化服务体系。

1. 加快农业生产性服务业发展。2017年6月，农业部、国家发改委、财政部联合下发了《关于加快发展农业生产性服务业的指导意见》（农经发〔2017〕6号），对加快发展面向广大小农户和新型经营主体、贯穿于农业生产全链条的农业生产性服务业作出了全面部署。发展农业生产性服务业，加快转变农业发展方式和工作机制，有利于发展壮大集体经济，发挥集体经济组织"统"的功能，是巩固和完善基本经营制度的必然要求；有利于引入现代生产要素，对传统农业进行改造，是实现中国特色农业现代化的重要路径；有利于发展服务规模经营，是规模经营方式的重大创新；有利于深化农业供给侧结构性改革，是实现质量兴农、绿色兴农的有效路径。发展农业生产性服务业，要遵循坚持市场为导向、服务农业农民、创新发展方式、注重服务质量等发展原则，着眼于满足小农户和新型经营主体的经营需求，围绕产前、产中、产后全过程，重点发展市场信息、农资供应、绿色技术、废弃物资源化利用、农机作业、初加工、市场营销等领域的生产性服务，要大力培育多元服务组织，创新服务方式，规范服务行为，不断提升农业生产性服务业对小农户服务的覆盖率。

2. 大力推进农业生产托管。农业生产托管是农户等经营主体在不流转土地经营权的条件下，将农业生产中的耕、种、防、收等全部或部分作业环节委托给农业生产性服务组织完成的农业经营方式。在当前条件下，农业生产托管是推进农业生产性服务业、带动普通农户发展适度规模经营的主推服务方式和重要抓手。为推进农业生产托管加快发展，2017年6月，农业部联合财政部在中央财政农业生产发展专项中安排资金30亿元，用于支持以农业生产托管为主的社会化服务，财农两部办公厅联合印发《关于支持农业生产社会化服务工作的通知》（农办财〔2017〕41号），重点支持服务组织为小农户提供深耕深松、工厂化育秧、统防统治等全部或部分关键环节的生产托管服务，带领小农户发展现代农业，推动服务规模经营。2017年9月，农业部办公厅印发了《关于大力推进农业生产托管的指导意见》（农办经〔2017〕19号），要求各地坚持因地制宜原则，鼓励各地因地制宜，重点支持小农户开展粮油棉糖等大宗农产品的生产托管；重点支持小农户开展现代农业建设短板环节和农户群众欢迎环节的农业生产托管。鼓励各地针对农业劳动力状况、农户生产需求、服务组织服务能力，重点支持适合本地区发展的农业生产托管模式。鼓励各地根据土地资源条件、劳动力转移程度、农业机械化发展水平等情况，重点支持规模效益比较突出、带动小农户比较多的服务规模经营。针对服务标准、质量、价格、信用等方面加强制度建设，指导各地通过制定服务标准和规范、引导服务组织合理确定服务价格、强化合同指导和管理、加强服务组织动态监测，推动开展农业生产性服务业行业管理，强化规范引导，不断提升农业生产托管对小农户服务的覆盖率。

二、主要成效

在政策的扶持下，农业生产托管发展迅速。截至2016年年底，全国以综合托管系数计算的农业生产托管面积为15 466.67千公顷，从事农业生产托管的服务组织数量达到22.7万个，服务农户3 600多万户。农业生产托管在带动小农户发展现代农业、发展壮大集体经济、促进粮食生产节本增效、推进农业绿色发展等方面发挥了显著作用。

1. 带动了小农户发展现代农业。当前，我国农村存在着大量想种地但无力种地或不愿全程种地的农户。服务组织为小农户开展单环节、多环节或全程托管服务，可以适应不同生产发展水平农户的需求，既满足了农户参与生产的愿望，又通过统一服务，将先进适用的品种、技术、装备等引入农业生产，带动农户发展现代农业。

2. 发展壮大了集体经济。各地积极探索村党支部通过依托集体经济组织举办合作社、联系社会化服务组织等方式为农户提供生产托管服务，充分发挥了集体经济组织为家庭经营提供社会化服务的功能，又通过统一经营壮大了集体经济。据统计，在22.7万个从事托管的服务组织中，村集体经济组织有6.1万个，占27%。

3. 促进了粮食生产节本增效。服务组织通过集中采购农业生产资料，集中连片开展农机作业，显著降低农业生产各环节的生产成本，提高了农产品单产和品质，实现了粮食生产节本增效。据辽宁、江苏、浙江、山东4省的抽样调查，通过开展农业生产托管，产中环节和产前环节每年每亩分别节约成本105.10元和85.62元，产后环节每年每亩可节约成本50.52元，其他环节每年每亩可节约成本20.54元；同时，每年亩均增加粮食产量40.39千克，每千克售价平均提高0.1元，由此实现每亩增收223.5元。

4. 推进了农业绿色发展。服务组织为小农户开展绿色生产服务，减少了农药、化肥用量，提高了病虫害防控水平和土壤肥力，促进了农业绿色发展。据辽宁、江苏、浙江、山东4省的抽样调查显示，小农户通过农业生产托管，采用测土配方施肥、统防统治、绿色防控等先进生产技术，化肥施用量可以降低40%，农药施用量可以降低50%以上。

减轻农民负担

（一）主要政策内容 为切实维护农民合法权益，保持农村社会和谐稳定，按照党中央、国务院有关精神和2017年中央1号文件要求，经国务院减轻农民负担联席会议同意，农业部、财政部、发展改革委、国务院法制办、教育部、新闻出版广电总局联合下发了《关于做好2017年农民负担监管工作的意见》，各地区各有关部门深入贯彻落实，积极采取有效措施，推动各项减负惠农政策落地生根，确保新时期全国农民负担总体水平稳中有降。

1. 加强村级组织和新型农业经营主体负担监管。全国农民负担监测和检查情况显示，近年来部分地区村级组织负担有所增加。按照中央切实减轻村级组织公共服务支出负担的要求，进一步加大对村级组织负担的监测和检查力度，及时纠正向村级组织乱收费和集资摊派行为，健全村级组织支出的村民民主管理制度和部门监督管理制度。各地在开展新农村建设和扶贫开发工作中，要从实际出发、量力而行，严禁向村级组织摊派、集资或者要求村级配套；有关部门和单位安排村级组织协助开展工作，要有相应经费保障，严禁违规将工作经费转嫁村级组织。推动落实村级组织运转经费保障机制，不断提高村干部报酬、村办公经费，严格执行村级组织公费订阅报刊"限额制"。加强对专业大户、家庭农场和农民合作社等新型农业经营主体的负担监管，坚决查处在生产经营活动中违规设立的行政事业性收费，推动落实各项扶持政策，进一步减轻新型农业经营主体负担。

2. 严格监管涉农收费和价格。加强涉农收费和价格监管，进一步完善和落实涉农收费文件"审核制"，严格审核把关新出台的涉农收费文件。全面推进涉农收费和价格"公示制"，相关事项必须在乡镇政府和收费单位现场公示，及时更新内容，确保公示效果。认真贯彻落实国务院简政放权、放管结合、优化服务总体部署要求，把已经取消的涉农收费项目、行政审批、资格准入等落实情况列为当前监管重点，严禁经营公用事业的企业超标准收费、强制服务收费和搭车收费。全面落实城乡义务教育经费保障机制，统一城乡义务教育学生"两免一补"政策，落实好集中连片特困地区乡村教师生活补助政策。继续开展对农村义务教育、计划生育、农民建房、农机服务、殡葬服务、农民用水用电等领域收费和价格的专项治理检查，对涉农收费和价格政策的执行情况进行督导。

3. 完善村级公益事业"一事一议"筹资筹劳办法。贯彻落实《国务院办公厅关于创新农村基础设施投融资体制机制的指导意见》（国办发〔2017〕17号），健全农村公益事业基础设施建设投入机制，完善村民一事一议制度，合理确定筹资筹劳限额。尊重农民主体地位，加强宣传教育，严格履行"一事一议"程序，鼓励农民和农村集体经济组织自主筹资筹劳建设村内基础设施。村级公益事业"一事一议"筹资筹劳过程中特别注意照顾贫困、伤残等特殊群体的利益，落实好有关减免政策。推行农村基础设施建设项目公示制度，发挥村民理事会、新型农业经营主体等监督作用。

4. 着力解决贫困地区农民负担问题。加大对贫困地区涉农收费减免和扶贫资金使用等强农惠农富农政策落实到村到户情况的监督检查力度，加强对贫困地区农民负担问题的跟踪调查、情况核实和督查督办，在国家扶贫开发工作重点县开展涉农乱收费乱摊派专项治理，严肃查处和纠正违规行为，切实维护农民经济利益。推动提高贫困地区交通、水利、电力等基础设施建设省级财政投资补助比重，省级"一事一议"财政奖补资金要向贫困地区倾斜。把贫困地区村级公益事业建设负担作为监管的重点内容，严格落实国家在贫困地区安排的公益性建设项目取消县级配套资金的政策，严禁向乡镇、村级组织和农民层层摊派。组织实施高中阶段教育普及攻坚计划，继续做好免除普通高中建档立卡贫困家庭学生学杂费相关工作。

5. 强化农民负担监督检查。国务院减轻农民负担联席会议继续认真组织开展农民负担年度检查，地方各级农民负担监管部门不定期、有重点地开展抽查，并积极向当地党委政府报告减轻农民负担工作情况。中央和地方联合开展农民负担综合治理，制定治理方案，排查突出问题，限期整改到位，有效解决区域性农民负担问题。地方各级农民负担监管部门积极配合中央和地方各级纪检监察部门整治发生在农民群众身边涉及农民负担的不正之风和腐败问题，及时做好有关违规违纪线索的移交工作，严肃查处侵害农民利益行为。创新监管思路，探索利用新媒体、大数据等手段加强监管，总结推广农民负担监管的好经验好做法。

6. 健全农民负担监管工作机制。坚持地方党政主要领导亲自抓、负总责的工作制度，完善"谁主管、谁负责"的专项治理部门责任制，强化分工协作、齐抓共管的工作机制。坚持实行减轻农民负担"一票否决"制度，推动将农民负担监管工作纳入政府工作目标考核，健全减轻农民负担工作逐级督导制度。进一步完善农民负担监督卡制度，及时更新减负和惠农补贴政策，标明举报电话，便于农民群众监督和反映问题。加强农民负担监测体系建设，修改完善农民负担监测指标，提高实时监测效果。各级减轻农民负担工作领导小组或联席会议办公室积极发挥沟通协调作用，完善有关制度，切实履行职责。稳定和加强农民负担监管工作机构和队伍，保证工作经费，提高服务指导能力，确保农民负担监管工作有效开展。

（二）政策执行情况 2017年，在各级党委、政府的高度重视和有关部门的共同努力下，农民负担监管工作取得显著成效，全国农民负担继续保持在较低水平，得到了广大基层干部和农民群众的认可和支持。

1. 严肃查处加重农民负担突出问题。2017年各地围绕农村义务教育、农民建房、农业用水用电等群众反映强烈的问题，重点针对向村级组织、新型农业经营主体乱收费乱摊派等问题开展了专项治理，全国取消收费项目和文件209个，取消涉农乱收费3 506件，处理相关责任人406人；查处有关部门和单位向村级组织摊派问题案件3 614件，处理相关责任人311人。清理摊派费用3 500多万元，减轻农民负担3.35亿元。

2. "一事一议"筹资筹劳管理进一步规范。部署落实《国务院办公厅关于创新农村基础设施投融资体制机制的指导意见》（国办发〔2017〕17号）文件精神，要求各地完善村级公益事业"一事一议"筹资筹劳办法，合理确定筹资筹劳限额，尊重农民主体地位，严格履行"一事一议"程序。组织开展"一事一议"筹资筹劳专题调研，赴湖南等9省份开展专题调研，并组织17个省份自行开展调查研究工作，撰写调研报告和总结报告，理清下步工作思路，督促各地抓好政策贯彻落实。

3. 农民负担监督检查继续强化。各地按照中央要求坚持对减负惠农政策落实情况开展检查，创新检查督办方法，查处违规违纪行为，发现问题严肃处理、立即整改，维护了农民合法权益。有的省份选择重点检查问题较多的县（市）开展农民负担综合治理，督促其制定治理方案，排查突出问题，限期整改到位。2017年国务院减轻农民负担联席会议重点抽查了内蒙古、陕西、青海三个省（自治区），查出5个方面12类问题，清理退还农民和村集体219.86万元。

发展多种形式适度规模经营

2017年中央1号文件明确提出，落实农村土地集体所有权、农户承包权、土地经营权"三权分置"办法，积极发展适度规模经营，鼓励地方探索土地流转履约保证保险。

（一）土地集中型规模经营

1. 政策内容。一是落实农村土地集体所有权、农户承包权、土地经营权"三权分置"办法。指导各地探索农村土地集体所有制的有效实现形式，落实集体所有权，稳定农户承包权，放活土地经营权，进一步丰富双层经营体制内涵，开辟中国特色新型农业现代化新路径。二是规范土地经营权流转交易。指导地方按照农业部《农村土地经营权流转交易市场运行规范（试行）》要求，建立土地经营权流转市场，健全市场运行规范，为流转双方提供信息发布、产权交易、法律咨询、权益评估、抵押融资等服务。三是加强工商资本租赁农地监管和风险防范。指导各地对工商资本长时间、大面积租赁农户承包地明确上限控制，分级备案、审查审核、风险保障金和事中事后监管等"五项制度"，严格准入门槛，加强事中事后监管，防止浪费农地资源、损害农民土地权益。

2. 政策执行情况。一是"三权"分置办法有序实施。江苏、甘肃等省（自治区、直辖市）下发了完善"三权分置"办法的实施意见。各地也创造出各具特色的实践做法，四川崇州引导农民以土地经营权入股成立土地股份合作社，引进种田能手进行水稻生产，发展农业共营制模式。上海松江在农民自愿前提下，以增加补助的方式引导农民将承包地委托村集体组织流转，并在村集体经济组织主导下择优确定家庭农场主经营。二是建立健全农村土地经营权流转交易市场及运行规则。江苏、湖南等省出台了土地流转市场运行规范实施细则。2016年年底，全国共有1 302个县（市）、18 210个乡镇建立了土地流转服务中心，为流转双方提供信息发布、价格指导等服务，流转合同签订率达到68.2%。北京、成都等地农村产权交易所引入法律咨询、会计审计、金融保险等第三方服务机构，为流转双方提供服务，取得了很好的实践效果。三是进一步加强工商资本租赁农地监管和风险防范。全国已有23个省（自治区、直辖市）出台了工商资本租赁农地监管和风险防范的政策文件。江苏省组建了由职能部门、村组代表、农民代表、农业专家等参加的委员会，采取书面报告和现场查看等方式，对土地流转受让方的经营能力进行评估。四川省通过建立土地预流转、重点区域审查审核、履约保证保险、土地流转风险保障金等机制加大工商资本租赁农地风险控制。

家庭承包经营耕地流转面积34 133.33千公顷，占家庭承包经营耕地总面积的比重达到37%，多种形式的农地适度规模经营面积占比达到40%。

（二）服务集中型规模经营 服务集中型规模经营是在不流转土地的前提下，通过土地的集中连片，农户将农业生产的全部或部分作业环节委托给社会化服务组织，社会化服务组织则通过农业生产环节的规模化作业部分或全部实现农业规模经营，是规模经营方式的重大创新。从实践看，发展农业生产性服务业，为农户提供社会化服务，是发展农业适度规模经营、提高农业规模效益的重要途径。当前条件下，农业生产托管是农业生产性服务业直接服务农户和农业生产的主要实现形式，也是服务规模经营的主要方式，通过推动农业生产托管引领促进农业生产性服务业发展具有重要意义。

1. 政策内容。农业部会同有关部门，着力健全农业社会化服务体系，加快发展农业生产性服务业，大力推进农业生产托管，为农户提供农业社会化服务，促进小农户和现代农业发展有机衔接，不断扩大服务规模经营。一是加快发展农业生产性服务业。2017年8月，农业部会同发展改革委、财政部印发《关于加快发展农业生产性服务业的指导意见》（农经发〔2017〕6号），《意见》立足于当前的国情农情，对发展面向广大农户的农业生产性服务业作出全面部署，是指导当前和今后一个时期农业社会化服务工作的重要政策文件。强调以小农户为主的家庭经营是我国农业的基本经营方式，大力发展面向广大农户的农业生产性服务是推进现代农业建设的历史任务。根据小农户和新型经营主体的经营需要，围绕农业产前、产中、产后全过程，大力发展市场信息、农资供应、绿色技术、废弃物资源化利用、农机作业、初加工、市场营销等多元化多层次多类型农业生产性服务，带动更多小农户进入现代农业发展轨道。二是大力推进农业生产托管。农业生产托管是农业生产性服务业服务于农业生产和农户的主要方式。为推进农业生产托管加快发展，先后印发《农业部办公厅 财政部办公厅关于支持农业生产社会化服务工作的通知》《农业部办公厅关于大力推进农业生产托管的指导意见》，明确农业生产托管的发展思路、重点任务和当前工作，对加快发展农业生产托管进行了全面部署。2017年，中央财政农业生产发展专项中安排资金40亿元用于发展农业生产托管，要求各地坚持因地制宜原则，重点支持小农户开展粮油棉糖等大宗农产品的生产托管；重点支持小农户开展现代农业建设短板环节和农户群众欢迎环节的农业生产托管，不断提升农业生产托管对小农户的覆盖率。

2. 政策执行情况。在政策的扶持下，农业生产托管发展迅速。截至2017年年底，全国以综合托管系数计算的农业生产托管面积为13 333.33多千公顷，从事农业生产托管的服务组织数量达到20多万个，服务农户近4 000万户。农业生产托管在带动小农户发展现代农业、发展壮大集体经济、促进粮食生产节本增效、推进农业绿色发展等方面发挥了显著作用，有效促进了粮食生产、带动了农户就业增收、推动了现代农业发展，取得了良好的经济、社会和生态效益。一是有力带动了小农户发展现代农业。当前，我国农村存在着大量想种地但无力种地或不愿全程种地的农户。服务组织为小农户开展单环节、多环节或全程托管服务，可以适应不同生产发展水平农户的需求，既满足了农户参与生产的愿望，又通过统一服务，将先进适用的品种、技术、装备等引入农业生产，带动农户发展现代农业。二是发展壮大了集体经济。各地积极探索村党支部通过依托集体经济组织举办合作社、联系社会化服务组织等方式为农户提供生产托管服务，充分发挥了集体经济组织为家庭经营提供社会化服务的功能，又通过统一经营壮大了集体经济。在22.7万个从事托管的服务组织中，村集体经济组织有6.1万个，占27%。三是有力促进了粮食生产节本增效。服务组织通过集中采购农业生产资料，集中连片开展农机作业，显著降低农业生产各环节的生产成本，提高了农产品单产和品质，实现了粮食生产节本增效。据辽宁、江苏、浙江、山东4省的抽样调查，通过开展农业生产托管，产中环节和产前环节每年每亩分别节约成本105.10元和85.62元，产后环节每年每亩可节约成本50.52元，其他环节每年每亩可节约成本20.54元；同时，每年亩均增加粮食产量40.39千克，每千克售价平均提高0.1元，由此实现每亩增收223.5元。四是有力推进了农业绿色发展。服务组织为小农户开展绿色生产服务，减少了农药、化肥用量，提高了病虫害防控水平和土壤肥力，促进了农业绿色发展。据辽宁、江苏、浙江、山东4省的抽样调查显示，小农户通过农业生产托管，采用测土配方施肥、统防统治、绿色防控等先进生产技术，化肥施用量可以降低40%，农药施用量可以降低50%以上。

专栏25

家庭农场快速发展

一、基本情况

自2013年中央明确发展家庭农场的政策措施以来，中央及各地对家庭农场的重视程度和扶持力度逐年加大，短短四年多时间，家庭农场已经发展成为建设现代农业的有生力量，成为新型农业经营主体的重要组成部分，我国家庭农场创新发展局面已经初步形成。截至2017年年底，在县级以上农业部门纳入名录管理的家庭农场达到54.85万户，其中种植业家庭农场平均经营规模为11.67公顷左右。

二、主要工作

近几年，农业部通过开展名录管理、明确规模标准、评定示范农场等方式，提升针对家庭农场的管理服务水平。一是建立了家庭农场名录制度。目前全国已有30个省（自治区、直辖市）下发了扶持家庭农场发展的指导意见，明确了家庭农场的认定标准，对经营者资格、劳动力结构、收入构成、经营规模、管理水平等提出相应要求。农业部研发了农场名录系统，探索建立国家、省、市、县四级家庭农场信息录入、审核、认定、查询和统计分析。二是建立典型家庭农场监测制度。2014年起，农业部会同中国社科院从全国31个省（自治区、直辖市）的91个县（区、市）中，选择了3 000户左右家庭农场，就其生产经营情况进行长期跟踪监测，每年形成年度发展报告并正式出版。三是建立示范家庭农场制度。鼓励各地通过示范引导，促进家庭农场提高经营管理水平。目前全国共有18个省（自治区、直辖市）开展了示范家庭农场创建活动，认定了县级以上示范家庭农场7.8万多户。四是建立人才培育制度。将家庭农场经营者作为农村实用人才培训的重点，近三年累计举办近200期专题培训班，培训16 000人次。各地依托农村实用人才带头人培训等多种培训资源，分类分批培训各类家庭农场经营者，促进家庭农场交流学习，共同提升经营管理水平。五是加大政策扶持支持力度。2017年，推动中央财政资金安排1.2亿元专项用于扶持家庭农场发展，在全国选择1 500户家庭农场，每户扶持8万元，对其基础设施建设、信息化管理、生产经营活动等给予了扶持，有效推动了家庭农场发展壮大。2018年中央财政扶持规模扩大到5亿元。

三、主要问题

目前，大多数家庭农场刚刚起步，实力仍显不足，再加上相应的扶持政策和管理服务制度不够健全，其健康持续发展仍面临诸多困难。一是形成适度规模难。受宏观环境影响，近几年土地流转价格快速上涨，制约了家庭农场经营规模的扩大。同时，土地细碎化严重大大增加了农机作业的成本，影响家庭农场经营规模的提升。二是改善农业设施难。农业生产基础设施薄弱仍然是制约家庭农场发展的"老大难"问题。具体表现为农田肥力差、机耕道狭窄、田间水利设施老化，缺少集中育秧、粮食晾晒、烘干仓储等基础设施设备等。三是家庭经营人才短缺。由于缺乏城乡衔接的社会保障政策，再加上劳动强度大、生活条件差、居住偏远等原因，许多家庭农场经营者的子女不愿意接手经营，规模较大的农场更难雇请到急需的专业人才，特别是具有较高文化水平、掌握先进经营理念、了解互联网知识的大中专毕业生更加稀缺。四是获得社会化服务难。由于我国基层农技服务力量相对较弱和农业社会化服务组织发育迟缓，家庭农场在专业化、规模化生产中迫切需要的农机、植保、购销等服务供给不足，成为制约其发展壮大的重要因素。五是融资保险渠道缺短。大多数家庭农场反映农业贷款条件苛刻、获得贷款难度大。此外，与小农户相比，家庭农场规模较大，经营风险较高，对于农业保险的需求较为迫切。但当前农业保险依然险种少、赔付低，只保物化成本，不考虑人工成本，更谈不上满足不同农场对保预期收益、保价格收入等多样化的需求。

四、发展趋势

未来将尽快建立健全针对家庭农场的扶持政策体系。一是引导流转土地向家庭农场集中。完善土地流转价格形成机制，引导和鼓励家庭农场通过实物计租货币结算、租金动态调整、土地入股保底分红等利益分配方式，稳定土地流转关系，形成适度规模。鼓励有条件的地方将土地确权登记、互换并地与农田基础设施建设相结合，整合各类项目资金，建设连片成方、旱涝保收的优质农田，优先流转给示范性家庭农场。支持家庭农场承担土地整理、土壤改良、小农水建设等农田基建项目，引导其"种地养地"，提高土地生态可持续利用水平。二是建立家庭农场动态管理机制。指导各地尽快出台家庭农场认定标准和管理办法，确保所有涉农县（市、区）全覆盖。建立健全全国家庭农场名录和信息数据库，为财政、金融、保险等部门提供基础数据支撑。积极开展示范家庭农场创建活动，以先进典型引领家庭农场发展壮大。三是完善家庭农场人才培育机制。加大对家庭农场经营者的培训力度，制定家庭农场经营者中长期培训计划，将家庭农场经营者作为职业农民培训和农村实用人才培训重点。制定和完善相关政策措施，鼓励吸引大中专院校毕业生、返乡农民工、农机大户、市场经纪人等兴办家庭农场。建立家庭农场经营者职业教育制度，鼓励农业院校开设相关专业，培养既懂经营管理，又懂技术的家庭农场经营人才。参照大学生"村官"政策，通过创新社会保障政策、政府补助等方式，鼓励大中专特别是农业职业院校毕业生到家庭农场就业创业。四是健全针对性扶持政策。力争进一步扩大财政支持范围，逐步将6万户各级示范家庭农场纳入中央财政支持范围，重点扶持示范家庭农场稳定流转土地、整合土地资源、改善基础设施、提高经营能力。落实新型经营主体农业设施用地政策，确保家庭农场有地方建设必需的仓储、农机场库棚等基础设施。落实中央关于农业补贴增量主要支持新型经营主体的政策，通过建立各级农业担保公司，解决家庭农场融资难题。鼓励保险机构针对家庭农场特点，创设包括租地成本在内的作物保险、涵盖农场收入等内容的综合保险等品种。五是开展家庭农场法律工作研究。通过完善相关法律法规，明确家庭农场的概念内涵、成员范围、认定管理、注册登记等，使之区别于以雇工为主的公司制农场，避免家庭农场概念的泛化；同时，适时将促进和扶持家庭农场发展的政策措施上升为法律规定，为家庭农场健康发展提供法律保障。

农村土地征收、集体经营性建设用地入市和宅基地制度改革

2017年，农村土地征收、集体经营性建设用地入市、宅基地制度改革试点取得重要进展和明显成效。

（一）土地征收制度改革稳步推进，积极探索试点中的一些重点、热点、难点问题 在缩小征地范围方面，试点地区围绕界定公共利益进行了研究探索，普遍将城市规划区范围外的非公益项目退出征地范围，一些试点地区还探索建立了公共利益认定争议解决机制。在完善征地程序方面，"先签协议后征地"的程序基本确立，试点地区坚持农民不签协议不征地、安置补偿和社保资金落实不到位不报批，保障了被征地农民的知情权、参与权和监督权，解除了被征地农民的后顾之忧。在建立多元化保障机制方面，试点地区着力完善区片综合地价定价机制，普遍提高征地补偿和安置补助标准，对宅基地和农房实行单独补偿和多样化补偿，有力维护了被征地农民的居住权和财

产权。截至2017年年底，部分试点地区按新办法实施征地共63宗、2 600公顷。

（二）集体经营性建设用地入市改革快速推进，相应的制度安排和规则体系逐步完善　集体经营性建设用地使用权权能体系日趋完善，企业、银行、资本市场对集体经营性建设用地接受程度逐渐提高。据不完全统计，仅北京大兴、江苏武进、浙江德清、广东南海、甘肃陇西等试点地区就办理了104宗集体经营性建设用地抵押贷款，贷款金额超过24亿元。试点地区充分尊重农村集体土地所有权人主体地位，因地制宜把农村集体经济组织、村委会或村民小组作为入市主体；合理确定入市范围、途径和方式，探索了就地入市、调整入市和城中村入市；及时调整土地利用总体规划，加强用途管制，合理选定入市土地的用途；普遍建立了与国有建设用地基本相同的交易平台、地价体系、交易规则、登记管理、服务监管"五统一"入市体系，积极探索土地增值收益调节金制度，确保农村集体经营性建设用地入市规范有序进行。截至2017年年底，集体经营性建设用地入市地块共计577宗，面积超过666.67公顷，总价款约83亿元。

（三）宅基地制度改革深入推进，在确保取得、自愿有偿退出和完善管理制度等方面作了积极探索　试点地区因地制宜、分类施策、盘活存量，下放宅基地审批权限、减少审批环节，农民"户有所居"的住房用地保障机制基本形成，宅基地管理制度更加健全，利用秩序更加规范。农村集体经济组织主导的宅基地有偿使用制度改革不断深化，合理解决因历史原因形成的超标准占用和一户多宅等老问题，积极探索宅基地按成本有偿取得、择位竞价及多用途利用等，更好地体现了农民集体作为宅基地所有权人的利益。试点地区通过探索宅基地自愿有偿退出，开展闲置农房出租、合作经营，帮助有需要的农民办理农房抵押，显化了宅基地财产权益，增加了农民财产性收入。一些试点地区充分发挥村民自治组织作用，坚持农民事情农民办、农民利益农民得，靠协商民主解决问题，不仅有力推进了改革，还强化了基层治理，群众集体土地观念和依法依规用地意识普遍增强。截至2017年年底，四川泸县、安徽金寨、江西余江、浙江义乌、青海湟源、宁夏平罗、福建晋江、湖北宜城等试点地区共腾退出零星、闲置等宅基地8万多户，面积超过4 000公顷，15个宅基地试点地区共办理农房抵押3.2万宗、抵押金额51.4亿元。

（四）统筹协调推进试点力度不断加大　2016年9月中央深改组部署统筹推进土地征收与农村集体经营性建设用地入市以来，土地征收与集体经营性建设用地入市范围界定、利益平衡的探索不断深化。同时，宅基地制度改革与集体经营性建设用地入市改革的互动成效显著，宅基地制度改革与土地征收制度改革互相促进，形成了不少新的制度创新成果。相关改革在统筹协调下形成了更大合力，财政部、人民银行、原银监会等部门分别联合原国土资源部出台《农村集体经营性建设用地入市土地增值收益调节金征收使用管理办法》《农村集体经营性建设用地入市抵押贷款管理办法》《农民住房财产权抵押贷款试点暂行办法》等配套制度，解决了试点中的一些基础性重大难题；发展改革委将33个试点全部纳入新型城镇化综合试点，人民银行将21个试点列入农民住房财产权抵押贷款试点，原农业部将15个试点纳入农村改革试验区，同时还将11个试点纳入农村集体资产股份权能改革试点，几类试点共同推进、相互配合，取得了良好的改革联动效应；民政部、人力资源社会保障部、住房城乡建设部、税务总局、原国家林业局、原国务院法制办等部门也积极参与改革的顶层设计、联合调研、督察督导等工作，结合各自职能为试点探索提供了重要的政策指导。农村改革在政策组合下释放出更多制度红利，比如，安徽金寨将宅基地制度改革与脱贫攻坚紧密结合，打好政策组合拳，使政策红利全面释放；江西余江以宅基地制度改革为引领，大力推进"一改促六化"，推动村容村貌和乡风文明发生重大变化。

2017年11月，中央深改组决定将宅基地制度改革由15个试点地区拓展到全部33个试点地区。同月，十三届全国人大常委会第三十次会议决定将在试点地区暂停实施有关法律条款的授权期限延长至2018年年底。12月1日，原国土资源部召开深化统筹推进农村土地制度改革三项试点工作会议，对试点工作进行再动员、再部署。同时印发《关于深化统筹农村土地制度改革三项试点工作的通知》（国土资发〔2017〕150号），要求试点地区推进三项改革试点全面覆盖、深度融合。农村土地制度改革三项试点由单项突进，到双向耦合，再到三项统筹，步步深入、环环相扣，系统性、整体性、协同性明显增强，已经取得促进农业农村发展和农民增收的"一举多得"效果。一是农民得利益，农村得治理。试点地区普遍提高了被征地农民的土地补偿和安置补助标准。集体经营性建设用地入市进一步显化了集体土地价值，村集体和农民收益明显增加。宅基地制度改革既满足了农民住有所居的殷切期盼，又通过宅基地自愿有偿退出、农房抵押等途径，增加了农民财产性收入。改革试点还有效提升了乡村治理水平，为下一步实施乡村振兴战略打下了基础。二是企业得空间，产业得发展。改革为民营经济、小微企业以及新产业、新业态发展提供了快捷多元的用地保障，使项目早日落地，尽快生效，有力促进了农村一二三产业融合发展。三是土地得盘活，耕地得保护。改革盘活了长期沉睡的农村存量建设用地，提升

了土地节约集约利用水平，规范了农村土地管理秩序，减少了占用耕地的压力。

农村改革试验区建设

2017年，在中央农村工作领导小组直接领导下，农村改革试验区联席会议各成员单位通力合作、全力推动，各农村改革试验区锐意改革、大胆探索，形成了一批各具特色的改革成果，农村改革试验取得明显成效。

（一）拓展改革试验广度深度 为更好适应全面深化农村改革新形势、新任务，推动农村改革试验区不断丰富试验内容，农业部联合中组部、国家发展改革委、中国人民银行等13个单位，批复北京市大兴区等34个试验区新增粮食生产规模经营主体营销贷款、农民集体收益分配权退出、农业农村发展用地保障等27项试验任务。截至目前，试验区改革试验任务达到了50余项，覆盖了农村改革的主要领域。同时，会同试验任务牵头部门加强各试验区改革试点方案审核，推动有条件的地方和领域实现改革举措系统集成，多数试验区承担并统筹推进几项甚至十几项关联度强、相关性高的试验任务，改革的系统性、整体性和协同性进一步增强。

（二）加强改革试验指导督察 开展了多种形式的调研督导。农业部先后会同中央政研室、国务院研究室、国家发展改革委、中国人民银行等部门深入试验区开展调研督导，指导地方深化改革探索；组织第三方专家开展试验进展评估，完成了12个试验区9项到期试验任务的验收评估。启动试验区退出和增补机制。对北京市通州区等四地试验任务均已到期且不再承担新增试验任务，不再保留四地"农村改革试验区"资格。将工作基础好、改革劲头足、创新热情高的湖南省长沙市望城区、贵州

省六盘水市增补为农村改革试验区，分别承担健全城乡发展一体化体制机制改革和农村"三变"改革试验任务。

（三）加强干部队伍能力建设 举办农村改革试验区干部培训班。邀请有关部委同志、学界知名专家以及部分省份长期参与农村改革的同志到班授课，累计培训试验区干部150余人，使试验区干部队伍拓宽了改革思路、强化了责任担当。召开农村改革试验专题调研交流会。组织承担相关任务的试验区围绕重要农产品目标价格保险和收入保险、农村集体产权制度改革中的清产核资和集体成员资格界定、农地制度创新与风险防范等专题，开展交流互鉴。研讨成果以专题研究报告形式印送有关部门，进一步凝聚改革共识、争取政策支持、推动问题解决。加强基层改革典型宣传。深入开展"走进农村改革试验区"采访报道活动，在《人民日报》、农业部官网、《农民日报》等媒体刊发专题报道15篇、改革创新案例30篇。这些鲜活的改革事例，为全面深化农村改革提供了生动示范，为深化农村改革试验营造了良好氛围。

（四）加强改革试点经验总结推广 分专题总结梳理试验区经验成果，形成《深化农村土地制度改革试验成果及政策转化建议》等6份成果转化建议报告，印送联席会议成员单位供制定政策时参考，对推广试验区经验产生了积极推动作用。系统总结党的十八大以来农村改革试验区探索形成的成功经验和重要制度性成果，形成《党的十八大以来农村改革试验区重要经验成果总结报告》，在推出前两批改革实践案例的基础上，又选出30个制度设计较为完整、改革成效较为明显的典型经验，经提炼加工，编写成《农村改革试验区改革实践案例集（第三辑）》。

未来农业农村部将认真贯彻落实党的十九大精神，按照党中央全面深化农村改革的决策部署，会同农村改革试验区工作联席会议成员单位围绕实施乡村振兴战略，突出制度创新，突出形成可复制可推广经验成果，进一步完善运行机制、改进方式方法、加大推进力度，推动农村改革试验区工作再上新水平。

深入推进农村集体产权制度改革

（一）政策背景及主要措施 农村集体产权制度改革，是当前深化农村改革的一项重点任务，是实施乡村振兴战略的有力抓手。党中央、国务院对此高度重视。2016年年底，《中共中央、国务院关于稳步推进农村集体产权制度改革的意见》（以下简称《意见》）印发，对推进改革进行了顶层设计、总体部署。党的十九大进一步强调，"深化农村集体产权制度改革，保障农民财产权益，壮大集体经济"。习近平总书记指出，"这是中央推出的一项重要改革，对推动农村发展、完善农村治理、保障农民权益，对探索形成农村集体经济新的实现形式和运行机制，都具有十分重要的意义，一定要抓好"。按照中央决策部署，农业部会同有关部门采取一系列措施，有力推动了农村集体产权制度改革各项工作深入开展。

1.贯彻落实《意见》精神。召开全国农村集体产权制度改革工作电视电话会议，汪洋副总理到会作重要讲话，38个中央单位、各地各级党委政府负责同志等13.3万人参加；在国务院新闻办公室举行农村集体产权制度改革新闻发布会，解读中央政策；分层次开展专题培训，对省部级领导干部、各级农业系统领导干部和试点县党委政府主要负责同志进行改革培训，累计培训1 200多人。

2.研究制定配套文件。起草农村集体资产清产核资工作方案、办法及报表等配套文件，以九部门名义联合下发。开展全国集体资产监督管理平台建设可行性研究，做好清产核资数据报送、农村集体经济组织登记赋码等准备工作。

3.部署扩大改革试点。经各省人民政府推荐，联合中央农办确定100个县为新一轮农村集体产权制度改革试点单位。6月在四川成都召开改革试点工作部署推进会，要求各地按期完成"两个全面""五个探索"的试点任务。分省批复各地试点方案，指导试点县积极稳妥有序推进各项工作。

4.明确部门职责分工。研究制定《意见》分工实施方案，共有36项任务、涉及31个部门，以中办、国办名义印发。经国务院同意，建立由农业部、中央农办牵头，15个部门参加的全国农村集体产权制度改革部际联席会议制度。10月联合中央农办召开部际联席会议第一次全体会议，听取各地各部门贯彻落实《意见》情况通报，审议通过联席会议办公室工作规则，研究部署下一步重点任务。

5.全面总结29个权能改革试点。研究设计农村集体资产股份权能改革试点评估指标体系，组织第三方专家开展试点终期评估。12月在安徽天长召开全国农村集体资产股份权能改革试点总结交流会议，全面总结试点三年来的经验和成效，研究部署下步深化改革的各项任务。

6.组织开展改革情况督导检查。按照汪洋副总理的指示要求，在部署地方开展自查的基础上，10月联合全国农村集体产权制度改革部际联席会议成员单位分4个组到8个省开展实地督查，督促各地加大工作力度、加快改革步伐，确保改革举措落实落地。

7.研究制定支持改革法律政策。组织开展农村集体经济组织方面的立法研究，与全国人大农委、全国人大常委会法工委多次协调，推动将农村集体经济组织纳入《民法总则》，明

确为特别法人。推动财政部、税务总局印发《关于支持农村集体产权制度改革有关税收政策的通知》，明确免征改革过程中因权属变更登记所产生契税、印花税。研究起草农村集体经济组织登记赋码规范性文件，明确农村集体经济组织登记赋码工作由农业部门负责，推动将农村集体经济组织统一社会信用代码列入国标。

（二）取得的主要成效 从各地实践看，农村集体产权制度改革给集体和农民带来了实实在在的好处，形成了既体现集体优越性又调动个人积极性的农村集体经济实现形式和运行机制，农民群众在改革试点中有了更多获得感。截至2017年年底，全国已有13.1万个乡镇、村、组完成改革，共量化集体资产6 655.3亿元，2017年分红411亿元，平均每位股东分红366元。

1.摸清了集体家底，明晰了产权归属。通过对三类集体资产的清查核实，实现了家底清、账目明，提高了农村集体资产管理规范化水平，为集体资产保值增值打下了坚实基础。江西省通过清产核资摸清了集体家底，明确了产权归属，有效防止了集体资产被平调、侵占，实现了"给农民一个明白，还干部一个清白"。石城县上苏村通过清产核资收回被少数人侵占的水面，由集体统一对外发包，每年收益4 700元。一些地方还解决了长年无法化解的债权债务问题，有效防止了集体资产被平调、侵占，农民群众吃上了"定心丸"。福建省晋江市西园街道屿头社区通过开展打击"侵占集体资产资源"专项行动，清理出经营性资产2亿多元，非经营资产0.27亿元，累计清理收回长年拖欠村集体的租金1 000多万元，改革红利直接装进了老百姓的口袋。

2.盘活了集体资产，壮大了集体经济。通过探索农村集体所有制有效实现形式，盘活了集体资产，壮大了集体经济实力，为改善农村

基础设施和公共服务提供了重要经济基础。江苏省较早探索开展了经营性资产股份合作制改革，通过明晰产权归属、界定成员身份、固化到户等改革路径，有效盘活集体资产，促进集体经济发展，目前全省已有7 000多个村（居）进行了股份合作制改革，村级资产总额达到2 687亿元，村级集体年经营性收入超过300亿元。福建省晋江市开展改革以来，集体资产稳步增长，2016年年底全市农村集体资产59亿多元，比上年增加3.78亿元，村均收入近58万元，收入超100万元的村社达38个。当地村干部由衷表示，"集体手中有一把米，农村的很多事办起来就容易得多了"。

3.增加了农民收入，保障了农民财产权益。通过改革，发展农民股份合作，拓宽农民增收渠道，有效增加了农民的财产性收入。截至2017年年底，上海市已累计完成1 636个村的改革，占全市的97.6%；累计完成57个镇的改革，占全市的46.7%。完成改革的集体经济组织当年分红15亿元，惠及成员148万人，人均分红1 015元。其中，闵行区的农民财产性收入占农民总收入的18.3%，是全国郊区城乡居民收入差距最小的地区之一。厦门市同安区梧侣社区2007年就进行了股份合作制改革，该社区以集体筹资、成员入股的形式，投资1.08亿元建设公寓楼5万多平方米，年收入1 000多万元，每年人均分红5 000多元，农民人均收入4万多元，财产性收入占比达到12%以上。

4.完善了基层治理体系，维护了农村社会稳定。通过清产核资、确认成员、股权量化、按股分红，增强了农民对集体经济的知情权、参与权、表达权、监督权，群众对干部更信任了，干群关系更和谐了。河南省通过农村集体产权制度改革，有效化解了因产权不清、管理混乱、分配不公引发的各种党群、干群矛盾，一些悬而未决的历史遗留问题也得到了妥善处理，改革后的试点村上访事件明显下降。安徽省完成股份合作制改革的429个试点村中，未发生一起因改革引发的农民上访事件。

推进农民合作社发展

（一）政策背景和主要内容　2017年中央1号文件明确提出加强农民合作社规范化建设，积极发展生产、供销、信用"三位一体"综合合作。中共中央办公厅、国务院办公厅《关于加快构建政策体系培育新型农业经营主体的意见》强调鼓励农民以土地、林权、资金、劳动、技术、产品为纽带，开展多种形式的合作与联合。党的十九大明确提出实施乡村振兴战略，培育新型农业经营主体，实现小农户和现代农业发展有机衔接。按照中央要求，各地各有关部门继续把发展农民合作社作为构建新型农业经营体系、推进农业现代化的重要举措，落实农民专业合作社法等法律要求，加大扶持力度，强化指导服务，引导和促进农民合作社规范发展。

1.加强农民合作社规范化建设，提升发展质量。2013年，经国务院批准，农业部会同发改、财政、水利、税务、工商、林业、银监、供销等部门和单位建立了全国农民合作社发展部际联席会议制度，形成促进农民合作社规范发展的部门合力。2017年，全国农民合作社发展部际联席会议召开第五次全体会议，通过国家农民合作社示范社监测工作方案。农业部下发国家农民合作社示范社监测通知，组织各省对6 717家国家示范社和254家全国农民用水合作示范组织进行了动态监测。银监会会同农业部、供销合作总社等部门和单位联合下发了《关于部分地区农村资金互助合作组织违规经营风险提示的通知》，农业部将防范和处置涉农领域非法集资列入年度工作重点，对涉农合作组织非法集资风险情况舆情进行监测，调度以合作社名义涉嫌非法集资情况，指导各地贯彻落实中央要求，加强监管，防止借合作社名义搞非法集资。国家工商总局要求各地认真落实年报制度，按照"双随机、一公开"原则做好抽查工作，建立年报和年报抽查工作的通报制度。水利部印发加强农民用水合作组织管理工作的通知，规范用水合作组织发展，强化用水合作组织管理系统填报工作，将"成立农民用水合作组织或者其他专业合作社组织，并能按照章程开展用水管理和服务"纳入国家高效节水灌溉示范县评估的重要指标。农业部围绕合作社能力提升、环京津扶贫，举办7期农民合作社带头人培训班。

2. 强化农民合作社扶持政策，发挥导向作用。2017年，农业部会同中央农办等单位起草，中办国办文件印发了《关于加快构建政策体系培育新型农业经营主体的意见》，从财政税收、基础设施建设、金融信贷服务、保险支持、营销市场、人才培养引进等方面建立健全支持农民合作社等新型农业经营主体发展的政策体系。发展改革委明确各地可探索以委托代建、特许经营和购买服务等方式，支持农民合作社等新型农业经营主体投资建设高标准农田；会同农业部、财政部等下发《国家农村产业融合发展示范园创建工作方案》，明确探索农民合作社在农村产业融合中更好发挥作用的有效途径，鼓励农民合作社发展农产品加工销售，入股或兴办龙头企业；编制涉农规划时把农民合作社作为主要支持对象，支持农民合作社等提供多形式生产经营服务。财政部、国家税务总局继续落实现行税收优惠政策，为农民合作社经营各环节打造无税或者轻税的税收格局。农民合作社"多证合一、一照一码"登记制度改革于2017年10月1日在全国铺开，国家工商总局在5省份开展农民专业合作社登记全程电子化试点，推进农民合作社登记注册便利化。银监会明确要求银行业金融机构将金融业务覆盖到农民合作社等适度规模主体，建立和完善符合各类新型农业经营主体特点的信用评价体系，细分信贷需要，设计信贷产品和服务方式，加大贷款投放。水利部把农民用水合作组织作为农业水价综合改革产权承接、水费计收、精准补贴和节水奖励的重要载体。

3. 推动项目资金投向农民合作社，形成支持合力。财政部创新财政支农体制机制，从2017年起中央财政对农业生产发展等补助资金实行"大专项+任务清单"，下放资金使用管理权限。2017年，中央财政农业生产发展资金重点支持制度健全、管理规范、带动力强的国家农民合作社示范社，适当兼顾农民合作社联合社，支持合作社发展绿色生产、初加工、产品包装、市场营销等关键环节，发展生产、供销、信用"三位一体"综合业务合作。中央财政还安排资金支持农民合作社等服务主体提供农业生产社会化服务，发展多种形式的粮食适度规模经营，中央财政农业综合开发资金扶持农民合作社等开展农业适度规模经营、建设高标准农田。中央财政在优势特色主导产业发展、绿色高效技术服务、农村一二三产业融合发展等农业生产发展资金中，将农民合作社作为财政项目的重点扶持对象，鼓励地方将财政补助资金形成的资产量化到农民合作社成员，创新完善项目形成资产移交、占有、使用和管护机制，支持符合条件的农民合作社开展造林和森林抚育。发展改革委将农民合作社创办的养殖小区（场）纳入投资支持范围，将农民合作社的田头预冷设施作为瓜菜生产基地建设扶持重点，在安排畜禽标准化规模养殖、规模化大型沼气工程、农村饮水安全、油茶产业发展、农产品批发市场建设等基础设施建设投资时，对符合条件的农民合作社给予支持。水利部印发意见，明确农民用水合作组织作为小型农村水利工程的实施主体，在完成国务院要求的每年新增1 333.33千公顷高效节水灌溉面积目标任务时，将农民用水合作组织作为项目运行管护主体，加大支持力度。

4. 大力开展农民专业合作社法十周年等宣传，扩大社会影响。农业部以农民专业合作社法实施十周年为契机开展系列宣传活动。2017年9月4日，会同全国人大农委召开农民专业合作社法实施十周年座谈会，农业部韩长赋部长主持，全国人大常委会副委员长张宝文出席并讲话。9月22日，以"合作、共享、绿色、健康与合作社未来"为主题召开农民合作社发展论坛。制作"聚焦农民合作社"视频，在"砥砺奋进的五年"大型成就展滚动播放。农业部向国家农民合作社示范社免费赠阅2017年度《中国农民合作社》期刊6 436册。

5. 开展重点问题研究，推动完成农民专业合作社法修改。农业部配合全国人大法律委、农委、全国人大常委会法工委做好农民专业合作社法修改工作，参加法律修改座谈会，提出修改完善意见。《农民专业合作社法》由十二届全国人大常委会第三十一次会议于2017年12月27日审议通过，于2018年7月1日正式实施。修改后的法律充分体现了规范组织和行为的新导向，赋予农民专业合作社享有与其他市场主体平等的法律地位，丰富了农民专业合作社的服务类型，确立了农民专业合作社联合社的法人地位，明确了互助保险、用地用电等扶持措施。农业部开展联合社、内部信用合作、股份合作等课题研究，与全国人大常委会法工委、全国人大农委联合印发法律释义和导读。

6. 鼓励农民合作社创新实践，拓宽发展空间。银监会组织有关部门赴山东省、河北玉田、安徽金寨和湖南沅陵试点地区开展信用合作专题调研，邀请全国人大法工委、农业部、

供销合作总社和试点地区负责人召开专门座谈会，总结农民合作社内部信用合作试点成功经验和困难，研究发展路径。截至2017年6月底，共有山东省113个县（市、区）和14个开发区的324家、河北玉田4家、安徽金寨6家、湖南沅陵1家农民合作社开展内部信用互助业务，累计提供信用合作资金3.14亿元。农业部开设第十五届中国国际农产品交易会农民合作社专区，150多家国家农民合作社示范社的300多个产品参展，吸引2万多家农产品渠道商在线关注，达成意向性采购协议950万元。

（二）政策执行情况及效果评价 2017年是农民专业合作社法实施十周年。法律实施十年来，党和国家高度重视、倾力支持，各地区各部门凝心聚力、共促发展，广大农民群众规范办社、创新兴社，我国农民合作社事业蓬勃发展、兴旺昌盛。覆盖范围稳步扩大。截至2017年12月底，全国依法登记的农民合作社达到201.7万家，同比增长12.4%；实有入社农户超过1亿户，约占全国农户总数的48.1%。2017年全年全国新登记注册农民合作社22.3万家。合作水平显著提升。农民合作形式由"同类"产品或服务的专业合作向资源要素股份合作拓展，业务由生产经营向资金融通、保险互助等内容延伸，领域由单纯从事农业生产向一二三产业融合发展，层级由农户间合作向社际联合迈进。发展实力明显增强。产业涵盖粮棉油、肉蛋奶、果蔬茶等主要产品生产，并扩展到农机、植保、民间工艺、农村电商、休闲农业、观光旅游等新产业新业态。组织农产品标准化、品牌化、绿色化生产，17万家合作社实施标准化生产、拥有注册商标，4.3万家合作社通过"三品一标"质量认证。超过一半的合作社提供产加销一体服务，服务总值11 044亿元。

农民合作社的兴起繁盛，根植于我国农村基本经营制度，适应了市场经济和农业生产力

的发展要求，在推动农业农村现代化、深化农业供给侧结构性改革、培育农业农村发展新动能、促进农民持续增收中发挥着愈加重要的作用，成为帮助农民、提高农民、富裕农民的重要组织形式。

专栏26

《农民专业合作社法》修改

修改后的《中华人民共和国农民专业合作社法》已于2017年12月27日第十二届全国人大常委会第三十一次会议审议通过，国家主席习近平签署第83号令予以公布，将于2018年7月1日起施行。

一、修改背景与意义

现行农民专业合作社法自2007年施行以来，为确立农民专业合作社的市场主体地位，促进农民专业合作社快速发展提供了坚强的法治保障。随着农村分工分业深化，农民专业合作社的发展出现了许多新情况，农民专业合作社法必须随着农民专业合作社实践的发展而不断完善。修改农民专业合作社法是落实党的十九大提出的乡村振兴战略的一项重要举措，有利于进一步规范农民专业合作社的组织和行为，实现高质量发展，推动乡村组织振兴；有利于引导农民专业合作社丰富业务范围、增强服务功能，推动乡村产业振兴和生态振兴，实现质量兴农、绿色兴农，推进农业农村现代化；有利于发挥农民专业合作社对小农户的生产组织和服务带动作用，强化与小农户的利益联结，引领小农户与现代农业发展有机衔接，实现农民增收、生活富裕；有利于弘扬合作文化与精神，促进乡风文明，完善乡村治理体系，培养造就新时代新型职业农民，推动乡村人才振兴和文化振兴；有利于统筹整合部门资源，健全扶持措施，建立部门间综合协调机制，形成支持农民专业合作社发展的合力。

二、修改的主要内容

农民专业合作社法的修改坚持了大稳定与小调整相结合、顶层设计与基层实践相结合、合作社基本原则与尊重农民自主权相结合的修改思路，适应农民专业合作社发展的新形势，吸纳农民专业合作社制度建设的新内容，确认农民专业合作社实践探索的新成果，作出农民专业合作社运行的新规范，相比于现行法，修改后的农民专业合作社法增加了一章、十八条，由九章五十六条增加到十章七十四条，修改幅度较大，新增内容较多。主要修改内容包括以下六个方面。

（一）严格农民专业合作社的组织和行为，推动规范运行。农民专业合作社法修改坚持问题导向，把规范农民专业合作社的组织和行为作为立法的首要目的，并予以补充完善，为农民专业合作社规范运行划出法律底线。注重章程作为农民专业合作社生产经营的基本遵循，新增农民专业合作社不得从事与章程规定无关的活动(第八条)，在章程应当载明的事项中，增加成员出资的转让、继承、担保和附加表决权的设立、行使方式和行使范围（第十五条）；新增农民专业合作社应当按照国家有关规定，向登记机关报送年度报告，并向社会公示（第十七条）；明确成员的入社程序，申请者应当向理事长或者理事会提出书面申请，经成员大会或者成员代表大会表决通过后，成为本社成员（第二十四条）；增加成员的除名规定，明确予以除名的情形、除名程序、被除名成员的权利及成员资格终止时限（第二十六条）；增加成员代表大会的人数限制，成员代表人数一般为成员总人数的百分之十，最低人数为五十一人（第三十二条）；在坚持盈余主要按照成员与农民专业合作社的交易量（额）比例返还基本原则的基础上，突出强调可分配盈余主要按照成员与本社的交易量（额）比例返还、其返还总额不得低于可分配盈余的百分之六十，新增经成员大会或者成员代表大会表决同意，可以将全部或者部分可分配盈余转为对农民专业合作社的出资，并记载在成员账户中（第四十四条）；新增农民专业合作社的市场竞争退出机制，明确规定农民专业合作社连续两年未从事经营活动的，吊销其营业执照（第七十一条）。

（二）丰富农民专业合作社合作领域和业务范围，促进创新发展。法律修改回应农民群众对农民专业合作社日益多元的服务诉求，充分考虑农民专业合作社在专业化生产服务基础上延伸产业链条、发展综合化业务的趋势，进一步完善了农民专业合作社的定义，丰富了农民专业合作社的服务类型，对合作领域、业务范围、出资方式等进行延展拓宽，鼓励农民专业合作社创新发展。修改后的农民专业合作社法不再局限于"同类"农产品或者"同类"农业生产经营服务的范围，允许不同农产品的生产者或者不同的农业生产经营服务的提供者、利用者自愿联合成立农民专业合作社（第二条）。以列举方式扩大农民专业合作社业务范围，新增农村民间工艺及制品、休闲农业和乡村旅游资源的开发经营、与农业生产经营有关的设施建设运营等服务(第三条)。适应农民财产多样化和土地承包经营权"三权分置"的发展趋势，允许以土地经营权、林权等作价出资(第十三条)。新增其他主体兴办农民专业合作社的适用规则，明确国有农场、林场、牧场、渔场等企业中实行承包租赁经营、从事农业生产经营或者服务的职工，兴办农民专业合作社适用本法（第七十三条）。

（三）保障农民专业合作社平等的法律地位，改善营商环境。农民专业合作社法实施以来，农民专业合作社数量增长较快，但社会认可度不高，一些农民专业合作社在生产经营中没有被作为真正的市场主体对待，在向公司投资、获得银行贷款、从事农产品深加工以及其产品进入超市销售等方面存在诸多限制。修改后的农民专业合作社法注重对农民专业合作社平等权利的保护，新增相关规定，强调国家保障农民专业合作社享有与其他市场主体平等的法律地位（第七条），明确登记类型为农民专业合作社（第十六条）和农民专业合作社联合社（第五十七条）；农民专业合作社可以依法向公司等企业投资，以其出资额为限对所投资企业承担责任（第十八条）。

（四）确立农民专业合作社联合社的法人地位，提升合作层次。农民专业合作社按照自愿、平等、互利的原则设立联合社，是世界各国农业合作社发展的普遍做法。修改后的农民专业合作社法将农民专业合作社联合社纳入法律调整范围，赋予了农民专业合作社联合社法人地位，明确农民专业合作社为扩大生产经营和服务的规模，发展产业化经营，提高市场竞争力，可以依法自愿设立或者加入农民专业合作社联合社（第九条）；增加"农民专业合作社联合社"一章（第七章），明确农民专业合作社联合社的成员资格、注册登记、组织机构、治理结构、盈余分配及其他相关问题。农民专业合作社联合社应当是经营实体，只有农民专业合作社才能成为农民专业合作社联合社的成员，三个以上的农民专业合作社在自愿的基础上可以出资设立农民专业合作社联合社（第五十六条）；农民专业合作社联合社依法登记取得法人资格，领取营业执照，登记类型为农民专业合作社联合社（第五十七条）；农民专业合作社联合社不设成员代表大会（第五十九条），成员大会选举和表决实行一社一票（第六十条）。

（五）建立综合协调指导服务机制，明确政府职责。2013年国务院批复建立全国农民合作社发展部际联席会议制度，全国联席会议由农业部、发展改革委、财政部、水利部、税务总局、工商总局、林业局、银监会、供销合作总社等9个部门和单位组成，农业部为牵头部门。各省相继建立了本级人民政府农民专业合作社工作的综合协调机制，统筹指导、协调、推动农民专业合作社的建设和发展。修改后的法律将这一行之有效的机制上升为法律规定，要求县级以上人民政府应当建立农民专业合作社工作的综合协调机制，统筹指导、协调、推动农民专业合作社的建设和发展（第十一条）。

（六）强化农民专业合作社政策支持，提升竞争实力。修改后的农民专业合作社法坚持促进法的性质，将鼓励、支持、引导农民专业合作社的发展作为立法目的之一，在现有扶持政策基础上，针对农民专业合作社发展的实际需要，增加了表彰奖励、保险服务、互助保险、用电用地等内容，进一步充实了农民专业合作社扶持措施。新增对特定区域农民专业合作社的优先扶助，将革命老区、民族地区、边疆地区和贫困地区的农民专业合作社纳入优先扶助范围(第六十五条)；鼓励保险机构为农民专业合作社提供多种形式的农业保险服务，鼓励农民专业合作社依法开展互助保险(第六十六条)；农民专业合作社从事农产品初加工用电执行农业生产用电价格，生产性配套辅助设施用地按农用地管理(第六十八条)。发挥褒奖先进的正向激励引导作用，新增对发展农民专业合作社事业做出突出贡献的单位和个人，按照国家有关规定予以表彰和奖励(第十条)。

大力培育新型职业农民

（一）**政策背景及主要内容** 乡村振兴，关键在人。大力培育新型职业农民，是解决"谁来种地""如何种好地"重大问题的关键举措。党中央、国务院高度重视新型职业农民培育工作，连续6年中央1号文件对此做出专门部署。近年来，为全面贯彻落实习近平总书记指示精神和党中央、国务院的部署要求，2014年农业部会同财政部启动实施新型职业农民培育工程。2017年中央财政安排资金15亿元开展新型职业农民培育工作，带动省级投入资金超过5.6亿元。继续推动整省、整市、整县示范培育，支持扩大示范范围，实施现代青年农场主培养、新型农业经营主体带头人轮训、农村实用人才带头人培训和农业产业精准扶贫培训四大计划，全年培育新型职业农民超过100万人，为实施乡村振兴战略、发展现代农业提供了强有力的人才支撑。

（二）**政策执行情况及效果评价** 为加快培育新型职业农民，农业部采取了一系列措施。一是强化顶层设计。农业部印发了《"十三五"全国新型职业农民培育发展规划》，提出"十三五"新型职业农民培育工作的总体目标、培育路径以及重大工程等。二是强化示范引领。各行业部门开展万名农机大户、万名果菜茶种植大户、万名职业渔民、万名畜牧养殖大户等示范培育工作，为产业培养人才；加大对新型职业农民的奖励激励和典型宣传力度，会同中华农业科教基金会组织开展"风鹏行动·新型职业农民"评选活动，资助了100名新型职业农民，在全国范围内遴选了100名新型职业农民典型，并陆续宣传。三是夯实基础建设。健全完善师资管理系统，组织全国6.5万名师资入库，供各地遴选，实行动态管理、末位淘汰；加强基地建设，遴选发布了100个全国新型职业农民培育示范基地，推荐入库9 000个实训、创业孵化、农民田间学校等各类基地；制定了分层分类分模块培训规范和标准，遴选推介了一批精品教材和精品课程。四是抓好信息化手段。整合构建了全国农业科教云平台，包括全国农业科教管理基础平台（农业科教管理用户）、中国农技推广APP（专家、农技推广人员用户）和云上智农APP（农民用户），具备了在线学习、互动问答、成果速递、服务对接和管理考核等核心功能。组织管理人员、农业专家、农技推广人员和新型职业农民注册上线，上传农业信息、科技成果资源和精品课程，为农民提供在线农技问答服务。

经过不懈努力，新型职业农民培育工作取得了显著成效。一是职业农民队伍规模不断壮大。截至2017年年底，全国新型职业农民总体规模突破1 500万人，"谁来种地"问题得到有效疏解。新型职业农民活跃在农业生产经营各领域，成为发展新产业新业态的先行者、应用新技术新装备的引领者、创办新型农业经营主体的实践者，是农业农村经济发展和农村人才振兴的突出亮点。二是职业农民培育体系有效建立。基本形成党委政府主导，农业部门牵头，公益性培训机构为主体，市场力量和多方资源共同参与的教育培训体系。各级农广校作为主体力量，推进职业农民培育工作，支撑作

用更加突出，农业院校、科研院所、农民合作社、农业企业、农业园区等多元力量，以多种方式广泛积极参与到新型职业农民培育工作中，新型职业农民培育格局基本形成。三是支撑产业扶贫成效突出。2017年，农业部在全国792个贫困县组织实施农业产业精准扶贫培训计划，面向贫困人口围绕主导产业和特色产业开展专项技能培训，投入5.4亿元，培训农民23.4万人，为产业扶贫注入了强劲动力。

深化种业体制改革

（一）种业人才发展和成果权益改革成效显著 2014年以来，农业部会同有关部门和各省（自治区、直辖市），在中纪委和中组部的支持下，深入推进种业人才发展和科研成果权益改革试点。4年来，在健全激励机制、加速成果转化、促进人才流动、深化产学研结合等方面进行了富有成效的探索，在种业界和农业领域产生良好反响，被誉为种业科技体制改革的"小岗村"实践。改革试点稳中求进，先中央后地方，坚持由点到面。各省（自治区、直辖市）借鉴中国农科院和中国农业大学试点经验，选择国家级、省级或地市级科研机构，作为首批试点单位，先行探索，逐步深入。截至2017年年底，改革试点单位已遍布全国，由4家扩大到122家；科研成果覆盖专利、植物新品种权等所有成果类型。依法赋权让利，改革试点将国家和单位权益让渡给科研人员激发科研人员创新热情，实现从"收益奖励"向"产权激励"的突破。比如，中国农科院制定种业科研成果权属确定实施细则，做到了将成果确权到人。中国水稻所、中国农业大学、广东省农科院等单位，探索通过作价入股方式转化成果。改革试点提高权益分配比例，上海市规定权益比例不低于70%，广西、江西、山东等省

份规定不低于80%，湖北省最高可达99%。实施分类管理，以国务院《实施〈中华人民共和国促进科技成果转化法〉若干规定》为依据，明确分类人员的持股兼职政策要求，让每个人都明了所属类型，明白政策所激励、规定所禁止，通过分类实现了激励创新与预防腐败相统一。坚持制度管控，比如，中国农科院16家研究所共制定了58个配套制度，各省各单位通过制度建设，形成了较为完善的改革制度体系，为激励创新提供了制度保障。

（二）推进品种管理制度改革 根据新修订的《中华人民共和国种子法》规定，为了适应农业供给侧结构性改革、绿色发展和农业现代化新形势对品种管理工作的要求，2017年，农业部国家农作物品种审定委员会发布了修订的《主要农作物品种审定标准（国家级）》（简称《标准》），同时建立了非主要农作物品种登记制度。

1. 新的《标准》与农业供给侧结构性改革相适应。国产粮入库进口粮入市的重要原因之一是我们缺少优质品种，加工的农产品质量不高，市场竞争力不强。《标准》突出了对优质品种的审定。2017年国家审定品种中，水稻优质品种占比60.9%，优质稻率比过去三年提高20个百分点，其中有8个品种达到1级优质稻标准，过去3年审定品种中只有2个品种达到1级优质稻标准；大豆有2个高蛋白品种通过审定，过去3年只审定1个高蛋白品种。这将为提升我国农产品市场竞争力从源头上提供保障。

2. 新的《标准》与绿色农业发展相适应。随着产量提高农作物病虫病呈频发重发趋势，推广抗病虫品种是农业绿色发展最经济最有效的措施。《标准》突出了对绿色品种的审定，2017年国家审定品种中，黄淮麦区3个对赤霉病有抗性的小麦品种通过审定，过去3年只有1个有抗性的品种；31个水稻品种对稻瘟病抗性

达到中抗以上，占水稻审定品种17.4%，其中有6个品种达到中抗以上，过去3年只有3个品种达到中抗以上，仅占3年水稻审定品种6.7%。

3. 新的《标准》与市场需求相适宜。这次修改的《标准》对品种实行了分类管理，市场特殊需求的品种作为专门一种类型制定了特殊的审定标准，即允许申请者根据市场需求随时制定相应的品种审定标准，也就是说只要市场有需求的品种都有审定的渠道，实现了《标准》与市场多元化和消费多样化要求完全对接。

4. 对非主要农作物实行品种登记制度。2017年5月1日起，我国非主要农作物品种登记制度正式实施。一是推动部门规章出台，切实推进登记审批实施法治化。发布《非主要农作物品种登记办法》（农业部令2017年第1号）、《第一批非主要农作物登记目录》（农业部第2510号公告）和《非主要农作物品种登记指南》（农种发〔2017〕2号）等规章文件，推动品种登记制度依法实施。二是构建和完善品种登记信息平台，实现登记审批网络信息化。建立全国非主要农作物品种登记信息平台，实行品种登记受理、审查、复核及样品入库等网络化操作，发布品种登记、变更、撤销、监督管理等信息，做到品种登记全过程信息化管理，提高品种登记许可运行效率。三是明确非主要农作物品种登记审批流程，实现登记审批规范化。发布《关于规范非主要农作物品种登记审批流程的函》（农种品函〔2018〕6号），明确并规范了申请者提交申请、省级农业主管部门受理审查、种子样品库接收样品、全国农技中心复核和种子局审核报批的品种登记审批流程。四是品种登记制度实施平稳运行，开局良好。截至2017年12月底，除西藏外30个省份均已启动品种登记工作，品种申请量7 306个，登记品种1 428个，为推进农业供给侧结构性改革，促进特色农作物产业发展，提供了

有效品种支撑。

（三）四大作物良种攻关工作取得新突破 2017年，水稻、小麦、玉米、大豆四大作物国家良种重大科研联合攻关，贯彻落实中央1号文件精神和农业部总体部署，加强资源整合，强化协调配合，齐心协力，攻坚克难，扎实推进，整体工作向纵深推进，取得了一系列新进展、新成效与新突破。

1. 种业基础理论与育种技术创新取得新进展，理论突破加快推进。熟化了种质遗传多样性分析、重要性状分子标记选择、单倍体和诱变育种等技术，划分种质类群，分析作物种质演化规律。熟化水稻稻瘟病、小麦赤霉病、玉米粗缩病、大豆花叶病毒病等重要性状基因分子检测技术，建立实用化分子标记辅助选择与回交、杂交选育技术。研发出基于核磁共振的单倍体挑选技术，完善建立了工程化玉米单倍体育种技术平台。开展基因编辑原始创新研究，进一步熟化CRISPR/Cas9基因组编辑技术，加强了抗虫耐除草剂玉米、耐除草剂玉米、抗除草剂大豆的回交转育工作。

2. 绿色优异种质资源与育种新材料创制取得新成效，育种遗传基础有效拓宽。完善育种材料基因型鉴定平台和关键性状鉴定平台，构建表型性状数据库；鉴定四大作物种质资源2.3万份，筛选出具备优质、抗病虫、抗逆、养分高效利用的绿色优异种质资源与育种中间材料1 300余份，培育出新型玉米自交系、水稻不育系180多份；尤其是鉴定选拔出抗赤霉病小麦育种新材料37份，对解决小麦生产的赤霉病难题意义重大。通过举办优异种质资源、育种材料田间展示现场会等方式，及时分发优异种质，丰富了四大作物育种攻关的种质基础。其中，玉米攻关联合体向29家成员单位分发了3 200余份次的优异种质。

3. 绿色优质品种选育取得新突破，商业

化育种新机制加快建立。四大作物新选育品种7 000个，进入区域试验、DUS测试品种800多个；选拔出节水抗旱、抗赤霉病小麦品种25个，抗倒伏、耐密植的机收籽粒玉米品种8个，优质高产大豆品种12个、优质水稻品种99个；完成了1 040份新品种、自交系、亲本等的DUS测试和实质性审查，授权品种369个。

4. 新品种展示示范持续推进，攻关成果加快推广。四大作物攻关均设立了绿色优质品种展示示范点，召开了现场观摩会、新品种新技术交流会，并通过电视、网络、报刊等媒体加大宣传推广力度。余欣荣副部长、马爱国总畜牧师亲临河北、黑龙江良种联合攻关现场会，有效加快了联合攻关新成效、新品种的宣传推广，推进了种植业结构调整。

（四）国家级育制种基地和区域性量良种繁育基地建设加快 通过现代种业提升工程、新增千亿斤粮食工程、制种大县奖励等重大项目，加快种子基地建设，促进种子生产向优势区集中，已基本形成以海南、甘肃、四川三大国家级育制种基地为龙头，52个杂交玉米、杂交水稻制种大县为骨干，首批49个区域性良繁基地为基础的种业基地"国家队"，杂交玉米、杂交水稻国家种子基地的制种产量，分别占全国的80%和70%，比2013年分别增加10个和15个百分点，"藏粮于地、藏粮于技"战略得到有效落实。一是生产条件明显改善。以张掖玉米制种基地为例，基地配套设施不断完善，精量播种、膜下滴灌、水肥一体化制种面积占80%以上，综合机械化水平超过60%，集中连片制种20多千公顷，规模化、机械化、标准化、集约化基地初具规模。二是加工能力显著提升。甘肃省玉米制种基地共建成果穗烘干线115条、籽粒烘干线102条，比2011年分别增加65条、22条，加工能力达6亿千克以上，基本实现了适时收获、快速加工、及时上市，告别了过去种子产量质量"看老天"的局面。三是种子质量明显提高。主要农作物种子抽检合格率稳定在98%以上。种子质量的提升，不仅有效保证了用种安全，还改变了落后的种植方式，黑龙山、吉林、内蒙古、山东、河南五省玉米单粒播面积已达16 666.67千公顷以上，比2011年增长了5倍。

（五）第三次全国农作物种植资源普查与收集行动取得阶段性成效 自农业部2015年"第三次全国农作物种质资源普查与收集行动"启动并实施以来，共完成10省（自治区、直辖市）623个县的普查任务，获得全套普查数据和信息，征集各类作物种质资源12 005份；完成10省117个县的系统调查，抢救性收集农作物种质资源17 758份。通过"普查与收集行动"，基本查清这些区域种质资源的现状，发掘一批具有重要利用价值的特色资源。

1. 查清了种质资源分布及消长变化的情况。初步统计分析，发现主要粮食作物培育品种的数量显著增加；例如，1956年为2 449个，1981年为9 012个，2014年增加到20 827个，增加8.5倍。主要粮食作物地方品种的数量急剧减少；例如，1956年为11 590个，2014年为3 271个，减少比例高达71.8%。以单一作物水稻为例，湖南省这次共普查了79个县，1956年种植的水稻地方品种共有1 366个，1981年减为644个，2014年仅有80个水稻地方品种零星种植，94%的水稻地方品种已在湖南丧失，其他主要作物地方品种消失情况与水稻基本一致。

2. 填补了我国作物种质资源收集的空白。抢救性收集各类作物的古老地方品种、种植年代久远的育成品种、国家重点保护的作物野生近缘植物以及其他珍稀、濒危野生植物种质资源29 763份，其中623个普查县征集各类作物种质资源12 005份（以移交农科院样本实物为准），系统调查与抢救性收集农作物种质资源17 758份。经与国家种质库（圃）保存资源信息比对，此次收集的29 763份资源中，有25 298份属于新收集资源，占收集资源总数的85%。10省623个县中，有68个县的种质资源从未收集保存，填补了收集县域的空白，占已经开展普查县的10.9%。

3. 发掘了一批具有重要价值的珍稀特色资源。通过初步鉴定评价，筛选出一批优质、抗病、抗逆、特殊营养价值的种质资源。例如，广西发现了高抗霜霉病和根结线虫的野生葡萄，解决了葡萄商业品种缺乏抗源的问题。重庆市发现了火罐柿，其口感甜腻无核、外形似火罐灯笼、挂果期长，可用于园林景观和食用。为此，当地政府已成立专门机构进行开发利用。浙江发现了濒危的优异柚子，满足了市场对红肉柚子的需求。这些新发现的资源不仅珍稀濒危，而且潜在利用价值大，都是商业育种迫切需要的。

4. 培养了一批热爱种质资源事业的人才队伍。来自农业厅、农科院、普查县以及中国农科院相关研究所的不同学科、不同专业、不同作物的科技人员共24 084人参加了"普查与收集行动"。通过三年的"普查与收集行动"，形成了一支稳定的资源队伍，提高了基层农技人员对种质资源重要性的认识，培养了一批有情怀、有担当、热爱种质资源事业的人才队伍。例如，江苏省农科院在项目实施前仅有两位专家参加过全国种质资源普查，经过本次普查行动实施，培养了一支20多人的专业人才队伍。

5. 形成了人人保护资源的社会意识。通过多种途径宣传，调动了各级政府和公众保护种质资源的自觉性和积极性。例如，河北老农民邢泽，看到宣传报道后，特地赶到项目办公室送交自家祖辈留传的甜高粱地方品种——"华北甘蔗"，并表示愿意为普查行动搜集更多的老品种。

农业机械补贴政策

2017年，中央财政投入农机购置补贴资金186亿元，在优先保障粮食和主要农产品生产全程机械化需求基础上，着力强化绿色生态导向，积极引导科技创新，加快推进普惠共享，切实提高服务管理水平，扶持约170万农户购置机具190万台（套）；进一步提升了农业物质技术装备水平，促进了全国农作物耕种收综合机械化率达66%以上，政策实施有序有力有效。

（一）加强制度建设，优化顶层设计 农业部、财政部紧紧围绕"放管服"改革的要求，坚持问题导向，进一步优化顶层设计。资金管理上，废止了2005年印发的《农业机械购置补贴专项资金使用管理暂行办法》，取消了若干与基层实践不符的规定；将农机购置补贴纳入新制定的《农业生产发展资金管理办法》管理范畴，明确农机购置补贴按约束性任务资金管理不纳入资金统筹整合范围；健全各省资金使用进度定期调度办法，采取约谈、通报、核减资金等手段，督促加快资金执行；指导各省开展省域内资金余缺动态调剂，推进资金供需区域平衡。违规查处上，印发《农业机械购置补贴产品违规经营行为处理办法（试行）》，进一步强化了农机、财政联合查处违规农机产销企业的工作机制，维护诚实守信农机企业和购机者合法权益的制度保障更加有力，社会反响良好。

（二）坚持绿色生态，促进普惠共享 围绕农业供给侧结构性改革和"一控两减三基本"等农业绿色发展要求，指导各地强化绿色生态导向，加快补贴范围内全部机具敞开补贴步伐，着力提升政策普惠共享程度，着力稳定购机者补贴预期。对粮棉油糖饲等大宗作物生产，以及烘干仓储、深松整地、免耕播种、高效植保、节水灌溉、高效施肥机具和秸秆还田离田、残膜回收、畜禽粪污资源化利用、病死畜禽无害化处理等支持农业绿色发展的机具率先全面敞开补贴。目前，28个省份已经实现补贴范围内全部机具敞开补贴，其他省份也均选择部分重点品目实行敞开补贴。继续支持老旧农机报废更新补贴试点，推进农机装备节能环保。继续支持开展农机深松整地补助，超计划完成全年10 000千公顷的深松整地任务。

（三）注重创新试点，推动技术创新 强化补贴政策支撑农机科技成果转化应用的能力，将农机新产品补贴试点省份由2016年的3个增加至10个，探索建立新产品纳入全国补贴机具种类范围的机制，促进创新产品的推广应用。会同中国民用航空局在浙江等6个省份部署开展农机购置补贴引导植保无人飞机规范应用试点，助力农机化科技创新。支持各省在通用类补贴机具范围内选取若干重点产品开展档次优化试点，探索解决多功能、复式、智能新型农机产品分档档次过于笼统、补贴标准偏低等问题。在西藏和新疆南疆地区开展差别化农机购置补贴试点，适当扩大补贴范围，按当地农机市场均价的30%足额测算补贴标准，助力脱贫攻坚。继续支持福建开展补贴产品市场化改革试点。

（四）优化实施操作，提高服务水平 推动38个省级管理部门全部使用农机购置补贴辅助管理系统，进一步提高补贴办理服务效率。围绕企业自主投档和农户申领补贴，进一步增强信息化支撑能力，让"数据多跑路，群众少跑腿"。指导重庆等15个省开发使用农机购置补贴自主投档系统，组织农业部农机试验鉴定总站升级农机试验鉴定管理服务信息化平台功能，全面公开试验鉴定信息，方便各省和企业自动提取补贴机具投档信息；指导湖北、青岛等省市积极探索通过手机APP申领补贴，"手机一点，补贴到卡"已成为现实。大力推进信息公开，38个省级农机部门全部开通补贴信息公开专栏，2 766个县建立了县级公开专栏，县级专栏建设率达91.8%，较上年提高5.8个百分点，省级单位资金登记进度实时公开由上年的个别省扩大到34个。

（五）**强化监督管理，加大违规查处** 针对重大决策规范化，指导和推动各省建立健全农机购置补贴重大决策内部控制规程。针对敞开补贴、信息公开、补贴额一览表制定、补贴资金需求测算等重点工作，组织24名专家按"双随机"原则开展督导检查，针对所发现的问题，组织有关省及时整改。针对补贴资金申领等高风险环节管控，继续推进补贴申领具体操作与经销商分离，指导各省重点加强对大中型机具的核验和单人多台套、短期内大批量等异常申请补贴情形的监管，推进补贴机具县级核验规范化、制度化。针对违规处理，加强违规处理通报及黑名单数据库应用，促进违规行为省与省之间联动联查。目前，已登记违规处理信息505条，黑名单信息59条，违规企业"一处失信，处处受限"的氛围已经形成。针对绩效提升，对2016年13个绩效管理考核优秀省份进行表彰，并在资金分配过程中予以适当倾斜。

总的看，2017年农机购置补贴政策实施进展顺利，改革创新成效显现，管理服务和操作水平持续提升，社会公众满意度不断提高。随着工业化和城镇化进程的不断加快，农业"用工难""用工贵"问题日益突出，农业各领域对机械化的需求越来越迫切，广大农民对农机装备的依赖越来越明显。农机购置补贴是党中央国务院重要的强农惠农富农政策，也是目前促进农业机械化发展的最直接、最主要手段。引导推动新时期农业机械化转型升级，充分满足农业及农民群众对农业机械日益增长的需

求，是当前和今后一个时期农机购置补贴工作的方向和重要任务。

农村一二三产业融合发展

农业部深入实施农村一二三产业融合发展推进工程。深入贯彻落实《国务院办公厅关于推进农村一二三产业融合发展的指导意见》，坚持"基在农业、利在农民、惠在农村"，积极培育融合多元化主体，完善利益联结机制，打造农业全产业链全价值链，让农民分享二三产业增值收益，使农村产业融合成为促进农民就业增收的重要支撑。

（一）**创建融合发展先导区和示范园** 印发《关于支持创建全国农村一二三产业融合发展先导区的意见》，培育创建一批农村一二三产业融合发展先导区。与发展改革委等7部委联合印发《关于国家农村产业融合发展示范园创建工作方案的通知》，已批准148家单位具备创建资格。

（二）**组织实施农村一二三产业融合发展补助政策** 贯彻落实中央财政涉农资金统筹整合改革要求，研究制定农村一二三产业融合发展补助政策绩效考核指标体系和绩效考核办法，科学编制资金分配和分省任务清单。全年共安排中央财政资金30亿元，重点支持农产品产地初加工设施补助建设和整县制推进农村一二三产业融合发展，实施内容新增了农产品商品化处理中心建设，首次将农业企业纳入补助对象，实现了补助资金、实施区域、实施内容、补助对象全面突破。据初步统计，目前全国已建完农产品产地初加工设施9 480座，新增马铃薯储藏能力14.9万吨，果蔬贮藏能力55.5万吨，果蔬烘干能力12.8万吨；新建农产品商品化处理中心26座。159个县整县制推进，完成设施建设8 217个，厂房建设12.2万平方

米，观景台建设11.2万座；直接带动3.7万名农民就业、12.4万户农户增收。举办两期培训班，培训全国省、市、县三级行业管理人员800多人。

（三）切实加大产业扶贫力度 产业融合发展项目对贫困地区重点倾斜支持。支持贫困地区开展特色加工农产品、主食加工提升、产业融合项目展示推介和品牌培育，推动跨区域交流。组织国投创益扶贫基金、农发行与贫困县对接，促成产业扶贫项目21个，签约近10亿元。实施环京津贫困地区《万户农民加工增值收益分享行动》《千家"农家乐"升级行动》《农村创业创新服务行动》。创办休闲农业和乡村旅游扶贫学习交流活动，学习理论、考察典型，推动贫困地区发展能力。

（四）积极营造发展氛围 向国务院报送《农业部关于推进农村一二三产业融合发展情况的报告》，联合农发行印发《关于政策性金融支持农村一二三产业融合发展的通知》，向其推荐400多个项目，推动政策性金融支持农村产业融合发展。

深化农村金融改革

（一）政策背景与主要内容 2017年，中央1号文件提出，要加快农村金融创新。

1. 强化激励约束机制，确保"三农"贷款投放持续增长。支持金融机构增加县域网点，适当下放县域分支机构业务审批权限。对涉农业务较多的金融机构，进一步完善差别化考核办法。落实涉农贷款增量奖励政策。支持农村商业银行、农村合作银行、村镇银行等农村中小金融机构立足县域，加大服务"三农"力度，健全内部控制和风险管理制度。规范发展农村资金互助组织，严格落实监管主体和责任。

2. 开展农民合作社内部信用合作试点，鼓励发展农业互助保险。支持国家开发银行创新

信贷投放方式。完善农业发展银行风险补偿机制和资本金补充制度，加大对粮食多元市场主体入市收购的信贷支持力度。

3. 深化中国农业银行三农金融事业部改革，对达标县域机构执行优惠的存款准备金率。加快完善中国邮政储蓄银行三农金融事业部运作机制，研究给予相关优惠政策。抓紧研究制定农村信用社省联社改革方案。优化村镇银行设立模式，提高县市覆盖面。

4. 鼓励金融机构积极利用互联网技术，为农业经营主体提供小额存贷款、支付结算和保险等金融服务。推进信用户、信用村、信用乡镇创建。支持金融机构开展适合新型农业经营主体的订单融资和应收账款融资业务。深入推进承包土地的经营权和农民住房财产权抵押贷款试点，探索开展大型农机具、农业生产设施抵押贷款业务。加快农村各类资源资产权属认定，推动部门确权信息与银行业金融机构联网共享。

5. 持续推进农业保险扩面、增品、提标，开发满足新型农业经营主体需求的保险产品，采取以奖代补方式支持地方开展特色农产品保险。鼓励地方多渠道筹集资金，支持扩大农产品价格指数保险试点。探索建立农产品收入保险制度。支持符合条件的涉农企业上市融资、发行债券、兼并重组。

6. 在健全风险阻断机制前提下，完善财政与金融支农协作模式。鼓励金融机构发行"三农"专项金融债。扩大银行与保险公司合作，发展保证保险贷款产品。深入推进农产品期货、期权市场建设，积极引导涉农企业利用期货、期权管理市场风险，稳步扩大"保险+期货"试点。严厉打击农村非法集资和金融诈骗。积极推动农村金融立法。

（二）政策执行情况及效果评价 2017年年末，全部金融机构涉农贷款余额达到30.95

万亿元，同比增长9.64%；中央财政拨付农业保险保费补贴金179.09亿元，同比增长13%。

1.农村金融扶持力度不断增大。一是货币信贷政策。在差别化存款准备金政策方面，拓展优化原有小微和"三农"定向降准标准，统一对普惠金融实施定向降准。在对农村金融机构的支农再贷款和再贴现政策方面，2017年年末，全国支农再贷款余额2 564亿元，支小再贷款余额929亿元，再贴现余额1 616亿元。2017年中国人民银行牵头出台金融支持深度贫困地区脱贫攻坚的意见，要求新增金融资金优先满足深度贫困地区、新增金融服务优先布设深度贫困地区。年末，全国建档立卡贫困人口及已脱贫人口贷款6 008亿元，同比增长46.18%。二是财政税收政策。首先，县域金融机构涉农贷款增量奖励保持稳定。对当年涉农贷款平均余额同比增长超过13%的部分，财政部门可按照不超过2%的比例给予奖励。其次，继续实施农村金融税收优惠政策。2017年6月，财政部和税务总局联合发布《关于延续支持农村金融发展有关税收政策的通知》（财税〔2017〕44号），规定自2017年1月1日至2019年12月31日，对金融机构农户小额贷款的利息收入，免征增值税；对金融机构农户小额贷款的利息收入，在计算应纳税所得额时，按90%计入收入总额；对保险公司为种植业、养殖业提供保险业务取得的保费收入，在计算应纳税所得额时，按90%计入收入总额。

2.农村金融机构改革不断深化。一是中国农业银行三农金融事业部运行体系不断完善。2017年农业银行持续推进三农金融事业部改革，改革的重点集中在完善三农金融事业部运行体系、明确三农金融事业部职能边界、完善三农金融事业部的组织架构等方面。截至2017年年末，农业银行县域贷款余额达3.57万亿元，比年初增加3 900亿元，增速12.3%，高于全行平均水平

2个百分点；涉农贷款余额3.08万亿元，比年初增加3 586亿元，同比多增1 414亿元。

二是中国邮政储蓄银行三农金融事业部建设工作稳步推进。邮储银行按照四级架构模式加快推进"三农金融事业部"建设，即三农金融事业部—省级一级分部—地市级二级分部—县级营业部四级，构建专业、独立的三农金融事业部组织体系。截至2017年年末，邮储银行涉农贷款余额超过1万亿元，累计发放新型农业经营主体贷款超过1 000亿元，服务新型农业经营主体近37万人次。

三是普惠金融事业部设立工作全面铺开。2017年5月，银监会等11个部门联合印发《大中型商业银行设立普惠金融事业部实施方案》，推动大中型商业银行设立聚焦小微企业、"三农"、创业创新群体和脱贫攻坚等领域的普惠金融事业部。在相关部门的积极推动下，五大国有商业银行在总行层面均设立普惠金融事业部，在一级分行层面已经完成全部185家分部的设立，还有6万余家支行及以下网点从事城乡社区金融服务。此外，民生银行、兴业银行等6家股份制商业银行也设立了普惠金融事业部。

四是全国农业信贷担保体系健康有序发展。2017年，财政部会同农业部、银监会等继续推进全国农业信贷担保体系建设，推动各地完成省级农业信贷担保公司组建，并已进入向下延伸分支机构、开展实质性运营阶段，制定出台财政支持农业信贷担保体系建设的政策措施，一个多层次、广覆盖的全国农业信贷担保体系初步形成。截至2017年11月底，全国29个省（自治区、直辖市）及4个计划单列市已组建省级农担公司，并以办事处、分公司等形式设立市县分支机构189个。各省农担公司积极创新业务模式，加快开发担保产品，完善风险防控体系，推动担保业务发展，共计实现在保余额263.5亿元，在保项目39 001个，平均

每个担保项目金额67.56万元，主要担保对象是农业适度规模经营主体。其中，北京、重庆的业务规模对资本金放大比例超过2倍，安徽省农担公司通过开发"劝耕贷"产品，两年实现担保贷款额26.3亿元，是农村信用社改革取得重要成果。可持续发展能力显著增强，农村金融服务水平明显提升，产权制度改革稳步推进。2017年，实现利润2 487.8亿元，比上年增加146.7亿元；2017年年末，全国农村信用社不良贷款比例4.2%，资本充足率11.7%，分别比上年上升0.4个百分点和下降0.4个百分点；涉农贷款余额和农户贷款余额分别为9.0万亿元和4.4万亿元，比上年末分别增长9.5%和11.6%；截至2017年年末，全国共组建以县（市）为单位的统一法人农村信用社907家，农村商业银行1 262家，农村合作银行33家。

五是农村金融覆盖面不断提高。第一，银行网点的分布范围较广，截至2017年年末，农村地区银行网点数量12.61万个，县均银行网点55.99个，乡均银行网点3.93个，村均银行网点0.24个。第二，村镇银行数量继续增加。截至2016年年末，全国已组建村镇银行1 601家，资产规模1.24万亿元，其中中西部地区机构占比65%；已覆盖全国31个省份的1 247个县（市、旗），县域覆盖率达68%。第三，开户数量依然稳步增长。截至2017年年末，农村地区累计开立单位银行结算账户1 966.51万户，2017年（以下简称当年）新增143.44万户，增长7.87%；农村地区个人银行结算账户39.66亿户，人均4.08户，当年新增4.05亿户，增长11.37%。第四，农信银支付清算系统业务增长迅速。截至2017年年末，以参与者身份接入农信银支付清算系统的银行网点44 056个，农村地区通过农信银支付清算系统办理业务33.49亿笔，金额6.68万亿元，同比分别增长99.23%、23.02%。第五，助农取款服务结构优化。截至2017年年末，农村地区拥有助农取款服务点91.4万个（其中，加载电商功能的13.98万个），覆盖51.56万个行政村，覆盖率超达到97.34%；2017年助农取款服务点办理支付业务（包括取款、汇款、代理缴费）合计4.51亿笔，金额3 651.92亿元；2017年农村地区ATM 37.74万台，增长9.97%，万人拥有数量3.89台，POS机711.49万台，增长5.1%，每万人拥有73.27台。

3. 农村金融产品和服务创新取得新进展。一是创新金融产品。2017年，农业银行创新出台4项全行性"三农"金融产品，58项"三农"区域性产品，截至2017年年末，农业银行"三农"专属金融产品达204项，其中全行性"三农"金融产品45项，区域性"三农"金融产品159项。二是完善服务模式。首先，围绕农村土地制度改革、农村集体产权制度改革，完善推广农村土地经营权、农民住房财产权、集体经营性建设用地使用权、林权等抵押贷款产品，创新开发农村资金资产资源管理平台，积极提供全方位金融服务。其次，重点推进互联网金融服务"三农"工作。融合"惠农e贷"网络融资、着力打造"惠农e贷"平台。截至2017年年末，农业银行已有31家一级分行开办"惠农e贷"业务，贷款余额152亿元、覆盖15万农户，"惠农e商"上线商户超过150万户、交易金额达到2 500多亿元。截至2017年年末，农业银行家庭农场和专业大户贷款余额达657亿元，较年初增加128亿元；水利贷款余额达3 353亿元，比年初增加607亿元；县域旅游贷款余额达289亿元，比年初增加106亿元；累计投放商品流通市场建设贷款423亿元，累计投放高标准农田建设贷款86亿元。

4. 农业保险市场发展迅速。2017年，中央财政拨付农业保险保费补贴资金179.04亿元，带动全国实现农业保险保费收入477.7亿元，为2.13亿户次农户提供风险保障2.79万亿元。

为 5 388.31 万户次农户支付赔款 366.05 亿元。目前，中央财政提供农业保险保费补贴的品种有玉米、水稻、小麦、棉花、马铃薯、油料作物、糖料作物、能繁母猪、奶牛、育肥猪、森林、青稞、牦牛、藏系羊、天然橡胶，以及财政部根据党中央、国务院要求确定的其他品种。2017 年，财政部牵头印发《关于在粮食主产省开展大灾保险试点的通知》（财金〔2017〕43 号），在 13 个粮食主产省选择 200 个产粮大县开展农业大灾保险试点，面向适度规模经营农户，保障水平覆盖"直接物化成本＋地租"，全年拨付大灾保险试点资金 30.18 亿元。

推进农业水价综合改革

（一）政策背景及主要内容 我国是农业大国，也是水资源严重短缺的国家。农业是用水大户，占我国用水总量的 60％以上，合理的水价机制是促进农业节水、提高农业用水管理水平的有效手段。2017 年中央 1 号文件要求"全面推进农业水价综合改革，落实地方政府主体责任，加快建立合理水价形成机制和节水激励机制。"发展改革、财政、水利、农业等有关部委和各省份认真贯彻落实《国务院办公厅关于推进农业水价综合改革的意见》（以下简称《意见》）精神，将农业水价综合改革作为贯彻新时代水利工作方针和助力农业供给侧结构性改革的重要举措着力加以推进。2017 年 6 月，国家发展改革委等 5 部门联合印发《关于扎实推进农业水价综合改革的通知》。各地紧紧围绕《意见》确定的目标和任务，将农业水价综合改革作为农业节水工作的"牛鼻子"，精心谋划设计，大胆探索创新，积极推动落实，改革步伐明显加快。

一是进一步夯实了改革基础。国家通过各种资金渠道，大力完善农田水利基础设施。水利部要求各地在大中型灌区续建配套与节水改造、高效节水灌溉工程等项目实施中同步推进水价改革，重点加强工程建设，提高工程完好率，夯实改革基础。各地在开展水利工程建设的同时，科学有序地完善农业用水计量设施，工程设施条件不断改善。山东有 13 个县的井灌区实现灌溉用水计量到井。河北单独安排专项资金开展计量设施建设，有 10 个县实现计量到井全覆盖。

二是逐步建立了水价形成机制。截至 2017 年年底，全国共有 15 个省份研究制定了农业水价成本核定和价格管理办法，近 700 个县和 100 处灌区开展了农业水价综合改革工作，探索形成了一批典型做法和经验。612 个改革先行县（灌区）完成了农业供水成本监审工作。

三是健全了用水管理机制。用水总量控制方面，各地结合落实最严格水资源管理制度，积极建立农业水权制度，绝大多数试点地区在明确农业用水总量和初始农业水权的基础上，将水权细分到工程单元或农户，并颁发水权证。甘肃省已有 62 个县明确了农业用水总量，其中有 23 个已将农业水权划分到村或农民用水合作组织。定额管理方面，部分省份及时修订农业用水定额，并指导试点地区依据定额建立节水奖励和分档加价机制，浙江省德清县对试点灌区实施用水定额逐年递减，引导农民养成科学灌溉习惯。同时，一些地区结合种植结构调整、节水技术推广等工作，强化用水管理。河北结合地下水超采综合治理推进农业水价综合改革，开展季节性休耕试点 80 千公顷，推广冬小麦节水稳产配套技术 333.33 千公顷。

四是建立了精准补贴和节水奖励机制。坚持花钱买机制，各地按照"先建机制、后建工程"的要求，加强改革的制度建设，积极推进农业水权的分解细化工作，打牢水价形成机制基础。各地通过多种渠道筹集奖补资金，按照总体不增加农民负担的原则，因地制宜落实精准补贴和节水奖励。据初步统计，2017年，全国各地共安排精准补贴和节水奖励资金约10亿元。河南在省级财政预算中安排1 685万元专项用于奖补，确保资金有出处、能落实。在节水奖励方面，多数试点地区对农民定额内用水的节约部分，采用现金返还或水权回购的方式进行奖励，还有一些地区以促进节水为导向，积极创新奖励形式。

（二）政策执行情况

1. 加强组织领导，明确改革重点。水利部加强组织领导，成立了以分管副部长为组长的农业水价综合改革工作领导小组，完善机构设置，强化工作力量。为贯彻落实好《意见》精神，2017年，国家发展改革委等5部门联合印发《关于扎实推进农业水价综合改革的通知》，文件针对改革中发现的问题，进行安排部署，强调推进改革的重大意义，明确改革的重点和措施。文件进一步细化"十三五"期间的改革目标，要求各地切实把农业水价综合改革摆到更加重要的位置，建立健全促进农业节水和农田水利良性运行的体制机制，充分发挥典型示范引领作用，以点带面推进改革，明确"十三五"新增6 666.67千公顷高效节水灌溉项目要同步完成农业水价综合改革任务。

2. 完善激励机制，激发内生动力。各部门坚持"先建机制、后建工程"的原则，健全涉农项目和资金分配与节水机制建立情况挂钩的激励机制，调动地方改革积极性。国家发展改革委、水利部印发《关于开展大中型灌区农业节水综合示范工作的指导意见》，力争用3年时间在示范灌区率先全面完成农业水价综合改革任务。发展改革、财政等部门就大中型灌区续建配套与节水改造、中央水利发展资金、高标准农田建设、农业综合开发等涉及农田水利建设的资金分配与改革成效挂钩形成了共识，对

改革推进快、成效好的地区予以倾斜。

3. 加强调研督导，持续跟踪问效。一是水利部会同相关单位，按照中央农办统一部署，组成联合调研督导组，对山东、河南等10个省份农业水价综合改革落实情况进行督导，推动地方加快改革工作进度。二是建立重点联系制度，每个部门每年各选取2个省份进行重点联系，定期深入基层改革试点区域跟踪调研，指导和督促地方有针对性地开展工作。2017年，发展改革委重点联系江苏、河北，财政部重点联系北京、新疆，水利部重点联系浙江、河南，农业部重点联系上海、内蒙古。三是做好绩效评价工作。把绩效评价作为推动改革的指挥棒。2017年，国家发展改革委等5部委联合印发了《农业水价综合改革绩效评价办法》，确定各省（自治区、直辖市）为绩效评价的对象，公布6项工作评价指标和14项任务评价指标，明确了评价方法和程序，并把绩效评价结果纳入粮食安全省长责任制和最严格水资源管理制度考核。各省份也制定了相应的绩效考评办法，建立了层层考评体系，并把绩效评价结果与有关奖励政策挂钩。5部委据此对30个省份开展了2017年度农业水价综合改革工作绩效评价。

4. 加强培训指导，强化宣传发动。一是开展经验交流。国家多次组织召开农业水价综合改革座谈会、研讨会，了解改革进展、查找问题、交流经验、听取意见。国家发展改革委分别在江苏宿迁、河北邯郸召开南方和北方片区改革工作经验交流会，财政部会同水利部对各省财政厅（局）进行了培训，水利部分别召开了部分省（自治区、直辖市）和全国改革座谈会，通过交流、培训，进一步统一认识，营造改革氛围，增强改革信心。二是将典型材料汇编成册，组织各地认真总结试点地区探索的好经验、好做法，选择33个具有特色、易于复

制推广的代表性案例，按水资源禀赋条件分三类汇编成册，印送各地参考借鉴。三是建立农业水价综合改革工作简报制度，重点介绍相关部门和各地区在推进改革过程中的经验做法以及开展的重要工作等，供有关部门参阅和各地学习交流。四是强化宣传发动，借助报纸、网络等媒体多渠道、多方位宣传农业水价综合改革，形成了推动改革的良好社会氛围。据不完全统计，2017年以来，各地在省级及以上媒体刊发农业水价综合改革报道140多次。此外，各地还培训技术人员7 000多人次。

（三）政策效果　2017年全国新增农业水价综合改革面积2 000千公顷以上，总体上看，农业水价综合改革正由点及面不断深入，成效初步显现。

一是提升了农业用水效率。通过农业水价综合改革，有效促进了节约用水，农民从节水中也得到了实惠，调动了农民节水的积极性。改革区的亩均灌溉用水量明显降低，亩均节水约100立方米，灌溉历时平均缩短约20%。

二是改善了水生态环境。初步测算，通过改革，华北、东北等北方大量开采地下水区2016、2017年农业灌溉累计减少地下水开采量超过10亿立方米。南方丰水区通过改革，降低了农药、化肥带来的面源污染，据测算，两年来累计削减氨氮排放2万多吨，削减COD排放7万多吨。浙江德清县通过对改革区域前后观测对比，每亩地减少COD排放681克。

三是促进了工程良性运行。改革区通过项目实施，工程的基础条件得到明显改善，农田水利设施配套率提高到70%以上。通过重新核定水价，试点区平均农业水价比改革前每立方米提高了0.06元左右，多数试点区农业水价达到运行维护成本水平，部分地区达到全成本水平。田间工程管护缺位问题得到了初步解决，管护水平也得到了极大改善。

四是增强了群众的节水意识。改革推进过程中，各级加大政策、形势宣传力度，同时改革成效使农民切实获益，农民支持、参与改革的热情逐步提高，价格机制的约束作用也有效，减少了大水漫灌、无序用水等现象。

农业水价综合改革是党中央、国务院着眼于保障粮食安全和水安全而作出的一项重要改革部署，是经济社会高质量发展的必然要求。下一步，有关部委将以习近平新时代中国特色社会主义思想为指导，深入贯彻新时代水利工作方针，加大改革力度，保持改革定力，坚持久久为功，补短板、强基础、建机制，推动改革不断取得新成效。

完善重要农产品运行调控政策

按照2017年中央1号文件要求，发展改革委、财政部、农业部等部门，按照"分品种施策，渐进式推进"的思路，继续深化粮食等重要农产品价格形成机制和收储制度改革，完善农产品市场运行调控制度。

（一）坚持并完善稻谷、小麦最低收购价政策　在保留最低收购价政策框架的前提下，针对国内外市场供求和价格形势变化，合理调整稻谷、小麦最低收购价水平。2017年稻谷最低收购价全面小幅下调，早籼稻、中晚籼稻、粳稻分别为每500克1.30元、1.36元、1.50元，比上年分别下调0.03元、0.02元、0.05元。2017年小麦最低收购价为每500克1.18元，保持上年水平不变；冬小麦播种前出台2018年小麦最低收购价政策，每500克为1.15元，比上年下调0.03元。坚持并完善稻谷、小麦最低收购价政策，确保了农民种粮收益基本稳定，保护了农民种粮积极性，保障了国家口粮绝对安全，同时灵活调整价格水平，逐步释放改革信号，更加注重市场形成价格作用。

（二）推进玉米市场定价、价补分离改革　在2016年玉米收储制度改革的基础上，2017年继续在东北地区深化玉米市场定价、价补分离改革，健全生产者补贴制度。从实际效果看，玉米收储制度改革进展顺利，多元市场主体积极入市收购，市场化购销机制逐步建立，产业链活力得以激发，玉米种植结构持续调整优化，玉米及其替代品进口大幅降低，市场价格在供求调节下出现了恢复性上涨，优势产区种粮农民的基本收益得到了保障。

（三）调整完善新疆棉花目标价格政策　2014—2016年新疆棉花目标价格改革试点总体进展顺利，取得了预期成效，市场形成价格的机制基本建立，棉农基本收益得到较好保障，市场开始倒逼产业转型升级，棉花产业链各主体满意度较高。在总结试点经验的基础上，2017年继续在新疆实行棉花目标价格政策，目标价格水平为每吨18 600元，价格水平一定三年，并进一步完善了补贴方式，同时推动出台内地棉区补贴政策。

（四）调整大豆目标价格政策　根据2014—2016年东北地区大豆目标价格改革试点评估情况，2017年将东北地区大豆目标价格政策与玉米收储制度改革统筹，调整为市场化收购加补贴的新机制。为了鼓励东北地区发展大豆生产，大豆每亩补贴标准有所提高，高于玉米生产者补贴水平。从政策效果看，东北地区大豆种植比较效益得以改善，播种面积有所恢复。

（五）完善农业信息分析预警体系　为进一步提升市场信息服务宏观调控和引导结构调整作用，2017年农业部与中国糖业协会、中国气象局等单位每月定时、定点会商，发布中国玉米、大豆、棉花、食用植物油、食糖5个品种的农产品供需平衡表。密切跟踪19种重要农产品市场形势，完善农产品供需形势分析会商机制，有关报告及时向部领导报送并通过农业信息网对外发布。召开2017中国农业展望大会，以农业部市场预警专家委员会名义正式出版发布了《中国农业展望报告（2017—2026）》中文版和英文版。完善市场信息发布制度，每季度在"部新闻发布大厅"召开例行市场信息发布会，解读市场热点问题，信息发布的影响力日益增强。

基层农业技术推广体系改革与建设

2017年，农业部会同各地农业部门立足农业农村发展新形势和农技推广工作新任务，深化基层农技推广体系改革，激发农技人员活力，提升推广服务效能。

（一）健全"一主多元"推广体系，形成农技推广合力　完善以国家农技推广机构为主导，农业科研院校、社会化服务组织等广泛参与、分工协作的"一主多元"农技推广体系。一是开展体系改革创新试点。在安徽、浙江、江西等13个省份的36个县开展基层农技推广体系改革创新试点，在公益性推广与经营性服务融合发展、农技人员增值服务合理取酬、农技人员创新创业等方面探索实践，取得了积极进展。二是推进基层农技推广机构规范化建设。完善基层农技推广机构体制机制，增强人员业务能力，提升服务效能。支持181个县开展以改善服务条件、规范管理机制、创新方式方法、提升服务能力为主要目标的推广机构星级服务创建工作。三是支持农业科研院校开展推广服务。引导农业科研院校成果、人才、学科、平台等优势，培养农技推广人才，投身"三农"主战场开展技术集成示范和指导服务。四是支持社会化服务组织开展推广服务。通过购买服务等方式，支持社会化服务组织开展产前、产中、产后技术服务，支持有资质有能力的市场化主体从事可量化、易监管的农技推广服务。

（二）加强农技推广队伍建设，提高服务"三农"能力　壮大基层农技推广队伍，加大后备人才引进培养力度，加强农技推广队伍业务培训，提升农技推广人员的业务能力和综合素质。一是开展农技推广服务特聘计划试点。在河北、四川、陕西等7个省份的61个县，通过购买服务等方式，从乡土专家、种养大户、新型农业经营主体技术骨干、一线农业科研人员中遴选了一批特聘农技员，从事农技推广公共服务，助力产业脱贫攻坚，已有200多名特聘农技员上岗开展指导服务。二是提升基层农技推广队伍业务能力。采取异地研修、集中办班、现场实训、网络培训等方式，提升基层农技推广队伍知识技能。全国1/3以上的基层农技人员接受了连续不少于5天的脱产业务培训，接受培训的基层农技人员对培训活动满意率达95%以上。三是提升基层农技人员的学历层次。支持基层农技推广队伍中非专业人员、低学历人员等，通过脱产进修、在职研修等方式进行学历提升教育，补齐专业知识短板。四是实施"三定向"人才补充计划。探索"定向招生、定向培养、定向就业"的农技人员培养方式，吸引本地户籍具有较高素质和专业水平的青年人才进入基层农技推广队伍。

（三）加强信息化建设，提高农技推广服务效率　基于大数据、云计算和移动互联技术等，构建便捷高效的农技推广服务信息化平台，促进专家、农技人员和农民的互联互通，为广大农业生产经营者提供了高效便捷、双向互动的农技推广服务。一是全国服务平台建设实现新突破。农业部开发运行了全国农技推广服务平台，已上线专家和农技人员20余万人，有效解答农业科技问题33万条，发布农业信息30多万条，上报农情信息190多万条。二是地方平台建设迈出新步伐。各地结合本地工作实际，建设了一批农技推广信息化平台。如

山东省研发了山东农业科技服务云平台和农技推广信息化业务应用系统APP。各地通过手机短信、微信、QQ群等信息交流平台开展农技推广服务。三是农技推广信息化市场化建设取得新进展。农技宝、农管家、农医生等一批市场化运行的农技服务信息化产品得到了广泛应用，大大提高了服务效率。

（四）建设运行高效的示范服务载体，加快技术推广应用　构建高标准的农业科技示范平台和服务网络，让广大农户看有示范、学有样板，实现农技人员与服务对象面对面、科技与田间零距离。一是建设长期稳定试验示范基地。围绕优势农产品和特色产业发展需求，建设了一批长期稳定的农业科技试验示范基地，将基地打造成农业科技成果展示的窗口和技术推广的辐射源，把增产增效科技成果直接做给农民看、带着农民干。二是大力培育农业科技示范主体。遴选能力较强、乐于助人的新型农业经营主体带头人、种养大户等作为农业科技示范主体，通过精准指导服务、组织交流观摩等措施，提高其自我发展能力和辐射带动能力。三是加大农业主推技术推介力度。遴选推介了一批符合绿色增产、资源节约、生态环保、质量安全等要求的先进适用技术。通过开展示范展示，加强技术培训，组织报纸、电视传统媒体和互联网、APP等新兴媒体广泛宣传等举措，让广大农户和新型农业经营主体了解技术要求、掌握使用要领，促进农业科技快速进村入户到田。

（五）增强农技服务供给，助力农业农村现代化建设　基层农技推广体系示范推广了一大批优质绿色高效技术，认真做好动植物疫病防控、农产品质量安全、农业生态环保等公共服务，为推进农业供给侧结构性改革、促进农业绿色发展提供了有力支撑。一是强化指导服务，为保障国家粮食安全和重要农产品

有效供给提供了有力支撑。发挥7 000多个农业科技试验示范基地的示范引领作用、140余万名农业科技示范主体的辐射带动作用，借助信息化、农民田间学校等高效指导服务方式，大范围推广应用了水稻大棚育秧、杂粮杂豆规范化生产等先进适用技术，全国农业主推技术到位率达到95%以上，为我国粮食生产取得历史上第二高产年提供了有力支撑。二是增强技术支撑，为落实绿色发展理念提供了有力支撑。大力推广节水、节肥、节药等资源节约型、环境友好型的清洁生产技术，开展秸秆处理、农膜回收、土壤污染防治等行动，取得了积极成效。如推广应用稻田综合种养技术1 333.33多千公顷，有效减少了化肥农药使用，改善了生态环境。三是助力精准脱贫，为推进脱贫致富奔小康提供了有力支撑。将农技推广工作与扶贫工作紧密衔接，组建专家团队开展科技扶贫，培育发展特色产业实现产业扶贫，对口帮扶实现精准扶贫。四川省实施"万名农业科技人员进万村开展技术扶贫行动"，在带动产业脱贫方面发挥了重大作用。

林业政策

（一）生态保护政策

1. 划定并严守生态保护红线。2017年2月，中共中央办公厅、国务院办公厅发布了《关于划定并严守生态保护红线的若干意见》，明确了生态保护红线划定范围，包括水源涵养、生物多样性维护、水土保持、防风固沙等生态功能重要区域，以及水土流失、土地沙化、石漠化、盐渍化等生态环境敏感脆弱区域，涵盖所有国家级、省级禁止开发区域，以及有必要严格保护的其他各类保护地等，通过自然资源统一确权登记明确用地性质与土地权属，形成生

态保护红线全国"一张图"。2017年5月，环境保护部办公厅、国家发展和改革委员会办公厅印发《生态保护红线划定指南》，明确了划定原则、管控要求、划定工作程序和划定技术流程，确保划定范围涵盖国家级和省级禁止开发区域，以及其他有必要严格保护的各类保护地。

2. 完善国家级公益林政策。新修订的《国家级公益林管理办法》明确，中央财政安排资金，用于国家级公益林的保护和管理。权属为国有的国家级公益林，管护责任单位为国有林业局（场）、自然保护区、森林公园及其他国有森林经营单位。权属为集体所有的国家级公益林，管护责任单位主体为集体经济组织。权属为个人所有的国家级公益林，管护责任由其所有者或者经营者承担。无管护能力、自愿委托管护或拒不履行管护责任的个人所有国家级公益林，可由县级林业主管部门或者其委托的单位，对其国家级公益林进行统一管护，代为履行管护责任。

3. 实现天然林保护政策全覆盖。经国务院同意，"十三五"期间全面取消了天然林商业性采伐限额指标，在实施天保工程二期的基础上，中央财政安排森林管护费补助和全面停止天然林商业性采伐补助，全国国有天然林都纳入了补助范围，并对有天然林资源分布的16个省（自治区、直辖市）的部分集体和个人所有天然商品林实行停伐管护补助政策，基本实现天然林保护政策全覆盖。天然林管护面积达到12 880万公顷，较二期任务增加1 333.33万公顷。国有林管护补助标准从2014年的每年每亩5元提高到2017年的10元，翻了一番。对集体和个人所有天然商品林停止商业性采伐，比照国家级公益林生态效益补偿标准每年每亩给予15元停伐管护补助；天保工程社保补助标准提高到2013年各地社平工资的80%为缴费基数。天保工程公益林建设等造林补助标准也得到较

大幅度提高。2017年中央财政共安排停伐补助资金（含管护）123.77亿元，比2016年增加7.3亿元。

4. 出台全民义务植树尽责形式管理办法。2017年6月，全国绿化委员会印发《全民义务植树尽责形式管理办法（试用）》，明确了全民义务植树尽责形式为：造林绿化、抚育管护、自然保护、认种认养、设施修建、捐资捐物、志愿服务、其他形式等8类，规定了每类尽责形式的折算标准。

（二）生态修复政策

1. 完善湿地保护修复制度。2017年5月，国家林业局、国家发展改革委等8部门印发《贯彻落实〈湿地保护修复制度方案〉的实施意见》，到2020年，建立较为完善的湿地保护修复制度体系，各地要制定湿地保护修复的工作方案，完善工作机制，把《湿地保护修复制度方案》提出的相关制度和政策转化为实实在在的政策措施和制度办法，强化监督检查，严格考核问责，要将湿地面积、湿地保护率、湿地生态状况等保护成效指标纳入本地区生态文明建设目标评价考核等制度体系，建立健全奖励机制和终身追责机制，落实经费保障。

2. 强化退耕还林有关政策。2017年5月，国务院批准了国家林业局与有关部门联合上报的《关于核减基本农田保护面积 扩大新一轮退耕还林还草规模的请示》，将有关省区符合规定条件的2 466.67千公顷陡坡耕地基本农田调整为非基本农田，从而使新一轮退耕还林总规模扩大了近一倍，有效破解了制约退耕还林健康发展的难题。2017年，国家发展改革委等5部门在《关于下达2017年度退耕还林还草任务的通知》中将退耕还林种苗造林费补助标准从每亩300元提高到400元，提高种苗造林费补助标准。

3. 出台退化防护林修复技术规定。2017

年1月，国家林业局印发了《退化防护林修复技术规定（试行）》，明确了退化防护林界定标准、退化等级、修复方式和技术要求，提出了限制修复区域，该规定出台，进一步规范了退化防护林修复技术，科学指导退化防护林修复工作，提高修复质量和效益。

（三）集体林权管理政策

1. 加快培育新型林业经营主体。2017年7月，国家林业局印发《关于加快培育新型林业经营主体的指导意见》，《意见》明确，要培育林业专业大户、家庭林场、农民林业专业合作社、股份合作社、林业龙头企业5类新型林业经营主体。

2. 推进林权抵押贷款。2017年12月，中国银监会、国家林业局、国土资源部出台了《关于推进林权抵押贷款有关工作的通知》，林权抵押贷款重点支持林业经营主体的林业生产经营、国家储备林建设、森林资源培育和开发、林下经济发展、林产品加工、森林康养、旅游等涉林资金需求，要向贫困地区重点倾斜，支持林业贫困地区脱贫攻坚。

3. 加强林下经济示范基地管理。2017年9月，国家林业局印发了《关于加强林下经济示范基地管理的通知》，继续开展"国家林下经济示范基地"创建工作，定期将林下经济规模大、管理水平高、产品质量优、带动能力强、扶贫效果好的县及专业合作社或龙头企业等新型林业经营主体遴选命名为"国家林下经济示范基地"。

（四）林业精准扶贫政策 2017年，国家林业局印发《关于加快深度贫困地区生态脱贫工作的意见》，明确到2020年，在深度贫困地区，力争完成营造林面积800千公顷，组建6 000个造林扶贫专业合作社，吸纳20万贫困人口参与生态工程建设，新增生态护林员指标的50%安排到深度贫困地区，通过大力发展生态产业，带动约600万贫困人口增收。2017年11月，国家林业局办公室、财政部办公厅、国务院扶贫办综合司联合下发了《关于开展2017年度建档立卡贫困人口生态护林员选聘工作的通知》，安排21个省份贫困地区生态护林员中央投资25亿元，比2016年增加5亿元，生态护林员规模从28.8万元增加到37万人，精准带动130多万人增收和脱贫。

（五）林业产业政策

1. 出台《林业产业发展"十三五"规划》。2017年5月，国家林业局、国家发展改革委等11个部委联合印发了《林业产业发展"十三五"规划》，《规划》从加大林业改革力度、完善投融资政策、发挥市场决定性作用、加强科技支撑体系四方面做出指导。

2. 开展森林体验基地和森林养生基地试点。2017年6月，国家林业局森林旅游管理办公室印发《全国森林体验基地和全国森林养生基地试点建设工作指导意见》，试点建设的总体目标是每个试点单位通过3～5年努力，完成试点建设工作，基地的基础服务设施完善、产品特色鲜明、功能服务配套、人员训练有素，能够为公众提供比较系统、专业的森林体验或森林养生服务。

3. 规范境外林木引种检疫审批风险评估管理。2017年6月，国家林业局印发《境外林木引种检疫审批风险评估管理规范》，明确了评估程序和方法，评估结果处理，加强和规范境外林木引种检疫审批工作，有效提高林木引种检疫审批风险评估工作的科学性、统一性和规范性，降低外来有害生物入侵风险。

农村劳动力转移

（一）政策背景及主要内容　2017年是我国供给侧结构性改革的深化之年，多领域取得实质性进展，经济社会保持平稳健康发展。全国就业形势良好，全年城镇新增就业1 351万人，创历史最高值。农民工总量平稳增加。一年来，各级各部门继续深入落实国发〔2014〕40号文件的精神，大力推动农民工就业创业，进一步做好农民工工作。一是继续做好就业服务。持续开展"春风行动"，把有劳动能力和转移就业意愿的建档立卡农村贫困劳动力和有转移就业意愿、创业愿望的农村劳动者作为工作重点之一，通过供需对接、技能培训、创业扶持等措施，让有转移就业意愿的农村劳动者得到便捷的政策咨询、岗位信息、职业指导和职业介绍服务；有技能提升愿望的劳动者得到职业技能培训；有创业愿望的劳动者得到创业培训、创业服务和相应的政策扶持。二是继续加强农民工培训。继续实施农民工职业技能提升计划——"春潮行动"和农民工等人员返乡创业培训五年行动计划（2016—2020年），大力推动面向各类农民工的职业培训工作。把农民工培训作为重点工作，加强统筹规划，依托公共就业服务平台，开展农民工就业创业情况和培训需求调查摸底，根据区域经济发展和就业需要，科学制定培训计划。统筹利用培训资源，政府补贴培训项目向具备资质的培训机构开放，基本形成以技工院校、职业院校和就业训练中心为主体，以企业职工培训中心和民办职业培训机构为基础的职业培训体系。鼓励企业对具备中级以上职业技能等级的在岗农民工开展高技能人才培训，提高企业高技能人才比例。三是加快建立预防和解决拖欠农民工工资问题长效机制。开展专项整治和督查，集中曝光一批典型案件，严肃查处欠薪违法行为包括欠薪陈案，打击恶意欠薪违法犯罪。落实欠薪发生地省级政府负总责、市（地）县级政府具体负责的属地责任和人社部门监管责任。建立协调解决欠薪问题的地方政府横向网络，对因欠薪导致生活困难的农民工加大救助力度。畅通网站、热线等欠薪投诉举报渠道，让农民工投诉有门。建立拖欠工资"黑名单"制度，对列入名单的企业采取限制市场准入等惩戒措施，情节严重的降低资质等级。以工程建设领域为重点，督促企业依法按月足额支付工资，全面推行施工过程结算、工资专户管理和银行代发等制度，加快构建确保农民工拿到"辛苦钱"的长效机制。四是加快推进农民工市民化。2016年10月，国务院办公厅印发了《推动1亿非户籍人口在城市落户方案》，进一步拓宽落户通道。除极少数超大城市外，全面放宽长期在城市居住的农业转移人口和新生代农民工等重点人群的落户条件。加大对农业转移人口市民化的财政支持力度并建立动态调整机制，建立财政性建设资金对吸纳农业转移人口较多城市基础设施投资的补助机制，建立城镇建设用地增加规模与吸纳农业转移人口落户数量挂钩机制，完善城市基础设施项目融资制度；建立进城落户农民土地承包权、宅基地使用权和集体收益分配权的保障制度，继续开展农村"三权"自愿有偿退出试点，确保进城落户农民在住房保障、基本医疗保险、养老保险、子女义务教育等方面享受同等待遇，推进居住证制度覆盖全部未落户城镇常住人口。

（二）政策执行情况 2017年，我国农民工规模持续扩大，农民工总量达到28 652万人，比上年增加481万人，增长1.7%，增速比上年提高0.2个百分点。其中，外出农民工17 185万人，比上年增加251万人，增长1.5%，增速较上年提高1.2个百分点；本地农民工11 467万人，比上年增加230万人，增长2.0%。

1. 农民工收入水平持续提升。农民工月均收入3 485元，比上年增加210元，增长6.4%，增速比上年回落0.2个百分点。分行业看，制造业，住宿和餐饮业，居民服务、修理和其他服务业收入增速分别比上年回落2.4、0.4和0.1个百分点；建筑业，批发和零售业，交通运输、仓储和邮政业收入增速分别比上年提高1.2、2.9和1.0个百分点。

2. 工资拖欠问题得到改善。2017年，全国各级劳动保障监察机构共查处欠薪案件14.3万件，为劳动者追发工资等待遇250.1亿元，涉及劳动者308.7万名，同比分别下降38.8%、28.7%、17.1%；被拖欠工资的农民工比重下降到0.5%。

3. 农民工培训成效显著。2014—2017年，"春潮行动"共开展政府补贴农民工培训6 516万人次，其中，2017年培训898万人次，占政府补贴职业培训总数的53%。

4. 社会保障水平不断提高。截至2017年年末，全国参加职工基本养老、基本医疗、失业、工伤保险的农民工分别达到6 202万人、6 225万人、4 897万人、7 807万人。

5. 农民工社会地位不断提升，民主政治权利得到保障。农民工当选各级党代表、人大代表和政协委员，在国家和社会治理中的参与度不断提高。农民工中的党工团组织建设不断加强，2017年农民工加入工会人数达到1.4亿人。省、市、县级工会逐渐配备农民工兼职副主席，截至2017年10月，北京等10个省（自治区、直辖市）总工会配备了农民工兼职副主席。截至2017年，共有275名农民工当选全国劳动模范，862名农民工荣获全国五一劳动奖章。关心关爱农民工的社会氛围进一步形成。

农村创业创新

2017年，农业部深入贯彻落实《国务院办公厅关于支持返乡下乡人员创业创新促进农村一二三产业融合发展的意见》，按照"政府搭建平台、平台聚集资源、资源服务创业"的总体思路、完善一套政策、搭建一批平台、培育一批带头人、总结一批模式、构建一个服务体系，推动农村创业创新掀起新浪潮。

（一）推动相关政策措施落地见效　通过召开专题新闻发布会、视频会，推广经验做法、开展督查等形式，推进返乡下乡人员创业创新各项政策措施落实落地。

（二）建立推进协调机制　农业部按照国办《意见》要求，一方面，联合国家发展改革委等12个部门建立了"农村创业创新推进协调机制"，截至目前，已有18个省（自治区、直辖市）建立了该机制，初步形成了齐抓共管的工作格局。另一方面，督促各地结合实际制定实施意见，细化实化政策举措。截至目前，已有18个省（自治区、直辖市）以政府办公厅名义制定印发了实施意见，配套的扶持政策体系正在形成。8月，组成5个督查组对10个省（自治区、直辖市）政策落实情况进行督查。

（三）搭建公共服务平台　农业部公布了1 096个具有区域特色的农村创业创新园区（基地），其中有7家列入国家创业创新示范基地；联合12个部门印发《关于促进农村创业创新园区（基地）建设的指导意见》，对园区和基地建设作出全面部署，提出明确要求；联合农业发展银行印发《关于政策性金融支持农村创业创新的通知》。

（四）加强主体培育　宣传推介了100个农村创业创新优秀带头人，举办了农村创业创新项目创意大赛，从27个省（自治区、直辖市）3万多名选手中选出20个优秀项目。

（五）举办成果展示等活动　在全国双创活动周期间，分别在贵州、河南、北京、上海举办农村创业创新成果展。在苏州"首届全国新农民新技术创业创新博览会"期间开展农村创业创新展览，举办中国农村创业创新论坛。

专栏27

农村创业创新园区

为深入贯彻落实2017年中央1号文件关于"鼓励各地建立返乡创业园、创业孵化基地、创客服务平台"的要求和《国务院办公厅关于支持返乡下乡人员创业创新促进农村一二三产业融合发展的意见》（国办发〔2016〕84号）精神，构建农村创业创新园区（基地）共享平台和信息窗口，增强政策的引导性、精准性和协同性，整合集聚资源要素，农业部在各地上报农村创业创新园区（基地）名单基础上，汇集形成了北京市朝阳区新希望集团有限公司创业基地等1 096个依法合规、功能完备、辐射带动能力较强、产业融合发展趋势明显的全国农村创业创新园区（基地）目录。同时，将依据农村创业创新园区（基地）实际运行变化情况，适时更新目录，每年向社会公布一次。

据统计分析，1 096个园区年总产值达到8 795.92亿元，农民入园创办企业44 471家，带动农民就业创业619.93万人。分五大类：一是农业产业园区（包括农业科技园区、休闲农业园区等）475家，年总产值2 894.92亿元，入园企业13 366个，带动农民就业创业504.49万人。二是农产品加工园区（包括物流园区）103家，年总产值3 562.8亿元，入园企业12 051个，带动农民就业创业73.38万人。三是涉农产业园区（包括农村民族特色工艺园区、农业文化产业园区、农村创意产业园区、农村电商园区等）共104家，年总产值1 917.16亿元，入园企业15 727个，带动农民就业创业26.83万人。四是农业创业基地（包括农业企业、农民合作社、家庭农场、种养业大户建立的创业基地）218家，年总产值414.08亿元，入园企业2 631个，带动农民就业创业13.67万人。五是孵化基地（包括农业院校、知名村镇和加工流通企业创办的见习基地、实训基地、孵化基地和众创空间）24家，年总产值6.96亿元，孵化企业696个，带动农民就业创业1.56万人。

目前，农业部已联合国家发改委等11部门印发《关于促进农村创业创新园区（基地）建设的指导意见》（农加发〔2017〕3号），提出到2020年，在全国建设一大批标准高、服务优、示范带动作用强的农村创业创新园区（基地），为返乡下乡人员创业创新提供可选择的场所和高效便捷的服务，实现国家政策、各类资源和相关要素的集成整合，推动农村创业创新更快更好发展。

构建乡村治理体系

2017年，中央组织部、公安部、民政部、文化部等部门认真贯彻党中央、国务院对加强乡村治理体系建设的总要求，统筹安排、协调推进，取得预期成效。

（一）扎实推进农村基层党组织建设 为进一步加强基层党组织建设，2017年中央1号文件指出，要切实增强"四个意识"，将全面从严治党要求落实到农村基层，严格落实农村基层党建工作责任制，全面规范农村基层党组织生活，持续整顿软弱涣散村党组织。2017年4月，中组部召开基层党建工作重点任务推进会，强调要强功能、抓基本、补短板，全面提升基层党建工作整体水平。各级地方政府积极落实，真抓实干。安徽省出台《中共安徽省委组织部关于推进基层党组织标准化建设的意见》。云南省强化个性责任，分类开列基层党建责任清单；浙江舟山市实施"补短板、强百村"行动。2017年，建立党组织的建制村达547 152个，覆盖率均超过99%。

（二）稳步提升农村自治水平 为贯彻落实《中共中央国务院关于加强和完善城乡社区治理的意见》和中办、国办《关于深入推进农村社区建设试点工作的指导意见》的要求，2017年4月，民政部开展全国农村社区治理实验区建设工作，拟在完善治理结构、提升服务功能等重大理论和实践问题方面深化探索。经专家评审和研究审核，2017年12月，民政部同意将北京市房山区等48个单位确认为首批全国农村社区治理实验区。基层在实践中不断探索，总结出多种自治新模式。通过各级政府的协调推进，民主选举更深入，民主决策更透明，民主管理更规范，民主监督更完善。村民自治水平得到稳步提升。到2015年，实行直接选举的村委会达到98%以上，村民平均参选率95%以上。

（三）不断完善农村法治环境 2017年，农业部认真落实党中央、国务院《法治政府建设实施纲要（2015—2020年）》，对148部规章和219部规范性文件进行全面清理。经过清理，对18部规章和4部规范性文件的部分条款予以修改，对3部规章和36部规范性文件予以废止。各地农业部门坚定不移推进农业执法体制改革，全国已有30个省区市开展了农业综合执法工作，形成了省、地、县三级农业综合执法体系。全国各地以多种形式开展农村法制宣传教育活动，基层依法治理的理念得到强化，农民法制素养不断提高。

（四）持续深化农村德治工作 党的十九大将德治列为乡村自治的重要内容，要求加强自治、法治、德治相结合的乡村治理体系建设。2017年中央1号文件也强调要加强农村移风易俗工作，引导群众抵制婚丧嫁娶大操大办、人情债等陈规陋习。在中央精神指引下，地方政府深入贯彻、积极落实农村德治建设不断深化。江西省印发《关于进一步加强全省农村文化建设的实施方案》，提出健全文化服务设施网络、提升农村文化服务、完善管理体制、提升群众获得感四项目标。山东省在全省范围内建立起"红白理事会"制度，推进移风易俗工作。广西壮族自治区开展"星级文明户"创建活动，营造乡村人居好氛围。温州推行"婚丧新办"倡导计划，抵制大操大办。

（五）全面改善农村社会治安环境 2017年，全国各地深入开展乡村社会治安整治工作。黑龙江省开展农村地区"打黑除恶、治安扶贫"专项行动，决定自2017年5月20日至2018年5月20日在全省农村地区全面落实。湖北省公安厅党委会审议通过《关于进一步加强和改进新时代农村警务工作的若干意见》，要求进一步推动警力向农村派出所下沉，推行"一村一辅"政策落地实施。安徽省公安厅发出通知要求，扎实有效推进农村治安防范和整治工作，通过群防群治建立起"邻里守望、十户联防、百村联动"的防控机制。我国乡村乃至全国社会治安环境全面改善。2017年，我国每10万人中发生命案0.81起，是命案发案率最低的国家之一，人民群众对社会治安满意度

从2012年的87.55％上升到2017年的95.55％，对政法队伍满意度从2012年的69.43％上升到2017年的80.24％。

加强农业农村法治建设

2017年，各级农业部门严格按照党中央、国务院的各项要求，深入推进农业法制建设，农业法律法规不断完善，农业执法水平不断提升，农业普法教育不断深入，农业依法行政取得重要进展。

（一）积极推进农业法律法规制修订 围绕强化农业发展的法制保障，积极推进重点领域立法。配合立法机关完成了《农药管理条例》《水污染防治法》《农民专业合作社法》等3部法律、行政法规的修订工作。修订后的《农药管理条例》对农药管理体制进行了重大调整，在农药登记、生产、经营、使用各环节全面严格管理，为做好新时期农药监管工作提供了有力法律保障。修订后的《水污染防治法》在农村垃圾和污水处理、畜禽粪便污水收集、农村灌溉用水保护等方面对相关条款进行了修改完善，对推进农业绿色发展和乡村生态宜居建设具有重要意义。修订后的《农民专业合作社法》在法律调整范围、成员资格和构成、组织机构、土地经营权作价出资、联合社等方面进行了修改完善，对进一步规范、引导、支持农民专业合作社发展具有重要意义。此外，《农村土地承包法》《土壤污染防治法》《渔业法》《生猪屠宰管理条例》《农作物病虫害防治条例》《植物新品种保护条例》等法律、行政法规的制修订工作也取得了积极进展。

（二）审查出台部门规章 贯彻落实法律、行政法规的要求，立足农业农村改革发展实际情况，2017年共制定出台了10部规章。《农药管理条例》颁布实施后，及时颁布实施《农药

登记管理办法》《农药生产许可管理办法》《农业经营许可管理办法》《农药登记试验管理办法》《农业标签和说明书管理办法》5个配套规章。贯彻落实《种子法》实行非主要农作物品种登记制度的规定，制定了《非主要农作物品种登记办法》。根据动物疫病防控工作的需要，对《无规定动物疫病区评估管理办法》进行了修订。适应农业机械化发展的新要求，制定了《拖拉机和联合收割机登记规定》和《拖拉机和联合收割机驾驶证管理规定》。贯彻落实国务院《土壤污染防治行动计划》要求，与环保部联合制定了《农用地土壤环境管理办法（试行）》。

（三）做好"放管服"改革涉及的法规文件清理工作 根据国务院"放管服"改革决定要求，对《饲料和饲料添加剂管理条例》《农业转基因生物安全管理条例》《重大动物疫情应急条例》《渔港水域交通安全管理条例》《植物检疫条例》《自然保护区条例》《野生植物保护条例》等7部行政法规的部分条款进行了修改。按照国务院部署，对农业部现行有效的规章和规范性文件进行全面清理，查找是否有与上位法不一致或与党中央、国务院改革决策相抵触的内容，重点清理与行政审批制度改革、商事制度改革、职业资格改革、投资体制改革和清理规范行政审批中介服务事项等改革决定不一致的有关规定。经过清理，宣布废止《农药管理条例实施办法》《农药限制使用管理规定》《农药登记资料规定》3部规章，宣布废止《农业转基因生物安全证书续申请简化程序规定》《农业部敢于进一步规范肥料登记管理的通知》等36部规范性文件，对《农业基本建设项目管理办法》《农业转基因生物安全评价管理办法》等18部规章和《关于印发农业基本建设项目申报审批等管理规定的通知》《肥料登记资料要求》等4部规范性文件的部分条款予以修改。

（四）扎实推进农业综合执法体系建设 2017年，各级农业部门继续深入开展执法工作，扎实推进农业综合执法规范化建设，农业综合执法体系日益完善，农业执法水平进一步提高。截至2017年年底，全国已有30个省份开展了农业综合执法工作，成立了284个市级农业综合执法机构、2 419个县级农业综合执法机构，县级覆盖率达到应建比例的99%。江苏、浙江、福建、江西、湖北、广东、重庆、甘肃8个省（直辖市）成立了独立的省级农业执法总队或综合执法局。全国各级农业综合执法机构中，经编制部门批准成立的占92.7%。全国在岗农业综合执法人员共有29 783人，其中，公务员和参公管理人员分别为1 903人和7 416人。

（五）稳步提升农业综合执法效果 2017年，全国各级农业综合执法机构认真履行执法职责，共出动执法人员173.94万人次，检查各类门店107.2万个，办案33 933件，为农民挽回经济损失10亿元。在查处的案件中，大要案比例增加，共吊销许可证照44件；移送司法机关346件；罚没款达1.25亿元。在大力查办违法案件的同时，各级农业综合执法机构强化为民服务，积极调处涉农纠纷，全年共调处纠纷13 099件，协议赔偿额达1.25亿元，有力维护了农民合法权益。全国各级农业综合执法机构参加行政复议25件，维持18件；参加行政诉讼17件，胜诉11件。农业综合执法队伍在保障农民合法权益、维护农村社会稳定等方面的作用日益显现。

（六）深入开展农业法制宣传教育 2017年，为贯彻落实《中共中央办公厅 国务院办公厅〈关于实行国家机关"谁执法谁普法"普法责任制的意见〉的通知》的要求，推进农业系统全面履行普法责任，印发了《农业系统落实"谁执法谁普法"普法责任制实施意见》，建立健全普法工作机制，实行普法责任清单制度，不断提升农业农村普法工作实效。全国各级农业部门认真组织实施《农业系统法治宣传教育第七个五年规划（2016—2020年）》（农政发〔2016〕3号），不断创新农业农村普法工作形式，注重宣传与农业农村生产生活密切相关的农业法律法规，采取农民群众喜闻乐见的方式开展普法宣传，农村干部和农民群众学法、遵法、守法、用法的意识和能力不断增强，农业农村普法工作实效不断显现。

2017年
农业农村发展与国民经济

2017年农业农村发展与国民经济

总体评价

2017年，面对新的形势和多重挑战，在党中央、国务院的坚强领导下，各级农业部门坚决贯彻新发展理念和党中央、国务院的决策部署，坚持稳中求进总基调，扎实推进结构调整、绿色发展、创新驱动、深化改革，稳定粮食生产，农业农村经济实现了稳中向好，圆满完成了全年目标任务。国内生产总值82.71万亿元，比上年增长6.9%。其中，第一产业增加值6.54亿元，增长3.9%；第二产业增加值33.46亿元，增长6.1%；第三产业增加值42.70亿元，增长8.0%。第一产业增加值占国内生产总值的比重进一步下降到7.9%，比上年下降0.7个百分点。全国城镇就业人员42 462万人，新增1 351万人，年末城镇登记失业率为3.90%。全国农民工总量28 652万人，比上年增长1.7%。居民消费价格上涨1.6%。其中，农产品生产者价格下降3.5%，经济运行处于合理区间，经济发展的协

调性和可持续性增强。农业农村经济也在高起点上实现稳中有进、稳中提质、稳中增效。农业继续丰收，粮食产量实现"十四连丰"。农民增收实现"十四连快"，城乡居民收入差距进一步缩小。农村改革取得积极进展，2017年年末，部分省区已经基本完成土地承包经营确权登记颁证工作，农村集体资产股份权能改革试点稳步推进，农垦改革取得新突破。农业结构调整和产业升级取得显著成效，减玉米、增大豆、扩饲草、调生猪等效果明显，畜禽养殖规模化率达到56%，主要农产品加工转化率超过65%，农产品加工业与农业产值之比达到2.2：1，农业农村电子商务发展进入"快车道"，休闲农业和乡村旅游等新产业新业态蓬勃发展，农业农村"双新双创"迸发新活力。农村社会事业和公共服务快速发展，农村人居环境持续改善，城乡一体化程度加深，农村社会和谐稳定。玉米市场化改革成效明显，市场定价机制基本形成。农业丰产丰收，农村社会稳定，为稳增长、调结构、促改革、惠民生、防风险做出了重大贡献，为我国农业供给侧结构性改

革和乡村振兴战略的实施提供了有力支撑。

2017年，农业和国民经济关系向好的方面发展。一是农业对国家经济发展的产品贡献和市场贡献基本稳定，要素贡献突出，农业基础性地位进一步巩固。二是以市场为导向，推进农业供给侧结构性改革，突出优质安全，农产品质量和品牌进一步优化。三是粮食去库存进展顺利，玉米库存压力明显降低。四是贯彻绿色发展理念，轮作休耕试点面积不断扩大，化肥农药使用量提前实现零增长，畜禽粪污资源化利用取得新进展。五是农村居民收入增速连续8年快于城镇居民，农村居民人均消费支出连续6年快于城镇居民，城乡居民收入和消费的相对差距进一步缩小。六是新型城镇化稳步推进，农业转移人口市民化步伐加快，城镇化工业化对农业农村的带动作用进一步加强。

2017年，农业和国民经济关系也存在一些值得关注的情况和问题：一是农产品生产者价格比上年下降3.5%，对农业增效和农民增收造成不利影响。二是农业拉动国民经济增长的贡献减弱，农业增加值占GDP的比重首次降到8%以下，由上年的8.6%降为7.9%。三是中央公共财政农林水支出有所下降。四是由于农村青壮年劳动力的大量流失，农业劳动力的老龄化问题仍然严重。五是农村留守儿童的教育问题依旧严峻。

总的来看，2017年农业和国民经济关系总体向好，趋于稳定。但农业和国民经济关系中一些长期存在的矛盾依然突出，出现的一些新情况新问题也应该高度重视。这些问题和矛盾，需要通过经济持续健康发展和推动乡村振兴来加以解决。

农业对国民经济的贡献

2017年，我国深化农业供给侧结构性改革，促进农业结构优化和发展方式转变，培育农村发展新动能，成效显著。农业农村经济发展加快，与国民经济的关系正在发生深刻变化。

（一）增长贡献 2017年，各地区各部门在以习近平同志为核心的党中央坚强领导下，不断增强政治意识、大局意识、核心意识、看齐意识，深入贯彻落实党的十八大和十八届三中、四中、五中、六中、七中全会精神，认真学习贯彻党的十九大精神，以习近平新时代中国特色社会主义思想为指导，按照中央经济工作会议和《政府工作报告》部署，坚持稳中求进工作总基调，坚定不移贯彻新发展理念，坚持以提高发展质量和效益为中心，统筹推进"五位一体"总体布局和协调推进"四个全面"战略布局，以供给侧结构性改革为主线，统筹推进稳增长、促改革、调结构、惠民生、防风险各项工作，经济运行稳中有进、稳中向好、好于预期，经济社会保持平稳健康发展。

2017年国内生产总值827 122亿元，比上年增长6.9%。其中，第一产业增加值65 468亿元，增长3.9%；第二产业增加值334 623亿元，增长6.1%；第三产业增加值427 032亿元，增长8.0%。第二产业增加值比重为40.5%，比上年上升0.7个百分点，第三产业增加值比重为51.6%，与上年持平。第一产业增加值占国内生产总值的比重为7.9%，比上年下降0.7个百分点，对国民经济增长的贡献率为2.1%，比上年下降了3.1个百分点（图22）。

（二）产品贡献 2017年大宗农产品价格以稳为主，鲜活农产品价格先跌后涨，总体稳中略降，全年食品价格下降1.4%，是自2003年以来首次下降。全年城镇居民人均食品消费支出7 001元，占当年生活消费支出的28.6%，比上年下降了0.6个百分点。

（三）市场贡献 2017年，农村居民人均

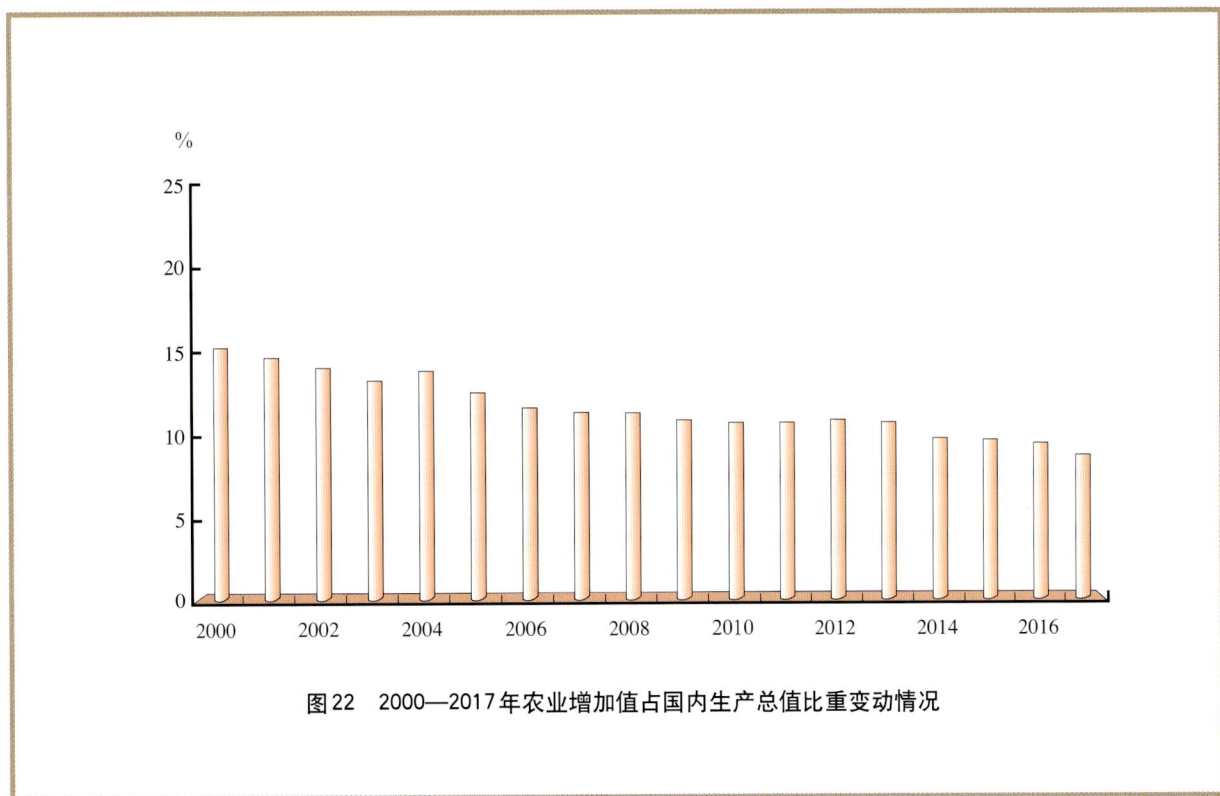

图22　2000—2017年农业增加值占国内生产总值比重变动情况

可支配收入13 432元，比上年名义增长8.6%，扣除价格因素影响，实际增长7.3%，名义增速和实际增速比上年分别上升0.4个和1.1个百分点；农村居民人均消费支出10 955元，增长8.1%，扣除价格因素，实际增长6.8%。2017年乡村消费品零售总额为51 972亿元，增长11.8%，占全社会消费品零售总额的比例为14.2%，比上年略有上升。2017年农业生产资料价格总体水平比上年上升0.6%，其中化肥价格上升2.1%，农用机油价格上升10%，饲料价格下降0.9%，农药及农药械价格上升1.0%，农机价格上升1.5%。

（四）外汇贡献　2017年，我国对外贸易全年实现进出口总额41 045亿美元，比上年增加11.4%。其中，出口22 635亿美元，增加7.9%；进口18 409亿美元，增长16.0%。贸易顺差4 226亿美元，减少882亿美元，同比缩

小17.3%。在农产品贸易方面，2017年我国农产品进出口额2 013.9亿美元，同比增长9.1%。其中，出口755.3亿美元，增长3.5%；进口1 258.6亿美元，增长12.8%；贸易逆差503.3亿美元，增长30.4%。农产品进出口额在全国进出口总额中所占比重为5.1%，比上年增加0.1个百分点。其中，农产品出口总值占全部出口总值的3.3%，比上年下降0.2个百分点；农产品进口总值占全部进口总值的6.8%，比上年下降0.2个百分点。

农业与国民收入分配

在2017年国内生产总值中，第一产业占7.9%，与上年降低0.7个百分点，第二产业占40.5%，比上年提高0.6个百分点，第三产业占51.6%，与上年基本持平，三产配比不断优化。

（一）在国民收入初次分配中，农业对农民收入增长的贡献继续下降，农民收入增长较快，但城乡居民收入差距依然较大　2017年，农村居民人均可支配收入为13 432.4元，比上年增长8.6%（图23）。其中，工资性收入为5 498.4元，比上年增长9.5%，占40.9%，比上年提高0.3个百分点；经营净收入为5 027.8元，比上年增长6.0%，占37.4%，比上年下降0.9个百分点；财产净收入为303.0元，比上年增长11.4%，占2.3%，比上年提高0.1个百分点；转移净收入为2 603.2元，比上年增长11.8%，占19.4%，比上年提高0.5个百分点。

2017年，全国乡村人口为57 661万人，全国农村居民可支配收入总量为77 452.6亿元，占当年国内生产总值的比重是9.4%，比上年下降0.4个百分点。2017年城镇居民人均可支配收入为36 396.2元，比上年增长8.3%，增幅上升0.5个百分点，当年城镇居民人口81 347万人，全国城镇居民可支配收入总量296 072.2亿元，占国内生产总值的比重是35.8%，同上年持平。

2017年，城镇居民人均可支配收入是农村居民人均可支配收入的2.7倍，在收入增长速

元/（人·年）

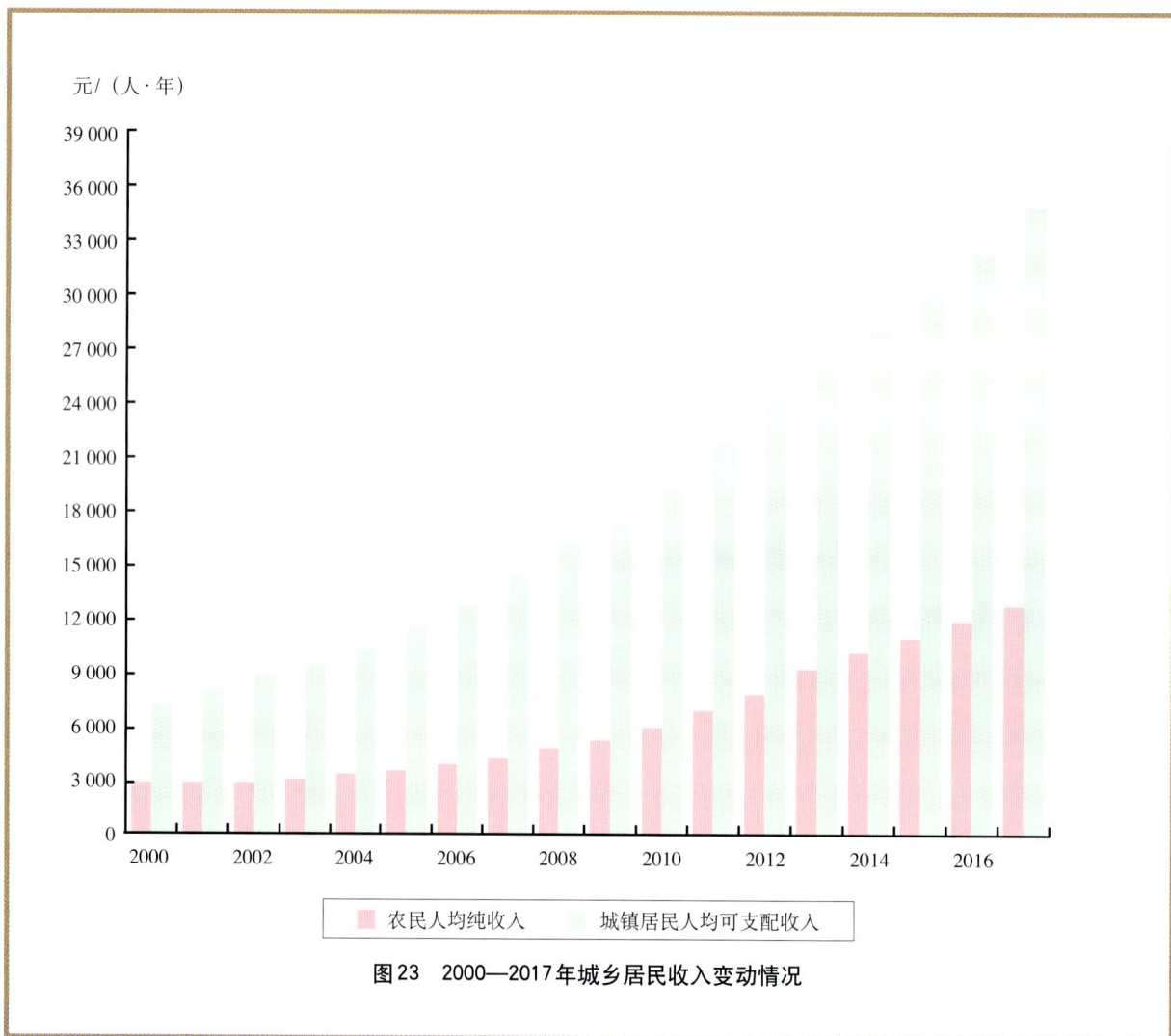

图23　2000—2017年城乡居民收入变动情况

度上，农村居民仍稍快于城镇居民。但我国城乡居民收入差距仍然很大，较快增加农民收入仍是一项艰巨的任务。

（二）2017年国家继续不断完善强农惠农政策力度，农村基础设施和公共服务水平持续提升 2017年，全社会固定资产投资总额为641 238.4亿元，比上年提高7.0%，增长幅度比上年下降0.9个百分点，全社会固定资产投资占国内生产总值的比重为77.5%，投资率比上年下降4个百分点，全社会固定资产投资增长率高于国内生产总值增长率0.1个百分点。在全社会固定资产投资中，农、林、牧、渔业投资额为26 708亿元，比上年增长7.5%，占全国固定资产投资的比重为4.2%，比上年增加0.4个百分点。

2017年，国家继续不断完善强农惠农富农政策力度，全国财政农林水支出18 493.8亿元，与上年基本持平。2017年，我国农业综合生产能力稳步提升，农业科技创新步伐加快，农村基础设施建设投入力度进一步加大，新增高效节水灌溉面积1 443.33千公顷。至2017年年末，农村公路里程400.93万千米，其中县道55.07万千米，乡道115.77万千米，村道230.08万千米。全国通公路的乡（镇）占全国乡（镇）总数99.99%，其中通硬化路面的乡（镇）占全国乡（镇）总数99.39%，比上年提高0.38个百分点；通公路的建制村占全国建制村总数99.98%，其中通硬化路面的建制村占全国建制村总数98.35%，提高1.66个百分点。乡镇和建制村通客车率分别达到99.1%和96.5%以上，城乡运输一体化水平接近80%，农村"出行难"问题得到有效解决，农村物流网络不断完善。农网改造继续稳步进行，农村地区互联网普及率达到35.4%。扶贫攻坚力度加大，2017年全国农村贫困人口3 046万人，比上年末减少1 289万人；贫困发生率3.1%，比上年下降1.4个百分点。贫困地区农村居民人均可支配收入9 377元，比上年增长10.5%。全国农村地区建档立卡贫困户危房改造152.5万户。全国共有4 047万人享受农村居民最低生活保障，467万人享受农村特困人员救助供养。新型城镇化不断推进，居住证制度全覆盖进程加快。全国参加城乡居民基本医疗保险人数为87 359万人，比上年末增加42 499万人，新农合参保率稳定在95%以上，各级财政对新农合的人均补助标准在2016年的基础上提高30元，达到450元。城乡居民医保政策范围内住院费用报销比例稳定在75%左右。主要农村金融机构（农村信用社、农村合作银行、农村商业银行）人民币贷款余额149 820亿元，比年初增加15 602亿元。

工农业发展比例关系

（一）2017年工农业发展比例关系 2017年，全国工业增加值达到279 996.9亿元，比上年增长6.4%，增速提高0.4个百分点；农业增加值61 720.2亿元，比上年增长4.1%，增速提高1.2个百分点。2017年，工业增加值和农业增加值均不断增加，但工业增加值增长速度明显高于农业增加值的增长速度。

（二）对2017年工农业发展关系的评价 2017年的工农业发展比例关系显示，工业增加值和农业增加值均不断增长，且工业增加值增速明显高于农业增加值增速。2017年，我国规模以上工业增加值增长6.6%，增速比上年上升0.6个百分点；全国规模以上工业企业实现利润75 187亿元，比上年增长4.5%，增速下降4.1个百分点。整体来看，我国宏观经济形势依然不容乐观。在我国工农之间均衡增长、良性循环、协调发展关系逐步建立的过程中，经济增速放缓将不利于工农业之间的良性互动和协调发展，但也凸显了农业在国民经济中的基础性地位和作用以及农业调结构转方式促升级的提质增效改革的必要性。"农业丰则基础强，农民富则国家盛，农村稳则社会安"。在我国城乡差距不断扩大的背景下，合理调整国民收入分配格局，加大对农村、农业、农民的多元扶持，改善农业、农村和农民在资源和国民收入分配中所处的不利地位，努力构筑农民收入持续增长的长效机制，是关系我国经济稳定发展和社会稳定的重要举措。

城乡居民收入差异

2017年，农村居民收入增长继续快于城镇居民，城乡居民人均收入差距继续缩小，但绝对差额进一步扩大。

（一）农村居民收入增长继续快于城镇居民 2017年，全国农村居民人均可支配收入比上年实际增长7.3%；城镇居民人均可支配收入比上年实际增长6.5%。全年农村居民人均可支配收入实际增速快于城镇居民人均可支配收入实际增速0.8个百分点（图23）。

（二）城乡居民收入增长的主要原因 2017年，影响城镇居民收入增长的主要因素有：①国家继续提高公职人员工资待遇，调资政策使机关事业单位职工工资增加，各级政府积极出台政策促进就业，企业利润增加为在岗职工增收提供保障。全年城镇居民人均工薪收入22 201元，比上年增长7.4%。②大众创业、万众创新，放管服改革，使企业等市场主体的积极性得到调动，为促进经营净收入稳步增长提供新动能，更多劳动者通过创业带动经营净收入增长。全年城镇居民人均经营净收入4 065元，比上年增长7.8%。③继续落实政策，提高离退休人员养老金，提高居民参加基本养老

保险比例及标准，转移性收入继续快速增长。全年城镇居民人均转移性收入6 524元，比上年增长10.4%。④棚户区改造不断深入，促进主城区租房市场火爆，商品房销售价格及房屋租金走高，居民财产性收入加快增长。全年城镇居民人均财产性收入3 607元，比上年增长10.3%。

影响农村居民收入增长的主要原因有：①经营净收入继续增长。2017年农村居民人均家庭经营净收入5 028元，比上年增长6.0%，增速比上年加快0.7个百分点，占人均可支配收入的比重为37.4%，对全年农民增收的贡献率为26.8%。其中第一产业经营净收入3 391元，比上年增长3.7%。由于全年粮食增产，同时小麦、稻谷和部分水果等农产品价格同比上涨，人均种植业净收入2 524元，增长3.4%，增速比上年加快2.3个百分点。羊肉价格上涨，生猪出栏量增加，但生猪、禽蛋价格同比大幅下降，人均牧业净收入586元，增长2.1%，增速比上年回落15.3个百分点。人均二三产业经营净收入1 637元，增长11.2%，增速比上年加快2.2个百分点。②工资性收入继续加快增长。农村居民人均工资性收入5 498元，增长9.5%，增速比上年加快0.3个百分点，占人均可支配收入的比重为40.9%。工资性收入对全年农民增收的贡献率为44.6%。农民工就近务工数量增加和月均收入水平提高是带动农村居民工资性收入增长的主要因素。③财产净收入加快增长。农村居民人均财产净收入303元，增长11.4%，增速比上年加快3.2个百分点，占人均可支配收入比重2.3%。主要是转让承包土地经营权租金净收入、出租房屋净收入和红利收入增长较快，分别增长12.4%、11.2%和12.9%。④转移净收入继续增长。农村居民人均转移净收入2 603元，增长11.8%，增速比上年下降0.9个百分点，占人均可支配

收入的比重为19.4%，对全年农民增收的贡献率为25.7%。主要是各地继续大力推进精准扶贫，增加扶贫投入，以及其他惠民政策的实施让农民得到了更多的实惠。农民获得的包括最低生活保障费、扶贫款等在内的人均社会救济和补助收入增长明显。

2017年，城乡居民消费价格总水平比上年提高1.6%，涨幅比上年回落0.4个百分点，其主要原因是食品消费价格比上年下降1.4%。城乡消费价格水平变化不同对城乡居民收入增长差异的影响继续存在。

（三）城乡居民收入差距问题依然突出　2017年，农村居民收入实际增长速度连续8年超过城镇居民，城乡居民收入相对差距继续缩小。按照城乡同口径人均可支配收入计算，城乡居民人均可支配收入倍差进一步缩小到2.71，比上年下降0.01。但城乡居民人均可支配收入绝对差额进一步扩大到22 964元，比上年增加1 700多元，收入不平衡问题依然突出。

城镇居民收入持续增长在一定程度上依赖国家政策性因素的推动，特别是财政支出结构使城镇居民在公共服务和社会福利方面享有巨大优势。虽然农村居民人均可支配收入增长速度连续7年快于城镇居民，但在城乡发展不平衡、农村发展不充分这一背景下，农民增收形势受到农产品价格变动、农民务工经商环境变化等外部因素的影响程度加大，增收基础不够稳固。在国家支持农村创业创新力度加大，农村一二三产业融合加快发展，扶贫攻坚力度加强，全面实施乡村振兴战略这一背景下，农民增收基础将会进一步加强，城乡居民收入差距将进一步缩小，但我国最大的发展不平衡仍是城乡发展的不平衡，城乡居民收入差距问题在较长时间内依然突出。

城乡居民消费差异

2017年，城乡居民人均消费支出实际增长5.4%，农村居民人均消费增长继续快于城镇居民，城乡居民人均消费差距较上年进一步缩小，但城乡居民人均消费水平的绝对差距还在扩大，城镇居民的消费水平远高于农村居民，城镇居民的消费结构明显优于农村居民。

（一）城乡居民消费水平的差异　2017年，城镇居民人均消费支出24 445元，比上年增加1 366元，实际增长4.1%；农村居民人均消费支出10 955元，比上年增加825元，实际增长6.8%，农村居民人均消费增速高于城镇居民2.7个百分点，城乡居民人均消费支出倍差由上年2.28继续下降到2.23，消费水平的相对差距进一步缩小；城镇居民人均消费支出比农村居民多13 491元，与上年相比扩大542元，城乡居民消费水平的绝对差额继续扩大（图24、图25）。

（二）城乡居民消费结构的差异　城乡居民消费水平稳定提高，消费结构不断优化升级，全国城乡居民恩格尔系数首次下降到30%以下。城镇居民与个人发展和享受相关的消费支出继续增长，虽增速下降，但依然保持较快增长。2017年，城镇居民人均各类消费占消费总支出的比例依次是：食品烟酒（28.6%）、居住（22.8%）、交通通信（13.6%）、教育文化娱乐（11.6%）、医疗保健（7.3%）、衣着（7.2%）、生活用品及服务（6.2%）、其他用品及服务（2.7%）。城镇居民消费结构继续优化，发展型享受型消费进一步升级，主要表现在：①用于吃穿等满足基本生活需要的消费支出继续增长，人均8 759元，增长3.0%，占生活消费支出的比重下降1个百分点。②居住消费支出继续提高，城镇居民人均居住支出5 564元，

元/（人·年）

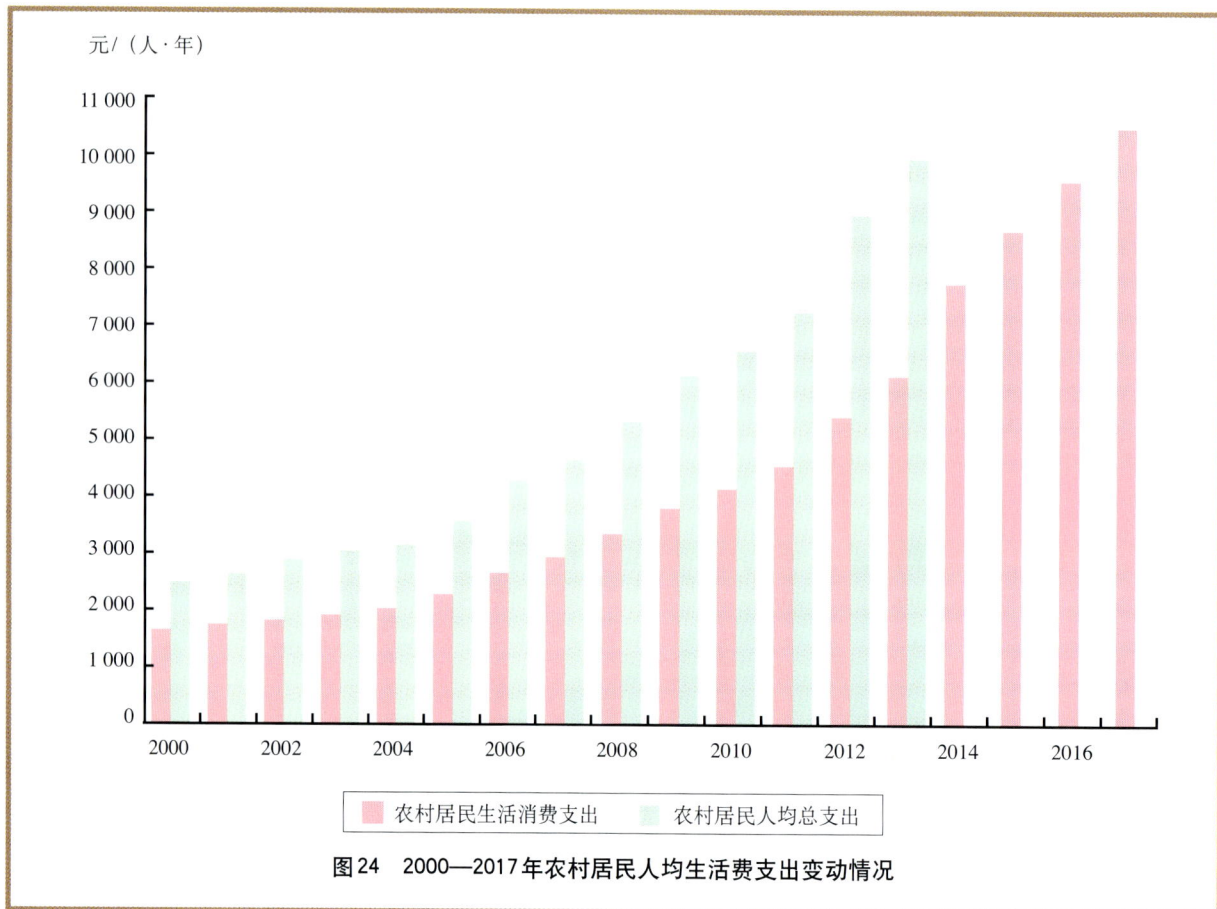

图24 2000—2017年农村居民人均生活费支出变动情况

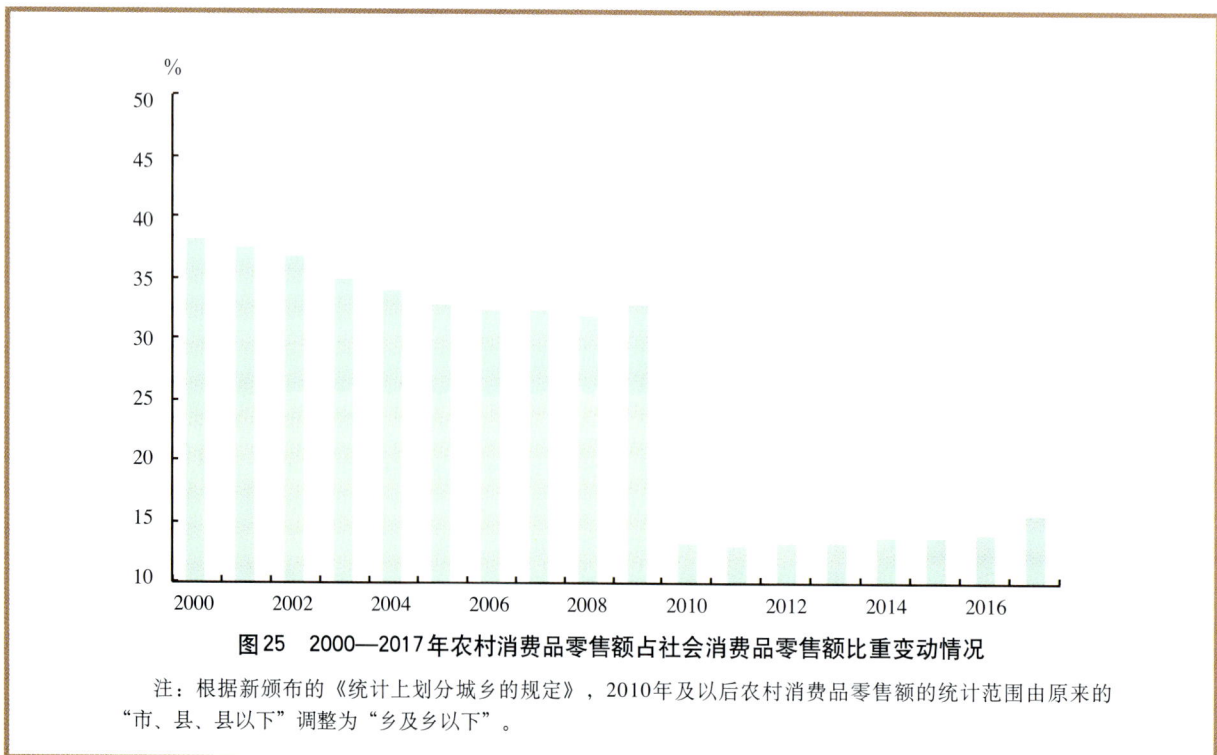

图25 2000—2017年农村消费品零售额占社会消费品零售额比重变动情况

注：根据新颁布的《统计上划分城乡的规定》，2010年及以后农村消费品零售额的统计范围由原来的"市、县、县以下"调整为"乡及乡以下"。

增长8.8%，在消费支出中所占比重上升0.6个百分点。③交通通信和教育文化娱乐消费支出增速明显下降，人均交通通讯支出3 322元，增长4.6%，增速下降5个百分点，用于教育文化娱乐方面的支出2 847元，增长7.9%，增速下降2.8个百分点；从占消费支出的比重看，交通通讯下降了0.2个百分点，教育文化娱乐上升了0.2个百分点。④医疗保健消费支出保持增长，但增速下降，人均1 777元，增长9.0%，增速降低4个百分点，占消费支出的比重上升0.2个百分点。⑤生活用品及服务消费支出继续增长，人均1 525元，增长6.9%，占消费支出的比重略高于上年。

农民收入增长加快，农村消费环境改善，乡村商品流通渠道日益完善，消费便利性不断增强，使得农村居民消费需求保持旺盛态势。2017年，农村居民人均各类消费占生活消费总支出的比例依次是：食品烟酒（31.2%）、居住（21.5%）、交通通信（13.8%）、教育文化娱乐（10.7%）、医疗保健（9.7%）、生活用品及服务（5.8%）、衣着（5.6%）、其他用品及服务（1.8%）。农民消费结升级明显，发展享受类消费支出增长速度普遍是食品烟酒消费支出增长速度的2倍以上。主要表现在：①用于吃穿等基本生活消费支出继续增长，人均4 027元，增长4.8%，占生活消费支出的比重连续降低1.1个百分点。②居住条件进一步改善，居住消费支出继续增长，但增速放缓。人均居住支出2 354元，增长9.6%，增速下降1.9个百分点。③交通通信和教育文化娱乐消费支出继续增长，但增速下降。交通通信消费支出人均1 509元，增长11.0%，教育文化娱乐消费支出人均1 171元，增长9.4%，增速分别下降6.1个百分点和1个百分点，占生活消费支出的比重分别上升0.4个百分点和0.1个百分点。④医疗保健消费支出加快增长。人均医疗保健消费支出1 059元，增长13.9%，增速提高4.1个百分点，占生活消费支出的比重上升了0.5个百分点。

2017年，城乡居民消费恩格尔系数29.3%，比上年降低0.8个百分点，首次下降到30%以下，其中城镇居民消费恩格尔系数28.6%，农村居民消费恩格尔系数31.2%。城乡居民消费结构继续优化，消费层次不断提高，享受型发展型消费保持较快增长，占消费支出比重继续加大，但城乡之间绝对消费水平差异继续扩大，城镇居民的消费层次和结构明显优于农村居民。

区域经济发展差异

在区域经济结构中，东、中、西部地区和东北地区农业增加值占国内生产总值的比重继续呈下降趋势，地区间农业增加值差距有所缩小；在农村居民收入水平方面，区域差距比上年加大。

（一）经济结构与农村经济发展水平差异　在2017年全国实现的国内生产总值中，东、中、西部和东北地区分别占52.6%、21.0%、20.0%和6.5%，与上年相比，东部地区和中部地区分别上升了0.3和0.4个百分点，西部地区和东北地区均下降了0.3个百分点。东部、中部、西部和东北地区实现的国内生产总值之比为8.09∶3.23∶3.08∶1，与上年的7.69∶3.03∶2.99∶1相比，东部地区与其他三个地区差距有所扩大。

从全国农业增加值的构成来看，2017年东、中、西部和东北实现的农业增加值分别占全国的33.8%、26.2%、30.3%和10.1%，与上年相比，东部地区下降了0.8个百分点，西部地区和东北地区分别上升了1.0和0.1个百分点。东、中、西部和东北地区农业增加值占国内生产总值的比重分别为4.9%、9.5%、11.5%

和11.9%，与上年相比，东、中、西部地区和东北地区分别下降了0.5、0.9、1.5、0.4和0.2个百分点。东、中、西部和东北地区农业增加值之比为3.35∶2.59∶3∶1，与上年的3.46∶2.62∶2.93∶1相比，差距有所缩小。

（二）农村居民收入水平差异 从区域看，2017年东部地区农村居民人均可支配收入比上年增长8.5%，中部地区增长8.6%，西部地区增长9.2%，东北地区增长6.9%。其中，西部地区增长最快，东北地区增长最慢。以西部为1，东部、中部、东北地区与西部地区农村居民人均可支配收入之比为1.27∶0.97∶0.82∶1，与上年的1.25∶0.95∶0.80∶1相比，差距有所扩大（图26）。

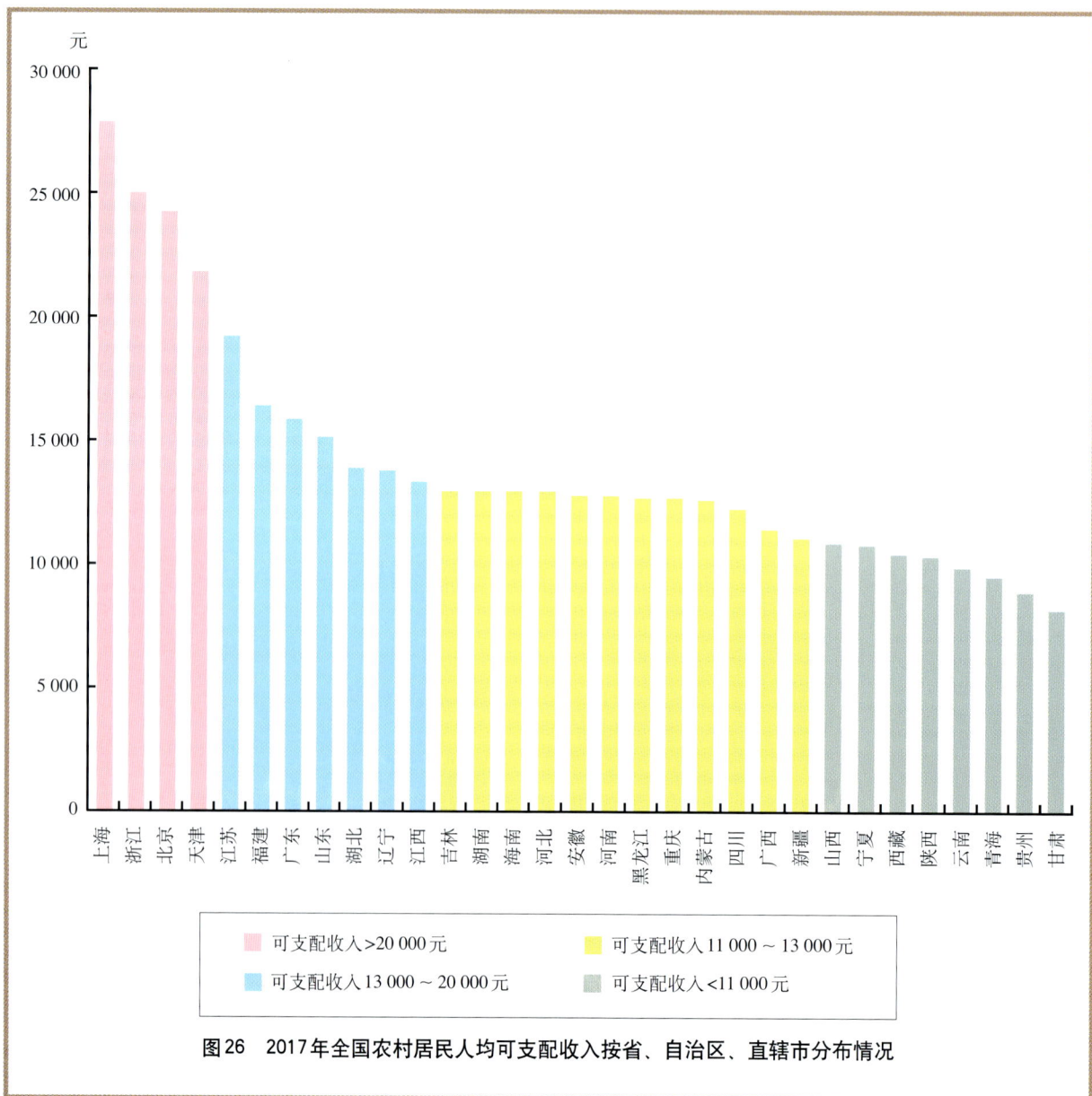

图26 2017年全国农村居民人均可支配收入按省、自治区、直辖市分布情况

2018年
农业农村发展趋势

2018年农业农村发展趋势

发展目标和任务

2018年是贯彻党的十九大精神、实施乡村振兴战略的开局之年，是以农村改革为发端的改革开放40周年，是决胜全面建成小康社会、实施"十三五"规划承上启下的关键一年。当前，我国农业进入高质量发展阶段，要按照高质量发展的要求，推动农业尽快由总量扩张向质量提升转变，唱响质量兴农、绿色兴农、品牌强农主旋律，加快推进农业转型升级，努力实现"三农"工作继续为全局作贡献。

2017年年底召开的中央农村工作会议指出，党的十八大以来，解决好"三农"问题是全党工作重中之重。贯彻新发展理念，勇于推动"三农"工作理论创新、实践创新、制度创新，农业农村发展取得了历史性成就，为党和国家事业全面开创新局面提供了有力支撑。农业供给侧结构性改革取得新进展，粮食生产能力跨上新台阶，新型农业经营主体发展壮大，农村新产业新业态蓬勃发展，农业现代化稳步推进，农村改革取得新突破，城乡发展一体化迈出新步伐，农村公共服务和社会事业达到新水平，脱贫攻坚开创新局面，农村社会焕发新气象。会议强调，农业农村农民问题是关系国计民生的根本性问题。没有农业农村的现代化，就没有国家的现代化。农业强不强、农村美不美、农民富不富，决定着亿万农民的获得感和幸福感，决定着我国全面小康社会的成色和社会主义现代化的质量。如期实现第一个百年奋斗目标并向第二个百年奋斗目标迈进，最艰巨最繁重的任务在农村，最广泛最深厚的基础在农村，最大的潜力和后劲也在农村。实施乡村振兴战略，是解决人民日益增长的美好生活需要和不平衡不充分的发展之间矛盾的必然要求，是实现"两个一百年"奋斗目标的必然要求，是实现全体人民共同富裕的必然要求。

按照中央的部署，农业农村部提出，2018年和今后一个时期，全面贯彻党的十九大精神，以习近平新时代中国特色社会主义思想为指导，坚持稳中求进工作总基调，践行新发展理念，按照高质量发展的要求，以实施乡村振兴战略为总抓手，以推进农业供给侧结构性改革为主线，以优化农业产能和增加农民收入为目标，以保护粮食生产能力为底线，坚持质量兴农、绿色兴农、效益优先，加快转变农业生产方式，推进改革创新、科技创新、工作创新，大力构建现代农业产业体系、生产体系、经营体系，大力发展新主体、新产业、新业态，大力推进质量变革、效率变革、动力变革，加快农业农村现代化步伐，朝着决胜全面建成小康社会的目标继续前进。2018年，重点抓好五个方面的工作：①坚持质量第一，推进质量兴农、品牌强农。大力推进农业标准化，加强农产品质量安全执法监管，实施品牌提升行动，推进现代种业提档升级，提高设施农业发展水平，加强动物疫病净化防控。②坚持效益优先，促进农业竞争力不断提升和农民收入稳定增长。加快推进农业机械化，实施农产品加工业提升行动，实施休闲农业和乡村旅游精品工程，大力推进农村创业创新，实施新型经营主体培育工程，促进多种形式适度规模经营发展，促进小农户与现代农业发展有机衔接，切实抓好农业产业扶贫。③坚持绿色导向，提高农业可持续发展水平。持续推进农业投入品减量，加快推进农业废弃物资源化利用，加强农业资源保护，大力开展以长江为重点的水生生物保护行动。④坚持市场导向，着力调整优化农业结构。巩固粮食综合生产能力，以控水稻、增大豆、粮改饲为重点推进种植业结构调整，以调生猪、提奶业为重点推进畜牧业结构调整，以提质减量、改善养殖生态环境为重点推进渔业结构调整，加快推进产业向"三区三园"集聚，加强农产品市场体系建设，加快推进农业信息化建设，大力推进农业走出去。⑤坚持改革创新，加快培育农业农村发展新动能。基本完成农村承包地确权登记颁证，推进农村承包地"三权分置"，深化农村集体产权制度改革，加大推进农垦改革工作力度，大力推进农业科技创新与体制改革，实施新型职业农民培育工程，加强农业农村人才队伍建设，创新完善农业支持保护制度，深入推进各类试验示范区建设。

农业农村发展面临的条件

2017年农业农村经济发展坚持稳中求进总基调，巩固发展了农业农村经济好形势。粮食生产能力跨上新台阶，农业供给侧结构性改革迈出新步伐，农民收入持续增长，农村民生全面改善，脱贫攻坚战取得决定性进展，农村生态文明建设显著加强，农民获得感显著提升，农村社会稳定和谐。农业农村发展取得的重大成就和"三农"工作积累的丰富经验，为实施乡村振兴战略奠定了良好基础，为党和国家事业全面开创新局面提供了有力支撑。同时，必须看到，我国农业农村发展面临的难题和挑战还很多，我国发展不平衡不充分问题在乡村尤为突出。实施乡村振兴战略，有利于解决人民日益增长的美好生活需要和不平衡不充分的发展之间的矛盾，推动农业全面升级、农村全面进步、农民全面发展。

经过多年的不懈努力，我国农业农村发展不断迈上新台阶，已进入新的历史阶段。2018年及今后一个时期，我国农业农村发展机遇与挑战并存。

（一）有利条件

1. 以产业兴旺为重点，提升农业发展质量，繁荣乡村经济。实现产业兴旺，主要是提升农业发展质量，培育乡村发展新动能，坚持质量兴农、绿色兴农，加快实现由农业大国向农业强国的转变。我国将深入实施藏粮于地、藏粮于技战略，严守耕地红线，确保国家粮食安全。全面落实永久基本农田特殊保护制度，加快划定和建设粮食生产功能区、重要农产品生产保护区，完善支持政策。大规模推进农村土地整治和高标准农田建设，稳步提升耕地质量，强化监督考核和地方政府责任。加强农田水利建设，提高抗旱防洪除涝能力。实施国家农业节水行动。加快建设国家农业科技创新体系，加强面向全行业的科技创新基地建设。深化农业科技成果转化和推广应用改革，加快发展现代农作物、畜禽、水产、林木、种业，提升自主创新能力。高标准建设国家南繁育种基地。推进农机装备产业转型升级。优化农业从业者结构，加快建设知识型、技能型、创新型农业经营者队伍。大力发展数字农业，实施智慧农业林业水利工程，推进物联网试验示范和遥感技术应用。制定和实施国家质量兴农战略规划，建立健全质量兴农评价体系、政策体系、工作体系和考核体系。深入推进农业绿色化、优质化、特色化、品牌化，调整优化农业生产力布局。推进特色农产品优势区创建，实施产业兴村强县行动，推行标准化生产，培育农产品品牌。加快发展现代高效林业，实施兴林富民行动，推进森林生态标志产品建设工程。加强植物病虫害、动物疫病防控体系建设。优化养殖业空间布局，大力发展绿色生态健康养殖。统筹海洋渔业资源开发。建立产学研融合的农业科技创新联盟。切实发挥农垦在质量兴农中的带动引领作用。实施食品安全战略，完善农产品质量和食品安全标准体系，加强农业投入品和农产品质量安全追溯体系建设，健全农产品质量和食品安全监管体制。大力开发农业多种功能，延长产业链、提升价值链、完善利益链，通过保底分红、股份合作、利润返还等多种形式，让农民合理分享全产业链增值收益。实施农产品加工业提升行动，鼓励企业兼并重组，淘汰落后产能。加强农产品产后分级、包装、营销，建设现代化农产品冷链仓储物流体系，打造农产品销售公共服务平台，鼓励支持各类市场主体创新发展基于互联网的新型农业产业模式。实施休闲农业和乡村旅游精品工程，建设一批设施完备、功能多样的休闲观光园区、森林人家、康养基地、乡村民宿、特色小镇。对利用闲置农房发展民宿、养老等项目，研究出台消防、特种行业经营等领域便利市场准入、加强事中事后监管的管理办法。发展乡村共享经济、创意农业、特色文化产业。优化资源配置，着力节本增效，提高农产品国际竞争力。实施特色优势农产品出口提升行动，扩大高附加值农产品出口。建立健全农业贸易政策体系，深化与"一带一路"沿线国家和地区农产品贸易关系，积极支持农业走出去。统筹兼顾培育新型农业经营主体和扶持小农户，培育各类专业化市场化服务组织，发展多样化的联合与合作。扶持小农户发展生态农业、设施农业、体验农业、定制农业，提高产品档次和附加值，改善小农户生产设施条件，研究制定扶持小农生产的政策意见。

2. 以生态宜居为关键，推进乡村绿色发展，打造人与自然和谐共生发展新格局。达到生态宜居的要求，主要是推进乡村绿色发展，打造人与自然和谐共生发展新格局。中央要求，把山水林田湖草作为一个生命共同体，进行统一保护、统一修复。实施重要生态系统保护和修复工程。健全耕地草原森林河流湖泊休养生息制度，分类有序退出超载的边际产能。扩大耕地轮作休耕制度试点。健全水生生态保护修复制度，实行水资源消耗总量和强度双控行动，开展河湖水系连通和农村河塘清淤整治。开展国土绿化行动，推进荒漠化、石漠化、水土流失综合治理。强化湿地保护和恢复，继续开展退耕还湿。完善天然林保护制度，把所有天然林都纳入保护范围。扩大退耕还林还草、退牧还草，建立成果巩固长效机制。继续实施三北防护林体系建设等林业重点工程，实施森林质量精准提升工程。继续实施草原生态保护补助奖励政策。实施生物多样性保护重大工程，有效防范外来生物入侵。加强农业面源污染防治，开展农业绿色发展行动，实现投入品减量化、生产清洁化、废弃物资源化、产业模式生态化。推进有机肥替代化肥、畜禽粪污处理、农作物秸秆综合利用、废弃农膜回收、病虫害绿色防控。加强农村水环境治理和农村饮用水水源保护，实施农村生态清洁小流域建设。扩大华北地下水超采区综合治理范围。推进重金属污染耕地防控和修复，开展土壤污染治理与修复技术应用试点。实施流域环境和近岸海域综合治理。落实农业功能区制度，加大重点生态功能区转移支付力度，完善生态保护成效与资金分配挂钩的激励约束机制。鼓励地方在重点生态区位推行商品林赎买制度。健全地区间、流域上下游之间横向生态保护补偿机制，建立长江流域重点水域禁捕补偿制度。推行生态建设和保护以工代赈做法，提供更多生态公益岗位。加快发展森林草原旅游、河湖湿地观光、冰雪海上运动、野生动物驯养观赏等产业，积极开发观光农业、游憩休闲、健康养生、生态教育等服务。

3. 以乡风文明为保障，发展农村文化，提升农民精神风貌。达到乡风文明的要求，主要是繁荣兴盛农村文化，焕发乡风文明新气象，培育文明乡风、良好家风、淳朴民风。中央强调以社会主义核心价值观为引领，坚持教育引导、实践养成、制度保障三管齐下，采取符合农村特点的有效方式，深化中国特色社会主义和中国梦宣传教育，大力弘扬民族精神和时代精神。加强爱国主义、集体主义、社会主义教育，深入实施公民道德建设工程，推进诚信建设。立足乡村文明，吸取城市文明及外来文化优秀成果，创造性转化、创新性发展。切实保

护好优秀农耕文化遗产，深入挖掘农耕文化蕴含的优秀思想观念、人文精神、道德规范。划定乡村建设的历史文化保护线，保护好文物古迹、传统村落、民族村寨、传统建筑、农业遗迹、灌溉工程遗产。支持农村地区优秀戏曲曲艺、少数民族文化、民间文化等传承发展。按照有标准、有网络、有内容、有人才的要求，健全乡村公共文化服务体系。发挥县级公共文化机构辐射作用，推进基层综合性文化服务中心建设。深入推进文化惠民，培育挖掘乡土文化本土人才，活跃繁荣农村文化市场，丰富农村文化业态，加强农村文化市场监管。广泛开展文明村镇、星级文明户、文明家庭等群众性精神文明创建活动，加强无神论宣传教育，加强农村科普工作，提高农民科学文化素养。

4. 以治理有效为基础，加强农村基层基础工作，构建祥和安定村庄。达到治理有效的要求，主要是加强农村基层基础工作，构建乡村治理新体系，自治、法治、德治相结合。中央要求扎实推进抓党建促乡村振兴，突出政治功能，提升组织力，抓乡促村。强化农村基层党组织领导核心地位，创新组织设置和活动方式。建立选派第一书记工作长效机制，健全从优秀村党组织书记中选拔乡镇领导干部、考录乡镇机关公务员、招聘乡镇事业编制人员制度。加大在优秀青年农民中发展党员力度，建立农村党员定期培训制度。推行村级小微权力清单制度，加大基层小微权力腐败惩处力度。坚持自治为基础，加强农村群众性自治组织建设。推动村党组织书记通过选举担任村委会主任，全面建立健全村务监督委员会，积极发挥新乡贤作用，继续开展以村民小组或自然村为基本单元的村民自治试点工作，加强农村社区治理创新，创新基层管理体制机制。大力培育服务性、公益性、互助性农村社会组织，积极发展农村社会工作和志愿服务。集中清理上

级对村级组织考核评比多、创建达标多、检查督查多等突出问题。坚持法治为本，强化法律在维护农民权益、规范市场运行、农业支持保护、生态环境治理、化解农村社会矛盾等方面的权威地位。增强基层干部法治观念、法治为民意识，将政府涉农各项工作纳入法治化轨道。深入推进综合行政执法改革向基层延伸，建立健全乡村调解、县市仲裁、司法保障的农村土地承包经营纠纷调处机制。加大农村普法力度，健全农村公共法律服务体系。深入挖掘乡村熟人社会蕴含的道德规范，结合时代要求进行创新，强化道德教化作用。建立道德激励约束机制，引导农民自我管理、自我教育、自我服务、自我提高。广泛开展好媳妇、好儿女、好公婆等评选表彰活动，开展寻找最美乡村教师、医生、村官、家庭等活动。深入宣传道德模范、身边好人的典型事迹，弘扬真善美，传播正能量。健全落实社会治安综合治理领导责任制，大力推进农村社会治安防控体系建设，推动社会治安防控力量下沉。深入开展扫黑除恶专项斗争，依法加大对农村非法宗教活动和境外渗透活动打击力度。完善县乡村三级综治中心功能和运行机制，健全农村公共安全体系，加强农村警务、消防、安全生产工作。推进农村"雪亮工程"建设。

5. 以生活富裕为根本，加强农村公共事业，提高农民获得感。达到生活富裕的要求，需要提高农村民生保障水平，塑造美丽乡村新风貌。中央高度重视发展农村义务教育，要求推动建立以城带乡、整体推进、城乡一体、均衡发展的义务教育发展机制。全面改善薄弱学校基本办学条件，实施农村义务教育学生营养改善计划，发展农村学前教育。推进农村普及高中阶段教育，支持教育基础薄弱县普通高中建设，加强职业教育。统筹配置城乡师资，并向乡村倾斜，建好建强乡村教师队伍。促进农

村劳动力转移就业和农民增收。健全覆盖城乡的公共就业服务体系，大规模开展职业技能培训。深化户籍制度改革，加强扶持引导服务，实施乡村就业创业促进行动。培育一批家庭工场、手工作坊、乡村车间，鼓励在乡村地区兴办环境友好型企业，实现乡村经济多元化。拓宽农民增收渠道，鼓励农民勤劳守法致富。加快农村公路、供水、供气、环保、电网、物流、信息、广播电视等基础设施建设，全面推进"四好农村路"建设，加快实施通村组硬化路建设。加大成品油消费税转移支付资金用于农村公路养护力度。推进节水供水重大水利工程，实施农村饮水安全巩固提升工程。加快新一轮农村电网改造升级，制定农村通动力电规划。实施数字乡村战略，提升气象为农服务能力，加强农村防灾减灾救灾能力建设。完善统一的城乡居民基本医疗保险制度和大病保险制度，做好农民重特大疾病救助工作。巩固城乡居民医保全国异地就医联网直接结算。完善城乡居民基本养老保险制度，建立城乡居民基本养老保险待遇确定和基础养老金标准正常调整机制。统筹城乡社会救助体系，完善低生活保障制度。将进城落户农业转移人口全部纳入城镇住房保障体系。构建多层次农村养老保障体系，创新多元化照料服务模式。健全农村留守儿童和妇女、老年人以及困境儿童关爱服务体系。加强和改善农村残疾人服务。强化农村公共卫生服务，加强慢性病综合防控。完善基本公共卫生服务项目补助政策，加强基层医疗卫生服务体系建设。开展和规范家庭医生签约服务，加强妇幼、老人、残疾人等重点人群健康服务。实施农村人居环境整治三年行动计划，坚持不懈推进农村"厕所革命"，总结推广适用不同地区的农村污水治理模式。推进北方地区农村散煤替代，有条件的地方有序推进煤改气、煤改电和新能源利用。逐步建立农村低收

入群体安全住房保障机制。保护保留乡村风貌，开展田园建筑示范，实施乡村绿化行动，持续推进宜居宜业的美丽乡村建设。打好精准脱贫攻坚战是全面建成小康社会的标志性战役，做好乡村振兴与脱贫攻坚的政策衔接、机制整合和工作统筹，瞄准贫困人口精准帮扶，聚焦深度贫困地区集中发力，确保让贫困人口和贫困地区同全国一道进入全面小康社会。

6. 以制度、人才、资金为支撑，加强党的领导，强化基础保障。推进体制机制创新，强化乡村振兴制度性供给。中央明确要求落实农村土地承包关系稳定并长久不变政策，衔接落实好第二轮土地承包到期后再延长30年的政策。全面完成土地承包经营权确权登记颁证工作，完善农村承包地"三权分置"制度。实施新型农业经营主体培育工程。扎实推进房地一体的农村集体建设用地和宅基地使用权确权登记颁证。完善农民闲置宅基地和闲置农房政策，探索宅基地所有权、资格权、使用权"三权分置"。在符合土地利用总体规划前提下，允许县级政府通过村土地利用规划，调整优化村庄用地布局，有效利用农村零星分散的存量建设用地；预留部分规划建设用地指标用于单独选址的农业设施和休闲旅游设施等建设。全面开展农村集体资产清产核资、集体成员身份确认，加快推进集体经营性资产股份合作制改革。推动资源变资产、资金变股金、农民变股东，探索农村集体经济新的实现形式和运行机制。维护进城落户农民土地承包权、宅基地使用权、集体收益分配权。研究制定农村集体经济组织法，充实农村集体产权权能。全面深化供销合作社综合改革，深入推进集体林权、水利设施产权等领域改革。以提升农业质量效益和竞争力为目标，强化绿色生态导向，创新完善政策工具和手段，扩大"绿箱"政策的实施范围和规模，加快建立新型农业支持保护政策

体系。深化农产品收储制度和价格形成机制改革，加快培育多元市场购销主体，改革完善中央储备粮管理体制。落实和完善对农民直接补贴制度，提高补贴效能。健全粮食主产区利益补偿机制。探索开展稻谷、小麦、玉米三大粮食作物完全成本保险和收入保险试点，加快建立多层次农业保险体系。汇聚全社会力量，强化乡村振兴人才支撑。全面建立职业农民制度，完善配套政策体系。实施新型职业农民培育工程，创新培训机制。引导符合条件的新型职业农民参加城镇职工养老、医疗等社会保障制度。建立县域专业人才统筹使用制度，推动人才管理职能部门简政放权。实施好边远贫困地区、边疆民族地区和革命老区人才支持计划。支持地方高等学校、职业院校综合利用教育培训资源，灵活设置专业（方向），创新人才培养模式。扶持培养一批农业职业经理人、经纪人、乡村工匠、文化能人、非遗传承人等。全面建立高等院校、科研院所等事业单位专业技术人员到乡村和企业挂职、兼职和离岗创新创业制度，深入实施农业科研杰出人才计划和杰出青年农业科学家项目。探索公益性和经营性农技推广融合发展机制，全面实施农技推广服务特聘计划。建立有效激励机制，吸引更多人才投身现代农业，培养造就新农民。加快制定鼓励引导工商资本参与乡村振兴的指导意见，落实和完善融资贷款、配套设施建设补助、税费减免、用地等扶持政策。实施乡村振兴"巾帼行动"。建立自主培养与人才引进相结合，学历教育、技能培训、实践锻炼等多种方式并举的人力资源开发机制，建立城乡、区域、校地之间人才培养合作与交流机制。开拓投融资渠道，强化乡村振兴投入保障。建立健全实施乡村振兴战略财政投入保障制度，公共财政更大力度向"三农"倾斜，确保财政投入与乡村振兴目标任务相适应。优化财政供给结

构，切实发挥全国农业信贷担保体系作用。支持地方政府发行一般债券用于支持乡村振兴、脱贫攻坚领域的公益性项目，稳步推进地方政府专项债券管理改革。调整完善土地出让收入使用范围，严格控制未利用地开垦，集中力量推进高标准农田建设。改进耕地占补平衡管理办法，建立高标准农田建设等新增耕地指标和城乡建设用地增减挂钩节余指标跨省域调剂机制。推广"一事一议"、以奖代补等方式，鼓励农民对直接受益的乡村基础设施建设投工投劳。坚持农村金融改革发展的正确方向，健全适合农业农村特点的农村金融体系。强化金融服务方式创新，抓紧出台金融服务乡村振兴的指导意见。强化金融服务方式创新，加大对乡村振兴中长期信贷支持。推动农村信用社省联社改革，推动出台非存款类放贷组织条例，制定金融机构服务乡村振兴考核评估办法。支持符合条件的涉农企业发行上市、新三板挂牌和融资、并购重组，深入推进农产品期货期权市场建设。改进农村金融差异化监管体系，强化地方政府金融风险防范处置责任。

（二）不利条件 农业农村农民问题是关系国计民生的根本性问题。我国农业农村发展的内外部环境已发生深刻变化，农业农村发展已进入新的历史阶段。当前，我国农产品阶段性供过于求和供给不足并存，农业供给质量亟待提高；农民适应生产力发展和市场竞争的能力不足，新型职业农民队伍建设急需加强；农村基础设施和民生领域欠账较多，农村环境和生态问题比较突出，乡村发展整体水平亟待提升；国家支农体系相对薄弱，农村金融改革任务繁重，城乡之间要素合理流动机制亟待健全；农村基层党建存在薄弱环节，乡村治理体系和治理能力亟待强化。以此同时，农业农村还面临着一些新的挑战：①经济从高速增长转向中高速增长，农业发展的外部条件和内部动因也发生深刻的变化，保持农业的持续发展，寻找和培育新的增长点显得尤为迫切。②农业生产成本进入上升通道，主要农产品国内价格超过国际市场价格，而补贴政策接近上限，两边挤压下，探索农业如何增效、农民如何增收变得十分紧迫。③农业资源短缺，开发过度、污染加重，生态环境约束趋紧，保障农产品有效供给和质量安全任务艰巨。④城乡要素加速流动，农业副业化、农户兼业化、劳动力弱质化、农村空心化问题日益凸显，在加速城镇化的背景下加快新农村建设面临新的挑战。

农业农村发展趋势判断

（一）农业生产总体稳定 农业生产总体保持稳定，种植结构进一步优化。据农业农村部调查，2018年全国稻谷意向种植面积比上年调减，大豆种植面积预计增加，玉米面积继续调减。

棉花产量总体增加。据种植意向调查，棉花面积减少；由于国内食糖价格和糖料收购价格的上升提高糖农种植积极性，糖料种植面积得到进一步稳固，预计2018年糖料种植面积与上年相比略有增加，产量与上年相比略增。

油料作物种植面积小幅下降。油菜籽产量稳中略减，花生产量下降。据专家预测，2018年油菜籽产量减少1.6%，花生产量减少5.6%，其他油料产量总体趋稳。大豆种植面积将保持恢复性增长，产量稳步增加。

蔬菜面积稳中有增。随着特色农产品优势区逐步建设完善，绿色、有机、无公害和地理标志产品将快速增加，设施蔬菜、观光蔬菜、立体蔬菜等农业的多功能性将进一步增强，蔬菜总产量将保持稳中有增的态势，品种结构更加丰富，区域布局更加合理。受生产成本走高、比较收益增速下降等限制，蔬菜产量增速将逐渐放缓。

畜牧业和渔业平稳发展。2018年生猪产能较大，猪肉供给宽裕，产量将继续有所增长。禽肉产量仍将稳中有增，消费有望恢复增加；禽蛋产量增加，增速逐渐放缓；随着科技不断进步和草食畜牧业加快转型升级，牛羊肉产量将保持增长，占肉类总产量的比重继续提高；奶类生产预计继续结构调整，提质增效将呈现恢复性增长；水产品总产量将小幅下降，主要是捕捞水产受海洋伏季休渔制度将进一步健全完善影响，将呈下降趋势。

（二）农产品价格低位徘徊　主要农产品价格形成机制和粮食收储制度改革取得实质性成效，玉米价格市场形成机制已经形成，稻谷和小麦"市场定价"特征明显，粮价正从"政策市"走向"市场市"。随着粮食等重要农产品收储制改革的不断深入，农产品价格由市场供求决定的特征更加明显。总体看，2018年国内农产品价格总体处于低位徘徊，不会有太大波动，多种农产品价格涨跌互现。分品种看，受最低收购价格调整影响，稻谷价格已经进入下降通道，总体比去年略低；小麦价格将围绕"最低收购价"水平稳中略降；玉米价格由弱转强，总体水平将高于上年；棉花价格受政府抛储政策影响较大，价格将窄幅波动；国内食糖产不足需、贸易保障措施继续实施等因素为糖价提供一定支撑，但期货市场看空情绪增加，国内糖价面临一定下行压力；大豆价格总体保持稳定；生猪价格将继续处于下跌通道，猪肉价格稳中有跌；禽肉价格上半年上涨，下半年相对平稳，呈现季节性波动；禽蛋市场上半年供需平衡状态趋于缓解，价格或将波动下跌，下半年禽蛋价格将震荡上涨，但价格波动会趋于平缓；牛肉价格以稳为主，羊肉价格小幅上涨；奶类价格温和上涨；蔬菜价格呈稳中略涨态势；水产品价格将呈上涨态势，但幅度较为有限。

（三）农业对外依存度依然较高　国际粮价出现大幅波动，玉米、大豆、小麦等主要农产品价格均出现大涨大跌，对我国粮食安全产生重要影响。农产品比较优势和相对优势均出现明显下滑，导致我国农业产业和农产品对外依存度加大。2018年，大米进口仍将维持一定规模并继续增长；预计小麦仍然维持净进口格局但进口量呈下降趋势；玉米存在国内外价差，也将保持净进口格局，预计2018年进口量与上年基本相当；受国内需求旺盛、产不足需影响，大豆进口量仍将保持在较高水平，食用大豆仍然具有比较优势，出口稳中略增；由于存在产需缺口，我国对国际市场油籽需求仍保持高度依赖；随着国内棉花产量下降和对高品质棉花需求，棉花产需缺口仍然较大，进口棉将成为棉花缺口的重要补充，高级棉仍然是进口重点；食糖增长潜力有限，而消费增长空间较大，产需缺口有进一步扩大可能，进口规模仍将保持较高水平；蔬菜作为我国重要的出口优势农产品，进出口将呈现稳定增加趋势；国内收入水平提高、进口水果需求增长、跨境电商发展带来的便利性都将推动水果进口量的增长，同时我国水果及其制品仍然具有较强的出口优势；随着生猪产能恢复，猪肉进口将会下降，但仍将维持一定水平；禽肉出口有望增加，进口量稳中有增；禽蛋贸易规模保持稳定，贸易顺差格局延续；奶制品需求和价差将继续驱动进口增加；水产品出口总体保持稳定，进口继续较快增长。

（四）农民收入增长趋于稳定　当前，农民收入保持持续增长态势，城乡居民收入差距继续缩小。预计农村居民人均可支配收入增速将继续快于城镇居民收入增速。收入结构继续优化，工资性收入、经营净收入、财产净收入均将较快增长。国家多项政策并举，为农民增收创造条件。一是全面实施乡村振兴战略，提升农业发展质量，培育乡村发展新动能，促进农民增收。二是不断完善财政农业补贴政策，提升农机购置补贴力度，针对规模化经营农民、农村承包耕地农民、自主创业人群、生态种植农民予以更多补贴，引导和鼓励农民向农业规模化、机械化方向转变。三是不断优化农民工、中高等院校毕业生、退役士兵和科技人员等返乡下乡人员创业环境，创新融资模式，提供贷款优惠政策、农村用地优惠政策、农村用电优惠政策、财政补贴优惠，为返乡农民工创业增收提供新助力。四是完善农村土地、宅地基"三权"分置办法，提高农民财产性收入。五是大力实施乡村就业创业促进行动，推动城乡要素双向流动，实现人才、资源、产业向乡村汇聚，带动农民致富。同时，农民收入增长也面临许多困难和挑战。2017年，农村居民人均可支配收入实际增长7.3%，与"十二五"期间相比，农民收入增速明显放缓。总的看，在政策扶持和市场等多方利好的背景下，农村居民收入有望持续稳定增长，城乡居民收入差距进一步缩小，但绝对差距依然较大。

2017年
农业农村大事记

2017年农业农村大事记

1月

1日 《农民日报》报道：为推进生态文明体制建设，财政部、环境保护部、发展改革委、水利部联合出台了《关于加快建立流域上下游横向生态保护补偿机制的指导意见》。

6日 《光明日报》报道：2016年国家林业局按照"把所有天然林都保护起来"的总体目标，积极推进天然林保护，实现了国有天然林保护全覆盖，商业性采伐全面停止。

《经济日报》报道：2016年全国林业产业总值首次突破6万亿元，林产品进出口贸易额达1 360亿美元，我国成为世界林产品生产、贸易、消费第一大国。

7日 《农民日报》报道：《耕地质量等级》（GB/T 33469—2016）国家标准经国家质检总局、国家标准委批准发布，于2016年12月30日起正式实施。这是我国首部耕地质量等级国家标准，为耕地质量调查监测与评价工作的开展，提供了科学的指标和方法。

9日 《农民日报》报道：2016年12月31日，农业部印发《全国渔业发展第十三个五年规划》，提出到2020年全国水产品总产量6 600万吨，国内海洋捕捞产量控制在1 000万吨以内。

15日 《人民日报》报道：农业部公布了第三届"全国十佳农民"名单，北京市密云区河南寨农机服务专业合作社理事长陈向阳、安徽省芜湖市芜湖县良金优质稻米专业合作社理事长杨良金等10位农民获此殊荣。

17日 《农民日报》报道：1月16日，农业部在北京召开全国农业机械化工作会议，会议强调，要坚持稳中求进、服务大局，强化五大发展理念，着力推进农业机械化供给侧结构性改革，创新引领添活力，凝心聚力促融合，攻坚克难补短板，两端发力提质量，推动农业机械化提档升级，加快"机器换人"，为农业农村经济发展提供有力支撑。

2月

5日 《人民日报》报道：经李克强总理签

批，国务院印发《全国国土规划纲要（2016—2030年）》。这是我国首个国土空间开发与保护的战略性、综合性、基础性规划，对涉及国土空间开发、保护、整治的各类活动具有指导和管控作用。

6日 《农民日报》报道：中共中央、国务院下发《关于深入推进农业供给侧结构性改革 加快培育农业农村发展新动能的若干意见》。

8日 《人民日报》报道：中共中央办公厅、国务院办公厅印发了《关于划定并严守生态保护红线的若干意见》，并发出通知，要求各地区各部门结合实际认真贯彻落实。

9日 《人民日报》报道：国务院总理李克强2月8日主持召开国务院常务会议，确定加强高标准农田建设的政策措施，夯实粮食安全和现代农业基础；通过《农药管理条例（修订草案）》。

10日 《光明日报》报道：农业部9日正式启动奶业振兴"五大行动"，提出从优质牧草、健康养殖、质量安全、品牌创建、讲好奶业故事五方面加快推进现代奶业建设。

28日 《农民日报》报道：2月27日，农业部、最高人民法院、最高人民检察院、国家发展改革委、工业和信息化部、公安部、工商总局、质检总局、供销合作总社联合召开2017年全国农资打假专项治理行动电视电话会议暨农资领域失信联合惩戒备忘录发布会，动员部署2017年全国农资打假专项治理行动，发布农资领域失信联合惩戒备忘录。

3月

4日 《农民日报》报道：3月3日，农业部在北京召开信息进村入户工程整省推进示范工作布置会，在各省自愿申报、竞争性遴选的基础上，2017年，农业部将在辽宁、吉林、黑

龙江、江苏、浙江、江西、河南、重庆、四川和贵州10省市开展信息进村入户工程整省推进示范。

16日 《光明日报》报道：国家林业局发布《2016年中国国土绿化状况公报》。公报显示，2016年全国完成造林678.8万公顷，森林抚育836.7万公顷。

25日 《经济日报》报道：24日，财政部、农业部对外公布了2017年八大领域超过30项强农惠农政策，继续加大支农投入，强化项目统筹整合，以推进农业供给侧结构性改革。

4月

5日 《农民日报》报道：国务院总理李克强签署第677号国务院令，公布修订后的《农药管理条例》，自2017年6月1日起施行。

11日 《农民日报》报道：经李克强总理签批，国务院印发《关于建立粮食生产功能区和重要农产品生产保护区的指导意见》，全面部署粮食生产功能区和重要农产品生产保护区划定和建设工作。

13日 《经济日报》报道：农业部12日在京举行《植物新品种保护条例》颁布20周年座谈会。截至2016年年底，我国农业植物新品种权总申请量超过1.8万件，总授权量超过8 000件，年申请量位居国际植物新品种保护联盟成员国第一。

《农民日报》报道：4月11—12日，首届全国休闲农业和乡村旅游大会在浙江安吉召开。大会以"践行'两山论'、发展休闲农业"为主题，重温习近平总书记"绿水青山就是金山银山"的重大科学论断，邀请城乡居民游"绿水青山"，寻"快乐老家"，忆"游子乡愁"。

19日 《农民日报》报道：由财政部、农业部、银监会共同组建的国家农业信贷担保联

盟有限责任公司18日正式挂牌，标志着我国在建立健全全国政策性农业信贷担保体系方面迈出重要一步。

27日 《农民日报》报道：国务院总理李克强4月26日主持召开国务院常务会议，决定在粮食主产省开展提高农业大灾保险保障水平试点，助力现代农业发展和农民增收。

30日 《人民日报》报道：国土资源部召开统筹推进农村土地制度改革三项试点工作现场交流会，33个试点地区进行经验交流。据统计，33个试点地区中，集体经营性建设用地入市地块共计278宗（其中原15个试点地区259宗），面积约4 500亩，总价款约50亿元。3个原征地制度改革试点地区按新办法实施征地的共59宗、3.85万亩。15个宅基地制度改革试点地区退出宅基地7万余户，面积约3.2万亩。

5月

3日 《农民日报》报道：5月2日，农业部耕地质量监测保护中心在京揭牌。

《光明日报》报道：为推进农业供给侧结构性改革，农业部决定启动实施畜禽粪污资源化利用行动、果菜茶有机肥替代化肥行动、东北地区秸秆处理行动、农膜回收行动和以长江为重点的水生生物保护行动等农业绿色发展五大行动，改变传统生产方式，减少化肥等投入品的过量使用，优化农产品产地环境，从源头上确保优质绿色农产品供给。

19日 《光明日报》报道：农业部17日牵头成立中国茶产业联盟，联合157家大型茶叶企业集团及科研单位，将聚力技术创新、共创品牌、共拓市场，引领做强中国茶产业，助力农业转型升级。

23日 《光明日报》报道：22日是第24个国际生物多样性日。我国森林覆盖率提高到

21.66%，草原综合植被盖度达54%。各类陆域保护地面积达170多万平方千米，约占陆地国土面积的18%，提前实现《生物多样性公约》要求到2020年达到17%的目标。

25日 《人民日报》报道：中国—中东欧国家首个农业合作示范区23日在保加利亚建立，中国农业部与保加利亚农业部共同签署了建立示范区的联合声明，筹建工作正式启动。

27日 《人民日报》报道：中共中央总书记、国家主席、中央军委主席习近平26日致信祝贺中国农业科学院建院60周年，向全体农业科研人员和广大农业科技工作者致以诚挚问候。中国农业科学院成立于1957年。建院60年来，共取得各类科技成果6 000多项，获奖成果2 400多项，国家科技奖励成果320余项。

《人民日报》报道："2017中国扶贫国际论坛"26日在京举行，主题为"减贫治理方案的开发与分享"。本次论坛由国务院新闻办指导，中国互联网新闻中心、中国国际扶贫中心、世界银行、联合国粮农组织与亚洲开发银行联合主办。来自16个国际机构、7个国家的100多位中外嘉宾出席论坛，探讨减贫案例，分享中国的扶贫经验。

6月

1日 《经济日报》报道：5月31日，财政部发布通知明确，按照国务院部署，在13个粮食主产省份选择200个产粮大县，面向适度规模经营农户开展农业大灾保险试点。

《人民日报》报道：5月31日，新华社受权播发中共中央办公厅、国务院办公厅《关于加快构建政策体系培育新型农业经营主体的意见》。意见提出，综合运用多种政策工具，引导新型农业经营主体提升规模经营水平、完善利益分享机制，更好发挥带动农民进入市场、

增加收入、建设现代农业的引领作用。

2日　《光明日报》报道：农业部办公厅和中国农业发展银行办公室联合印发《关于政策性金融支持农村一二三产业融合发展的通知》，建立新型合作推进机制，发挥各自优势，加大政策性金融支持农村产业融合发展力度。

10日　《农民日报》报道：6月6—7日，农业部在山西省太原市召开全国新型职业农民培育工作推进会。会议总结了自2012年以来农广校系统在新型职业农民培育工作方面的成绩，研究部署下一阶段职业农民培育的重点工作。

14日　《经济日报》报道：国家发改委、财政部、水利部、农业部、国土资源部联合发出《关于扎实推进农业水价综合改革的通知》。

25日　《人民日报》报道：中共中央总书记、国家主席、中央军委主席习近平23日在山西太原市主持召开深度贫困地区脱贫攻坚座谈会，听取脱贫攻坚进展情况汇报，集中研究破解深度贫困之策。他强调，脱贫攻坚工作进入目前阶段，要重点研究解决深度贫困问题。各级党委务必深刻认识深度贫困地区如期完成脱贫攻坚任务的艰巨性、重要性、紧迫性，以解决突出制约问题为重点，强化支撑体系，加大政策倾斜，聚焦精准发力，攻克坚中之坚，确保深度贫困地区和贫困群众同全国人民一道进入全面小康社会。

26日　《人民日报》报道：6月24—25日，中宣部、中央文明办在山东省淄博市召开全国农村精神文明建设工作经验交流会。会议深入贯彻党的十八大和十八届三中、四中、五中、六中全会精神，深入贯彻习近平总书记系列重要讲话精神特别是关于"三农"工作和美丽乡村建设的重要指示精神，总结交流经验，研究部署任务，深入推进以美丽乡村建设为主题的农村精神文明建设。

7月

4日　《经济日报》报道：农业部在北京举办全国食品安全宣传周主题日活动，并正式启动国家农产品质量安全追溯管理信息平台。

13日　《人民日报》报道：全国已确权集体林地面积27.05亿亩，占纳入集体林权制度改革面积的98.97％，全国已发放林权证1.01亿本，发证面积26.41亿亩，占已确权林地总面积的97.65％，1亿多农户直接受益。

21日　《人民日报》报道：2007年农业部联合财政部先后启动建设了水稻、油菜、生猪、大宗淡水鱼等50个现代农业产业技术体系。10年来共取得了130项标志性成果和328项重大成果。从2017年开始，中央财政将现代农业产业技术体系经费增加至每年16亿元，支持50个产业体系的科学家协同创新，"十三五"将重点解决水稻全程机械化、大豆增产增效、奶业优质安全、土壤重金属治理等重大问题，为农业供给侧结构性改革提供科技支撑。

28日　《农民日报》报道：2017中国农村发展高层论坛于7月25—26日在北京举办。本次论坛以"农村改革发展——理论创新政策创新实践创新"为主题，重点围绕党的十八大以来"三农"工作的新理论、新政策、新实践开展研讨交流，对未来一个时期农业农村发展的趋势和前景进行分析展望，为推动"三农"工作上台阶、上水平建言献策。

8月

1日　《农民日报》报道：7月31日，全国休闲农业和乡村旅游管理人员培训班暨全国休闲农业和乡村旅游产业联盟成立仪式在四川省成都市举行。

16日 《光明日报》报道：农业部办公厅印发《关于建立农资和农产品生产经营主体信用档案的通知》，把建立主体信用档案作为农产品质量安全信用体系建设的一项重要措施予以推进，构建以信用为核心，事前信用承诺、事中信用监管、事后信用评价的新型监管机制。

23日 《人民日报》报道：2017年，中央财政安排农业综合开发资金6.05亿元，在河北、山西和内蒙古等23个省份建设61个农业综合开发区域生态循环项目。项目建成后，预计区域生态循环农业示范面积可达67万亩，区域内农业废弃物资源化利用率达到92%，化肥农药减施率达到32%。

24日 《人民日报》报道：农业部、国家发改委、财政部印发《关于加快发展农业生产性服务业的指导意见》，提出大力发展多元化、多层次、多类型的农业生产性服务，这标志着我国"三多型"农业服务业正在形成。

9月

1日 《农民日报》报道：农业部发布了《2016年全国耕地质量监测报告》。报告表明，我国耕地质量呈现三大特点，土壤结构性问题比较明显，土壤养分含量稳中有升，土壤健康状态总体良好。

15日 《经济日报》报道：农业部召开四大作物良种重大科研联合攻关会。经过近年的努力，各作物联合攻关组在种业基础理论与育种技术、种质资源发掘与育种材料创制、绿色优质新品种选育等方面取得了重大进展，先后培育出一批适宜机收籽粒玉米、高产高蛋白大豆、节水及抗赤霉病小麦等突破性新品种，筛选出一批优异种质资源和育种新材料。

16日 《人民日报》报道：第三次全国改善农村人居环境工作会议15日在贵州遵义召开，国务院副总理汪洋强调，要坚持以人民为中心的发展思想，切实回应农民群众对良好生活条件的诉求和期盼，明确重点方向，聚焦突出问题，深入开展整治行动，不断提高农村人居环境建设水平。

20日 《科技日报》报道：农业部、国家发展改革委、财政部联合印发了《关于加快发展农业生产性服务业的指导意见》。2016年，农民工总量已经达到2.8亿人。随着现代农业深入发展，农业生产性服务业加快发展，数量超过115万，服务领域涵盖种植业、畜牧业、渔业等各个产业。

21日 《经济日报》报道：全国永久基本农田划定总体完成，实际划定保护面积15.50亿亩，超过《全国土地利用总体规划纲要（2006—2020年）调整方案》确定的15.46亿亩保护任务目标。

22日 《人民日报》报道：为贯彻落实《中共中央国务院关于稳步推进农村集体产权制度改革的意见》精神，由点及面开展集体经营性资产产权制度改革，经各省、自治区、直辖市及计划单列市推荐，农业部、中央农办确定北京市海淀区等100个县（市、区）为2017年度农村集体产权制度改革试点单位。

《农民日报》报道：9月21日，由农业部主办的第十五届中国国际农产品交易会在京开幕。

24日 《经济日报》报道：全国农村产业融合发展现场会22日在内蒙古自治区巴彦淖尔市召开，国务院副总理汪洋强调，要认真贯彻党中央、国务院决策部署，以新发展理念为引领，以市场需求为导向，以完善利益联结机制为核心，以制度、技术和商业模式创新为动力，着力构建农业与二三产业交叉融合的现代产业体系，为国民经济持续健康发展和全面建成小康社会提供重要支撑。

28日 《农民日报》报道：农业部、国家发展改革委、教育部、科技部、民政部、人力资源社会保障部、国土资源部、人民银行、工商总局、国家统计局、共青团中央、全国妇联等12部门联合印发《关于促进农村创业创新园区（基地）建设的指导意见》，加快建设一批具有区域特色的农村双创园区（基地），更好地为广大返乡下乡双创人员提供场所和服务，全面助推农村创业创新。

10月

1日 《农民日报》报道：中共中央办公厅、国务院办公厅印发了《关于创新体制机制推进农业绿色发展的意见》，并发出通知，要求各地区各部门结合实际认真贯彻落实。

3日 《光明日报》报道：中共中央办公厅、国务院办公厅印发了《国家生态文明试验区（江西）实施方案》和《国家生态文明试验区（贵州）实施方案》，并发出通知，要求有关地区和部门结合实际认真贯彻落实。

11日 《经济日报》报道：10月10日，民政部召开电视电话会议，安排部署全国农村留守儿童信息管理系统启用上线工作。会上，全国农村留守儿童信息管理系统正式启用。

《农民日报》报道：10月10日，全国农村集体产权制度改革部际联席会议第一次全体会议在北京召开。

17日 《科技日报》报道：16日，在中国农业大学举办的2017年世界粮食日和全国爱粮节粮宣传周主会场活动上，财政部、国家粮食局宣布中国优质粮食工程启动。该工程将力争到2020年把全国产粮大县的粮食优质品率提高30%左右，将建立与完善由6个国家级、32个省级、305个市级和960个县级粮食质检机构构成的粮食质量安全检验监测体系。

26日 《农民日报》报道：农业部、国家

发展改革委、财政部、国土资源部、人民银行、税务总局联合印发《关于促进农业产业化联合体发展的指导意见》，以帮助农民、提高农民、富裕农民为目标，以发展现代农业为方向，以创新农业经营体制机制为动力，培育发展一批带农作用突出、综合竞争力强、稳定可持续发展的农业产业化联合体，成为引领我国农村一二三产业融合和现代农业建设的重要力量，为农业农村发展注入新动能。

11月

11日 《农民日报》报道：首届新农民新技术创业创新大会10日在江苏省苏州市召开，中共中央政治局常委、国务院副总理汪洋强调，要大力营造农村创业创新良好环境，吸引更多人才投身农业发展农村建设，为推进农业农村现代化不断注入新动能。

《农民日报》报道：11月9日，中国农业品牌创新联盟在首届全国新农民新技术创业创新博览会上正式成立。中国农业品牌创新联盟由中国农产品市场协会、中国农村杂志社共同发起成立，由农业部市场与经济信息司主管指导。该联盟旨在通过理论研究、互动交流、教育培训、咨询服务、市场联合等多种方式，着眼于合力推动农业品牌战略实施，深化农业品牌建设模式机制创新，搭建合作交流平台，促进资源的集成和共享，优化资源配置，提升农业品牌的水平和质量，增强农业品牌的活力和效益，打造更多的国家级农业品牌，促进我国现代农业发展。

15日 《农民日报》报道：农业部在四川成都举办的第七届中国兽医大会上正式启动"传递爱心守护健康全国兽医在行动"公益活动暨全国兽医挑战"世界最长信封链条"活动，号召全国兽医工作者和兽医系统各类机构

主动投身乡村振兴战略和健康中国战略的贯彻实施。此次活动将用近一年的时间，指导各地以兽医服务进"一园一院三区三场（厂）"系列活动为主要活动载体，广泛倾听民意，推动改进制度设计，推进养殖业生产安全、动物源性食品安全、公共卫生安全和生态安全保障工作。

16日 《农民日报》报道：11月10日，在2017年度中国农资经销商年会上，中国农业生产资料流通协会向全社会发布了《中国农业生产资料流通行业自律公约》，将结合农资信用体系建设行动方案，为更好地规范农资流通市场、农资企业以及从业者的行为、促进行业诚信健康发展起到推动作用。

《经济日报》报道：11月12日，首届中国农村创业创新论坛在苏州召开。到2020年，我国将培育1 000万人次农村"双创"人才。

12月

3日 《人民日报》报道：由农业部和江苏省政府共同主办的中国江苏·现代农业科技大会1日在南京开幕。大会主题为"科技兴农、创新富民"，集中展示农业科技最新成果，促进科技与农业结合，为农业产业发展和富民增收汇智聚力。

5日 《经济日报》报道：中共中央办公厅、国务院办公厅印发了《关于建立健全村务监督委员会的指导意见》，并发出通知，要求各地区各部门结合实际认真贯彻落实。

8日 《农民日报》报道：农业部印发《"十三五"全国远洋渔业发展规划》，明确了"十三五"期间远洋渔业的发展思路、基本原则、主要目标、产业布局和重点任务等。《规划》提出，至2020年，全国远洋渔船总数稳定在3 000艘以内；严控并不断提高企业准入门槛，远洋渔业企业数量在2016年基础上保持"零增长"，培育一批有国际竞争力的现代化远洋渔业企业。

25日 《农民日报》报道：中共中央办公厅、国务院办公厅印发了《关于加强贫困村驻村工作队选派管理工作的指导意见》，并发出通知，要求各地区各部门结合实际认真贯彻落实。

26日 《农民日报》报道：中共中央总书记、国家主席、中央军委主席习近平对"四好农村路"建设作出重要指示。他指出，交通运输部等有关部门和各地区要进一步深化对建设农村公路重要意义的认识，聚焦突出问题，完善政策机制，既要把农村公路建好，更要管好、护好、运营好，为广大农民致富奔小康、为加快推进农业农村现代化提供更好保障。5年来，全国新建改建农村公路127.5万千米，99.24%的乡镇和98.34%的建制村通上了沥青路、水泥路，乡镇和建制村通客车率分别达到99.1%和96.5%以上，城乡运输一体化水平接近80%。

28日 《农民日报》报道：第十二届全国人大常委会第三十一次会议27日闭幕。经会议表决，通过了新修订的农民专业合作社法，国家主席习近平签署第83号主席令予以公布。修订后的农民专业合作社法自2018年7月1日起施行。

30日 《人民日报》报道：中央农村工作会议12月28日至29日在北京举行。会议全面分析"三农"工作面临的形势和任务，研究实施乡村振兴战略的重要政策，部署2018年和今后一个时期的农业农村工作。会议讨论了《中共中央、国务院关于实施乡村振兴战略的意见（讨论稿）》。

附 表

附 表 说 明

1.本附表简要地列入了1999—2017年有关农业部门的主要统计指标数字，内容涉及农业在国民经济中的地位、农村劳动力、农业投入、土地资源、农业生产、农村居民收入及支出、农产品价格、农产品进出口等方面。

2.由于统计指标及统计口径的变更与调整，某些指标因缺乏资料而中断。根据这些情况，本附表也酌情进行了一定的调整。

3.表中数据凡未加注释的均来自国家统计局，对于来自其他部门的数据各表下方附有注释。

4.表中四大经济地区指：东部地区为北京、天津、河北、上海、江苏、浙江、福建、山东、广东和海南共10省、直辖市；中部地区为山西、安徽、江西、湖南、湖北、河南共6个省；西部地区为内蒙古、广西、重庆、四川、云南、贵州、西藏、陕西、甘肃、宁夏、青海、新疆共12个省、自治区、直辖市；东北地区为辽宁、吉林和黑龙江共3个省。

5.与往年一样，本报告（包括附表）所有统计资料和数据均未包括香港、澳门特别行政区和台湾省。

6.表中符号说明：

"…"表示数字不足本表最小单位数；

"/"表示无该项指标数据；

"空格"表示数据不详或截至本报告印刷之前尚未公布。

7.各表字段尾如带有附加括号的数字（1）、（2）、（3）等表示表下方有注释。

表1 农村经济在国民经济中的地位

年份	农业增加值占国内生产总值的比重 (%)	第一产业就业人数占总人数的比重 (%)	乡村就业人数占就业总人数的比重 (%)	农村消费品零售额占全社会消费品零售额的比重 (1) (%)	农业各税占税收总额的比重 (2) (%)	用于农业支出占财政支出的比重 (3) (%)	农业贷款占金融机构人民币各项贷款的比重 (%)	农产品进口额占进口总额的比重 (%)	农产品出口额占出口总额的比重 (%)
2000	**14.7**	**50.0**	**67.9**	**38.2**	**3.7**	**7.8**	**4.9**	**5.0**	**6.3**
2001	14.0	50.0	66.9	37.4	3.1	7.7	5.1	4.9	6.0
2002	13.3	50.0	65.7	36.7	4.1	7.2	5.2	4.2	5.6
2003	12.3	49.1	64.4	35.0	4.4	7.1	5.3	4.6	4.9
2004	12.9	46.9	63.2	34.1	3.7	10.0	5.5	5.0	3.9
2005	**11.6**	**44.8**	**62.0**	**32.8**	**3.3**	**7.2**	**5.9**	**4.3**	**3.6**
2006	10.6	42.6	60.5	32.5	3.1	7.9	5.9	4.0	3.2
2007	10.3	40.8	58.9	32.3	3.2	6.8	5.9	4.3	3.0
2008	10.3	39.6	57.5	32.0	3.1	7.2	5.8	5.1	2.8
2009	9.8	38.1	56.1	32.8	4.1	8.8	5.4	5.2	3.3
2010	**9.5**	**36.7**	**54.4**	**13.3**	**4.1**	**9.0**	/	**5.2**	**3.1**
2011	9.4	34.8	53.0	13.2	3.8	9.1	/	5.4	3.2
2012	9.4	33.6	51.6	13.3	/	9.5	/	6.1	3.1
2013	9.3	31.4	50.3	13.4	/	9.5	/	6.1	3.1
2014	9.1	29.5	49.1	13.7	/	/	/	6.2	3.0
2015	**8.8**	**28.3**	**47.8**	**13.9**	/	/	/	**6.9**	**3.1**
2016	8.6	27.7	46.6	14.0	/	/	/	7.0	3.5
2017	7.9	27.0	45.3	15.7	/	/	/	6.9	3.4

注: (1) 根据新颁布的《统计上划分城乡的规定》, 2010年及以后农村消费品零售额的统计范围由原来的"市、县、县以下"调整为"乡及乡以下"。
(2) 2009年农业税包括三部分: 耕地占用税、契税和烟叶税。
(3) 2007年及以后用于农业支出是指农林水事务支出。

表2 农林牧渔业产值及构成（按当年价格计算）

单位：亿元

年份	农林牧渔业总产值	农林牧渔业增加值	农业增加值	林业增加值	牧业增加值	渔业增加值	服务业增加值	农林牧渔业增加值构成（%）				
								农业增加值	林业增加值	牧业增加值	渔业增加值	服务业增加值
2000	24 915.8	14 943.6	8 703.6	662.3	3 638.5	1 623.8		59.5	4.5	24.9	11.1	
2001	26 179.6	15 780.0	9 130.7	660.4	3 950.5	1 670.3		59.2	4.3	25.6	10.8	
2002	27 390.8	16 535.7	9 482.4	710.8	4 166.7	1 757.4		58.8	4.4	25.9	10.9	
2003	29 691.8	17 380.6	9 649.1	833.0	4 653.0	1 793.0	413.6	55.6	4.8	26.8	10.3	2.4
2004	36 239.0	21 410.7	11 827.7	905.6	5 953.7	2 081.1	456.9	55.7	4.3	28.1	9.8	2.2
2005	39 450.9	22 416.2	12 758.5	975.5	6 506.9	2 327.2	502.5	56.9	4.4	29.0	10.4	(0.7)
2006	40 810.8	24 036.4	13 937.0	1 099.2	5 811.8	2 415.5	776.5	58.0	4.6	24.2	10.0	3.2
2007	48 651.8	28 623.7	15 988.9	1 272.9	7 796.7	2 723.8	841.4	55.9	4.4	27.2	9.5	2.9
2008	57 420.8	33 699.1	18 151.0	1 459.0	9 985.0	3 172.0	932.1	53.9	4.3	29.6	9.4	2.8
2009	59 311.3	35 223.3	19 738.7	1 579.0	9 412.3	3 424.1	1 069.2	56.0	4.5	26.7	9.7	3.0
2010	67 763.1	40 530.0	23 684.5	1 744.2	10 022.1	3 903.8	1 179.0	58.4	4.3	24.7	9.6	2.9
2011	78 837.0	47 483.0	27 042.8	2 089.2	12 431.4	4 590.0	/	57.0	4.4	26.2	9.7	/
2012	86 342.2	52 368.7	30 216.1	2 281.3	13 128.4	5 266.9	/	57.7	4.4	25.1	10.1	/
2013	93 173.7	56 973.6	33 147.2	2 569.3	13 762.8	5 842.5	/	58.2	4.5	24.2	10.3	/
2014	97 822.5	60 165.7	35 257.5	2 793.0	14 025.3	6 260.2	/	58.6	4.6	23.3	10.4	/
2015	101 893.5	62 911.8	37 029.7	2 895.8	14 360.0	6 569.1	/	58.9	4.6	22.8	10.4	/
2016	106 478.7	65 975.7	38 152.4	3 025.3	15 492.0	6 995.6	/	57.8	4.6	23.5	10.6	/
2017	109 331.7	68 008.7	36 675.3	3 177.1	18 579.4	7 321.2	/	53.9	4.7	27.3	10.8	/

注：1993年起分项统计改用新指标。农林牧渔业总产值1996年（含）以后为调整后的数据。2003年起执行新国民经济行业分类标准，农林牧渔业包括农林牧渔服务业。

表3 农业物质生产条件

年份	农业机械总动力 (万千瓦)	大中型拖拉机 (万台)	小型拖拉机 (万台)	农村用电量 (亿千瓦时)	灌溉面积 (千公顷)	化肥施用量(纯量)(万吨)	复合肥 (万吨)	农用塑料薄膜使用量 (万吨)	农用柴油使用量 (万吨)	农药使用量 (万吨)
2000	52 573.6	—	—	2 421.3	53 820.3	4 146.4	917.9	133.5	1 405.0	128.0
2001	55 172.1	—	—	2 610.1	54 249.4	4 253.8	983.7	144.9	1 485.3	127.5
2002	57 929.9	—	—	2 993.4	54 354.9	4 339.4	1 040.4	153.9	1 507.5	131.2
2003	60 386.5	—	—	3 432.9	54 014.2	4 411.6	1 109.8	159.2	1 574.6	132.5
2004	64 027.9	—	—	3 933.0	54 478.4	4 636.6	1 204.0	168.0	1 819.5	138.6
2005	68 397.8	139.60	1 526.89	4 375.7	55 029.3	4 766.2	1 303.2	176.2	1 902.7	146.0
2006	72 522.1	171.82	1 567.90	4 895.8	55 750.5	4 927.7	1 385.9	184.5	1 922.8	153.7
2007	76 589.6	206.27	1 619.11	5 509.9	56 518.3	5 107.8	1 503.0	193.7	2 020.8	162.3
2008	82 190.4	299.52	1 722.41	5 713.2	58 471.7	5 239.0	1 608.6	200.7	1 887.9	167.2
2009	87 496.1	351.58	1 750.90	6 104.4	59 261.4	5 404.4	1 698.7	208.0	1 959.9	170.9
2010	92 780.5	392.17	1 785.79	6 632.3	60 347.7	5 561.7	1 798.5	217.3	2 023.1	175.8
2011	97 734.7	440.65	1 811.27	7 139.6	61 681.6	5 704.2	1 895.1	229.5	2 057.4	178.7
2012	102 559.0	485.24	1 797.23	7 508.5	63 036.4	5 838.8	1 990.0	238.3	2 107.6	180.6
2013	103 906.8	527.02	1 752.28	8 549.5	63 473.3	5 911.9	2 057.5	249.3	2 154.9	180.2
2014	108 056.6	567.95	1 729.77	8 884.4	64 539.5	5 995.9	2 115.8	258.0	1 807.0	180.7
2015	111 728.1	607.29	1 703.04	9 026.9	65 872.6	6 022.6	2 175.7	260.4	2 197.7	178.3
2016	97 245.6	645.35	1 671.61	9 238.3	67 140.6	5 984.1	2 207.1	259.3	2 117.1	175.4
2017	98 783.3	670.08	1 634.24	9 524.4	67 815.6	5 859.4	2 220.3	/	/	/

表4　农作物播种面积

单位：千公顷

年份	农作物总播种面积	粮食作物播种面积	稻谷	小麦	玉米	大豆	油料	棉花	糖料	蔬菜	果园面积
2000	**156 300**	**108 463**	**29 962**	**26 653**	**23 056**	**9 307**	**15 400**	**4 041**	**1 514**	**15 237**	**8 932**
2001	155 708	106 080	28 812	24 664	24 282	9 482	14 631	4 810	1 654	16 402	9 043
2002	154 636	103 891	28 202	23 908	24 634	8 720	14 766	4 184	1 872	17 353	9 098
2003	152 415	99 410	26 508	21 997	24 068	9 313	14 990	5 111	1 657	17 954	9 437
2004	153 553	101 606	28 379	21 626	25 446	9 589	14 431	5 693	1 568	17 560	9 768
2005	**155 488**	**104 278**	**28 847**	**22 793**	**26 358**	**9 591**	**14 318**	**5 062**	**1 564**	**17 721**	**10 035**
2006	152 149	104 958	28 938	23 613	28 463	9 280	11 738	5 816	1 567	16 639	10 123
2007	150 396	105 999	28 973	23 770	30 024	8 754	12 344	5 199	1 756	15 615	9 805
2008	153 690	107 545	29 350	23 715	30 981	9 127	13 232	5 278	1 926	16 539	10 221
2009	155 590	110 255	29 793	24 442	32 948	9 190	13 445	4 485	1 804	16 670	10 454
2010	**156 785**	**111 695**	**30 097**	**24 459**	**34 977**	**8 516**	**13 695**	**4 366**	**1 809**	**16 201**	**10 681**
2011	159 859	112 980	30 338	24 523	36 767	7 889	13 471	4 524	1 834	17 910	10 808
2012	161 827	114 368	30 476	24 576	39 109	7 172	13 435	4 360	1 887	18 497	10 990
2013	163 453	115 908	30 710	24 470	41 299	6 791	13 438	4 162	1 844	18 836	11 043
2014	164 966	117 455	30 765	24 472	42 997	6 800	13 395	4 176	1 737	19 224	11 608
2015	**166 829**	**118 963**	**30 784**	**24 596**	**44 968**	**6 506**	**13 314**	**3 775**	**1 573**	**19 613**	**11 212**
2016	166 939	119 230	30 746	24 694	44 178	7 202	13 191	3 198	1 555	19 553	10 903
2017	166 332	117 989	30 747	24 508	42 399	/	13 223	3 195	1 546	19 981	11 136

表5 农业自然灾害及除涝治碱情况

单位：千公顷

年份	受灾面积	成灾面积			成灾面积占受灾面积(%)				除涝面积	水土流失治理面积
		水灾面积	旱灾面积	成灾面积	水灾面积	旱灾面积	成灾面积占受灾面积(%)			

年份	受灾面积	水灾面积	旱灾面积	成灾面积	水灾面积	旱灾面积	成灾面积占受灾面积(%)	除涝面积	水土流失治理面积
2000	**54 688**	**7 323**	**40 541**	**34 374**	**4 321**	**26 784**	**62.9**	**20 990**	**80 961**
2001	52 215	6 042	38 472	31 793	3 614	23 698	60.9	21 021	81 539
2002	47 120	12 380	22 210	27 320	7 470	13 250	58.0	21 097	85 410
2003	54 386	19 208	24 852	32 516	12 289	14 470	59.8	21 097	85 410
2004	37 106	7 314	17 253	16 297	3 747	8 482	43.9	21 198	92 000
2005	**38 818**	**10 932**	**16 028**	**19 966**	**6 047**	**8 479**	**51.4**	**21 340**	**94 654**
2006	41 091	8 003	20 738	24 632	4 569	13 411	59.9	21 376	97 491
2007	48 992	10 463	29 386	25 064	5 105	16 170	51.2	21 419	99 871
2008	39 990	6 477	12 137	22 284	3 656	6 798	55.7	21 425	101 587
2009	47 214	7 613	29 259	21 234	3 162	13 197	45.0	21 584	104 545
2010	**37 426**	**7 613**	**29 259**	**18 538**	**7 024**	**8 987**	**49.5**	**21 692**	**106 800**
2011	32 471	6 863	16 304	12 441	2 840	6 599	38.3	21 722	109 663
2012	24 962	7 730	9 340	11 475	4 145	3 509	46.0	21 857	111 862
2013	31 350	8 757	14 100	14 303	4 859	5 852	45.6	21 943	106 892
2014	24 891	4 718	12 272	12 678	2 704	5 677	50.9	22 369	111 609
2015	**21 770**	**5 620**	**10 610**	**12 380**	**3 327**	**5 863**	**56.9**	**22 713**	**115 547**
2016	26 221	8 531	9 873	13 670	4 338	6 131	52.1	23 067	120 412
2017	18 478	5 809	9 875	/	/	/	/	23 824	125 839

注：自2006年起治碱面积改为若干年统计一次。

表6 主要农产品产量

单位: 万吨

年份	粮食作物 总产量	谷物 合计	稻谷	小麦	玉米	大豆	油料 总产量	棉花 总产量	甘蔗 总产量	甜菜 总产量	水果 总产量
2000	46 218	40 522	18 791	9 964	10 600	1 541	2 955	442	6 828	807	6 225
2001	45 264	39 648	17 758	9 387	11 409	1 541	2 865	532	7 566	1 089	6 658
2002	45 706	39 799	17 454	9 029	12 131	1 651	2 897	492	9 011	1 282	14 375
2003	43 070	37 429	16 066	8 649	11 583	1 539	2 811	486	9 024	618	14 517
2004	46 947	41 157	17 909	9 195	13 029	1 740	3 066	632	8 985	586	15 341
2005	48 402	42 776	18 059	9 745	13 937	1 635	3 077	571	8 664	788	16 120
2006	49 804	45 099	18 172	10 847	15 160	1 597	2 640	753	9 709	751	17 102
2007	50 413.9	45 963.0	18 638.1	10 952.5	15 512.3	1 273	2 787.0	759.7	11 179.4	902.9	16 800.1
2008	53 434.3	48 569.4	19 261.2	11 293.2	17 212.0	1 554	3 036.8	723.2	12 152.1	853.9	18 108.8
2009	53 940.9	49 243.3	19 619.7	11 583.4	17 325.9	1 498	3 139.4	623.6	11 200.4	546.5	19 093.7
2010	55 911.3	51 196.7	19 722.6	11 614.1	19 075.2	1 508	3 156.8	577.0	10 598.2	705.1	20 095.4
2011	58 849.3	54 061.7	20 288.3	11 862.5	21 131.6	1 449	3 212.5	651.9	10 867.4	795.8	21 018.6
2012	61 222.6	56 659.0	20 653.2	12 254.0	22 955.9	1 305	3 285.6	660.8	11 574.6	877.2	22 091.5
2013	63 048.2	58 650.4	20 628.6	12 371.0	24 845.3	1 195	3 287.4	628.2	11 926.4	628.7	22 748.1
2014	63 964.8	59 601.5	20 960.9	12 832.1	24 976.4	1 215	3 371.9	629.9	11 578.8	509.9	23 302.6
2015	66 060.3	61 818.4	21 214.2	13 263.9	26 499.2	1 179	3 390.5	590.7	10 706.4	508.8	24 524.6
2016	66 043.5	61 666.5	21 109.4	13 327.1	26 361.3	1 294	3 400.0	534.3	10 321.5	854.5	24 405.2
2017	66 160.7	61 520.5	21 267.6	13 433.4	25 907.1	/	3 475.2	565.3	10 440.4	938.4	25 241.9

注: 2002年（含）以后水果总产量含果用瓜。

表7 养殖业情况

年份	大牲畜年末存栏（万头）	猪年末存栏（万头）	羊年末存栏（万头）	肉类产量（万吨）	猪肉（万吨）	牛肉（万吨）	羊肉（万吨）	禽肉（万吨）	禽蛋产量（万吨）	奶类产量（万吨）	水产品总产量（万吨）
2000	14 638	41 634	27 948	6 014	3 966	513	264	/	2 182	919	3 706
2001	13 981	41 951	27 625	6 106	4 052	509	272	/	2 210	1 123	3 796
2002	13 672	41 776	28 241	6 234	4 123	522	284	/	2 266	1 400	3 955
2003	13 467	41 382	29 307	6 443	4 239	543	309	/	2 333	1 849	4 077
2004	13 191	42 123	30 426	6 609	4 341	560	333	/	2 371	2 368	4 247
2005	12 895	43 319	29 793	6 939	4 555	568	350	/	2 438	2 865	4 420
2006	12 325.7	41 854.4	28 337.6	7 099.9	4 650.3	590.3	367.7	/	2 424.0	3 051.6	4 584
2007	11 998.2	43 933.2	28 606.7	6 916.4	4 307.9	626.2	385.7	/	2 546.7	3 055.2	4 747.5
2008	11 529.7	46 433.1	28 823.7	7 370.9	4 682.0	617.7	393.2	/	2 699.6	3 236.2	4 895.6
2009	11 380.8	47 177.2	29 063.0	7 706.7	4 932.8	626.2	399.4	/	2 751.9	3 153.9	5 116.4
2010	11 074.6	46 765.2	28 730.2	7 993.6	5 138.4	629.1	406.0	/	2 776.9	3 211.3	5 373.0
2011	10 580.0	47 074.8	28 664.1	8 023.0	5 131.6	610.7	398.0	/	2 830.4	3 262.8	5 603.2
2012	10 248.4	48 030.2	28 512.7	8 471.1	5 443.5	614.7	404.5	/	2 885.4	3 306.7	5 481.8
2013	10 008.6	47 893.1	28 935.2	8 632.8	5 618.6	613.1	409.9	/	2 905.5	3 118.9	5 721.7
2014	9 952.0	47 160.2	30 391.3	8 817.9	5 820.8	615.7	427.6	/	2 930.3	3 276.5	5 975.8
2015	9 929.8	45 802.9	31 174.3	8 749.5	5 645.4	616.9	439.9	/	3 046.1	3 295.5	6 182.9
2016	9 559.9	44 209.2	29 930.5	8 628.3	5 425.5	616.9	460.3	/	3 160.5	3 173.9	6 379.5
2017	9 763.6	44 158.9	30 231.7	8 654.4	5 451.8	634.6	471.1	/	3 096.3	3 148.6	6 445.3

注：水产品总产量含远洋捕捞产量，导致地区产量之和不完全等于全国总产量。

表8　农产品加工业主要经济指标

单位：个、亿元

项　目	企业单位数		主营业务收入		利润总额		出口交货值	
	2016年	2017年	2016年	2017年	2016年	2017年	2016年	2017年
总计	80 523	82 472	202 933	194 002	13 394	12 926	11 167	10 980
一、粮食加工与制造业	11 754	12 112	26 586	24 929	1 541	1 460	250	275
二、饲料加工业	4 232	4 296	11 534	11 244	560	555	49	46
三、粮食原料酒制造业	2 287	2 292	8 938	8 418	1 005	1 225	64	66
四、植物油加工业	2 144	2 125	10 715	9 831	406	322	57	41
五、果蔬加工业	5 600	5 779	9 669	9 317	678	642	1 339	1 239
六、精制茶加工业	1 945	2 180	2 204	2 273	170	174	85	79
七、肉类加工业	4 147	4 263	14 527	13 417	730	642	268	273
八、蛋品加工业	200	216	302	335	19	19	7	10
九、乳品加工业	627	611	3 504	3 590	260	245	7	5
十、水产品加工业	2 242	2 281	5 659	5 481	321	309	1 583	1 559
十一、制糖业	295	291	1 242	1 120	94	115	0	0
十二、烟草制造业	129	132	8 692	8 898	1 038	972	41	39
十三、中药制造业	2 777	2 919	8 653	7 901	875	861	101	88
十四、其他食用类农产品加工业	5 074	5 396	13 806	13 038	1 290	1 130	783	817
十五、棉麻加工业	9 193	9 130	23 155	21 527	1 189	1 058	1 054	971
十六、皮毛羽丝加工业	5 991	5 984	10 597	9 844	630	559	1 617	1 595
十七、木竹藤棕草加工业	18 925	19 551	33 917	34 237	1 999	2 154	2 367	2 301
十八、橡胶制品制造业	2 961	2 914	9 232	8 601	591	485	1 496	1 575

表9 农产品供需及价格情况：稻米

年 份	面 积 (千公顷)	单 产 (千克/公顷)	生产量 (万吨)	稻米进口量 (万吨)	稻米出口量 (万吨)	早籼米批发价 标一(1) (元/吨)	晚籼米批发价 标一(1) (元/吨)	粳米批发价 标一(1) (元/吨)	国际市场价 (2) (美元/吨)
2000	29 962	6 272	18 791	24.9	296.2	1 348.7	1 476.9		206.7
2001	28 812	6 163	17 758	29.3	187.0	1 423.8	1 542.2	2 124.2	177.4
2002	28 202	6 189	17 454	23.8	199.0	1 433.5	1 483.1	2 013.0	196.9
2003	26 508	6 061	16 066	25.9	261.7	1 564.9	1 580.3	1 907.6	200.9
2004	28 379	6 311	17 909	76.6	90.9	2 315.6	2 424.1	2 648.0	244.5
2005	28 847	6 260	18 059	52.2	68.6	2 161.4	2 288.9	2 785.9	290.5
2006	28 938	6 280	18 172	73.0	125.3	2 181.0	2 302.4	2 913.6	311.2
2007	28 973	6 433	18 638.1	48.7	134.3	2 402.0	2 559.0	2 857.1	334.5
2008	29 350	6 563	19 261.2	33.0	97.2	2 638.5	2 823.5	2 963.7	697.5
2009	29 793	6 585	19 619.7	35.7	78.6	2 751.3	2 916.3	3 273.6	583.5
2010	30 097	6 553	19 722.6	38.8	62.2	2 985.9	3 166.7	3 879.8	520.0
2011	30 338	6 687	20 288.3	59.8	51.6	3 590.9	3 877.8	4 346.4	566.2
2012	30 476	6 777	20 653.2	236.9	27.9	3 831.5	4 145.7	4 353.7	590.4
2013	30 710	6 717	20 628.6	227.1	47.8	3 829.3	4 029.9	4 598.8	532.7
2014	30 765	6 813	20 960.9	257.9	41.9	3 876.2	4 128.3	4 644.3	342.7
2015	30 784	6 891	21 214.2	337.7	28.7	3 885.2	4 202.6	4 825.9	326.5
2016	30 746	6 866	21 109.4	356.0	39.5	3 891.3	4 163.6	4 911.8	342.4
2017	30 747	6 917	21 267.6	403.0	119.7	3 940.1	4 279.3	4 946.2	337.1

注：(1) 为全国主要粮食批发市场交易平均价。
(2) 为泰国曼谷含FOB价格（100% B级）。

表10 农产品供需及价格情况：小麦

年份	面积 (千公顷)	单产 (千克/公顷)	生产量 (万吨)	进口量 (万吨)	出口量 (万吨)	白小麦销售价 (三等) (1) (元/吨)	面粉零售价 (特一粉) (2) (元/吨)	面粉零售价 (标准粉) (2) (元/吨)	国际市场价 (3) (美元/吨)
2000	26 653	3 738	9 964	91.9	18.8	1 127.9	2 432.5	2 021.2	118.6
2001	24 664	3 806	9 387	73.9	71.3	1 109.0	2 333.7	1 940.6	129.7
2002	23 908	3 777	9 029	63.2	97.7	1 064.0	2 295.7	1 924.3	150.8
2003	21 997	3 932	8 649	44.7	251.4	1 144.2	2 378.9	2 009.7	149.6
2004	21 626	4 252	9 195	725.8	108.9	1 558.2	2 543.4	2 246.2	161.3
2005	22 793	4 275	9 745	353.8	60.5	1 505.2	2 708.6	2 406.9	157.8
2006	23 613	4 593	10 847	61.3	151.0	1 446.3	2 755.6	2 422.2	199.7
2007	23 770	4 608	10 952.5	10.1	307.3	1 547.4	2 980.5	2 609.5	263.8
2008	23 715	4 762	11 293.2	4.3	31.0	1 640.8	3 157.2	2 785.4	344.6
2009	24 442	4 739	11 583.4	90.4	24.5	1 854.2	3 299.7	2 941.1	235.7
2010	24 459	4 748	11 614.1	123.1	27.7	1 988.9	3 558.3	3 154.5	240.8
2011	24 523	4 837	11 862.5	125.8	32.8	2 079.0	3 913.5	3 430.8	330.1
2012	24 576	4 986	12 254.0	370.1	28.6	2 140.9	4 086.4	3 605.1	327.2
2013	24 470	5 056	12 371.0	553.5	27.8	2 442.6	4 328.3	3 809.5	322.4
2014	24 472	5 244	12 832.1	300.4	19.0	2 510.4	4 534.8	3 966.6	305.9
2015	24 596	5 393	13 263.9	300.7	12.2	2 494.5	4 046.6	4 046.6	232.8
2016	24 694	5 397	13 327.1	341.2	11.3	2 383.9	4 634.9	4 114.4	203.2
2017	24 508	5 481	13 433.4	442.2	18.3	2 476.4	4 679.7	4 172.5	200.0

注：(1) 2016年之前为批发价，2016年及后为销售价。
(2) 数据来源于国家发改委价格监测中心。
(3) 为美国海湾离岸价（2号硬红冬麦）。

表11 农产品供需及价格情况：玉米

年份	面积(千公顷)	单产(千克/公顷)	生产量(万吨)	进口量(万吨)	出口量(万吨)	玉米批发价(三等)(1)(元/吨)	国际市场价(2号黄玉米)(2)(美元/吨)
2000	23 056	4 598	10 600	0.3	1 047.9	950.2	88.4
2001	24 282	4 699	11 409	3.9	600.0	1 124.3	89.6
2002	24 634	4 925	12 131	0.8	1 167.5	1 023.8	99.2
2003	24 068	4 813	11 583	0.1	1 639.1	1 114.2	105.2
2004	25 446	5 120	13 029	0.2	232.4	1 296.9	111.7
2005	26 358	5 287	13 937	0.4	864.2	1 218.7	98.5
2006	28 463	5 326	15 160	6.5	309.9	1 300.7	122.1
2007	30 024	5 167	15 512.3	3.5	491.8	1 538.1	162.7
2008	30 981	5 556	17 212.0	5.0	27.3	1 626.2	223.1
2009	32 948	5 258	17 325.9	8.4	13.0	1 629.3	165.6
2010	34 977	5 454	19 075.2	157.3	12.7	1 918.3	184.6
2011	36 767	5 748	21 131.6	175.4	13.6	2 188.9	292.3
2012	39 109	5 870	22 955.9	520.8	25.7	2 299.6	298.3
2013	41 299	6 016	24 845.3	326.6	7.8	2 265.4	264.1
2014	42 997	5 809	24 976.4	259.9	2.0	2 332.0	192.0
2015	44 968	5 893	26 499.2	473.0	1.1	2 292.4	170.1
2016	44 178	5 967	26 361.3	316.8	0.4	2 020.6	158.6
2017	42 399	6 110	25 907.1	282.7	8.6	1 823.8	154.7

注：(1) 为全国主要粮食批发市场交易平均价。2016年之前是二等，2016年及后是三等。
(2) 为美国海湾离岸价。

表12 农产品供需及价格情况：大豆

年份	面积 (千公顷)	单产 (千克/公顷)	生产量 (万吨)	进口量 (万吨)	出口量 (万吨)	大豆批发价 (一级) (1) (元/吨)	国际市场价 (1号黄大豆) (2) (美元/吨)
2000	9 307	1 656	1 541	1 041.9	21.5	2 257.1	193.0
2001	9 482	1 625	1 541	1 394.0	26.2	2 073.6	180.7
2002	8 720	1 893	1 651	1 131.5	30.5	2 114.7	201.3
2003	9 313	1 653	1 539	2 074.1	29.5	2 638.7	241.3
2004	9 589	1 815	1 740	2 023.0	34.9	3 280.1	288.5
2005	9 591	1 705	1 635	2 659.1	41.3	2 844.7	238.6
2006	9 280	1 721	1 597	2 827.0	39.5	2 648.8	234.8
2007	8 754	1 454	1 273	3 082.1	47.5	3 279.8	326.9
2008	9 127	1 703	1 554	3 743.6	48.4	4 626.2	474.7
2009	9 190	1 630	1 498	4 255.2	35.6	3 763.8	403.5
2010	8 516	1 771	1 508	5 479.7	17.3	3 887.0	408.8
2011	7 889	1 836	1 449	5 264.0	21.4	4 128.3	507.3
2012	7 172	1 820	1 305	5 838.5	32.1	4 278.8	567.0
2013	6 791	1 760	1 195	6 337.5	20.9	4 800.8	549.2
2014	6 800	1 787	1 215	7 140.3	20.7	4 687.8	489.4
2015	6 506	1 811	1 179	8 169.4	13.4	4 480.9	375.6
2016	7 202	1 796	1 294	8 391.3	12.8	4 479.5	384.8
2017	/	/	/	9 552.6	11.4	4 684.7	371.7

注：(1) 为全国主要粮食批发市场交易平均价。2016年之前是三等，2016年及后是二级。
(2) 为美国海湾离岸价。

表13 农产品生产及进出口情况：粮食、食用植物油

年份	粮食				食用植物油			
	生产量 (万吨)	进口量 (万吨)	出口量 (万吨)	全国人均占有量 (千克/人)	生产量 (万吨)	进口量 (万吨)	出口量 (万吨)	全国人均占有量 (千克/人)
2000	**46 218**	**1 357**	**1 401**	**366**	**835**	**187.1**	**11.2**	**6.6**
2001	45 264	1 738	903	356	1 383	167.5	13.4	10.9
2002	45 706	1 417	1 514	357	1 531	321.2	9.8	12.0
2003	43 070	2 283	2 230	334	1 584	541.8	6.0	12.3
2004	46 947	2 998	514	362	1 683	676.4	6.6	13.0
2005	**48 402**	**3 286**	**1 059**	**371**	**2 071**	**621.3**	**22.8**	**15.9**
2006	49 804	3 189	650	380	2 335	671.5	40.0	17.8
2007	50 413.9	3 238	1 039	383	2 638	839.7	16.8	20.0
2008	53 434.3	3 898	235	403	2 419	817.1	24.9	18.3
2009	53 940.9	4 570	173	405	3 280	950.2	11.6	24.6
2010	**55 911.3**	**6 051**	**142**	**418**	**3 916**	**826.2**	**9.6**	**29.3**
2011	58 849.3	5 809	143	438	4 332	779.8	12.4	32.2
2012	61 222.6	7 237	134	453	5 176	959.9	10.1	38.3
2013	63 048.2	7 796	121	464	6 219	922.1	11.7	45.8
2014	63 964.8	9 091	98	469	6 534	787.3	13.4	47.9
2015	**66 060.3**	**11 441**	**67**	**482**	**6 734**	**839.1**	**13.7**	**49.1**
2016	66 043.5	10 591	76	479	6 908	688.4	11.5	50.1
2017	66 160.7	12 113	173	477	6 072	742.8	20.2	43.8

注：粮食数据包含大豆。

表14 农产品生产及进出口情况：棉花、食糖

年份	棉 花				食 糖			
	生产量 (万吨)	进口量 (万吨)	出口量 (万吨)	全国人均占有量 (千克/人)	生产量 (万吨)	进口量 (万吨)	出口量 (万吨)	全国人均占有量 (千克/人)
2000	**442**	**25.1**	**29.9**	**3.5**	**700.0**	**67.5**	**41.5**	**5.5**
2001	532	19.7	6.0	4.2	653.1	119.9	19.6	5.1
2002	492	24.5	15.9	3.8	926.0	118.4	32.6	7.2
2003	486	107.5	11.7	3.8	1083.9	77.6	10.3	8.4
2004	632	211.4	1.2	4.9	1033.7	121.5	8.5	8.0
2005	**571**	**274.5**	**0.8**	**4.4**	**912.4**	**139.1**	**35.8**	**7.0**
2006	753	398.0	1.6	5.7	949.1	137.4	15.4	7.2
2007	759.7	274.1	2.5	5.8	1271.4	119.4	11.0	9.6
2008	723.2	226.4	2.4	5.5	1432.6	78.0	6.2	10.9
2009	623.6	175.9	1.0	4.7	1338.4	106.4	6.4	9.9
2010	**577.0**	**312.8**	**0.7**	**4.3**	**1117.6**	**176.6**	**9.4**	**8.3**
2011	651.9	356.6	2.8	4.8	1187.4	291.9	5.9	8.8
2012	660.8	541.3	2.3	4.9	1409.5	374.7	4.7	10.4
2013	628.2	450.0	0.8	4.6	1592.8	454.6	4.8	11.7
2014	629.9	243.9	1.3	4.6	1642.7	348.6	4.6	12.0
2015	**590.7**	**175.9**	**3.0**	**4.3**	**1474.1**	**484.6**	**7.5**	**10.8**
2016	534.3	124.0	0.8	3.8	1443.3	306.2	14.9	10.5
2017	565.3	136.3	2.1	4.1	1472.0	229.0	15.8	10.6

表15 农产品生产、消费及进出口情况：猪肉

年份	肉猪年末存栏头数（万头）	肉猪出栏头数（万头）	猪肉生产量（万吨）	出口活猪（1）（万头）	进口猪肉（2）（万吨）	出口猪肉（2）（万吨）	全国人均占有量（千克/人）
2000	**41 634**	**51 862**	**3 966**	**203.1**	**23.79**	**11.20**	**31.4**
2001	41 951	53 281	4 052	196.5	20.40	17.20	31.9
2002	41 776	54 144	4 123	188.0	21.95	23.63	32.2
2003	41 382	55 702	4 239	187.8	31.20	30.50	32.9
2004	42 123	57 279	4 314	196.6	29.11	41.48	33.3
2005	**43 319**	**60 367**	**4 555**	**176.2**	**19.98**	**38.65**	**34.9**
2006	41 854.4	61 209.0	4 650.3	172.0	21.88	41.93	35.5
2007	43 933.2	56 640.9	4 307.9	160.9	47.31	26.91	32.5
2008	46 433.1	61 278.9	4 682.0	164.5	91.40	17.23	34.9
2009	47 177.2	64 990.9	4 932.8	16.2	52.80	17.91	36.7
2010	**46 765.2**	**67 332.7**	**5 138.4**	**16.9**	**90.21**	**21.38**	**37.9**
2011	47 074.8	67 030.0	5 131.6	15.6	135.04	18.78	37.6
2012	48 030.2	70 724.5	5 443.5	16.8	137.01	18.10	39.6
2013	47 893.1	72 768.0	5 618.6	19.6	140.34	17.22	41.4
2014	47 160.2	74 951.5	5 820.8	18.0	138.48	21.51	42.7
2015	**45 802.9**	**72 415.6**	**5 645.4**	**17.9**	**159.51**	**17.84**	**40.0**
2016	44 209.2	70 073.9	5 425.5	16.7	311.18	14.73	38.4
2017	44 158.9	70 202.1	5 451.8	17.0	249.90	16.03	39.3

注：（1）出口活猪2008年及以前年份统计单位为万头。
（2）猪肉进出口数据统计范围包括肉、杂碎和加工猪肉等项。

表16 化肥及农药生产、进口及价格情况

单位：万吨

年份	化肥					农药				
	生产量(纯量)	施用量(纯量)	进口量	出口量	化肥价格指数(上年为100)	生产量	施用量	进口量	出口量	农药价格指数(上年为100)
2000	**3 186**	**4 146.4**	**1 189.3**	**252.3**	**92.9**	**60.7**	**128.0**	**4.1**	**16.2**	**95.1**
2001	3 383	4 253.8	1 091.5	288.8	97.9	78.7	127.5	3.4	19.7	97.1
2002	3 791	4 339.4	1 681.8	251.7	102.4	92.9	131.2	2.7	22.2	98.0
2003	3 881	4 411.6	1 212.9	541.9	101.6	76.7	132.5	2.8	27.2	99.9
2004	4 805	4 636.6	1 239.7	726.2	112.8	82.1	138.6	2.8	39.1	103.0
2005	**5 178**	**4 766.2**	**1 396.5**	**455.9**	**112.8**	**114.7**	**146.0**	**3.7**	**42.8**	**104.1**
2006	5 345	4 927.7	1 128.5	539.2	100.1	138.5	153.7	4.3	39.8	101.6
2007	5 825	5 107.8	1 176.2	1 395.4	103.4	176.5	162.3	4.1	47.7	101.4
2008	6 028	5 239.0	625.5	1 021.5	103.7	190.2	167.2	4.4	48.5	108.0
2009	6 385	5 404.4	411.1	939.6	93.7	226.2	170.9	4.4	50.7	100.0
2010	**6 340**	**5 561.7**	**717.9**	**1 692.2**	**98.6**	**234.2**	**175.8**	**5.1**	**61.3**	**100.4**
2011	6 626	5 704.2	794.7	1 921.0	113.3	264.8	178.7	5.3	79.6	102.6
2012	7 296	5 838.8	843.1	1 852.2	106.6	354.9	180.6	6.9	89.7	102.2
2013	7 037	5 911.9	792.6	1 978.0	97.7	303.1	180.2	7.7	109.5	101.7
2014	6 877	5 995.9	958.7	2 992.9	94.2	374.4	180.7	9.3	116.1	101.2
2015	**7 432**	**6 023.0**	**1 118.4**	**3 599.9**	**100.6**	**374.0**	**178.3**	**9.0**	**117.5**	**100.5**
2016	6 630	5 984.1	833.9	2 844.1	96.9	321.0	175.4	8.5	140.0	99.9
2017	5 892	5 859.4	918.7	2 604.5	102.1	250.7	/	8.4	163.2	101.0

表17 城乡居民家庭人均收入对比

单位：元/人

年份	农村居民家庭人均总收入	人均纯收入	家庭经营纯收入	第一产业	农业收入	牧业收入	第二产业	第三产业	城镇居民人均可支配收入	城镇居民人均可支配收入比农村人均纯收入
2000	**3 146**	**2 253**	**1 427.3**	**1 090.7**	**833.9**	**207.4**	**99.4**	**237.2**	**6 280.0**	**2.8**
2001	3 307	2 366	1 459.6	1 126.6	863.6	212.0	100.0	233.1	6 859.6	2.9
2002	3 432	2 476	1 486.5	1 135.0	866.7	210.6	108.6	243.0	7 702.8	3.1
2003	3 582	2 622	1 541.3	1 195.6	885.7	245.7	108.6	237.1	8 472.0	3.2
2004	4 040	2 936	1 745.8	1 398.0	1 056.5	271.0	108.2	239.5	9 421.6	3.2
2005	**4 631**	**3 255**	**1 844.5**	**1 469.6**	**1 097.7**	**283.6**	**108.3**	**266.7**	**10 493.0**	**3.2**
2006	5 025	3 587	1 931.0	1 521.3	1 159.6	265.6	121.7	288.0	11 759.5	3.3
2007	5 791	4 140	2 193.7	1 745.1	1 303.8	335.1	137.6	311.0	13 785.8	3.3
2008	6 701	4 761	2 435.6	1 945.9	1 427.0	397.5	149.0	340.7	15 780.8	3.3
2009	7 116	5 153	2 526.8	1 988.2	1 497.9	360.4	164.5	374.1	17 174.7	3.3
2010	**8 120**	**5 919**	**2 832.8**	**2 231.0**	**1 723.5**	**355.6**	**182.1**	**419.7**	**19 109.0**	**3.2**
2011	9 833	6 977	3 222.0	2 519.9	1 896.7	462.5	192.6	509.4	21 809.8	3.1
2012	10 991	7 917	3 533.4	2 722.2	2 106.8	441.0	213.7	597.4	24 564.7	3.1
2013	/	9 430	3 934.8	2 839.8	2 160.0	460.1	252.5	842.5	26 467.0	2.8
2014	/	10 489	4 237.4	2 998.6	2 306.8	443.0	259.1	979.6	28 843.9	2.7
2015	/	**11 422**	**4 503.6**	**3 153.8**	**2 412.2**	**488.7**	**276.1**	**1 073.7**	**31 194.8**	**2.7**
2016	/	12 363	4 741.3	/	/	/	/	/	33 616.2	2.7
2017	/	13 432	5 027.8	/	/	/	/	/	36 396.2	3.3

注：城镇居民人均可支配收入四个经济地带数据为简单算术平均数。

表18 城乡居民人均支出对比

单位：元/人

年份	农村居民									城镇居民	城乡居民人均生活消费支出比
	农村居民人均总支出	家庭经营费用支出	生活消费支出	食品	转移性和财产性支出	现金支出	家庭经营费用支出	税费支出	生活消费支出	城镇居民人均生活消费支出	
2000	2 652	654	1 670	821	169	2 140	545	90	1 285	4 998	3.0
2001	2 780	696	1 741	831	174	2 285	585	86	1 364	5 309	3.0
2002	2 924	731	1 834	848	194	2 438	617	76	1 468	6 030	3.3
2003	3 025	755	1 943	886	157	2 537	638	66	1 577	6 511	3.4
2004	3 430	924	2 185	1 032	176	2 863	789	37	1 755	7 182	3.3
2005	4 127	1 190	2 555	1 162	238	3 567	1 053	13	2 135	7 943	3.1
2006	4 485	1 242	2 829	1 217	264	3 932	1 104	11	2 415	8 697	3.1
2007	5 138	1 433	3 224	1 389	322	4 533	1 287	12	2 767	9 998	3.1
2008	5 916	1 705	3 661	1 599	377	5 258	1 551	12	3 159	11 243	3.1
2009	6 334	1 700	3 993	1 636	429	5 695	1 555	10	3 505	12 265	3.1
2010	6 992	1 916	4 382	1 801	493	6 307	1 758	9	3 859	13 471	3.1
2011	8 642	2 431	5 221	2 107	712	7 985	2 269	12	4 733	15 161	2.9
2012	9 606	2 626	5 908	2 324	789	8 962	2 483	10	5 414	16 674	2.8
2013	/	/	7 485	2 554	/	/	/	/	5 979	18 488	2.5
2014	/	/	8 383	2 814	/	/	/	/	6 717	19 968	2.4
2015	/	/	9 223	3 048	/	/	/	/	7 392	21 392	2.3
2016	/	/	10 130	3 266	/	/	/	/	8 127	23 079	2.3
2017	/	/	10 955	3 415	/	/	/	/	8 857	24 445	3.1

表19 各种物价指数

上年为100

年 份	商品零售价格指数	居民消费价格指数	城市居民消费价格指数	农村居民消费价格指数	农产品生产价格指数	农业生产资料价格指数
2000	**98.5**	**100.4**	**100.8**	**99.9**	**96.4**	**99.1**
2001	99.2	100.7	100.7	100.8	103.1	99.1
2002	98.7	99.2	99.0	99.6	99.7	100.5
2003	99.9	101.2	100.9	101.6	104.4	101.4
2004	102.8	103.9	103.3	104.8	113.1	110.6
2005	**100.8**	**101.8**	**101.6**	**102.2**	**101.4**	**108.3**
2006	101.0	101.5	101.5	101.5	101.2	101.5
2007	103.8	104.8	104.5	105.4	118.5	107.7
2008	105.9	105.9	105.6	106.5	114.1	120.3
2009	98.8	99.3	99.1	99.7	97.6	97.5
2010	**103.1**	**103.3**	**103.2**	**103.6**	**110.9**	**102.9**
2011	104.9	105.4	105.3	105.8	116.5	111.3
2012	102.0	102.6	102.7	102.5	102.7	105.6
2013	101.4	102.6	102.6	102.8	103.2	101.4
2014	101.0	102.0	102.1	101.8	99.8	99.1
2015	**100.1**	**101.4**	**101.5**	**101.3**	**101.7**	**100.4**
2016	100.7	102.0	102.1	101.9	103.4	100.1
2017	101.1	101.6	101.7	101.3	96.5	100.6

注：2000年（含）以前的农产品生产价格指数为农副产品收购价格指数。

表20 农产品生产价格指数

上年为100

年份	农产品生产价格指数	谷物	小麦	稻谷	玉米	大豆	油料	棉花	蔬菜	水果	糖料	畜牧产品	生猪	蛋类
2000	**96.4**		**81.8**	**90.2**	**89.9**	**105.8**	**93.6**	**121.2**	**99.9**	**98.6**	**88.8**	**99.0**	**100.2**	**90.6**
2001	103.1													
2002	99.7	95.8	98.1	97.2	91.5	98.9	104.8	103.4	95.1	109.9	86.0	100.2	98.0	102.8
2003	104.4	102.3	103.0	99.9	104.6	120.6	119.4	135.3	110.4	102.0	90.5	101.8	102.9	101.1
2004	113.1	128.1	131.2	136.3	116.9	120.2	116.6	79.5	105.2	98.6	104.9	111.1	112.8	112.6
2005	**101.4**	**99.2**	**96.4**	**101.6**	**98.0**	**94.2**	**91.3**	**111.8**	**107.2**	**107.4**	**111.6**	**100.5**	**97.7**	**106.4**
2006	101.2	102.1	100.1	102.0	103.0	99.2	104.8	97.1	109.3	111.4	121.1	94.3	90.6	96.0
2007	118.5	109.0	105.5	105.4	115.0	124.2	133.4	109.6	106.9	101.3	100.0	131.4	145.9	115.9
2008	114.1	107.1	108.7	106.6	107.3	119.7	128.0	90.6	104.7	101.4	98.4	123.9	130.8	112.2
2009	97.6	104.9	107.9	105.2	98.5	92.3	94.2	111.8	111.8	107.0	101.5	90.1	81.6	102.8
2010	**110.9**	**112.8**	**107.9**	**112.8**	**116.1**	**107.9**	**112.1**	**157.7**	**116.8**	**118.9**	**106.0**	**103.0**	**98.3**	**107.5**
2011	116.5	109.7	105.2	113.3	109.9	106.3	112.1	79.5	103.4	106.2	125.5	137.0	137.0	112.6
2012	102.7	104.8	102.9	104.1	106.6	103.0	105.2	98.1	109.9	103.9	105.0	99.7	95.9	100.5
2013	103.2	104.3	106.7	102.2	100.2	105.7	102.4	103.9	106.9	106.2	98.9	102.4	99.3	105.8
2014	99.8	102.7	105.1	102.2	101.7	101.8	99.9	87.1	98.5	106.4	99.7	97.1	92.2	105.7
2015	**101.7**	**98.7**	**99.2**	**101.6**	**96.5**	**98.9**	**100.8**	**87.5**	**104.6**	**99.7**	**98.8**	**104.2**	**108.9**	**96.9**
2016	103.4	92.2	94.1	98.8	86.8	97.6	101.1	118.4	107.0	92.5	106.5	110.4	119.4	94.3
2017	96.5	100.5	104.4	100.7	97.1	97.7	100.5	100.8	95.6	104.8	106.3	90.8	86.0	92.8

注：2000年（含）以前为农副产品收购价格指数，2001年（含）之后为农副产品生产价格指数。

表21 城乡零售价格分类指数

上年为100

年份	食品类		粮食		油脂类(1)		鲜菜		肉禽蛋(2)		水产品	
	城市	农村	城市	农村	城市	农村	城市	农村	城市	农村	城市	农村
2000	**97.6**	**97.4**	**91.2**	**88.9**	**84.7**	**88.4**	**104.8**	**106.3**	**95.5**	**97.1**	**103.4**	**101.0**
2001	98.9	99.6	101.4	101.7	89.9	90.0	103.4	103.2	103.3	102.3	95.9	97.2
2002	99.7	100.3	98.5	98.9	100.4	99.6	99.5	103.0	100.3	100.7	96.3	95.9
2003	103.2	103.7	102.0	102.6	111.6	113.5	116.4	116.1	102.8	104.2	100.8	99.2
2004	108.8	111.9	125.2	128.3	115.0	119.1	94.4	96.8	116.8	117.6	111.1	115.7
2005	**103.3**	**102.8**	**101.6**	**101.2**	**94.6**	**94.8**	**108.6**	**107.2**	**102.8**	**103.3**	**106.3**	**104.6**
2006	102.6	102.4	102.7	102.4	99.0	98.4	107.9	108.8	97.3	97.2	101.9	100.7
2007	111.7	113.6	106.1	107.0	125.2	128.1	107.5	109.1	130.8	131.5	104.7	106.9
2008	114.5	114.0	107.2	107.1	124.9	125.5	109.0	111.1	122.6	119.9	113.8	115.9
2009	101.1	100.2	105.9	105.4	82.0	81.4	114.6	113.8	91.9	91.2	102.8	101.0
2010	**107.5**	**107.9**	**111.7**	**111.7**	**103.4**	**104.0**	**118.4**	**120.4**	**102.7**	**103.5**	**108.9**	**106.7**
2011	111.8	112.2	112.2	112.4	113.4	113.3	100.5	102.4	122.4	122.6	112.4	110.9
2012	105.1	104.0	104.1	103.6	105.6	104.1	113.7	113.9	102.8	100.2	107.7	109.0
2013	101.3	101.8	104.8	105.0	100.3	100.6	107.4	109.9	104.7	103.9	103.9	104.7
2014	103.2	102.5	103.2	103.1	94.9	95.5	98.8	98.7	100.5	100.0	104.3	104.2
2015	**102.1**	**102.4**	**102.2**	**101.7**	**96.7**	**97.6**	**107.1**	**106.3**	**104.7**	**105.4**	**101.5**	**101.9**
2016	104.5	104.8	100.6	100.4	101.2	102.5	111.7	112.0	110.5	112.2	104.9	103.3
2017	99.5	98.7	101.4	101.9	100.4	99.3	92.6	93.0	99.6	98.9	104.7	103.9

注：（1）油脂类在1993年以前以食用植物油为指标进行统计。
（2）2003年肉禽蛋零售价格指数指肉禽蛋价格指数。2006年以后为肉禽及其制品价格指数。

表22 "菜篮子"产品批发价格

单位：元／千克

类别	品名	2014年	2015年	2016年	2017年	2017年比上年增减（%）
蔬菜	白萝卜	1.21	1.39	1.56	1.34	-13.9
蔬菜	大蒜	4.31	5.84	11.02	9.52	-13.6
蔬菜	豆角	5.91	5.77	6.24	6.00	-3.9
蔬菜	胡萝卜	2.15	2.23	2.52	2.14	-15.1
蔬菜	黄瓜	3.24	3.41	3.53	3.37	-4.6
蔬菜	茄子	3.23	3.58	3.86	3.37	-12.6
蔬菜	青椒	3.59	4.12	4.21	3.59	-14.8
蔬菜	土豆	2.24	2.12	2.40	2.12	-11.6
蔬菜	西红柿	3.40	3.54	3.79	3.76	-0.9
蔬菜	大白菜	1.07	1.32	1.46	1.26	-13.4
蔬菜	大葱	2.36	2.60	4.25	2.88	-32.2
蔬菜	芹菜	2.22	2.80	3.25	2.74	-15.6
蔬菜	洋白菜	1.16	1.59	2.03	1.43	-29.5
蔬菜	油菜	2.50	2.75	3.11	2.58	-17.0
水果	蜜橘	4.44	4.48	4.53	5.11	12.7
水果	甜橙	6.38	6.31	6.57	7.31	11.3
水果	西瓜	3.46	3.02	3.31	3.53	6.7
水果	鸭梨	5.48	4.65	3.87	3.53	-8.7
水果	富士苹果	8.09	7.81	6.31	6.57	4.1
水果	香蕉	6.02	4.63	4.46	4.21	-5.5
水果	菠萝	4.40	4.96	4.33	4.13	-4.6
畜产品	鸡蛋	9.58	8.10	7.49	6.93	-7.4
畜产品	活鸡	16.77	16.96	18.88	16.93	-10.3
畜产品	白条鸡	14.61	14.69	14.90	13.93	-6.5
畜产品	猪肉	18.94	20.82	24.87	21.22	-14.7
畜产品	牛肉	54.33	53.96	53.24	53.82	1.1
畜产品	羊肉	55.39	49.38	45.05	47.50	5.4
水产品	草鱼	14.19	12.53	12.64	14.51	14.8
水产品	带鱼	21.16	21.86	23.99	26.49	10.4
水产品	鲫鱼	14.58	14.19	16.27	16.72	2.8
水产品	鲤鱼	11.73	12.71	11.66	11.34	-2.7
水产品	鲢鱼	7.24	7.01	6.70	6.82	1.7

资料来源：农业部。

表23 国家财政收入及支出情况

单位：亿元

指　　标	2013年	2014年	2015年	2016年	2017年
财政收入	**129 209.6**	**140 370.0**	**152 269.2**	**159 605.0**	**172 592.8**
中央	60 198.5	64 493.5	69 267.2	72 365.6	81 123.4
地方	69 011.2	75 876.6	83 002.0	87 239.4	91 469.4
财政收入指数(上年=100)	110.2	108.6	108.5	113.7	108.1
财政收入按项目分					
#各项税收	110 530.7	119 175.3	124 922.2	130 360.7	144 369.9
#增值税	28 810.1	30 855.4	31 109.5	40 712.1	56 378.2
营业税	17 233.0	17 781.7	19 312.8	11 501.9	
消费税	8 231.3	8 907.1	10 542.2	10 217.2	10 225.1
个人所得税	6 531.5	7 376.6	8 617.3	10 089.0	11 966.4
关税	2 630.3	2 843.4	2 560.8	2 603.8	2 997.9
企业所得税	22 427.2	24 642.2	27 133.9	28 851.4	32 117.3
财政支出	**139 744.3**	**151 785.6**	**175 877.8**	**187 755.2**	**203 085.5**
中央	20 471.8	22 570.1	25 542.2	27 403.9	29 857.2
地方	119 740.3	129 215.5	150 335.6	160 351.4	173 228.3
财政支出指数(上年=100)	110.9	108.6	115.9	123.7	108.2
财政支出按项目分					
#农林水事务	13 227.9	14 173.8	17 380.5	18 587.4	19 089.0
一般公共服务	14 139.0	13 267.5	13 547.8	14 790.5	16 510.4
教育	21 876.5	23 041.7	26 271.9	28 072.8	30 153.2
科学技术	5 063.4	5 314.5	5 862.6	6 564.0	7 267.0
社会保障和就业	14 417.2	15 968.9	19 018.7	21 591.5	24 611.7
医疗卫生	8 208.7	10 176.8	11 953.2	13 158.8	14 450.6
节能环保	3 383.3	3 815.6	4 802.9	4 734.8	5 617.3
城乡事务	11 067.1	12 959.5	15 886.4	18 394.6	20 585.0
交通运输	9 272.4	10 400.4	12 356.3	10 498.7	10 674.0

注：(1) 2007年起实施《政府收支分类科目》，财政支出项目按照支出功能分类科目重新设置。

(2) 从2010年及以后，环境保护支出为节能环保支出。

后　记

　　《中国农业农村发展报告（2018）》是由农业农村部组织有关司局、科研单位、农业农村部软科学委员会专家工作组部分成员以及自然资源部、国家统计局、水利部、国务院扶贫办、国家林业和草原局等部门的专家、学者和实际工作者共同编写的。

　　参加本报告撰写的主要人员有：宋洪远、王忠海、习银生、姜楠、张恒春、吴天龙、高鸣、董彦彬、焦红坡、何安华、张莹、李竣、刘建水、李娜、陈思、王小飞、张立志、刘温、刘毅、孙腾蛟、谭明杰、杜鹏飞、李靖、陈炫汐、张汉夫、赵岩、宋伟、张成、李想、邓飞、韦飞、项宇、王萌、蒋相梅、朱娟、常雪艳、郑首航、王建强、刘武、王敬涵、郑力文、乔领璇、朱聪、薛彦东、卢静、袁雅梅、张田雨、史学朋。

图书在版编目（CIP）数据

中国农业农村发展报告.2018／中华人民共和国农
业农村部编. —北京：中国农业出版社，2019.2
ISBN 978-7-109-25189-2

Ⅰ.①中… Ⅱ.①中… Ⅲ.①农业经济发展—研究报
告－中国－2018② 农村经济发展 — 研究报告－中国－
2018 Ⅳ.①F323

中国版本图书馆CIP数据核字（2019）第018615号

中国农业出版社出版
（北京市朝阳区麦子店街18号楼）
（邮政编码 100125）
责任编辑 姚 红

中国农业出版社印刷厂印刷 新华书店北京发行所发行
2019年3月第1版 2019年3月北京第1次印刷

开本：889mm×1194mm 1/16 印张：17
字数：375千字
定价：150.00元
（凡本版图书出现印刷、装订错误，请向出版社发行部调换）